# SAGERET

—

# LISTE GÉNÉRALE

## PAR RUES

## DU PERSONNEL DU BATIMENT

Extrait et Résumé des Professions comprises dans l'Annuaire du Bâtiment
des Travaux publics et des Arts industriels

### PUBLIÉ PAR E. SAGERET

## PARIS — ANNÉE 1869

Prix : 2 fr. 50

EN VENTE

## AU BUREAU DE L'ANNUAIRE DU BATIMENT

15, rue du Four-Saint-Germain, 15

# LISTE GÉNÉRALE

## PAR ORDRE ALPHABÉTIQUE

# DE RUES ET NUMÉROS DE MAISONS

### DU

## PERSONNEL DES PROFESSIONS DE PARIS

#### Comprises dans l'Annuaire du Bâtiment publié par M. SAGERET.

### ANNÉE 1869.

*828*

r. Abbatucci.

11 Saager (...), architecte.
Lundi, mercredi et ven-
de 9 à 11 h.

r. de l'Abbaye-St-Ger-
main-des-Prés.

4 Baltard (Vict.), O. ✳, arch.
en chef des trav. de la ville,
6 Ulmer, rampiste.
12 Leclerc (Arch.), ing. civ.
Engelmann et Graf, vitraux
peints et décorés.
43 Timbal ✳, peint. artiste.
43 Noël, peint. artiste.
44 Daumet ✳, architecte ordinaire du Palais-de-Justice.

r. des Abbesses (Montmar.).

4 Chauchat (L.), architecte,
Mardi, jeudi et samedi
jusqu'à midi.
8 Yver (P.), arch. insp. des
travaux publics.
9 Serven (E.), arch.-vérif.
Leclère (Casim.), arch. vér.
20 Usse, app. à gaz.
31 Dubois, ent. de menuiserie,
jalousies et moulures.
32 Thierry (Emile), architecte,
Mardi, jeudi et samedi
jusqu'à 11 heures.
45 Delrieu, couverture.
46 Dodin (Charles), arch.-ins-
pect. des travaux de la
Ville de Paris.
48 Bernié (Henri), arch. vérif.
48 Lewal, arch. comm.-voyer
du 18e arrond. Visible à
la mairie les lundi et vendredi de 9 à 11 h.
54 Thiétine, bois.
59 Naudy (C.) arch. met. vérif.
Tous les jours jusqu'à
9 h. du matin.

r. d'Abbeville
(Église St-Vincent-de-Paul).

6 Leblond (Sulpice) couvert.
Dupont, peinture.

(Angle de la rue Baudin.)

Depagniat, arch. vérif., brev.
s.g.d.g. pour le ventilateur
fumivore à moteur aérien.

r. d'Aboukir.

3 Gautier, bronzes.
6 Duchesne, papeterie.
44 Daris (Th.), peinture.
18 Robquin, serrurerie.
18 Néraudan, papeterie.
23 Bardin, menuiserie.
27 Besnier et Cie distribution
d'imprimés.
31 Sorin fils, cordages.
71 Epoigny, peinture.
86 Charpentier, fab. de lettres
en relief en tous genres.
87 Rivière, miroiterie, dorure.
91 Girard, menuiserie.
93 Hochard, fabr. de lettres et
enseignes en tous genres.
103 Lesieur, fabr. d'enseignes.
108 Maillard (A.), vente de propriétés et fonds.
114 Prudhomme (Henri), quincaillerie.
115 Lefebvre (Edouard), fabr.
de couleurs et vernis, gé-
latine et produits chimi-
ques.
117 Jacquet et Charriau, gril-
lageurs.
120 Arnoult, serrurerie
Barbey, quincaille
137 Monain, papeterie.
141 Méri-Delastre, papeterie.
143 Marois, fabr. d'ornements
et art. pour l'ameublem.

r. de l'Abreuvoir
(Montmartre).

6 bis, Courbe, maçonnerie.

pass. des Acacias (Vaugirard).

4 Ravin, serrurerie.

r. des Acacias (Montmartre).

2 Saint-Pierre (Emile), arch.
ingénieur.
4 Barigny (A.), arch. vérif.
8 Planchon frères, ent. de maçonnerie.
24 Deslouis, peintre fleur.
27 Lacoste (Ch.), peinture.
39 Masson (Jules), couverture.
40 Guilliot, peinture
Couchot, couverture.
53 Cheville, arch.-vérif., mercredi et samedi av. 10 h.

r. des Acacias (Ternes).

3 Ringuet, serrurerie.
9 Collet (A.) charpentes bois
et fer, serrurerie. — breveté pour escaliers en fer
à marches mobiles en bois
14 Adenis, ent. de bâtiments.
24 Chatault (Jules), arch. vérificateur.
30 Dard, quincaillerie.
37 Casalini (Gustave), arch.-
vérif. mardi et vendredi
avant midi.
Lacretelle, ing. civil.
Hérieault, pierres de Lor-
raine. Meulières.
40 Jaffeur, pavage, terrasse.
51 Lelong, quincaillerie.
55 Thomas (Alex.), serrurerie.
56 Langlois, fumisterie.
63 Cousin, quincaillerie.

66 **Chérel (J.)** mécanicien.
68 **Grosidier fils**, menuis. vérif. spéc. pour la maçonnerie.
    Galland et Cⁱᵉ, fab. de lanternes à gaz.
70 **Barthel**, fab. de lanternes à gaz et à l'huile.
    Legay et Cⁱᵉ, fab. de boulons et rivets.
    Meyral, père et fils, serrur.
    Dubail, becs à gaz.
    Huguenin, fab. de plombs pour maçons et charpent.
    Bomard et Mussigmann, meubles sculptés.
72 **Boulnois**, fournitures pour les appar. à gaz.
    Och (Ch.), peinture art. décorateur.
    Humbert, fondeur.
78 **Hébert**, démolitions.
80 **Larnoucule**, fab. d'outils.
88 **Jacquet** (vᵉ), menuiserie.
    Lugand, march. de fer, constr. de grosse ferronnerie.
90 **Pelletier**, charp., bois et fer.
94 **Guillaumie (V.)**, fabr. de jets d'eau et pompes pour jardins, appar. à gaz et plomberie.

**quai d'Anjou (île Saint-Louis).**

13 **Daubigny**, peint. artiste.
    Gerente, peint.-artiste-déc.
    Picon et Cie, peinture.
33 **Errard (Ch.)**, arch. de 9 h. à midi, mardi et vendredi.
23 **Société anonyme des Houillères de Saint-Étienne (Loire).**
35 **Dubois-Lambert**, vérif. des trav. publics et de la Ville.

**r. d'Anjou (Marais).**

3 **Pomey (L.)**, quincaillerie.
6 **Barbudaux**, verres à vitres et glaces.
6 **Vaillant**, papiers peints.
3 **Hadancourt**, enseignes.
49 **Schloss (J.)**, fab. d'outils, limes et acier anglais.

**r. Anjou-Saint-Honoré.**

9 **Mortier, Étienne jᵉ et Cie** NG, dépôt de sable, briques, poterie et matériaux.
20 **Gallopin**, serrurerie.
27 **Setot**, menuiserie.
29 **Mortier et Foulquier**, arch.
71 **Ravet fils**, appareil de chauffage et fourneaux.
76 **Nicolas**, doreur sur bois.

**r. des Amandiers-Ménilmontant.**

6 **Leclerc**, menuiserie.
    Jannest (D.), serrurerie.
48 **Picon**, maçonnerie.

**r. de l'Annonciation (Passy)**

5 **Florent-Caffart**, arch. commiss. voyer du 16ᵉ arrt. mardi et vendredi, de 9 à 11 heures.
    Rouyer, ing. civil.
9 **Roisse**, menuiserie.
11 **Marcault**, serrurerie.
17 **Blanchard**, peinture.
25 **Laymet**, fumisterie.
33 **Marie**, couverture.
35 **Guenier**, serrurerie, charp. en fer, combles, grilles, rampes, etc.
43 **Aubert**, calorifères, fumisterie.

**aven. d'Antin (Champs-Élysées).**

7 **Caillet**, ing. civil.
17 **Boissel et Costil**, ent. de maçonnerie.

**cité d'Antin.**
**(r. de Provence, 57.)**

7 **La Sécurité générale**, compagnie d'assurance à primes fixes contre les accidents de toutes natures pouvant atteindre les personnes.
8 **Godineau et Cⁱᵉ**, architectes ingénieurs brevetés.

**imp. d'Antin (Batignolles).**

15 **Ste-Croix-Girard fils et Carré**, menuiserie.
    Frei, peinture.
    Genère, couvert. plomb. zinc et gaz.
    Coutelet, mercu, serrurerie.

**r. d'Antin (marché Saint-Honoré).**

11 **Mirault**, menuiserie.
17 **Bérault (J.)**, arch. de la Ville de St-Cloud.
21 **Gueneau (André)**, couvert. plomb. gaz.

**r. Antoine-Dubois (École de Médecine).**

6 **Pigeonnat**, fumisterie.

**boul. Arago (5ᵉ arrond.)**

45 **Hunebelle frères**, trav. publics et chemins de fer.
    Kreyenbieth, menuiserie.

**r. de l'Arbalète (r. Mouffetard).**

6 **Breton**, peinture.
16 **Prubère**, fumisterie.
20 **Aubry (E.)**, serrurerie et sonnettes.
26 **Lascaux**, menuiserie.
35 **Ponthus (Aug.)** architecte. Lundi, mercredi et vendredi, avant 11 heures.

**r. de l'Arbre-Sec (Louvre).**

3 **Bellaroine**, couleurs fines.
8 **Zénone**, brev. s. g. d. g., fumisterie et châssis à rideau.
41 **Hubert** (vᵉ), repolisseur de parquets.
21 **Goepfert (E.)**, verres à vitres et glaces.
30 **Dantzinger (Th.)**, peinture.
46 **Bertolini**, peinture.
48 **Hipp**, doreur sur bois.
51 **Lerebour**, peinture.

**r. de l'Arc-de-Triomphe (Ternes).**

29 **Botte**, peinture.
31 **Fairou**, ent. de bâtiment et trav. publics.
33 **Braun**, doreur sur bois.
37 **Camuset**, arch. vérif. des trav. de la préfecture de la Seine. Mardi, jeudi et samedi jusqu'à midi.
43 **Laquet**, moulures en bois.
    Zgraggen, verres à vitres.

**pass. de l'Arcade (18ᵉ arrond. Montmartre).**

8 **Pradié**, serrurerie.
10 **Esclaton, (V.)** menuiserie.
12 **Martin**, couvreur.

**r. de l'Arcade (Madeleine).**

16 **Thoreau**, tapisserie.
18 **Charaudeau**, ingén. civil.
35 **Maubert**, couverture, gaz.
    Coupé et Portais, fumisterie.
36 **Pasquier-Vaurilliers**, ing. des ponts et chaussées.
38 **Clotrier**, fab. de fontaines.
56 **Montbro fils aîné**, bronzes et meubles sculptés.

**r. d'Arcole (Cité).**

3 **Amiot aîné**, marbrier.

**r. des Ardennes.**
**Butte Chaumont (19ᵉ arrond.).**

3 **Lagoutte**, maître de forges.
10 **Boucher (E.)**, fab. de briques.

**r. d'Argenteuil (St-Roch).**

16 **Hargont**, fab. de robinets et garde-robes.
49 **Berton**, peinture.
    George (vᵉ), marbrerie.
    Conespel, doreur sur bois.
20 **Vibert**, maçonnerie.
23 **Vincent**, serrurerie.
25 **Vanier**, peinture.
36 **Chevalier**, menuiserie.
39 **Gautrin (F.)**, serrurerie.
42 **Duriez (Jules)**, serrurerie.
43 **Soubrier**, peinture.
47 **Desfeux**, arch. vérif.
50 **Leneveu**, peinture.

52 Milan, menuiserie.
55 Bardy, menuiserie.
Régnier (L.), peinture.
Pellissier-Chapon et Des-chaux, fumisterie et calorifères.
57 Lemaire, serrurerie.

**r. de l'Argonne**
(anc. r. de Lille-Villette).
9 Brochet (J.), maçonnerie.
14 et 16 Lepet fils aîné frères et Cie, fondeurs en fer.

**r. d'Armaillé (Ternes).**
4 David (Alfred), peinture.
16 Delsart, arch. vérif.
27 Wellard et Cie, fab. de compteurs.
Maldant, ing. civil.
28 Convert (Paul), arch. vérif. expert près les justices de paix du 17e arrond. et du canton de Neuilly.

**r. de l'Arrivée.**
(Gare de l'Ouest rive gauche).
6 Belloir, menuiserie.
Thénon (J.-F.), ornemaniste.

**r. de l'Arsenal (4e arrond.)**
4 Despujols ent. applicat. du Béton plastique à base de portland pour enduits dallages, etc.

**r. des Artistes (18e arrond.)**
43 Meilhau frères, charp. bois et fer.
45 Chazelière, peinture.

**r. des Artistes-Passy**
4 Roussez, maçonnerie.
5 Buisson (Ernest), architecte vérif.

**r. de l'Asile-Popincourt.**
2 Deconchy, marbres en gros.
3 Meunier pavage, trottoirs et bitume.
5 Magnin (P.), serrurerie.
8 Durost, aîné, appar. à gaz.
10 Boyer aîné et Rolland, fondeurs.
14 Tessier fils aîné, serrurerie.

**route d'Asnières**
(Batignolles).
20 Vialfont, fumisterie.
Lacassagne, serrurerie.
35 Carrière (J.-H.), charpente.
Labrosse, serrurerie.
39 Société anonyme des asphaltes du Val de Travers.
40 Servy ..., chaudronnerie.
42 Le Roulley, démolitions.
55 Destais, maçonnerie.

63 Lepèrche, serrurerie, menuiserie en fer et persiennes.
91 Poulain et Coteret, briqueterie.
127 Brendon, briques.

**r. d'Assas (Luxembourg).**
2 Salard (Germain), archit.
4 Lamer (G.), menuiserie.
5 Cottin, graveur en typographie.
6 Hérard, arch. ing. expert, près les tribun. membre de la Com. d'hygiène du 7e arrond.
7 De la Galisserie O. ..., insp. génér. des ponts et chauss.
Therenin (G.), peinture.

IMPASSE.

2 André (Jules) ..., archit. du muséum d'histoire naturelle, et archit. diocésain du département de la Corse.
8 Corbel (V.), mouleur, sculpteur d'ornements.
10 Ruprich-Robert ..., archit. du Gouvernement.
Hédin (Amédée), arch. sous-inspecteur des travaux de la Ville. De 11 h. à midi.
11 Douillard frères, architectes. Mardi, jeudi et samedi de 8 à 11 h.
17 Baltus, peintre-artiste.
25 Diolot, graveur sur bois.
33 Nicolas ..., ing. en chef des ponts et chaussées.
35 Ruzier, architecte.
43 Rolard, menuiserie.
47 Morot (Léon), couv. plomb. zinc.
48 Mollault (H.), arch. sous-insp. aux trav. de la ville de Paris. Mardi et vendredi jusqu'à 11 h.
50 Pitout (Louis), menuiserie.
51 Simon, moulures.
66 Muhlmann, tapisserie.
68 Reidharr (Émile), architecte vérificateur métreur. — Lundi et vendredi avant 11 heures.
Dubois (Paul) ..., sculpt.
Huet (J.), peintre-artiste.
Dieudonné (J.-A.) ..., culp.
Iguel (Ch.), sculpteur
Feugère-des-Forts (Émile), sculpteur.
74 Lavergne (Claudius), peintre artiste verrier.
78 Lacoste (Henri), architecte vérif., insp. des trav. au ministère de la maison de l'Empereur.
Giraudet, peinture.
82 Droz ..., sculpteur

84 Signol (Émile) J. ..., peintre artiste.
86 Daunay (Victor), ex-archit.
90 Lemercier, ing. des ponts et chaussées.
96 Mourat, tôle percée.
104 Hesse (Alex.) ..., peintre artiste.
118 Vilain ..., sculpteur.
134 Lethorel, architecte.

**r. Asselin (b. de la Villette)**
9 Deligny frères, fumisterie.

**r. de l'Assomption**
(16e arrondissement, Auteuil).
28 Bonnier, charpente.
39 Fontis, peinture et papiers peints.

**r. d'Astorg (faub. St-Honoré)**
3 Boubiela jeune, serrurerie.
9 Simon, tapissier.
30 Renard ..., entrepr. gén. de trav. publics et particuliers.

**r. Auber (Nouvel Opéra).**
10 Compagnie des forges de Châtillon et Commentry.
12 Société de la Propriété foncière de Paris.
14 Jouanin (Achille), architecte ingén. Les mardi, jeudi et samedi de 11 h. à 1 h.
Blanchet, ing. civ.
Perreau (J.), quincaillerie.

**r. Aubervilliers (Villette)**
8 Capdevielle, ing. civil.
12 Kercker, fumisterie et fourneaux économiques.
20 Mary, ing. civil.
22 Poinsignon, carrier, marchand de meulières et pierres pour rochers.
32 Choiselle-Darboy, fers.
56 Devaux (E.), bois blanc.
Baton, charpente.
58 Lormand, chaudronnerie.

**r. Aubriot (4e arrond., anc. r. du Puits).**
3 Fromentin, couleurs et vernis.
8 Mouchet, maçonnerie.

**r. Aubry-le-Boucher.**
8 Ferrage, enseignes.
20 Yon, cordages.

**r. Aumaire (Arts et Métiers)**
1 Bremond, fabr. de lettres pour enseignes.
3 Mirville, peinture.
Larivière, mesures métriq.
6 Vinkler, fumister.e.
9 Dupot, crayons.
13 Guichard, fondeur.
15 Fouveret, verres à vitres

17 bis Marville et Cie, menuiserie.
22 Delarue fils, couverture.
29 Berda aîné, couverture.
41 Esteuf, doreur et vernisseur sur métaux.
43 Nivois, fab. d'étalages.

r. Aumaire (Charonne).
49 Blanche, fab. de terre cuite pour le bâtiment, carreaux.
73 Ancelet, archit., le matin avant 9 heures.

r. Aumaire prolongée (Charonne.)
27 Messager (Arsène), fab. de cordages pour les chemins de fer, la maçonnerie et la charpente.

r. d'Aumale (St-Georges).
4 Dard (J.), peinture.
5 et 7 Équer (Fr.), architecte.
Féart (Alfred), arch. expert.
Féart (Henri), architecte.
13 Lami, peintre artiste.
15 bis Charpentier (Théodore), architecte expert, mardi, jeudi, samedi, de 9 h. à 11 h.
14 Féret, ing. civil.
Férot (Alfred), architecte.
18 Pigny, archit. du Gouv. et des minist. de l'intér. et de la mar. et des colon.
Dubule, peintre artiste.
Appert (E.), peinture artiste.
25 Bertera, ing. des mines.
28 Périn, peintre artiste.

quai d'Austerlitz (Gare).
17 Héliot (C.), march. de bois.
19 Label (F.-J.) O., bois.

r. d'Auteuil (16e arrond.).
4 Mongelard (J.F.), menuisier.
6 Roux aîné, couverture.
8 Peigney jeune, serrurerie.
11 Rabourdin, serrurerie.
33 Chaponet, peinture.
Avinen (v°), fumisterie.
35 Naudet (Charles), archit.

r. de l'Ave-Maria (anc. r. des Barres-St-Paul).
15 Arnoux (Jean), menuiserie
49 Pignier j°, maçonnerie.

r. Babylone (f. St Germain).
2 Jay, doreur sur bois.
3 Berlot, serrurerie.
25 Kastner, tapisserie.
35 Marjoux (Félix), architecte insp. des trav. de la ville.
39 Tavernier-Gravet, fabric. d'instruments de précision.
45 Knecht, sculpt. statuaire.

16 Paris (E.), architecte, vérif.
Arius, expéditions, calculs, états de lieux.
50 Sauvaget (E.), mét. vérif. (spéc. en menuiserie).
55 Pariset (L.-E.), menuiserie.
60 Leala (L.C.), architecte.
65 Boquel. — Pauton, success. entrepr. de peinture.
70 Geay, serrurerie et charpente en fer.

r. du Bac (Pont-Royal).
14 Picart, couleurs fines.
18 Thomas, dorure sur bois.
21 Leclerc (Th.), pap. peints.
24 Yvoré, quincaillerie.
31 Riche, ing. civil.
35 Labrouste (Th.), archit. en chef de l'administ. de l'assistance publique.
38 Lefort O., ing. ponts et chaussées.
Louvet, archit. insp. princ. des trav. du nouvel Opéra.
38 Calzonio aîné, fumisterie.
41 Marven, architecte.
43 Descheraines, bronzes.
Dubucq et Fernandez, dorure sur bois.
Locaillet, peinture.
49 Fortuus, tapisserie.
52 Bocquereau (F.), métreur vérificateur.
53 Cousin (Adolphe) et Cie, papeterie spéciale et générale pour les architectes, ingén. civil, agences et grandes admin.
61 Chevalier, peinture.
62 Avizeau (Eug.), architecte, mardi et vendredi de 9 h. à 11 h. 1/2.
63 Couct (Ch.), architecte du théâtre de Baden-Baden.
Gilbert, fab. de stores.
65 Plumerey (Eug.), arch. insp. des bât. de la Couronne.
67 Trouvé (Ch.) menuiserie.
74 Barbedienne, doreur sur bois.
82 Chalmel, couleurs et vernis.
83 Flicoteaux (E.), entr. de couverture, plomberie et zinc, chaudronnerie, fontainerie, appareils pour cabinets d'aisances, urinoirs; pompes et robinets.
Vaudremer, arch. professeur. Ateliers d'architecture.
Vedel, Bernard et Cie, filtrage des eaux.
Judrin, menuiserie.
86 Comoy O., insp. gén. des ponts et chaussées.
87 Jacquet (Aug.), mét. vérif., spéc. en peint. et dorure.
94 Brodard, ing. civil.

97 Bourgeois (Aug.), archit. inspect. des bât. civils.
101 Danthon, doreur sur bois.
104 Jacquel, peinture.
106 Ouénard, menuiserie.
109 Moranges, menuiserie.
Vincent fils, sculpteur ornem.
110 Sirodel (H.), architecte.
110 Hazelin (Frantz), archit.
113 Carlat, menuiserie.
122 Richard (El.), architecte.
Edeline, peinture.
Leroy (Frédéric), miroiterie, dorure et verres à vitres.
Renard, ing. civil.
123 Barazzetti, fumisterie.
124 Leballeur, tapisserie.
127 Thierry, menuiserie.
129 Rouxel, bois et moulures.
131 Beis (Émile), mét. vérif.
Delorme (E.), peinture.
132 Hautefeuille, papeterie.
134 Rivoalen (E.), architecte. Directeur du moniteur des architectes.
142 Trapon, peinture.
Gouze (Jules), appar. à gaz.
144 Dourday (A.), cimentier, rocailleur.

r. Bachelet (18e arrond.)
3 Tintant frères, maçonnerie

r. de Bagneux (r. du Cherche-Midi).
1 Jove menuiserie et escaliers.
4 Eude, arch.-vérif.
6 Lucas, peinture, dorure et décorations.
6 Miège, serrurerie.
11 Nogies (V.), peintre artiste.
12 Laloue, menuiserie.
13 Murison de Saint-Pierre de Genebon, arch. comm.-voyer adjoint.

r. Bagnolet (anc. Charonne)
5 et 21 Maume et Chassin, entrep. de trav. publics. Bétons agglomérés à base de chaux vive.
44 Rousset, plâtrier.
45 Collet jeune, plâtrier.

r. Baillet (Pont-Neuf, rive droite).
4 Breillet, menuiserie.
3 Thierré (Émile), archit.-vérif. expert.
Mauny, peinture et décors.
4 Leger, fab. d'appareils d'acoustique, de porte-voix et cornets contre la surdité. Inv. brev. pour une nouvelle chaufferette dite thermogène.

6 Pinel (Armand), peinture.
8 Chedeville, serrurerie.

**r. Baillent**
(r. de l'Arbre-Sec).
3 Côte, serrurerie.
5 Houzé, peinture sur verre.
6 Cornet, menuiserie.
8 Karignol A.), peinture.

**r. Baillie.**
(Banque de France.)
9 Gibaudon tapissier.

**r. Bailly, (3e arrond.)**
2 Almot (P.L.) architecte.
7 Audré (A ), serrurerie.

**r. Balagny**
(17e arrond., aven. St-Ouen).
8 Bienvenu cadet, couvreur,
plomb. zinc.
17 Pezet père et fils, huile sic-
cative pour la peinture.
33 Denneberg (Paul), serrur.
37 Joulin, maçonnerie.
37 Hébert, fab. de forges portatives à ventilateur.
43 Chenevière père et fils, ent.
de terrass. march. de sa-
bles et cailloux.

**r. Balagny Prolongée.**
Lachambre, serrur., char-
pentes en fer, trav. d'art
et de mécanique.

**r. Balzac (Ch.-Elysées).**
4 Femieux (Alf.), trav. publ.
20 Gudin O ✶, peintre artiste.
31 Lehmann O.✶, peint. art.

**r. de la Banque (Bourse).**
4 Germain, peinture.
16 Gérault, papeterie.

**r. du Banquier (Salpêtrière).**
5 Duval, papiers peints.
7 Bernard (L.), arch. métreur
vérif. mardi, jeudi et samedi de 9 h. à midi.
37 Louvet (T.), arch met. vérif.
39 Dupeux, maçonnerie.

**r. Barbet-de-Jouy**
(7e arrond., r. Varenne).
28 Denuelle ✶ et Ch. Lameire
✶, peintres artistes dé-
corateurs.
30 De Villiers du Terrage ✶,
ing. des ponts et chauss
Delaperche ✶, ingén. des
ponts et chaussées.
34 Gardier, ingén. des ponts et
chaussées.

**r. Barbette (Marais)**
3 Hu (Victor), arch. président
du conseil des prud'hom-
mes (Industries diverses) ;
administrateur du sous-
comptoir des entre-pre-
neurs.
Arnette frères, prod. chimiq.
minium de fer d'Auder-
ghem.
8 Thiret (Etienne), peintr.
fab. de stores.
Mulet E.), fab. de meubles
de jard. en jonc et bambou.
9 Boulay, instrum. d'archit.
13 Rouquillon, peinture.
15 Campistrou, serrur. mécan.

**r. Bargue. (marché de Vau-
girard.)**
11 Séruselat (F.), ent. de terrassements et plantations.
drainage et irrigation.

**r. Barouillère**
(r. du Cherche-Midi).
12 Durey, architecte.
13 Méré, menuiserie.

**r. des Barres-St-Gervais.**
14 David, serrurerie, spécialité
pour les fours.
15 Bro, fab. de cadres et sculpteur ornemaniste.
Arnoux (Jean), menuiserie.
17 Bijacoux et Moussard, mag.
Pinard, serrurerie.
28 Lelaizant, couverture.

**r. Basfroid (Popincourt).**
6 et 8 Grand fils, marbrerie.
14 Anjubault, menuiserie.
15 Ternois, serrurerie.
18 Noel, chaudronnerie.
33 Gatelier, serrur. et charp.
en fer.
37 Benoist fils, maçonnerie.
34 Gelot (ve) et Demonceaux,
fab. de papiers peints.
40 Fontaine, papiers peints.

**r. Bassano (16e arrond.).**
4 Chamouilleau, maçonnerie.
19 Ledoux, serrurerie.
40 Dallé, entrepr. et dessinateur de jardins.

**r. Basse-du-Rempart
(Madeleine).**
48 bis Chatenay (Léon), arch.
52 Lespine (Auguste), entrep.
de vannerie artistique,
chalets, kiosques, treil-
lages, berceaux et meubles
de jardins.
66 Chanoine ✶, ing. en chef de
la navigation.
70 Paulet (H.), fab. de papiers
peints.

**r. Basse-du-Travail
(15e arrond.).**
13 Vincenot, ent. de terrasse,
marchand de sable et
cailloux.

**r. Basse-des-Ursins
(quai Napoléon).**
19 Porte, peinture.

**r. des Basses-Vignolles
(Charonne).**
7 Verrier, menuiserie.
15 Martinois, fab. de colles.
24 Rispal, chaudronnerie.
Imp. Charnot,
3 Jouannaud et Pouyaud,
maçonnerie.

place de la Bastille.
10 Libeault, peinture.
12 Cazenave, découpages.

**r. des Batailles**
(16e arrond., anc. Chaillot).
11 Allard (Emile), ingén. en
chef des ponts et chaus.
31 Poupart, ing. civil.

**r. des Batignollaises.**
4 Buchard (Ch.), arch. vérif.
9 Georges (Ch.), peintre en
décor.

boul. des Batignolles.
14 Berthier (Ed.), architecte.
Guillemot, neveu, maçonnerie.
15 Delettré (A.), architecte.
Tous les matins jusqu'à
midi.
16 Joussot, sculpteur-ornemaniste.
19 Millet (Aimé) ✶, sculpteur
statuaire.
21 Sibien (Jules), arch. du
gouvernement, inspecteur
principal du service de
l'éclairage public de la
ville de Paris.
22 Coquerel, ing. civil.
34 Lagondeis, architecte.
43 Seelles, grillageur.
48 Duprez (Charles), archit.
50 Puteaux (Lucien), architecte
constructeur.
52 Sougé (Gustave), architecte
décorateur.
58 Train (E.), arch. du 8e arrondissement. Reçoit MM.
les entrepreneurs le mer-
credi et le vendredi de
10 à 11 h. à l'agence
Chaptal, r. de Rome.
58 Courras (Ph.), ing. civil.
66 Cordier (Eug.), architecte;
mercredi et samedi, de
8 à 11 h. du matin.
96 Heffinger, menuiserie.

**gr. r. des Batignolles.**
3 Bouillard, peinture.
  Martin, serrurerie.
4 Versin, peinture.
13 Joly, peinture.
15 Cochois (Alphonse), archit.
18 Chauteau (L.), peinture.
  Ternois, ent. de vidanges.
19 Robbes (Alfred), peinture et décors.
21 Barberot, ing. civil.
  Delpech, ing. civil.
  Froyer, ing. civil.
  Mestre, marbrerie.
30 Girard, serrurerie
  Miguan, menuiserie.
  **Impasse Béranger.**
42 Bucaille (Ch.), peintre d'enseignes.
31 Lassausay aîné, peinture.
43 Fabre (Louis), architecte. Le matin de 8 à 10 h.
  Lemaire (Eug.), entr. de travaux publics.
50 Kurtz (A.), arch. expert. Mardi et vendredi, de 8 h. à midi.
51 Laraze, architecte.
  Bienvenu, aîné, couverture.
  Nessi, fumisterie.
  Alioli, peinture, verres à vitres et vitraux pour églises.
  Sicardet, appar. à gaz.
  Solier et Buron, menuiserie.

**r. du Mattoir-St-Victor** (Jardin-des-Plantes).
3 Paumier, couverture.
  Blondé, couverture.
5 Vialfond fils, fumisterie.
9 Sauvier (H.), archit.-vérif.
  Paumier (F.), couverture.
11 Gabriel, serrurerie, combles et escaliers en fer.

**pass. Baudellecque.**
(18e arrond. Clignancourt).
15 Griès (Pierre), maçonnerie.
21 Coffée, serrurerie.

**r. Baudin** (square Montholon).
8 Viraut, architecte. Mardi jeudi et samedi, de 8 à 10 h.
  Bonnay, architecte.
15 Thiébault, peinture.

**r. Bawéricourt** (13e arrond.) (Anc. r. du Chemin-du-Bac).
80 Perrot (Adolphe), quincaillerie et serrurerie.

**r. Bayard** (Champs-Elysées).
21 Tourneur, menuiserie.
23 Boubiela (Louis), serrurer.
25 Ozanne (Jules), architecte.

**r. Mayen**
(anc. r. de l'Arcade-Ternes).
13 Jolly, maçonnerie.
14 Lefranc (S.), architecte.
62 Ratandeau, maçonnerie.
63 Erroux, gravatier.

**r. de Mézin** (Marais).
(anc. r. de la chaussée des Minimes).
3 Leroile frères, bronzes.
4 Gillet et E. Bouret, bronzes.

**r. Beaubourg** (r. Rambuteau)
10 Combaudon (F.), maçonnerie.
11 Bisson, serrurerie.
24 Hodelo, fab. d'instr. pour les sciences.
31 Monge, menuiserie.
34 Boudeville, peinture.
42 Brocq, peinture.
56 Henry, peinture.
58 Casassa-Buthelin (F.), applicat. du caoutchouc à l'industrie.
62 Lesieur, couleurs, vernis.
66 Martin-Duverger, boiseries.
68 Boileau, boiseries.
70 Lefort, menuiserie.
74 Dieudonné et G. Dorenlot, bois, et fab. de meubles à la mécanique.
  Bazin jeune, boiseries.
73 Pinson, boiseries.

**r. de Beauce** (Temple).
8 Morel fils aîné, serrurerie.
9 Brauca, fumisterie.
48 Auclair, maçonnerie.

**aven. Beauvoir.**
(faubourg St-Honoré).
2. Peingourous, menuiserie.

**place Beau-Grenelle.**
Souchet (H.), bois et scierie mécanique.

**pass. Beaulieu** (Bercy).
4 Chérance aîné, peinture.

**boul. Beaumarchais** (Bastille).
2 Migevant, architecte, cabinet spécial pour le contentieux. Photographie.
  Masson (Louis), arch. vérif. professeur à l'Association polytechnique.
14 Bersia (M.), arch. vérif. Mardi, jeudi et samedi, jusqu'à 11 heures.
  Poulain, ingén. civil.
16 Lobereau jeune et Meurgey, fab. de ciments.
  Collman, peinture.

17 Lussereau.—J. Chapel (maison), couvert. plomb., zinc et appareils inodores.
  Chapel (J.), arch. vérif.
18 Bignet (A.), arch. vérif. Le matin avant 9 heures.
20 Artus, ing. civil.
  Renauld fils, architecte, le mat. de 10 à 11 heures.
27 Coupé, peinture.
28 Vasst dit Gustave, fab. de cadres en tous genres.
30 Vigoureul, archit. inspecteur du 13e arr., mardi et vendredi de 7 à 10 h. Inventeur brev. s.g.d.g. du Siphoïde à récipient d'eau.
34 Asse, tapisserie.
38 Charpentier (Albert), arch. vérif., le matin avant 10 heures.
  Zuber (Jean) et Cie, produits chimiques.
42 Wibaille (Alexand.), archit. régisseur de propriétés; tous les jours de 3 à 5 h. jeudi excepté.
44 Thounin (Vve), fabrique d'ornements estampés et bronzes.
  Lhermitte, coffres-forts.
45 Pitard et Morin, succ. de Luce jeune, peinture.
46 Aboilard (Charles), ingén. civil.
46 Masselin, ing. civil.
47 Le Brun (Ernest), archit. De 1 à 3 h.
54 Mesnard (Paul), architecte expert près les tribunaux: mardi, vendredi et samedi, de midi à 3 heures.
56 Vaucli (J.), calorifères.
57 Vera (Marcelin) architecte en chef de l'assistance publique, et architecte au minist. de l'instr. publiq.
60 Duflot (P.) architecte.
  Leroy (H.), garde-robes.
64 Lemarié (Alf.), arch. métr. vérificat.
67 Lepet fils aîné, frères et Cie, fontes pour le bâtiment et le chauffage.
68 Rompajut, fab. d'étalages et moulures en cuivre.
69 Bertrand, ingén. civil.
  Caronési, fumisterie.
71 Vizet fils, démolitions.
73 Castelin, archit.-vérificat. spéc. pour les expertises en menuiserie.
74 Courtois frères, couleurs et vernis.
76 Roux, papiers peints.
  Julien, fabricant de colorifères.
81 Godin, fondeur en fer.

82 Mayer (Edmond), ing. civ.
Favier, meubles sculptés.

84 Trouillet (E.), arch.-vérif.
mardi et vendredi jusqu'à
10 heures.

Vrignaud, Terral et Piletti,
menuiserie d'art et meu-
bles, sculpture sur bois.

89 Durier, (Veuve) ferblautier,
fab. de baignoires.

90 Chapelle ✠, ingén. civil.

91 Picchi, sculpteur-ornemaniste, mouleur.

95 Telliez (Eug.), archit.-vérif.
Thirion (Ch.), ingén. civil
office pour brevet d'inv.

96 Becune (A.), fab. de calorifères et fourneaux écono-
miques.

100 Châtégnier, sculpt. s. bois.

102 Moreau-Wernle, archit.
Léon, tapisserie.

105 Paillard (V.) ✠, bronzes.

111 Mauduit (F.), architecte.

r. de Beaune (Pont-Royal).

12 Dartin, ingén. des ponts et
chaussées.

23 Liger (F. J.), arch. commissaire-voyer du 7e ar-
rondissement.

39 Compte, grilageur.

r. Beauregard
(quartier Bonne-Nouvelle.)

5 Montague, serrurerie.

6 Cartier, peinture.

8 Dory (M.), peinture.

14 Simonnin, menuiserie.

18 Dramard-Blaudet, couleurs
et vernis.

29 Méry serrurerie.
Botex, peinture.

34 Guillois, fab. de cadres.

38 L'Ecolant, métreur vérifical.
en menuiserie.

r. Beautreillis (Arsenal).

2 Laurent, peintre en décor.

3 Desuraud frères, couverture.

6 Delafontaine, archit., mardi,
jeudi et samedi de 8 à
11 heures.

11 Hollette (H.), quincaillerie.

12 Chapon (S.), arch. vérificateur.
Chapelle, peinture et décors-
fab. de stores en tous genres.

15 Depoix (J.), architecte voyer
de la Commune de Clichy.
Besombes, arch. mét. vérif.
spéc. en maçonnerie.

21 Denis, maçonnerie.

22 Patouille, archit. ex-ins-
pecteur des travaux du
Gouvernement.

82 Ballauff et Bureau, fab. de
cristaux pour le bâtiment,
robinetterie et sièges inodores.

Lherminier (Alph.) (N. C.),
miroiterie, dorure et en-
cadrements.

23 Tampier (E.), cadres et
dorure.
Gros, ébénisterie.
Dumas-Frémy, pap.de verre.

r. des Beaux-Arts (Institut).

5 Moreau, peintre artiste.

4 Laurent, menuisier.

6 Roux (F.) architecte, directeur de la Société des
croquis d'architecture.

9 Lebrun (Emile), architecte.
Sauzac, peinture.

12 Dupuis (A.) librairie des
Beaux-Arts.

15 Robin, O. ✠, insp. gén. des
ponts et chaussées.

15 Ginain (Léon), archit. du
6e arrond. de la Ville.
Lundi de 1 heure à 3, et
jeudi de 10 h. à midi.

r. Beccaria (anc. r. Beauvau
St-Antoine).

2 Vielcazal, serrurier-mécanicien.

4 Daulterre, papiers peints.

11 Rousseau, fondeur.

15 Groulez (J.), mécanicien.

16 Grangé (Eug.), serrurerie.

17 Philiponet, papiers peints.

22 Marchand, archit. expert.

24 Demouchy, bois.

r. Beethoven (anc. r. de la
Montagne-Passy).

25 Deville (Louis), serrurerie.

aven. du Bel-Air
Trône (12e arr.) quart. Picpus.

5 Bernard (Léon), charpente.

aven. du Bel-Air
(ancien Saint-Mandé).

31 Peuchant, cintrage de voûtes
de caves et de planchers
en fer; location de ma-
chines à monter les ma-
tériaux.

62 Roussel (V.), maçonnerie.

r. du Bel air (13e arrond.)

43 Renaud (Alex.) arch. vérif.
lundi, mardi et vendredi
jusqu'à midi; et le soir
5 à 6 heures.

place Welhomme
(18e arrond. Clignancourt).

6 Declée, serrurerie.

r. Bellier (17e arrond.)
(anc. r. des Montagnes, Ternes)

3 Beaufumé (Prosper), menuiserie et bois découpés.

13 Vignon, architecte.

r. Bellechasse
(faubourg Saint-Germain).

8 David (Ed.), menuiserie.

10 Moreau (Constant) arch.
insp. des trav. des Tuileries.

14 Audrain, tapisserie.

50 Legriel, tapisserie.

56 Perrier C. ✠, insp. gén. des
p. et chaussées.
Cambuzat, O. ✠, ing. des
ponts et chaussées.

r. Bellefond
(faubourg Poissonnière).

3 Robustel, serrurerie.

4 Le Begue, père et fils, arch.
Lundi et jeudi de 1 h. à
2 h. et demi. Les entrep.
sont reçus les mardi et
vendredi, de 9 h. à 10 h.
et demie.
Lorible, archit. expert, visible
le jeudi.

6 Morin, fumisterie.

16 Ruard, peinture.

27 Ponche fils aîné, couverture.

28 Loupe, fumisterie.

31 Roger (N. A.) ✠ architecte
du 9e arrond. de la Ville
de Paris, expert près les
tribunaux.
Roger fils, archit. inspect.
des travaux publics.
Carithon, vér. des trav. publ.
Méret fils, menuiserie.
Buell (Léon) et Valogne,
ent. de travaux publics.

35 Lucas (A.), archit. du 18e
arrond.
Coulon (J.) entr. d'attachements de maçonnerie. —
Mardi et vendredi jusqu'à
10 heures.

37 Mantaux, menuiserie.

39 Buat (Eug.), vérif.
Robert, serrurerie.

boul. de Belleville
(de la r. Oberkampf au faub.
du Temple).

1 Krier jeune, maçonnerie.

13 Esnault (Pierre), pavage,
granit, asphalte, bitume,
trottoirs.

31 Derriey, mécanicien.

32 Gauthier fils, serrurerie et
charpentes en fer.

39 Sabouré (J. A.) couvreur,
plombier, gaz.

42 Orgibet, peinture.

45 Combe, menuiserie.

53 Maréchal, fumisterie.

55 Grousseaud (J.), maçonnerie.
61 Papavoine (C.), appareils à gaz.
67 Fauzon, maçonnerie.

**r. de Belleville**
(Charonne 20e arrond.).
42 Mauny jeune, poteries pour le bâtiment.
44 Barbier et Cie, fab. de ciment Portland.
46 Drouin (F.), briques, carreaux et poterie.

**r. de Bellevue (Passy).**
26 Barzell, zingueur.

**r. de Bellièvre**
(13e arrond., Salpêtrière).
9 Tible, chaudronnerie.

**r. de Belzunce**
(Saint-Vincent-de-Paul.)
46 Lebrun (L.), ingén. civil.
48 Poulin (Henri), arch.-exp. près les tribunaux.
20 Demichel jeune, peinture.

**r. Bémard (Batignolles).**
5 Gondouin (de), archit. Les mercredi et samedi jusqu'à midi.
23 Pougaux (Armand) not. vérif.
  Malpeyre (A.), peinture et décoration.
34 Ferré (Ch.), menuiserie.
39 De Launay (F.), entrep. de trav. publics.
41 Benoît-Duportail, ing. civil.
  Ethis (Alph.), menuiserie.
41 bis, Banc (L. M.), archit.-vérif. Mardi, jeudi et samedi, de 9 h. à midi.
  Delessailles (Alph.), peinture.
42 Ferrari, verres à vitres.
45 Eck (Ch.), arch.
49 et 51 Alepée (Félix), fab. d'appareils à gaz.

**r. Béranger (anc. r. Vendôme-Marais).**
2 Peugeot frères, fab. d'outils.
3 Jacob, arch.-vérif. insp. des trav. de la cathédrale de Paris, mercredi et samedi jusqu'à 11 h.
11 Comollo, cuisserie pour le bâtiment.
13 Roullaut, const. d'appareils p. les sciences et mach.
16 Blanc (Ch.), arch. exp. attaché à la justice de paix du 3e arr. mardi, jeudi et samedi de 10h. à midi.
  Vadbois, tapisserie.
17 Mallet (J.), arch. vérif.
  Daltot (Aug.), ing. civil.

18 Guivet, menuiserie.
49 Duval-Hazard (A.), papeter. pour l'architecture; toile à calquer.
21 Société anonyme des forges et fonderies de Montataire.
25 Mausuy et Cie, éclairage.

**boul. de Bercy (12e arrond.)**
(du quai de Bercy à la r. de Charenton).
23 Poupy, fab. de carreaux de plâtre.
52 Maingaud et Munier, maçonnerie.
72 Roulland jeune, couv., gaz.

**quai de Bercy (sur le port).**
20 Lebègue, fab. de tailland., quincaill. et outils.
24 Bournique frères, marchand de bois.
32 Commecy (Ad.), papeterie spéciale pour ingénieurs.
44 Baudelot, briques, ardoises et tuiles.
56 Binet et Vieillard, fab. de laches.
60 Fouinat, briques, tuiles, carreaux, ardoises, lattes et volges.
  Grosjean frères, bois.
62 Poymat fils, bois de sciage.
70 Toussaint, march. de bois.

**r. de Bercy (porte de Bercy au boul. Contrescarpe).**
20 Gillote, peinture.
23 Fournier, serrurerie.
25 Magnan (Ve), serrurerie et fab. de châssis.
27 Lardin aîné, maçonnerie.
30 Legendre fils, charpente.
38 Pony, charpente bois et fer.
38 Serbos, serrurerie.
40 Castroy, tuilandier.
49 Lemaître (A.), peinture.
81 et 83 Bonamy, serrurerie.
87 Girard, peinture.
112 Levaux (Hyp.), peinture.
135 Rouault (Ch.), peinture.
149 Dumas, charpente.
151 Caillettepère et fils, ent. de maçonnerie.
221 Daltot, bois de sciage.
  Peul (Ch.), maçonnerie.
223 Arnaud, serrurerie.
  Lecardeur et Perrière, cintrages en tous genres.
225 Mugnier, rampiste.

**r. de Bercy-Saint-Jean (Hôtel-de-Ville).**
4 Mayoussier, serrurerie, fab. des stores-bannes, Laffely et stores en tous genres.
  Boyette aîné, menuiserie.

**cité Bergère ((faub. Montmartre).**
2 bis, Mercier, dor. sur bois.
5 Leclère (Furn.) sonneries électriques, paratonnerres
8 Fourcy-Gibus, dorure sur bois.
11 Marion, papeterie.

**galer. Bergère.**
10 Delavesne, fumisterie.

**r. Bergère (faub. Montmartre).**
3 Ginier (E.), maçonnerie.
3 Amicht, tapisserie.
11 Comptoir d'Escompte.
  Magès (F.), arch. du Compt. d'Escompte.
20 Seyfert (E.) ※ couvert., plomb. et zinc.
31 Forget, Aug. ※ arch. vérif. Réviseur en chef des travaux de la Ville.

**r. des Bergers (Grenelle).**
26 Roze (Aug.), maçonnerie.

**r. de Berlin (r. de Clichy).**
4 Lastignes (Louis), ing. civil.
6 Malézieux ※, ing. des ponts et chaussées.
10 Loche, ing. ponts et chauss.
12 Jacquot ※, ing. en ch. min.
16 Pouthier (L.), arch. en chef à l'administration de l'Assistance publique. Lundi, mercredi et vendredi de 8 à 10 heures.
18 Degraud, ingen. ponts et chaussées.
20 Delbrouck, arch. de la ville de Vernon (Eure).
27 Simonet, archit. véridical. Expertises.
30 Raban (T.), arch. Tous les jours de 10 h. à 4 h. excepté le lundi et jeudi.
35 Bas-oupierre ※, ing. en chef des ponts et chauss.
37 Van Blatenberghe, ing. en chef des ponts et chaus.
38 Clausse, archit., inspect. des trav. de la ville de Paris.

**r. Bernard-Palissy (anc. petite r. Taranne).**
5 Daniel fils, serrurerie.
7 Ferry, serrurerie.
9 Sorin fils, fers ronds et moulures en fer et cuivre.
11 Lemeunier, maçonnerie.
  Dôme, rampiste.
11 Guillot, maçonnerie.

r. des **Bernardins** (Saint-
Victor).

6 Bouligaud (P.), maçonnerie.
11 Guerbigny (Th.), arch. vérif.
19 Avril fr., grav. en typograph.
25 Ausou, peinture.

r. de **Berri** (faub. St-Honoré).

23 Cheronnet (A.), ent. de trav.
publics.
38 Loyre (P.) fils, arch. paysagiste, ent. de terrasse-
ments et plantations.
43 Parandier O. ✳, insp. génér.
des ponts et chaussées.
45 Quelin et Cie, stucateurs.
47 Créfin (Gabriel) ✳, architecte en chef des chemins
de fer de l'Ouest et de
la Banque de France.

r. **Berthelot**.

6 Rebout, prof. d'architecture.
7 Perpereau, menuiserie.

boul. **Berthier** (De la Porte
de Clichy à la Porte de la
Révolte).

Pousset (J.), pavage.

r. **Bertin-Poirée**.
(q. de la Mégisserie).

10 Métayer, architecte.
Marcellin (Auguste), archit.
anc. élève de l'école des
Beaux-Arts, de 3 à 5 h.
11 Ramon (Emile), arch. spéc.
pour la const. des monu-
ments funèbres.
Fleury, fab. de bâches.
15 Cluseaux, maçonnerie.
16 Mavré, archit. expert, mercredi et vendredi de 9 à
11 heures.
Meurizet, greffier de bâtim.

r. **Bertrand-Necker**.

16 Rosaïl, maçonnerie.
21 Michel et Jacquet, menuis.
22 Delaroche aîné, grand chauffage, calorifères, chemi-
nées et fumisterie.
25 Dédard, couverture.
29 Laudet (G.), ingénieur breveté, const. mécanicien,
wagon ascensionnel pour
monter dans les étages
des maisons.

r. **Berzélius** (anc. r. St-Ger-
main-Batignolles).

6 Réthoré (Henri), menuiser.
19 Cauchois (L.), serrurerie.
Anet (Sulpice) fils, menuiserie.
24 Souty, maçonnerie.
26 Nidriche, peinture.

33 Marie (Louis), entr. de bâtiment, et magasin de matériaux en détail.
48 Pivet (Al.), stucateur.

q. de **Béthune** (île St-Louis).

14 Dumeril ✳, ingén. en chef
des ponts et chaussées.
18 Jacquel, maçonnerie.
31 Fouriaud, peinture.
36 Montcarville, ing. civil.

r. **Beudant** (anc. r. Fortin-
Batignolles).

3 Baulet fils aîné et neveu,
maçonnerie.
10 Durand (Alex.), arch. sous-
insp. des travaux de la
Ville de Paris.

r. **Beurot** (anc. r. du Père-
Vaugirard).

5 Lhôte, serrurerie.

r. **Bezout** (11e arrond.)

3 Rouch, piqueur sur bi-
tume.
20 Mège, peinture.

r. **Bichat** (faub. du Temple).

12 Laine, menuiserie.
28 Adam, menuiserie.
30 L'hôtellier, fab. d'app. à
gaz.
37 Bailly, fab. d'échelles.
37 bis. Altély, couverture.
49 Bouchaucourt, miroiterie.
52 Hubert, menuiserie.
Coubre frères, dépolisseurs
de verres.
57 Rouy frères, serrurerie,
stores et sonnettes.
59 Miolan (Félix), découpeur
sur bois.
61 Adamiste, menuiserie.

impasse des **Bichus** (Passy)

3 Ratin, architecte.
5 Leroy et Cie, carrier.

r. de la **Bienfaisance**
(r. du Rocher).

2 Bordes ✳, ingén. civil.
25 Gayant (O.) ✳, insp. gén.
des ponts et chaussées.
40 Renard (Lucien), ing. civil.

r. de **Bièvre** (q. de la Tournelle)

3 Bouligaud (P.), maçonnerie.
6 Charpentier, menuiserie.
Collet, outils pour maçons.
10 et 12 Charles (Georges) N✳,
fab. de baignoires, chaud.
spéciale pour les bains,
chauffe-bains et robi-
nets, hydrothérapie com-
plète pour les apparte-
ments.

28 Thierry, brosses pour les
peintres.
32 Riard, serrurerie et châssis
pour vitraux d'église.

r. **Bittault** (8e arrond, anc. r.
de l'Oratoire, ch. Élysées).

13 Cugoot (Louis), sculpteur.
Daillemard, sculpteur.
16 Not (H.), arch. vérif-ateur.
Lundi, mercredi et ven-
dredi d-8 h. à midi.
Not et Cie, entreprise gén.
de constructions.
26 Albin (Th.), arch. vérif.
28 Faustin-Besson ✳, peintre
artiste.
30 Gigoux ✳, peintre artiste.
Lefebours (Henri), peinture.
33 Baraban, arch. insp. des
trav. du gouv.
Gillet (Félix), maçonnerie.
44 Richard (Louis) ✳, ingén.
civil.

r. des **Billettes** (r. de la Verrerie).

1 Bourgage, brosses pour les
peintres.
6 Fiault, fab. de fontaines.
7 Jobard, menuiserie.
9 Raghezzi, peinture.
10 Baudry (A.), expropriations;
et agence de crédit des
constructeurs.
15 Marcy, maçonnerie.
17 Goffrin, serrurerie.

q. de **Billy** (16e arr., Passy).

2 Nouton ✳, ing. des ponts et
chaussées.
Roïat de Mandres ✳, ingén.
des ponts et chaussées.
6 Le Tessier de Launay et Cie,
briques et blocs aggloméré-
mérés à la mécanique à
base de ciment Portland.
46 Cail (J. F.) ✳ et Cie, const.
mécanicien, machines à
vapeur, grands travaux en
fer, fontes et tôles.
56 Gauneron (Ed.) O. ✳, ing.
civil.

r. **Biot** (anc. r. d'Antin-Bati-
gnolles).

7 Pasy, peinture.
8 Baudot, architecte.
11 Cortella (Ant.), fumisterie.
17 Monier (L.), architecte. Le
matin jusqu'à 10 h.
20 Tourneroche, peinture.
23 Cabols, ingénieur géomètre.
25 Destrument (A.), archit.
vérif.

r. de **Miromgue** (anc. r. Royale-St-Antoine)
7 Morel (Eug.), arch. vérif. attaché aux travaux de la ville.
Sayer, menuiserie.
45 Portal, miroitier doreur.
Navet, peinture.
Lemaigre, tapisserie.
46 Callon et fils, arch. ing.

r. **Miron** (Montmartre).
46 Duval, menuiserie.
48 et 20 Bailly, serrurerie.

r. **Miscornet** (anc. r. de la Planchette, boul. Contrescarpe).
7 Bardey, menuiserie.
8 Mace, serrurerie.

r. **Missou** (20e arrond) (anc. r. des Montagnes)
49 Moreau, serrurerie.
25 ...uffart, Rampiste.

r. **Mizes** (Chaillot).
35 Hacquin, serrurerie.
51 Doreau (E.), serrurerie.

r. **Blainville** (Panthéon).
9 Barat, fab. de gardes-robes robinets et pompes.
11 Royer, serrurerie.
43 Fournal, chaudronnerie.

pl. **Blanche** (boul. Clichy).
1 Ruggieri, artificier.

r. **Blanche** (de l'église de la Trinité au boul. de Clichy).
3 Guérin de Litteau ✠, ing. civil.
4 Guillard, serrurerie.
Schwoble, ing. civil.
6 Gagelin, tapisserie.
10 Garnaud fils, ing. civil.
12 Gaudron, ébénisterie.
30 Pellechet ✠, architecte.
41 Dantan jeune, sculpt. stat.
46 Molinos ✠, ing. civil.
Decombrousse, ing. civil.
65 Laval ✠, arch. diocésain et des asiles impériaux.
69 Hubert (H.), ing. Étude et direction de toutes constructions du génie civil et installations d'usines.
Fauchet (Gabriel), géomét. de la Cie du chemin de fer de Paris à Lyon et à la Méditerranée.
70 Ponsat jeune (Ant.), entrep. de travaux publics.
76 Correard, app. à gaz.
77 Le Poitevin (C.), arch. membre de la Commis. des bâtim. civ. du dép. de Seine-et-Oise.

77 Lecointe, peintre artiste.
80 Ballu (Théod.) ✠, arch. en chef des trav. de la Ville (4e division).
Capitaine (C.), architecte.
Nepveu (Ch.) ✠, ing. civil.
Mallet, ing. civil.
81 Drouart, serrur., sonnettes.
82 Lavalley (Paul), arch. insp. des trav. de l'Institut des Frères r. Oudinot.
Lavalley (Aristide), archit.-vérificateur, arch. de la Cie L'Union (assurances sur la vie).
Robert (Émile), métr. vérif. et attach. figurés.
82 Komarnicki, ing. civil.
84 Dubour, peinture.
87 Venturelli (B.), contentieux.
95 Bataille (J.) ✠ et Périssé, ing. constructeurs. Travaux métalliques.
Madoulé (H.), mét.-vérif.
Huet (Alfred), ing. civil.
Geyler, ing. civil.
96 Bénier, sculpt. ornemaniste.
97 Brey (J.-B.), arch. de l'église française à New-York.
99 Bourdain (Alfred) jeune, arch. vérif. — Tous les vendredi de 8 à 1 h.
Lescène (L.), architecte. Le matin de 8 à 9 h.
100 Bainville (Ch.), arch.-mét.-vérif. Jeudi et samedi de 8 h. à midi.

r. **Blancs-Manteaux** (Marais).
10 Benoist et Peny, maçonnerie.
22 Bienvenu frères, toiles métalliques.
23 Foulley (F.), menuiserie.
33 Figaret, bronzes; ameublements de tous les styles pour les églises.
35 Bouiller, peinture.
Blin, menuiserie.
40 Gillert, vente de zinc et fab. d'art. en zinc pour couv.
45 Dumont, doreur sur bois, fab. de cadres.

r. **Bleue** (faub. Poissonnière).
1 Sem, arch. vérif.
1 bis. Rocache, ing. civil.
2 Ollive (A.), fab. de carreaux pour dallages et revêtem. inusables.
45 Delaunay, peinture.
Denille, clouterie.
16 Demotte et Goeseels, calorif. et fumisterie.
17 Langoisseur, peinture et décors.

27 Lecomte (Gustave), archit. expert près le trib. mardis, jeudis et samedis de 9 à 11 h.
Gratiot, peinture.
36 Lebœuf, serrurerie.

r. **Blomet** (Vaugirard).
5 Boussavit, ent. et décorateur de parcs et jardins.
36 Lefebvre (R. P.), sculpteur ornemaniste.
44 Renu, arch. s.-insp. des trav. du Minist. des trav. publ.
51 Chevalier (A.), menuiserie.
56 Giland (A.), serrurerie.
67 Ganneval, menuiserie.
69 Etienne ainé, arch. vérif. des trav. de l'Assis. publique. mardi et vendredi jusqu'à midi.
77 Grandjean; couleurs et vernis.
81 Louisfert, ent. de terrasse.

r. **Blondel** (anc. r. Neuve-St-Denis, Porte St-Denis).
3 Thomas jeune, escompte et recouvrement pour le bâtiment.
Soudieux, serrurerie.
5 Levent jeune, appareils pour le gaz.
7 Ampetin, menuiserie.
Gourdon, brevets. Vente de fonds et maisons.
Société des usines à gaz réunies. — Gautier et Cie.
49 Leherre (A.), miroiterie.
21 Bourion (Jules), couvert. et app. à gaz.

r. **Bochard-de-Saron** (av. Trudaine).
4 Breton, menuiserie.
6 Duchanoy (Victor), serrurerie.
Morel (E.), architecte. — Tous les jours de 8 à 11 heures du matin.
10 Ducolombie, peinture.

r. **Boileau** (Auteuil).
4 Deville fils, serrurerie.
5 Voisembert, arch. vérif.
6 Dambroise, treillageur.
37 Péry (Édouard), architecte, memb. de la Soc. géolog. de France. Mardis, jeudis et samedis de 11 h. à 2 h.
65 Marthe (Victor), menuisier.
81 Pin, charpente.
85 Pouret et Depagniat, maçonnerie.
96 Guinot (Clément), maçonnerie.

r. des **Bois** (Belleville).
7 Guillemin, peinture.
44 Raisin, couverture.
19 Topin, maçonnerie.
22 Bodin, cordages.

r. des **Bois** (Charonne).
6 Belbague, couverture.

pass. du **Bois-de-Boulogne**
(Porte St-Denis).
12 Canneron, menuiserie.
Querruel, serrurerie.

r. **Bois-le-Vent** (Passy).
10 Lemaire, serrurerie.

r. **Boissière** (16e arrond.
boul. de Passy).
14 Rey (Louis), peintre artiste
décorateur.
21 Leroy, charpente.
Jamet, menuiserie.
22 Fournet, peinture.
23 Muste (A.), serrurerie.
24 Poizot (F.), arch. vérif.
Préaut et neveu, serrurerie et charpente en fer.

. **Boissy-d'Anglas** (8e arr.)
(faub. St-Honoré).
0 Langlais (Félix), architecte.
Lundi, mercredi, samedi,
de 11 h. 1/2 à 1 h. 1/2
Level (Emile), ing. civil.
14 Vitry (Alex.), miroiterie et dorure.
18 Rajou, arch. vérif.
George, serrurier-mécanic.
20 Pages, peinture.
22 Amie (Ch.), fumisterie.
27 Legrand, menuiserie.
31 Leray, menuiserie.
35 Court, peintre artiste.
Baudry (Paul), peintre artiste.
41 Vallet jeune, peinture.
43 Buhler, tapisserie.

r. **Bonaparte** (Institut).
1 Couche O., insp. gén. des mines.
5 Ramier, ent. d'éclairage.
6 Donné, ébénisterie.
9 Delaroche, meubles anciens.
12 Gennerat, architecte. Lundi,
mercredi, jeudi et samedi
de 2 à 3 heures.
13 Blavier, ing. en chef des Mines.
Morel (A.), libraire-éditeur.
Nizet (Ch.), arch. vérif.
14 Lenoir (Albert), arch. du
Musée de Cluny, secrétaire
perpét. de l'écol. impériale
des Beaux-Arts.
Desachy (A.), sculpteur ornemaniste, moulage et carton pierre.

47 Lorain (Paul), arch. insp.
aux travaux de la Ville.
Mercredi et samedi de 8 à
10 heures.
18 Librairie artistique.
19 Triboulet (L.), arch. vérif.
spéc. pour attachements
de maçonnerie.
20 Haro fils, couleurs fines.
22 Leleux (Adolphe), peintre artiste.
24 Fromantin, ing. civil.
25 Agostinetti (J.), peinture.
28 Guglielmini fils, fumisterie.
29 Renaud (L.), arch. principal
de la comp. du chemin de
fer de Paris à Orléans.
Mardi et vendredi de 8 à
10 h. du matin.
Chamoüin (L.), papeterie.
30 Armand (Eug.), arch. exp.
de plusieurs Soc. d'assur.
immobilière, cont. l'incendie. Les mardis, jeudis et
samedis jusqu'à 11 h.
31 Garnaud (Maison). — Etiennbled (Henri), ingén. civil
directeur Fab. d'ornements et articles de bâtiment en terre cuite.
Bordreau, arch. ingénieur.
Vialatte et Bordreau, const.
de charp. en fer.
38 Froc-Robert, sculpture sur
bois, ameubl. d'églises.
40 Solon, sculpteur.
47 Longuet-Guilbert, quincaillerie.
54 Baujard, arch. vérif., lundi,
mercredi et vendredi de
7 à 9 h. du matin.
53 Fer, inspect. des corps de
garde. — Tous les jours
de 9 à 10 h. du matin.
58 Mintet (C.), architecte.
60 Etienne (Lucien), arch. de
l'administration de l'enregistrement et des domaines.
72 Thierry, brontes.
74 Bisis Gissard et Rondelet,
(N.C.), fab. d'ornem. d'églises, broderies de tous
styles, tentures, ameubl.
armoiries.
Triouillier, brontes.
76 Baumann (Alex.), architecte.
80 Cuénot (J.), arch. commiss.
voy. adj. du 5e arrond.
Mellé, arch. vérif. des bât.
de la Couronne.
Van-de-Ven, menuiserie,
meubles sculptés et trav.
d'église.
82 Vibert (Paul), architecte.
Dubus, fab. d'orn. d'église.
86 Geng, art. pour églises.
Oulié, doreur sur bois.

r. de **Bondy** (boul. Saint-Martin).
3 Buisson (J.), publicité.
5 Cartier, doreur sur verre.
7 Feraud et Desmarais, attachements et métrés de
maçonnerie.
Damfreville, tapisserie.
George fils, maçonnerie.
22 Bloch (Emile), architecte.
33 Courtin, ing. civil.
34 Jeanson frères, menuiserie et fab. de moulures.
36 Poissonnier (Ach.), architecte, lundi mercredi et
vendredi de 9 à 11 h.
38 Grandjean (Charles), ent. de
travaux publics.
42 Malhard et Prudent, fab. de
blanc de Meudon.
46 Lejeune (A.-L.), architecte-expert près le trib. de 1re
inst. de la Seine, auteur
du Guide de l'expropriation.
54 Christofle (P.) (N.C.), et Cie,
bronzes d'orfèvrerie, galvanoplastie, ornements
pour décorations d'appartements.
56 Bouillet (Ch.), ing. civil.
70 Santerne (P.), moulures en
bois ordin. et moulures
blanchies, pour appartements de luxe. Cadres de
toutes formes et styles.
Meubles de ménage, et
ustensiles de cuisine et
d'écurie. Bois découpés.
Contan, sculpt. orneman.
Peyrotte, fab. de billards.
Poradous, coffres-forts.
72 Leblanc frères, succ. de
Rohée-Andoche, fab. de
pompes à incendie et
d'arrosement.
74 Pitoux, cristaux de bâtim.
76 Bourgaux, mennisier.
80 Danjard, fab. de cadres.
82 Soudel, serrurerie.
84 Gaignerez, peinture.
86 Dolidon, serrurerie.
Bouquet, dor. s. bois.
Durhet fumisterie.
Rachel, fab. de pompes.
92 Princet, ing. civ.
Holbert, fab. d'instruments
de précision.
Zammarelli (Xav.), fumist.
et calorifères.

boulev. **Bonne-Nouvelle**.
1 Delrue, ent. de vidanges.
2 et 4 Woete-Cheze, fab. spéciale d'enseignes en tous
genres.
5 bis Delahaye, papiers peints.
7 Vallet, coffres-forts.
8 Desoulle, miroiterie.

9 Raoult, fab. de coffres-forts.
Chevron et Cie, ent. de vidanges générales.
10 Letrillard, contentieux.
19 Bailly (A.-N.) O. ✳, arch. en chef de la 3ᵉ div. de la Ville; du Gouv. et exp. près le tribunal. Mercredi et vendredi le matin de 9 à 11 heures.
Sanson (E.), archit. Lundi, mercredi et vendredi, de 9 à 11 h.
25 Richard jeune, miroiterie.
Houpart, tapisserie.
28 Frémont (Ch.), architecte. Mardi, jeudi et samedi de 9 à 11 heures.
31 Aubain (R.), peinture.
32 et 34 Henry jeune, tapisserie et bronzes.
40 Hugedé (L.), grande fabr. générale et directe de lettres, écussons, médailles et armoiries pour enseignes.

**r. des Bons-Enfants (Palais-Royal).**

12 Zenone, fumisterie.
19 Berthot, ing. civil.
21 Lestrade, arch. vérif. Tous les matins jusqu'à 10 h.
24 Doniau, gestion, vente et achat d'immeubles, prêts.
28 Philippon-Clerc, menuis.
32 Dory, peinture.
Fraisse, maçonnerie.
Lepaleant, parqueteur.

**r. Bordeaux (Villette).**

7 Pascal, peintre d'enseignes.
10 et 12 Gaulier, pavage asph. et bitume.
16 Leseure (Ernest), bois et parquets.
22 Bertin, bois de sciage.

**r. de Borrégo.**

9 Gardeur, entr. de terrasse.
13 Bucker et Deschamps, briques et poteries.

**r. Borromée (15ᵉ arrond.) (anc. r. St-Charles.)**

4 Appolony (J.), menuiserie, fab. de cuves.
3 Postolle, arch. conduct. des trav. de la ville.
10 Caillet (Arsène), maçonnerie.

**Aven. Bosquet (Invalides).**

8 Nouveau système d'attaches des bois d'échafaudages.
15 Fréé (V.), vérificateur.
90 Leroux, serrurerie.

**r. Bosquet (place St-Vincent-de-Paul).**

8 Cavelier ✳, sculpteur-statuaire.
10 Girard (Simon), architecte. Mardi et vendredi de 6 h. à 10 h. du matin.

**r. Bouchardon (anc. r. de la Pompe, Porte-St-Martin).**

5 Barbette, clouterie.
8 Brused (H.), fumisterie.
13 Vuadel, appareils à gaz.
15 Luerseot, écussons pour enseignes.
18 Simonet, menuiserie.
19 Lecreux (Jules), architecte.

**r. Boucher (Pont-Neuf).**

12 Mathieux, serrurerie.

**r. Bouery (Chapelle). (impasse Cottin).**

Seitz (Constant), carrier.

**r. Boudreau (Chaussée-d'Antin).**

1 Schneider, G. O. ✳, ing. civil. Vice-président du Corps législatif.

**r. de Boulainvilliers (Auteuil).**

21 Guibert, ing. des ponts-et-chaussées.
25 Mathony, fab. de carreaux de plâtre et poterie ferrugineuse.

**r. des Boulangers (Saint-Victor).**

6 Basana (Louis), fumisterie.
17 Sauvageot, grav. en archit.
19 Gaudin, menuiserie.
22 Antoine-Baurée, fab. d'outils, mécan. et lits en fer.
30 Boyental, architecte.

**r. Boulard anc. petit Montrouge).**

15 Bauer F.-L., émailleur. Dejob, fumisterie.
17 Grand (Maurice), serrurerie, charpente, combles, pan de fer, menuiserie et construction en fer.

**r. de la Boule-Rouge. (faub. Montmartre).**

1 Lallemand, menuiserie.
3 Vincent (A.), entr. de trav. publics.
Duval, serrurerie.
5 Huet ✳, ins. des p. et ch.
7 Marie (Jean), arch. vérif.
8 Long-Thébaut, menuiserie.
12 Bautoin, couvert. et zinc ornemanist.

**r. des Boulets (boulev. du Prince Eugène).**

3½ Carpentier fils, pap. peints.
16 Morin, charpente.

**cité Beauharnais.**

3 Camusat, construct. de fourneaux et cheminées d'usine.
6 Tessier, maçonnerie.
7 Ougen (Jean), const. de cheminées d'usines et fourn. à vapeur.
9 Lhoste et Cie, fondeurs en cuivre.
10 Lazon, const.-mécanicien, fermetures en fer pour magasins et boutiques.
11 Desachy, forgeron d'enclumes et d'étaux.
17 Combard, fab. de tuyaux de cheminée ferrugineux.
20 Redon, menuiserie, châssis et serres.
22 Lagrange et Brojard, maçonnerie.
27 Radidier et Simonel, mécaniciens.
66 Lenoir (Victor), fab. de panneaux et poêles en faïence.
113 Paul Bozie XCI, fabric. de briques creuses ou tubulaires; terre cuite; pierres, chaux des carrières de St-Frambourg.
116 Loriot (A.), arch. vérif.

**r. du Boulevard (Batignol. 17ᵉ arrond.).**

4 Roger (Alex.), peinture.

**r. de Boulogne (r. Blanche, et r. de Clichy).**

1 Laporte, architecte, tous les jours de 11 h. à midi.
Bouvens (W.), architecte. Mardi, mercredi et samedi de 9 à 10 h. du mat.
Marchand ✳, ingén. chef des ponts et chaussées.
2 Dufresne ✳, ing. en chef des ponts et chaussées.
3 Martin, serrurerie.
6 Dumanis (Alfred), succ. de J. Tournay, couvertures plomb, zinc, pompes et robinets, et appareils pour cabinets d'aisances, urinoirs, etc.
21 Dubufe ✳, peintre artiste.
Gide (Th.) ✳, peintre-artiste.
36 Cendrier (Alexis), professeur d'architecture, ancien architecte en chef des chemins de fer de Paris à Orléans et de Paris à Lyon, et du palais de l'Industrie.

O Brossard, couvert., plomb, zinc et gaz.

**r. du Montol** (Banque de France).
12 Lefebvre, peinture.
17 Faure, peintre artiste.
Carrichon, tapisserie.
Piard et fils, publicité commerciale.
21 Pichard (Ed.), peinture.
26 Florien et Curie, mosaistes.

**quai Bourbon** (île St-Louis).
11 Dumay (A.), entr. spécial pour construction de théâtre.
13 Comelé, tapissier.
15 Flandrin (A.), sculpteur-décorateur sur pierre, plâtre et bois; dépôt de céramique orient, émaux cloisonnés sur briques.
Parvillée (Léon) ✠, arch. décorateur.
Parvillée (Léon) ✠ et Labbé ✠, fab. de terres cuites émaillées pour décoration du bâtiment.
17 Dardy constr. de fours pour boulangeries civiles et militaires.
19 Aubrun (Joseph), archit.
29 Dufour (Pierre), maçon.
31 Dezeutes, doreur s. bois.
33 Brosson, démolitions.
45 Bouyer, arch. exp. p. trav. de maçonnerie.

**r. Bourbon-le-Château**
(r. de Buci).
1 Mottel, couleurs, vernis.
6 Felber (A.), maçonnerie.

**r. Bourdaloue**
(Notre-Dame-de-Lorette).
4 Berthelin (Armand) ✠, architecte du Gouv.
5 Alasset, tapissier.
9 Julier, ingén. des mines.

**r. des Bourdonnais**
(q. de la Mégisserie).
13 à 19 Saint frères XEI, toiles, sacs et bâches.
14 Poirier, peinture.
20 Varin, bâches et toiles.
21 Mathieux, serrurerie.
23 Chanvière, fab. de fontaines.

**r. Bouret** (Villette).
17 Fallet, serrurerie et quinc.

**r. Bouret-Prolongée.**
26 Gazagnes, charpente.
35 Hardret, couverture.
37 Robinet (E.), maçonnerie.

**r. de Bourgogne**
(Palais-Bourbon).
4 Pophilot, ferb. zinc.
21 Beaupère, tapissier.
36 Gourdon, serrurerie.
Vallée ✠, ing. des ponts et ch.
52 Pêtre, ingén. civil.
53 Duthoit (Ed.), architecte.
Lefebvre, peinture.
57 Bonnaire (Eug.), peinture.
58 Bouchet (Gustave), entrep. de peintures, spécialité de peinture silicieuse, silicatisation de la pierre, 75 c. le mètre.
63 Roussel, menuiserie.

**r. Boursault**
(r. Blanche et r. Pigalle).
15 Arnoud-Salives, ing. civil.

**r. Boursault**
(boul. des Batignolles).
4 Bardy, menuiserie.
7 Ferré (Remy), treillageur.
9 Duclos, peinture.
13 Bayard, maçonnerie.
Dreq, serrurerie.
16 Chastelgnier (Ch.), mét.-vérificat. expert spéc. en couverture et plomberie.
16 Genty, arch. vérif.
18 Méquion, arch. comm. adj. du 17e arrond. de la ville de Paris Tous les jours de 4 à 6 heures.

**place de la Bourse.**
3 Dardoize (v.), miroiterie.
4 Coignet (E.) ✠, peintre art.
5 Liseux et Cie, association des copistes.
12 Norbert-Estibal, comptoir général d'annonces.
Hazenfeld, brevets.
15 Office polytechnique et administratif. — V. Prou, ingénieur civil, directeur.
31 Susse frères, bronzes, couleurs, papeterie et tableaux; fourn. d'articles pour le bâtiment.
Thouret, dor. s. métaux.
Durand, expéditionnaire.

**r. de la Bourse.**
4 Eudes, tapisserie.

**r. Bourtibourg**
(Hôtel-de-Ville).
7 Gascoin, papiers peints.
9 Linel, arch. vérif.
13 Notelet-Marché, peinture.
20 Delahaye, menuiserie.
21 Lemasson jeune, entrep. de maçonnerie.

21 Pothier ainé, Sublet et Cie, tôles; zincs et plombs laminés.
22 Vibert (A.), const. de fours pour boulangers.
26 Virel, serrur. - mécan. pour fours.

**r. Boutarel** (île-St-Louis).
2 Dussourd, arch. attaché aux trav. publics de la Ville.

**r. Boutin**
(13e arrond., Glacière).
4 Labbé, forgeron.
7 Leroy (Isid.), maçonnerie.

**aven. de Boutines**
(place du Trône.)
1 Ray (Ch.), papiers peints.
7 Coutet, papiers peints.

**pass. Brady**
(boul. de Stra-bourg).
3 Laflouette, fumisterie, tôlerie.
8 Guéreau, peintre.
94 Desgrand, contentieux commercial.

**r. Brantôme** (anc. r. des Petits-Champs-St-Martin.)
8 Langlois, menuiserie.
11 Morin, fondeur, fab. de robinets et garde-robes, pompes et accessoires.
21 Lefort, maçonnerie.

**r. de Braque** (Marais).
3 Prevost, serrurerie.
5 Jacquemart, papiers peints.
Moreau, peinture.
8 Garnier, bronzes.
11 Mellerio, fumisterie.

**r. de Bréa**
(r. Notre-Dame-des-Champs).
6 Morête, architecte.
Raulin (G.), architecte.
7 Atanzet, mécanicien.
18 Pérot, arch. vérif.
Dupuis (Maximilien), archit. vérif. des trav. de la ville. Lundi, mercredi et vendredi de 8 à 11 h.
18 Guyard (E.), peinture.
20 Heyaerumo, mécanicien.
Piéplu et Schnehbauer, horloger-mécanicien.
21 Sauher (L.), architecte. Le matin jusqu'à 11 heures.
25 Déchard (Paul), architecte.
27 Laborey, architecte. Lundi et jeudi de 9 à 11 h.

**r. de la Brèche-au-Loup**
(Bercy).
28 Ferrandier (Pierre), terrassier.

r. de **Bréda**
(place Saint-Georges).

6 Depeicbain, ébénisterie.
9 Pouchet, ingén. civ.
Raos, menuiserie.
Hombert, dor. s. bois.
15 Clesfihotel (Ed.), vérif.
Robert (Alph.), serrurerie.
19 Gobé aîné, peinture et couleurs.
22 Charmot, peinture.
26 Hardouin et fils, sculpteurs
d'ornements.
Vieille, couleurs, vernis.
27 Demalons, menuiserie.

r. de **Bretagne** (Marais).

55 Rollin et Domange, bronzes.
57 Foulbœuf, miroiterie.
58 Delépine, menuiserie.
61 Durand et fils, fab. de charnières et serrures.

aven. de **Breteuil** (de l'École-
Militaire à la r. de Sèvres).

10 Parent (Henri), architecte.
12 Feré, serrurerie et stores.
16 Crapoix, stucateur.
18 Michel-Petit, sculpteur, et
carton-pierre.
29 Krantz, O. ✭, ing. en chef
des ponts et chaussées.
Doussamy, sculpteur sta-
tuaire.
31 Reculard, arch. vérif.
Debiée, maçonnerie.
59 Dugat, charpente
60 Lance (E.), arch. exp. près
les trib. Les mercredi et
samedi jusqu'à 11 h.
Simonet (Édouard) fils XC,
menuiserie.
63 Vincent, maçonnerie.
Vély, peintre artiste.
78 Delaistre, serrurerie.
Lehfond, scieur de long
Marsaud (C.), maçonnerie.
80 Dupont (Ed.), maçonnerie.
82 Pimpaneau, charpente.

r. de **Breteuil**
(Arts-et-Métiers).

6 Lamarre, fab. d'enseignes.
8 Letheux (Aug.), arch. vér.
Mardi, jeudi et samedi
jusqu'à 10 heures.

r. **Brey** (Ternes).

7 Daris (Th.), peinture.
8 Coiffu aîné, mét. vérif.
14 Rignault (F.), archit. Mardi,
jeudi et samedi, de 8 h.
à midi.
15 Chemin, peinture et décoration.
20 Roz, arch.-entrepreneur.

r. **Brezin** (14e arrond., Petit-
Montrouge).

16 Deville-Chabrolle fils, ent-
de bâtiments.
Chéry, fab. de crics.
19 Patois (J.-B.), architecte.
Ducouroy (P.), peinture.
Chartonneau (Barthélemy),
architecte.
21 Lardin, métr. vérif. Le matin avant 10 h.

r. **Bridaine** (anc. r. Saint-
Charles-Batignolles).

3 Jobart, serrurerie.
4 Giacometti, fumisterie.
19 Mogel, métreur vérif.

r. **Briquet** (Montmartre).

9 Conard et fils, menuiserie.

r. **Brisemiche** (Cloître-St-
Merri).

8 Foucher, menuiserie.

r. de **Brisson** (Arsenal).

2 Chaumet aîné, maçonnerie.

r. **Brochant** (Batignolles).

5 Terret, maçonnerie.
42 Ferrari, peinture.
43 Dugal, charpente.
48 Clémandot (Louis) ✭, ing.
civ.
Leloup (Louis), ing. civil.
27 Pages, représ. M. C. Barbier,
fab. de carreaux et tuiles
rouges de la Roche, à
Condé-sur-Huine (Orne).
39 Guinet (A.), maçonnerie.

r. de **Bruxelles** (quar. Tivoli).

2 Darcy (D.), archit. du gouvern., attaché à la Com-
mission des monum. hist.
Lundi, mercredi et
vendredi de 9 à 11 heures.
3 Thier jeune, peinture.
4 Doussault (C.), architecte.
5 Finiels ✭, arch. comm. voyer
du 9e arr. Mardi et ven-
dredi, de 10 h. à midi.
6 Gérôme O. ✭, peintre artiste.
13 Petitjean, ing. civil.
13 Jordan, ing. civ.
16 Goubert (Eug.), architecte.
Mardi jeudi et samedi de
8 à 11 h. du matin.
Haret ✭ (N. C.) et fils, menuis. et parquets.
17 Hizard (Félix), arch. vérif.
des travaux publics.
Lagrave (Ernest), architecte.
19 Couchelet, doreur sur bois.
Fournière (Eugène), arch.
20 Pohn, menuiserie.

23 Desestre (Victor), arch. vérificateur, au ministère des
affaires étrangères. Mardi
et vendredi matin de 8 à
11 heures.
34 Thomé de Gamond, ing.
civil.
40 Itasse (F.), architecte. Mardi, jeudi et samedi, de 9
heures à 2 h.

r. de **Buci** (r. Dauphine).

40 Solenne (Aug.), papet. spéc.
pour archit. et entrepre-
neurs.
13 Toussaint (Alvar.), archit.
expert. Mardi et vendr.
jusq midi.
15 Buquet (Ch.), (N. C.) verres à vitres et glaces de
toutes espèces.
32 Fay, ferblant lampiste.

r. **Budé** (4e arrond.).
(anc. r. Guillaume).

5 Bourdillat (Eugène), menuiserie.
8 Rey (Louis) ✭, ingén. civil.
11 Jarry, serrurerie.

r. de **Buffault**
(faub. Montmartre).

4 Crédeville (T.), serrurerie
et pose de sonnettes.
Peyrot, fils, marbrerie.
6 Alexandre (Abel), sonnettes
ordinaires et électriques.
8 Prevost-Lamotte, couvert.,
plomb, pompes, garde-
robes et robinet
9 Galateau (Pierre), maçonnerie.
10 Patrois-Winter, peinture.
21 Noché, couv. plomb. zinc.
23 Muller (Adrien), ingén. civ.
26 Mirio et Cie, fers, fontes et
aciers, tubes.

r. de **Buffon**
(Jardin-des-Plantes).

7 Degout, serrurier-tôlier.
15 bis Pelletier (Alfred), arch.
entrep. Mardis et jeudis
avant midi.
27 Rolin (V.) ✭, représent. de
MM. Picardeau père et
fils, fab. concession. de la
chaux hydraul. de Beffes.
61 Dubief, charpente.
69 Vincenot-Barbet, succ. de
Normand jeune, couver-
ture, plomberie, zinc,
pompes et gaz.

aven. **Bugeaud** (anc. aven.
Dauphine, 16e arrond.).

11 Carrière (A.), peinture, dorures et décorations.

pass. du **Buisson-St-Louis** (bout. du Temple).
7 Briffault des Corrières, fab. d'appar. de chauffage.
11 Celery (J.) ✠, maçonnerie.

r. du **Buisson-St-Louis** (faub. du Temple).
5 Renoult (E.), maçonnerie
8 et 10 Hinque (Jacques), bois des îles.
13 Gosselin aîné, fab. de robinets en tous genres.
Hattrait (J.), menuisier-modeleur.
Isambert, chaudronnerie.
15 Gravereau, peinture.
16 Maizard fils, convert., gaz, plomberie et pompes.
Jacquemin, constructeur en fer, charpente, serrurerie, combles, marquises, châssis, serres, etc
17 Maury (A.-F.), const. de serres en fer, jardins d'hiver, grilles, marquises et châssis de couches.
23 Lamy, menuiserie.
Lignières, menuisier en instruments de dessin linéaire.
Husson, miroiterie, dorure et cadres.
24 Deadouits et Piton, couverture plomb. zinc.
27 Mulot, march. de bois.
31 Pique menuiserie.

r. **Buot** (13e arrond.).
6 Barbet, sous-insp des travaux de la ville.
5 et 7 Dorliat, fab spéciale de carreaux de plâtre bruts et lisses. Dépôt de chaux hydraul. naturelle des usines de St-Roch, à Massy (Aube). — Ciment romain Vassy, Molème et Portland. — bureau de commande r. du Roi-de-Sicile, 18.

r. **Bury** (Montmartre).
2 Luzzani jeune, peinture.
5 Petit, peintre art décorat.
8 Belloy (Jules), peintre artiste décorateur.
Lefèvre, moulures en bois.
10 Moorot, menuiserie.
33 Maillard, fermeture à vis, pour devantures et magasins.

r. de la **Butte-aux-Cailles** (Maison-Blanche).
33 Quessel, carrier.
35 Lucas, serrurerie.

r. de la **Butte-Chaumont** (faub. St-Martin, 10e arrond.).
9 Rigolet ✠, serrurerie, construct. en fer.
15 Riquier, menuiserie.
17 Michelet, fab. d'ornements estampés, en zinc, cuivre et plomb
22 Beaudelot, bois.
26 Moreau, tourneur et découpeur en bois.
31 Pailleret (P.), menuiserie.
36 Gagnard, lattes et bardeaux.
45 Pralon, maçonnerie.
47 Loiseau (Désiré), ing. civil.
48 Auméteyer (Félix), maçonnerie et bitume.

r. de la **Butte-Chaumont prolongée** (au coin du faub. St-Denis, 230)
Aubin et Hennoque, carriers.

r. des **Buttes** (Reuilly).
6 Bourgogne-Bertelmy, fab. de moulures.

r. **Buzelin** (La Chapelle).
5 Buzelin, architecte, expert.

r. **Cadet** (faub. Montmartre).
3 bis. Decrozier, grand dépôt et magasin de matériaux pour le bâtiment
12 Audoine, enseignes, tableaux pour étalages.
14 Mignard, peinture.
18 Souply, couverture, gaz, Lépine, fumisterie, fourn. et calorifères.
20 Charpentier, courtier d'immeubles.

r. **Cafarelli** (Temple).
4 Delépine, menuiserie.
12 Barbat, peinture.

r. **Caill** (faub. St-Denis).
17 Hagnauer aîné, Guerre et Albertin, dorure et miroiterie.
25 Lacroix (J.-B.), maçonnerie.
Jolly, directeur de la Société française des Asphaltes.
Leblanc (A.), carrier.

r. **Caillou** (Maison-Blanche).
11 Antony, maçonnerie.

passage du **Caire**.
12 Maubray-Chazeret, fab. d'étalages.
25 De Croutte, couleurs et vernis.
Cordier, mastics Dihl pour joints.
48 Laureys, cuivrerie pour étalage.

68 Monnier et Pianet, couleurs fines.

Place du **Caire**.
2 Faguer frères, ornements pour appartements et toiles cirées.

r. du **Caire** (r. Bourbon-Villeneuve et Saint-Denis).
11 Chariaut-Richelieu, fab. de cordages.
15 Lecrosnier, toiles et tapis cirés, bâches imperméables.
20 Thomas et Desbains, fabr. de coffres forts.
32 Josselin, menuiserie.
33 Foulon (E.), serrurerie.
43 Goguel et comp., batteurs d'or.
53 Carron fils (Etienne), fabr. et marchand de papiers peints.

r. de **Calais**. (9e arrond., r. Blanche).
3 Gouverneur, couverture.

r. de **Calais** (Belleville).
9 Delrieu, menuiserie.
14 Dubois, menuiserie.
42 Marcot, mét. vérificateur.
84 Paroni, peinture.
92 Burtet, paveur, bitumier, cimentier.
93 Maumé, maçonnerie.
95 Monot, menuiserie.

sente du **Calvaire** (Passy).
9 Croissant (A.), arch.-vérif.

r. **Cambacérès** (8e arrond.)
4 Gonin (Ernest), O. ✠, ing. civil
15 Jugelet ✠, peintre artiste.
27 Cartry, menuiserie.
Picard (E.), peinture.

place **Cambrai** (5e arrond.).
Collège de France.
9 Alsime, menuiserie.

r. de **Cambrai** (19e arrond.).
3 Battarel, ing. civil.
6 Deflers, charpente.

place **Cambronne**. (15e arrondiss.).
19 Fonin (H.), entrep. de démolitions.
Viard (P.), démolitions.
24 Delost frères, charpente.

r. **Cambronne** (anc. r. de l'École, 15e arrond.).
16 Fuilhan, architecte. Mardi jeudi et samedi, le matin jusqu'à 10 h.

32 Leclanche, menuiserie.
47 Heudebert (Flor.), pavage.
64 Boucher jeune, charpente.
72 Peilabout, fab. de moulures.
108 Vallée, ✠, ingén. des ponts et chaussées.
Saint-Père (H. de) métreur vérificateur. Expéditions.

r. Campagne - Première (Observatoire)
4 Ruet, sculpteur.
3 Bollier, sculpt. statuaire.
Darcy, Salagnad (H.) et Bury, sculpteurs-ornemanistes.
10 Vaudelle, succ. de Anzolle, terrassier-gravatier. pavage et bitume.
45 bis. Leprévost (C.), peintre verrier.
Flamant, menuiserie.
21 Pinel de Grandchamp, architecte.
24 Roubaud, j, sculpteur.
35 Faivre, marbrerie.

r. Campio-Formo (Salpêtrière).
14 Luce et Favier, couleurs et vents, peinture hydrofuge.

r. du Canal-St-Martin.
9 Hugueville, succ. de Bisson, fab. spéciale de châssis, serres marquises et persiennes en fer.
12 Goujon, briques et poteries.
45 Baudoin, métreur-vérif.
Georges (François), maçonnerie.
Georges et Ce, carrières de Montières.
18, 20, 22 Baleroix et Narcisse Mangin, grosse chaufronnerie.

r. des Canettes (pl. Saint-Sulpice).
6 Tessier, menuiserie.
7 Thonvenin (Victor), ingén. expert.
Fœx, bronzes pour églises.
9 Seglas, peinture.
Rognier, ferblant. lampiste.
14 Biautte et Renaudot, menuiserie.
16 Francesconi, mouleur.
20 Garsaud, menuiserie.

r. du Canivet, pl. S-Sulpice.
3 Ruolz (de) O ✠, ing. civil.

r. Capint (Chapelle).
4 Yvernel, architecte vérif. des travaux de la ville.
8 Boncorps, arch. mét. vérif. Le soir de 7 à 9 h.

r. Capron (Batignolles).
23 Berger, charpente.

boul. des Capucines (Nouvel Opéra).
3 Maigret frères, pap. peints.
Pierson, photographie.
7 Armand (Alfred), O. ✠, architecte.
12 Oudry (L.) ✠ ✠, bronzes d'art et d'ameublement, fab. par l'usine électrométallurgique d'Auteuil.
25 Guillaume (V.), jets d'eau, pompes.
35 La Préservatrice, société d'assurances mutuelles contre les risques d'accidents.
Vaillant, horticulture.
43 Durinage et Hannkouck, couleurs fines, papeterie.

r. du Cardinal Fesch. (De l'Eglise N.-D.-de-Lorette à la Trinité).
2 Molinos ✠, ing. civil.
12 Hogilson, ing. civil.
16 Bonpaix Emile, arch. du sous-comptoir des entrep. Mardi et vendredi de 4 à 3 h.
17 Fovre, prop. expl. les carrières du banc royal des Romains, dite pierre de Saint-Juste.
Fovre, Lepelletier et Levassaur, exploit. de pavés et macadam.
19 Hutier, papeterie.
22 Gellerat et Ce, cylindrage à vapeur des chaussées.
25 Feuillov, tapissier.
26 Durand (Alph.) ✠, archit. du Gouvernement.
38 Bruzeaux, tapissier.
Prudhomme (Henri), ing. civil.
Raux et Ce, procédé contre l'incrustation des chaudières.
44 Comp. d'assurance du Soleil. Comp. d'assurance l'Aigle.
48 Flavien et Curis, mosaïques pompei et byzantine.
55 Séguin, doreur sur bois, restaurateur de tableaux.
59 Dainville, arch. inspecteur des bâtiments de la Couronne. Lundi, mercredi et samedi de 9 à 11 h.

r. du Cardinal-Lemoine (quai de la Tournelle).
1 Cathat ✠, archit. sectionnaire du 5e arrond.
Gillon (Alph.), arch. Le matin de 8 à 10 h.
7 Queyron ✠, archit. insp. aux travaux de la cathédrale de Paris.

8 Gabbani, fumisterie.
12 Gérard (A.), marchand de bois de charpente.
13 Garnier (A.), arch. vérif.; le matin avant 9 heures.
15 Ballera (Désiré), arch. mét. vérif. (Brevets)
17 Payen (Aug.), marchand de bois.
19 Barber, maçonnerie.
22 Mazoyer (J.), et Léon Thouet maçonnerie.

pass. Cardinet (Batignolles).
11 Vialfont fils aîné, fumisterie et tôlerie.
17 Vincent, menuiserie.
23 Delaplane, serrurerie.

r. Cardinet (Batignolles).
4 Couhaut frères, charpente.
43 Breillet, menuiserie.
94 Digrase et Lepage, menuiserie.
121 Lamonreux, maçonnerie.
126 Chedville, mét. vérif.

r. des Carmes (pl. Maubert).
7 Viscardi (D.), fumisterie, fourneaux et calorifères.
9 Monrat, bois de sciage.
23 Benoist (V.), méte. vérif.
Vogt, fabr. de colle.
32 Trouvé, couverture.

r. Carnot (Luxembourg).
2 Etex (Antoine) ✠, sculpteur et peintre.
Mangeant, arch., commn. voy., adjoint du 7e arr.
3 Français, O. ✠, peintre artiste.
3 Bouguereau ✠, peintre art.
5 Philippoteaux ✠, peint. art.
Maillet ✠, sculpteur.
6 Watrinelle, sculpteur.
6 bis Lelaisse, peintre artiste.
7 Nanteuil O ✠, sculp.-stat.
Hory ✠, grav. en méd.
Baron ✠, peintre artiste.
9 Descotte (Blaise), peintre artiste.

r. Caroline (Batignolles).
4 Seimersheim, architecte.
6 Roche fils et Letellier, maçonnerie, pavage et terrassements.
48 Botiaux (Louis), peinture.

r. des Carrières (Batignoll.).
7 Himet (A.), ing. géomètre.
12 Romeuf, arch. entrep.
Baudry (A.), expropriations et agence de crédit des constructeurs.
13 Vilain-Daudet (Alph.), maçonnerie.
16 Bourleaux-Furcy, maçon.

r. de la **Carrière** (Montm.).
5 Molvault (A.), mét. vérif.
spéc. en couv. et plomb.

r. des **Carrières** (Ménilmont.)
9 Savoye, menuiserie.
40 Courty, pavage, bitume.

r. des **Carrières** (Vaugirard).
40 Chabloz, briques et poterie.

r. des **Cascades** (Belleville).
23 Lejeune, peintre en décor.
58 Bruneau (Henri), maçonn.

r. **Casimir-Delavigne**
(Odéon, anc. r. Voltaire).
5 Gras, fumisterie.
9 Gutelle, arch. vérif. Lundi
et jeudi jusqu'à midi.

r. **Casimir-Périer**
(église Sainte-Clotilde).
2 Para, peinture et dorure.
27 Beisson (F.), architecte. De
10 à 11 h.
Mathieu (H.) ✠, ing. civil.

r. **Cassette** près St-Sulpice).
8 Prolel fils, peinture.
Icard (L.), peintre décorateur.
Raff, sculpt. ornemaniste.
45 Poussielgue-Rosand,
bronzes.
20 Martinet, peinture et vitrerie.
22 Galmard, peintre artiste.
23 Caron (Amédée), ing. civ.
25 Morchoine, archit. vérific.
des travaux de la Ville.
Mardi jusqu'à midi.

r. **Castellane** (Madeleine).
8 Herman, ing. des p. et ch.
12 Bataille (E.), peinture et
vitrerie.
19 Payen, ferblant. lampiste.

r. **Castex** près la Bastille).
7 Hussard et Merle, maçonnerie.
Leduc aîné et Brolard, dépôt des forges de Faymont
(Vosges).
9 Grabé et Peirot, ébénisterie.
11 Porrier (Léon), métreur en
maçonn. et attach. figur.
Gajeot, ornem. p' appartem.
14 et 15 Jahiet de St-Denis et
Bonnin (s. c.), tôle, fer,
fonte de fumisterie. Dé-
positaire des appareils
Vasnier.
16 Danel, maçonnerie.
17 Petitpas, estampeur.
18 Osselin (A.), archit. Lundi,
mercredi et vendredi de
9 à 11 h.

r. **Castiglione** (pl. Vendôme).
8 Stevens, ing. civil.
11 Grenet, fab. de sonneries
électriques et d'appareils
électriques.
Comp. d'assur. mutuelles.

r. **Cauchois** (18ᵉ arrond.)
(Montmartre).
5 Sorin jeune, serrurerie.
6 Sivet (Ern.), menuiserie.

r. **Caumartin**
(r. Basse-du-Rempart).
9 Roudillon, ébénisterie.
11 Désnues (Arm.), architecte.
Duclos (Albert), architecte.
15 Duvert (A.), archit. expert
près le tribun. de la Seine.
Mardi, jeudi et samedi de
8 à 10 h.
21 Callard, doreur sur bois.
29 Blaye, couleurs fines.
33 Garban, tapisserie.
37 Mathiout, architecte.
39 Desjardins, architecte.
39 Galon, peinture.
44 Chenu, tapisserie.
47 Perreau (J.), quincaillerie.
50 Mondait ✠ et Bechet (s.c.),
magas. d'objets d'art en
plomb et zinc, entrep. de
conserv. plomb, zinc. et
canalisation; bureaux,
boul. Courcelles, 86.
54 Burt, ing. civil.
69 Pejoux, métr.-vérif. (travaux
publics et chemins de fer.)
71 Thomas (Et.) fils, peinture,
et décors.
73 Escouse, menuiserie.
Courtot, serrurerie.

r. **Cavé** (La Chapelle).
22 Gosselin, serrurerie.
32 Droguet, menuiserie.
Degrave, serrurerie.

r. des **Célestins** (Arsenal).
10 Barye ✠, sculpt. statuaire.
16 Coutté (Joseph), entrep. de
travaux publics, breveté
pour l'appareil chèvre-
roulante, servant à monter
et poser les matériaux.

r. **Cels**
(14ᵉ arr., chaussée du Maine).
21 Picon (P.) aîné, maçonnerie.
26 Boulogue, maçonnerie.

r. du **Cendrier**.
5 Chaput, charpente.

r. des **Cendriers** (Ménilm).
20 Defer (P.), bois.
29 bis Billy (C.), meubles et
art. de jardins.
39 Bretagne, menuiserie.

r. **Cuvier**
(Jardin des Plantes).
4 Muller, maçonnerie.
Pertuis, serrurerie.
Borde (Louis), peinture.
10 Lenoir, menuiserie.
16 Marie (J.), fabrique de
pompes.

r. du **Centre** (Batignolles),
près la porte de Clichy.
4 Langlois (E.), fab. briquetier.

r. du **Centre-Beaujon**,
(8ᵉ arrond., faub. du Roule).
1 Morin (E.), architecte,
jeudi et samedi, de 8 à
10 h. du matin.
7 Gallot (Alfred), archit. —
Tous les jours de 9 h.
à midi.
15 Giraud (Ch.) ✠, peint. art.

r. de la **Cerisaie** (Arsenal).
42 Fremont aîné, fab. de cuivrerie pour fumisterie et
calorifères.
13 Devaurix (Jules), ingén.
civil.
14 Mascart et Cᵉ, fonderie de
cuivre.
17 Dubel, archit.-insp. du 4ᵉ
arrond. Mardi et vendredi
jusqu'à midi.
Simon, ent. de trav. publics.
22 Lassay (Eug.), arch.-vérif.
Philippe-Quartier, arch.
vérif.
39 Boucheton-Joichaim, rampiste.

r. **Chabannais** (pl. Louvois).
2 Robert ✠, horloges publiq.
3 Société des ardoisières de
Caumont-l'Éventé (Cal-
vados).
4 Élie frères, peinture.
5 Picot, menuiserie.
6 Guenepin (J.-B.) ✠, arch.,
ancien membre du jury à
l'école des Beaux-Arts.
Mardi, jeudi et samedi,
de 11 h. à 4 h.
9 Pedon jeune, fumisterie.
40 Leroyer (X.), archit. expert,
près le tribunal. Mardi,
jeudi et samedi de 9 à 11 h.

r. de **Chabrol**
(faub. Poissonnière).
5 Chaine, peinture.
9 Lefèvre (D.) jeune, métreur-
vérif., peinture et vitrerie.
David, menuiserie.
44 Clerc (J.), vérificateur.
Anger (Paul), arch. vérif.
Tennevin, métr.-vérificat.
Della (Jérôme), peinture.

16 Desbonneau (J.-E.), métreur vérificateur.
Féron (D.), peinture, dorure et décorations.
Duveau (L.), peintre artiste.
17 Delpierre et Cᵉ, sculpteurs d'ornem. et carton-pierre.
18 Kammer, peintre artiste décorateur.
Foulley, peintre en décors.
21 Wamoutbegem, menuiserie.
22 Allain et Pitiot, géomètres de l'assistance publique.
23 Ferrari, fumisterie.
25 Jacquin, serrurerie.
31 Sauvage ✠, ingén. chef des mines.
33 Muller (Émile) et Cᵉ, usine de produits céramiques d'Ivry. Tuiles, briques, poteries et produits réfractaires.
Bouillon, Piet, Bellan et Cᵉ. Compagnie générale d'organisation de blanchisserie, lavoirs, bains, séchoirs, chauffage, ventilation et constructions industrielles.
34 Delebecque, ing. civil.
36 Meraux, ing. civil.
40 Suffit (Jules), arch. expert près le tribunal de commerce.
47 Piet (J.), ing. civil
50 Mirre et Cᵉ Agence du matériel industriel.
51 Degousée, (Ch.) Laurent et Cᵉ, ing. civils. Sondages, forages et puits artésiens.
52 Giraud (André), maçonner.
Vimar, peinture.
Pidoux, vérificateur.
57 Gaulier, peinture.
71 Laviron, ing. civil, breveté pour le foyer siphon. Lundi, mercredi et vendredi, de 6 à 10 heures du matin.
Neustadt (C.), grues et appareils de levage.

r. de Chaillot
(Champs-Élysées).
12 Foucher, couleurs, vernis.
19 Gastine (Ch.), peinture.
21 Dilser, menuiserie.
26 Nouton, ing. des ponts et chaussées.
27 Cuau (Eug.), fumisterie.
27 Redon, scieur de long.
37 Barbé, peinture.
38 Cahale (Pierre), fab. de sonneries électriques.
49 Desquères, maçonnerie.
Huet (Amand), serrurerie.
51 Douy, couleurs et vernis.
59 Pinottini, fumisterie.
61 Fauveau (E.), couverture.

63 Godet (J.), peinture.
65 Brenguier (J.), success. d'Hoyos, fourneaux de cuisine et foyers universels.
75 Reussen, peinture.
95 Massing (de), ing. civil.
Lopisgich, arch. insp. des trav. de la ville.

r. Caulincy (boul. Mazas).
2 Piat, charpentier.
10 Vitry fils, papiers peints.
43 Soucherad (J.-V.), marchand de pierres meulières.

r. de Châlons (boul. Mazas).
14 passage Hébert.
16 Pecquet, peinture.
16 Pinard (Bapt.), maçonnerie.
20 Boursier (L.), fabr. d'étain en feuilles pour l'assainissement et l'étamage.
22 Legat, ing. civil.

r. de Chambéry.
5 Gelineau, menuiserie.

r. du Champ-d'Asile
(chaussée du Maine).
9 Milliary, menuiserie.

r. Champollion (5ᵉ arrond.)
(anc. r. des Maçons-Sorbonne).
7 Basset, serrur. mécan.

r. des Champs-Charonne
(20ᵉ arrond.)
14 Laporte, couvreur.
16 Boyer frères, charpente.
Desenfant jeune, maçonnerie.

aven. des Champs-Élysées
(8ᵉ arrondissement).
26 Boyer, fab. de meubles en fer pour jardins.
33 Mahieu ✠, entr. de travaux publics.
75 Houel ✠, ing. civil.
115 Philippe ✠, ing. des mines.
120 Hardon, travaux publics.
152 Lapparent (de) ingén. des ponts et chaussées.

rond point des Champs-Élysées.
Sanglier (Eugène), fab. de vannerie de fantaisie. — Sièges en rotin, kiosques, berceaux et treillages.

r. du Champs-de-Mars.
23 Rougier, maçonnerie.

r. Chanaleilles (r. Vanneau).
7 Lemare, Méraux et Poussin, peinture.

9 Dusillon, architecte.
13 Burette (Alph.), peintre artiste décorateur.

r. Chanoinesse (Cité).
4 Marlier, graveur en architecture.
14 Veron, entrep. d'écritures et autographies.
16 Lebossé, peinture.
17 Baudouin, serrurerie.
18 Jean (A.), serrurerie.
24 Vaillant, peinture.
Hénaff, menuiserie.
26 Lagrange, maçonnerie.

r. des Chantiers.
(r. des Fossés-St-Bernard.)
8 Chautard et Cᵉ, couvert. et gaz.

boul. de la Chapelle-st-Denis.
7 Olivier (Léon), constructeur mécanicien
44 Beaurain (V.), gérant du dépôt des fers et aciers du Cyclops (Angleterre).
Reverdy (F.), graveur sur verres et glaces.
52 Jahiet, Gorand, Lamotte et Cie, maîtres de forges.
44 Fiorella, peinture.
45 Rousseau et Canda, démolitions, matériaux.
48 Boissart (V.), tôlier-planeur.
52 Godina, peintre de lettres.
54 Paupardin, menuiserie.
58 Boyer, peinture.
102 Fourment, Houille et Cie, fontes de fer en tous genr.
Boisse, représentant M. Ch. Petitprêtre, carrier.
105 Thély (F.), maçonnerie.

cité de la Chapelle
(Grande-Rue de la Chapelle).
4 Lahore, carrier.
Dumont, représentant la maison Fouchard, carrier à Chantilly.
Renault fils, carrier.
Oudin et Cardinaux, carriers.

r. de la Chapelle (18ᵉ arr.).
10 Leroux, peinture.
19 Regnault, peinture.
23 Durenne (A.) ✠, fontes; entrepôt d'octroi.
Leprest, couvreur.
Leclerc (Firmin), sonneries électriques, cordons et paratonnerres.
29 Levallet, moulures bois.
31 Cauville (Pierre), serrurerie.
35 Convert et Maugras, chaux hydraul. natur. de St-Bernard.

38 Jantet, modeleur mécanic.
43 Lamare (Louis), métreur vérif. spéc en peinture.
33 Régnault, peinture.
50 Coupé, peinture.
58 Petit (J.), métreur vérif.
61 Massé, quincaillerie.
69 Michel (Eug.), arch. vérif.
71 Gerboz, peinture.
73 Noel (E.) et Viguié, entr. de peinture.
83 Victor Morin, fab. d'enseignes en tous genres.
91 Marmey, couverture.
94 Brégevin fils, maçonnerie.
97 Cauville aîné, serrurerie, et charp. en fer.
105 Brodin jeune, aéronaute pour les fêtes de la ville de Paris.
140 Tisserandot, sonneries électriques et ordinaires.
118 Jondrin, architecte.
125 Cousin, peinture.
134 Fonteyn, transports.
136 Guénard-Prudent, menuiserie.
147 Gillot, couverture.
125 Cousin, peinture.
144 Boucher, menuiserie.
137 Otru, représentant M. Delamoye, carrier de St-Leu-d'Esserent (Oise).
162 Raynal, serrurerie.
155 Champés et Perlade, charpentiers.
166 Brunessaux, maçonnerie.
182 Chauvin entrep. de démol.

**r. Chapon**
(r. St-Martin et r. du Temple).
3 Lemaréchal, mont. cuivre.
13 Delinotte, fab. de fermetures de persiennes et d'arrêts à poignée.
16 Nolelet fils, peinture. Au 15 avril 1869 q. Valmy au coin de la r. Magnan.
Boubhiel (Jean), boiseries et menuiseries.
Lemaître jeune, cordages.
49 Tilmann et Menot, ferblanterie.
34 Bouleau, diamants pour vitriers.
23 Barnoy (Et.), boiseries et fab. d'escaliers.
28 Chrétien, mét. vérif, spéc. en menuiserie.
30 Dubois, boiseries.
31 Milion, boiseries.
34 Lefort, menuiserie.
35 Degasst, bois des îles. Silvestre aîné, menuiserie.
39 Feneuille, boiseries.
42 Voillereau, boiseries.
46 Labitte, boiseries.
47 Paupy, maçonnerie.
Germoury, maçonnerie.

47 Ecary, menuiserie.
48 Gombault, miroiterie.
50 Marchand et comp., bombeurs de verre.
52 Ancelin, boiseries.
54 Tranchant, fab. de mesures.
Tessier, batteur d'or.
62 Godet, serrurerie.

**r. Chappe** (18e arrond.).
(anc. r. du Télégraphe).
7 Sve (Henri), ingén. civil.
15 Guillien (A.), arch. mét. vérif. Lundis et jeudis, avant 11 heures.

**r. Chaptal**
(r. Fontaine-Saint-Georges).
5 Mathérion et ses fils (N.C.), menuiserie.
7 Cugnot (Louis), sculpteur.
9 Jalabert ✳, peintre artiste.
10 Martin (Georges, ✳, ing. civ. trav. publics, construct. en fer.
12 Emile Martin O. ✳, ing. civil. maître de forges.
15 Richardière (Charles), architecte; lundi, mercredi, vendredi matin, 8 à 11 h.
21 Landry (E.), architecte, tous les jours de 9 à 11 h.
Lucas (C.) ✳, arch. att. aux trav. de la ville de Paris. Directeur de la Biographie universelle des architectes célèbres.
22 Cesconi jeune, peinture.
22 bis Chevey et Mathieu, architectes. Tous les jours de midi à 2 h.
25 Roeache, ing. civil.

**r. de la Charbonnière**
(boul. de la Chapelle).
18 Aubert (Michel), fumisterie.
37 Peucelle, serrurerie.
40 Magnier, serrurerie et charpente en fer.

**r. des Charbonniers-St-Antoine**
(12e arrond., r. de Charenton.)
40 Boursay (E.) et Flacon, quincaillerie.
41 Lafargue, menuiserie.
43 Gérard, scieries machines, outils à travailler le bois.
14 Vandenbrande, architecte.
30 Rosier, bois de sciage.

**r. de Charenton**
(du faub. Saint-Antoine à la Porte de Charenton.)
6 Bauby (François) fils, maçon.
Peronnet, tapisserie.
10 Gerbaud (Léonard), maçonn. Égl. découpages et fab. de moulures.

16 Huterdeau et Meignan, fab. d'outils.
18 Pannetier, app. à gaz.
24 Lion, marbrerie.
25 Deguot aîné, marbrerie.
35 Diverneresse, peinture.
49 Hollande et Warenhorst, bois des îles.
50 Vilaret, serrurerie.
59 Thésu, serrurerie.
59 Poulnot, marbrerie.
61 Godefroy-Lévêque, fab. crémones et quincaillerie.
63 Chapon, papier de verre.
88 Gabriel et comp., sciage, découpage et moulures.
90 Lefèbure fils, fab. de colles.
94 Hermann ✳, constructeur mécanicien.
97 Lemareis, app. à gaz. Ardet, ornem. pour appart.
99 Rupp, papiers peints.
101 Buisson frères, fab. de col es.
107 Baurlier (Aug.), maçonn.
111 Ménot aîné, maçonnerie et démolitions.
112 Guillon et Dugenet, maçonnerie.
115 Lemarinier, pierres taillées et dalles de toutes espèces.
124 Caillard, peinture.
125 Guernier, menuiserie.
127 Fournier, marbrerie.
128 Mortae, papiers peints.
130 Blanchel, maçonnerie.
131 Chevreuil (F.) et frères, entr. de bâtiments et travaux publics.
139 De Baraile, architecte. Le matin de 7 à 10 h.
142 Blacet, peintre.
144 Guérin, menuiserie, fab. de châssis.
145 Bontier, maçonnerie. Jacob (Alb.), arch., insp. des travaux de la ville.
150 Paymal (Joseph), march. de bois.
152 Menot (A.), maçonnerie.
153 Salesse, ing. civil.
157 Philippe, Follot et Paupette, papiers peints.
167 et 169 Hoock frères (anc. maison Délicourt), manuf. de papiers peints.
160 Bonnard, charpente.
162 Rondeau, trav. publics, pavage, terrasse, égouts, trottoirs en asphalte, bitume et granit.
161 Despagniat, maçonnerie.
172 Gadrat, charpente.
179 Faucheur, menuiserie.
181 Menot, ent. de bâtiment.
181 Alfard, salpétrier.
490 Blain, maçonnerie.
Rousselet, maçonnerie.
262 Flahant, peinture.

206 Pierquin Thomas), entr. de démolitions.
220 Laborde aîné, peinture.
242 Marchenay (Aug.), entr. de trav. publics.
250 Quélin (J.), métr. vérif.
252 Laplace, serrurerie.
259 Valette (Ch.), fumisterie.
288 Plessis (Ch.), maçonnerie.
297 Camus, couverture.
303 Souleliac, serrurerie.
   Catrel, couverture.
   Paquet aîné, maçonnerie.
   Marchadié, pavage.
   Devinck, peinture.

### r. Charlemagne
(r. Saint-Antoine, 4e arrond.)
3 Préteux jeune, menuiserie.
7 Balmefrezol, maçonnerie.
46 Normand (Aug.), couverture.
   Chaumeix, peinture.
   Vaché, fab. de robinets.
49 Poidevin, papiers peints.
34 Châtre, menuiserie.

### r. Charles V
(anc. r. N. Saint-Paul.)
8 Union d'ouvriers fumistes, Société anonyme et à capital variable.
12 Morel, menuiserie.
   Counes (Vte) et Noël, mosaïques.
19 Briault père et fils, couvert.
23 Pradier, fumisterie.

### r. Charlot (Marais).
3 Righetti (A.), succes. de Bosino (L.), fumisterie.
5 Lelièvre, mesures linéaires, instrum. pour le dessin et fourn. de bureaux.
5 Belot, maçonnerie.
   Federman (J.), papeterie.
8 Janvier, arch. de la ville, mercredi et samedi, le matin avant 10 h.
   Charpentier (N.C.), bronzes.
9 Dargent (A.), vérificateur. Le matin avant 9 h.
12 Guillermond, app. à gaz.
   Bouron et Dalbergue bronze.
15 Regnard, ingén. civil.
20 Lebesnerois, couverture.
   Bailly, sculpteur ornemaniste.
32 Corplet, peintre artiste restaurateur.
   Duchesnay (P.) et J. Delente, quincaillerie.
33 Huber, archit. entrep.
35 Claudel, serrurerie.
43 Couten (Jean), serrurerie.
   Brouard, peinture.
47 Maurio, peinture.
56 Bénard, grillagent.
57 Marinol, peintre décorateur.
58 Gérard, batteur d'or.
59 Limoges, peinture.

62 Burys, fers et aciers, outils.
64 Hubert, serrurerie.
66 Gom, menuiserie.
67 Margelidon, maçonnerie, p. fours et fourneaux.
75 Sartori, fumisterie, fourneaux et calorifères.
85 Higonet (Léon), archit, attaché de la ville, 11e arr. expert près les trib.

### r. Charlot (Ternes)
1 Chevalier (J.), arch. de jardins.
4 Beauvais, maçonnerie.
41 Tournay (A.), couverture. plomb, zinc et pompes.
41 Henry, menuiserie.

### boul. Charonne
(du cours de Vincennes au boul. Philippe-Auguste).
11 Chabanne et Ce, serrurerie.
24 Verdier (Paul), fab. de produits en terre cuite.
29 Legrand (E.), maçonnerie.
43 Giraud (Pierre), maçonnerie.
61 Denise et Pain, entrepr. de maçonnerie.
71 Guillon, menuiserie.
75 Lapreté, bois de sciage.
89 Faget, charp. bois et fer.
   Gay-Durant, serrurerie et meubles en fer.
96 Pessaux, menuiserie.
132 Meyer, ébénisterie, menuiserie, tournage.
141 Jacques-Sauré, couleurs fines.

### r. de Charonne
(faub. Saint-Antoine).
3 Conseil (Henri), serrurerie et ferronnerie pour le bâtiment, espagnolettes, ferrures fermes-persiennes et châssis système Castol fils.
5 Colin, sculpt. sur bois.
   Nicole, tapisserie.
   Bacquet, tapisserie.
9 Schmit, ébénisterie.
10 Garnier et Rocher, miroit. Robillard (Georges), ébénisterie, sièges et tapisseries.
12 Chevalier, couverture.
17 Imbert, fab. de charnières.
19 Lefèvre aîné, maçonnerie.
21 Caigné, marbrerie.
   Gouzou, ornem. d'appart.
30 Fleury, fab. de colle.
35 Sement, papier de verre.
37 Pierson, fab. de billards.
   Quéruel, ébénisterie.
   Vansanten, mécan. spéc. pour étalages.
38 Pichot et Ce, fab. de limes.

51 Vachette frères, cuivrerie pour meuble.
52 Guillin, moulures bois.
57 Dumortier, peinture.
69 Artus, bois de sciage.
61 Fiament (H.), serrurerie et charpente en fer.
65 Godry-Breuillé, bois de sciage.
66 Langlois (P.), bois.
68 Larcher-Morel, bois.
73 Ulrich, bois.
80 Gianet et Ducau, moulures en bois et outils.
95 Menard, fab. de scies.
99 Rebour (Al.), serrurerie.
400 Servet, maçonnerie.
   Danzet fils, plomb, zinc, tôlerie, fumisterie et pompes.
102 Loremy et Grisey, miroiterie et dorure, cadres et moulures en bois.
138 Mory (F.), peinture.
442 Vaillaud, maçonnerie.
459 Philippe, menuiserie.
450 Gelineau, menuiserie
163 Josse (Ch.), papiers peints.
165 Léonard, menuiserie.
166 Vaguer, papiers peints.
470 Seegers (A.), pap. peints, bis. Garabous (P.), papiers peints.
173 Bellanger aîné, entrep. de jardins.

### r. de Charonne-Belleville
(r. de Paris 224).
6 bis. Cousin, sculpt. ornem. et pierres taillées.
48 Cartier (L.), dessinateur, brevets.
39 bis. Trouslard, fab. de briques.
41 Letaile (fils, frères), fab. de briques.

### r. de Chartres (Batignolles).
5 Maréchal, menuisier. Richard, vérif. spécial en tapisserie.
13 Boulanger, maçonnerie. Chaudron, serrurerie. Martel, fab. de jalousies. IMPASSE.
9 Cressini frères, fumisterie.

### r. de Chartres (La Chapelle).
27 Janot (Michel), menuiserie.

### aven. des Chasseurs
(17e arrond.)
(près le boul. Malesherbes).
15 Meunier (J.-S.), maçonnerie.

### r. Chateaubriand.
9 Couder O. * peintre artiste.

place du **Château-d'Eau**
(à l'angle du boul. des Amandiers).
2 Macé (Eugène), architecte.
Tous les matins jusqu'à 11 h., excepté le lundi.

r. du **Château-d'Eau**
(faub. St-Martin).
11 Japy frères, quincaillerie.
13 Faucille (Jules), toiles cirées et bâches.
22 Simon, doreur sur bois.
27 Mozet, entrep. de trav. publics.
32 Lesage, peinture.
34 Sédille ✠ et P. Sédille, architectes.
Landremont, peintre artiste décorateur.
37 Karcher et Westermann, fils de fer, fontes.
47 Roze (Amédée), ing. civil.
52 Muller (Jean), briques, poteries, pierres de Villebois (Ain).
54 Marion (L.-C.), arch. exp. anc. insp. des trav. publ.
56 Chatelet (Edmond), archit.
58 Guillaume, ing. civil.
59 A. d'Azambuja, feutre asphaltique pour toitures.
62 Molteni, fab. d'inst. d'arch.
66 Chapal (P.), fonte de fer.
74 Gerrier, couverture.
78 Lizeray (F.), serrurerie.
Roze, ing. civil.
Roze (E.), fab. de toiles cirées.
Rondeau et Bridault, couleurs et vernis.
Wauquier et Defosse, peintres artistes décorateurs.
79 Delacour, coul. et vernis.
88 Saguet (Ch.), arch.-vérif., états de lieux.
98 Planquette, sculpteur-ornemaniste.

r. **Château-Landon**
(faub. St-Martin).
3 Petit, peinture.
5 Lebois, arch. vérif.
6 Polesin, forgeron, tailland.
16 Reynaud, menuiserie.
21 Pinault et Biller, carriers.
25 Lebrun et Boursot, menuis.
29 Pochon et Eudeline, maçonnerie.
56 Moreau (Alph.), serrurerie et charp. en fer.

r. du **Château-du-Maine.**
(14e arron l.).
12 Surosne (Ch.), serrurerie et fab. de grues pour le bâtiment.
24 Salomon, peinture.

51 Couesnou (Victor), arch. Lundi, mercredi et samedi.

r. du **Château** (Montmartre).
43 Ventadour (J.), peintre artiste décorateur.
43 Renault (Léon), arch. attaché aux travaux de la ville. Tous les jours de 11 h. à 4 h.
20 Bin ✠, peintre artiste décor.
25 Bertrand (F.), charpente.
Baumgardien (Georges), peinture et décors.
26 Montagne, charpente.
32 Leblond, succ. de Bouhair, serrurerie, à partir du 1er avril 1869.

r. du **Château-des-Rentiers**
(13e arrond., Gare).
2 bis. Jolivet, pavage, terrasse et trottoirs.
Pairy, serrurerie.
6 Bezançon frères, fab. de céruse broyée à l'huile.
13 Lemaréchal, chaudronnerie et plomberie.
15 Imp. de l'Avenir.
8 Gohier, couvreur.
40 Méchet, maçonnerie et fumisterie d'usines.
35 Berthelot, puisatier, terrassier.
44 bis. Legrand, bitumier.
44 ter. Leroy, briqueterie.

place du **Château-Rouge**
(Montmartre).
2 Bourbonnand, maçonnerie.

route de **Châtillon**
(ancien Petit-Montrouge).
40 Maulbert, couverture.
43 Dorient, peinture.
46 Painvert fils, menuiserie.
29 Champoudry aîné, ingén. géomètre.
32 Chantin ✠, horticulteur-expert.
36 Eyerre (Félix), architecte.
Eyerre (A. ex.), charpente.

r. **Chauchat**
(r. Laffitte, 9e arrond. Opéra).
13 Sauvage ✠, travaux publics.
Sauvage ✠ et Mozet. Id.
Géaissieu, ing. civil.

r. du **Chaudron**
(10e arrond. Faub. St-Martin).
46 Langonnet, mosaïste, fab. d'émaux.
40 Gibaut, couverture.
24 Moreau (Alph.), serrurerie et charpente en fer.

r. du **Chaudron-Belleville.**
45 Courty, pavage et bitume.

r. des **Chaufourniers.**
(19e arrond.) anc. r. Arago.
8 Reckel, peinture.
22 Landau, peinture.
26 Nivet jeune, fours.
28 Poncet (Joseph), charpente.

r. du **Chaume** (Marais).
8 Fleury, menuiserie.
40 Vignon et père, peinture.
45 Le Bachellé et F. de Chanlaire, maîtres de forges.

r. de la **Chaussée-d'Antin.**
12 Chauvet (E.), archit.; lundi, mercredi et vendredi jusqu'à 11 h.
45 Palotte fils, ingén. civil.
16 Hamaire, quincaillerie.
18 Bonneville, brevets d'invention.
19 Sabathier, serrurerie.
Barier, menuiserie.
Colas, tapissier.
21 Leroux, peinture.
23 Doerchuck et Leroux, tapisserie.
25 Berville, couleurs fines.
31 Boujean, menuiserie.
Houppé, peinture.
42 Bouts, papeterie.
49 Victor Rose, dessinateur et graveur sur bois.
51 Poupillier fils et Cie, fer, tôle, ferblanc.
Renou (L.), architecte principal de la ville d'Evreux.
54 Comptoir central de crédit. E. Naud et Cie.
53 Renault (Charles), quincaillerie.
58 bis Vita (C.), archit. insp. de trav. des édifices civils de Paris, exp. près les trib.; mardi, jeudi et samedi, de 9 à 11 h.

passage **Chausson**
(porte St-Martin).
3 Boudon, architecte.
4 Lambert, serrurerie.
5 Dutoit, crist. de bâtiment.
6 Leprya père, vérific. spécial pour état de lieux et gestion d'immeubles.
Garnier et Cie, contrôleur automatique du gaz.
9 bis Ramboz, arch. méc. vérificat. Mardi, jeudi et samedi, jusqu'à midi.

r. **Chauveau-Lagarde**
(Madeleine).
15 Vatel et Nobilet, travaux publics.

r. Chanettes (Batignolles).
50 Bruneaud et Léonard, maçonnerie.
52 Menuer, serrurerie.
50 Pichot jeune, serrurerie.

r. Chanettes Projetée.
6 Paillard, serrurerie.

r. du Chemin-des-Bœufs.
(anc. St-Ouen, Batignolles.)
5 Moiron (François), graveur.

r. du Chemin-de-fer
(Auteuil).
10 Tallin, tradiageur.

r. du Chemin-de-fer
(Charonne, 20e arrond.).
5 Leroux, maçonnerie.
7 Gram, papiers peints.
17 Vergnaud (Émile), archit. vérificateur.
23 Marquant (H.), fab. de papiers peints.
29 Duroine fils, maçonnerie.
33 Bosse, app. à gaz.
Bigot (L.) aîné, fondeur en fer et fontes, mécanicien et constr. de machines.

r. du Chemin-de-fer-du-Nord (18e arr., Chapelle.)
5 Gruspier (J.), maçonnerie.

r. du Chemin-de-fer
(Plaisance).
12 Bigot ..., peinture et fab. de vernis gras blanc.
Bigot (E.) fils, peinture d'enseignes et lettres.
19 Verdy, carreleur.
25 Ribaud, ingénieur civil.
Montauan (André), ing. civ.
55 Jeanclaude (Alexis), peint.
72 Bardier (Charles), serrur.
79 Surosne (Frédéric), couv., plomb. zinc.

r. du Chemin des Prêtres
(14e arrondiss.)
22 Fort (A.), maçonnerie.

r. du Chemin-de-Neuilly
(ancien Bercy).
13 Daubert (Louis), charpente.
16 Gobin, couverture.
18 Bontemps, menuiserie, serrure et châssis pour jardins.
23 Gauthier, menuis. et serres.
26 Rougeot, serrurerie.
28 Redourtier (Gustave), menuiserie.
33 ter Paquet (P.), serrurerie.
39 bis Durand, peintures.
41 Contant, papiers peints.
Courtat, papiers peints.
44 Salle, maçonnerie.
56 Deligne, menuiserie.

r. du Chemin-de-St-Ouen.
18 Lucot (A.) et Cie, asphalte de fer.
22 Chataigé (Ed.), charpentier.

r. du Chemin-Vert
(Popincourt).
5 Pecquereau père et fils (s.c.), menuiserie, ébénisterie et sculpture sur bois.
6 Beaujan, batteur d'or.
8 Damoiseau, serrurerie.
9 Millardet, marbres en gros et marbrerie.
14 Poussard, arch. ing. civil, arch. voyer de la commune de Pantin.
Lagogué, plâtre et albâtre pour artistes et stucateurs.
29 Rudolph, bois.
32 Bigot (A.), trav. publics, pavage, terrasse et trottoirs.
Leroy, marbrerie.
34 Geneste fils (s.c.) et Herscher frères, ingénieurs-constructeurs; chauffage et ventilation.
35 Calamard, appareils à gaz.
40 Locuyer, menuiserie.

Passage Cherbourg (r. de la Pépinière, 15).
18 Fiora frères, peinture.

r. du Cherche-Midi
(de la Croix-Rouge à la rue de Vaugirard).
6 Boget (A.), archit. dessinateur.
8 Rabot (J.), arch. vérif. à la Cie des chemins de fer de Paris à Lyon et à la Méditerranée.
9 Desos (C.), ing. des mines.
10 Vérité (Arist.), arch. vérif. Mardi et jeudi jusqu'à 11 heures.
13 Soulée, architecte.
15 Patrilti, fumisterie.
17 Ducal-Lecomus, peintre art.
Gaberel, doreur sur bois.
19 Ravier (Jules), menuiserie.
Wolfart, dessinateur.
21 Bixer (Hector), ing. civ.
25 Dugry (Al.), archit. vérif. Mercredi et samedi de 2 à 6 heures.
23 Poupard aîné, couvert. plomb. zinc, pompes et garderobes.
24 Verrier (E.), arch. vérif. des travaux publics.
Vigoureux, architecte attaché à l'administration de l'assistance publique. Mercredi et vendredi jusqu'à 10 heures du matin.

24 Grandhomme, arch. vérif.
25 Dutoit (A.), successeur de Arabalier &, fab. d'instruments et outils pour l'horticulture et le jardinage.
33 Massé (E.), vérif. des trav. publ. de la Ville et des hospices.
34 Reytier, ingénieur civil.
35 Liserneaux, serrurerie.
36 Priestley, ingén. civil.
Hardy, couleurs fines.
39 Nolland jr., appareils à gaz.
41 Souef, fumisterie.
47 Duchateau, métr. vérificat.
Degoutte, peinture.
55 Jacquemart, sculpteur.
Gruyère, sculpteur.
Taluet, sculpteur.
Valette, sculpteur.
57 Belinot (E.), architecte.
58 Bignon, couleurs et vernis.
60 Chaux (H.), arch. vérif.
61 Leblanc (Ch.), ent. et dessinateur de parcs et jardins.
65 Pinther, méranivson.
67 Thierry-Lalrange (F.), architecte.
70 Julienne (Paul), architecte.
Ballot, peinture.
72 Dorigny, archit. vérif. Voit les matins jusqu'à 11 h.
Sallet fils, maçonnerie.
Lesueur, colleur de papiers peints.
81 Chopard, serrurerie.
86 Fontaine, fab. de mosaïque.
Hébert, moul. figur.
Hébert fils, sculpt. stat.
Lacroix (Henri), peintre décorateur et dessinateur.
Heulard, menuiserie.
91 Gilon (Gustave), fab. d'outils pour sculpteurs.
Poli (G.), doreur sur bois, bâtiments et meubles.
Lapierre, sculpt. sur bois, menuiserie d'art.
Faroux, fab. d'outils.
98 Bizon, suc. de Deshayes, peinture et vitrerie.
100 Touroy (M.), couverture plomb. et zinc.
101 Eseraert, serrurerie.
102 Brice, archit. att. aux trav. publ. de la ville de Paris.
Tournois, sculp. statuaire.
Olagnon, couverture.
Perrey, sculpteur.
Lefebvre (E.-P.) sculpteur d'ornem. et carton-pierre.
106 Rankin (Hubert), maçonnerie et travaux publics.
112 Perrin, sculpteur d'ornements.
112 Fontaine (V.), sculpteur ornemaniste.
Gauchard, gravure sur bois.

116 Bangue, serrure, et Maret jeune, maçonnerie.
117 Dubert (A.), gestion.
121 Prostat, couverture.
125 Lemaître (E.), méd. vérif. (Peinture)
128 Corneille, maçonnerie.
144 Prévost (P.), peinture.

r. Chérubini (pl. Louvois).
3 Noël jeune, serrurerie.

r. du Chevaleret
(13e arrondissement. Gare).
9 Tétard (Ch.), charpente en bois et en fer.
11 Legros, maçonnerie.
51 Dostor (L.) et E. Jousse, ent. de trav. publics.
53 Chapin, peinture.
64 Soussignan, menuiserie.
74 Bourgaleu et Chasanse, charpentes bois et fer.

r. Chevert (Invalides).
12 Bruin aîné, peintre verrier.
17 Fahmer (Ernest), menuiserie
20 Bacquet (A.), successeur de Choisy, peinture et décoration.

r. de Chevreuse
(6e arr. r. N.-D.-des-Champs).
5 Francesconi, mouleur.

pas. r. Soisseul (quart. Gaillon).
32 Marchi, mouleur figur.

r. Choiseul b. des Italiens)
4 Servier, ing. civ.
6 Lelogeais, tapissier.
16 Aroudel (J.), meubles anc.
17 Moiron, méd. térif., spéc. en menuiserie et peinture.
18 Goulet Frères, succ. de Martinaud, maçonnerie.

avenue de Choisy (13e arrond.)
16 Chéron, marbrerie.
45 Laignel (E.), serrurerie.
63 Paquier, ent. d'éclairage et illuminations et tapisserie pour fêtes.
80 Jouenel (L.), arch. vérif.
101 Dezerhat, maçonnerie.
122 Astorgue, arch. vérif.
129 Ale. Jolly, horticulteur.
131 Duval, couv. zinc, chaudronnerie
139 Pignard, clouterie, quincaillerie.
115 Moneuse, briques et poteries.
151 Andreau, trav. publ.
155 Martin (Ph.), gravatier, terrassier.
Barbier, peinture.
166 Cissac frères, fab. de chaux hydraulique.

169 Déra, fab. de crins
172 Daffal (A.) et L. Hari, fab. de prod. réfractaires pour fours.
178 Vergelot, serrurerie.
201 Samont aîné, carrier.

r. de la Chopinette (10e arr. Hôpital Saint-Louis).
7 Lebrau, sculpt. d'ornements et carton-pierre.
8 bis Chaperon (Ph.), peintre artiste.
Rubé et Ph. Chaperon, peintres-décorateurs.
13 Hildebrand (Aug.), fondeur de cloches.
15 Coilet, père et fils, mécanic.
25 Lénard, fils aîné, peinture
33 Main et Everle, maçonnerie.
53 Guillon, peinture.
51 Donner, menuiserie.
Polbier, serrurerie, breveté s.g.d.g., pour système de stalles d'écuries.
52 Courel, maçonnerie.

r. Christine
(6e arrond. r. Dauphine).
4 Gateliet (Pierre), papier à calquer Paterson, et fournitures de bureaux.
9 Guignet (Louis), dessinateur, grav. sur bois.

r. du Cimetière-St-Benoît
9 Rollant, fab. de fontaines.

aven. du Cimetière du Nord.
(18e arr. b. Clichy).
2 Legueux, marbrerie.
4 Vathonne, marbrerie.
5 Jacquet, marbrerie.
Tarlier, marbrerie.
6 Lecomte, marbrerie.
7 Deslandres, marbrerie.
8 Lamy, marbrerie.
10 Bouillard-Cronier, marbr.
11 July (H.), marbrerie.
13 Minette, marbrerie.
11 Rouvère — Delm, vitraux peints.
15 Boisson-Chaplain, marbrerie.
15 et 17 Bouché, serr. et grilles.
16 Séguin, marbrerie.
17 Simonneau, marbrerie.
21 Chaplain, marbrerie.

r. des Cinq-Diamants
(13e arrond. Maison-Blanche).
23 Ruelle, fourn. d'usines et fumisterie.
30 Villaite, maçonnerie.
11 Chazeux (V.), peinture.

r. Cinquaire-Puebla
(Villette).
51 Sivet jne, constr. de fours, fab. de carreaux de plâtre.

r. du Cirque Ch.-Élysées
3 Duret, ingén. des mines.
9 Renard Paulin, arch. de la commission russe et suède se à l'Expos. universelle 1867.
17 Storez et Mayari, architectes. Tous les jours de midi à 2 heures.

r. des Ciseaux
(r. du Four-Saint-Germain).
2 Seneux, quincaillerie.
6 Dassel, menuiserie.
9 Espinasse (L.), appareil à gaz.

r. de Cîteaux (f. St-Antoine).
10 Couillard, couverture.
10 bis Copin, bois.
11 Baillet, fumisterie.
imp. Delassommat.
7 Cornubert, marbrerie.
18 Rousseville, fab. de châssis et ent. de serrurerie.

r. Claude-Vellefaux
(Hôpital Saint-Louis).
3 Labbé (M.), mécanicien.
4 Colkt (A.), arb. esp. près les trib. Mardi et vendredi jusqu'à 10 h.
Aubran (O.J.), architecte.
Moriceau, serrurerie.
22 Bucher, briques, poteries.
21 Leroudier, maçonnerie.
25 Laboissette (Ch.), archit. méd. vérifie.

r. Claude-Vellefaux prolongée (Hôpital-St-Louis).
2 bis Aubert, constr. mécan.
5 Dupuch (Gve), fondeur, fab. de Robinets, vannes, pompes et articles d'hydrothérapie

r. Clauzel (anc. r. Nve-Bréda).
5 Rouillère, sculpteur ornementiste.
8 Gault, peinture.
18 Husson, menuiserie.
Faure, couvert., plomberie, zinc, pompes, app. à gaz.
Félix (E.), peinture.
21 Siéver et Dérigny, arch.
22 Gimblot et Cie, const. en fer, tuyaux, grilles et ouvrages divers en fer creux.
23 Frigault, maçonnerie.

r. de la Clef (près Ste-Pélagie).
11 Numa, Morel et Cie, bronze et métallisation du plâtre et de la pierre pour décoration et objets d'art.
31 Pradelles (O.), maçonnerie.

r. Clément
(Marché Saint-Germain.)

1 Bouchin, vérificateur.

r. Cler
(anc. r. de l'Église, Gr.-Caillou).

48    VILLA-ST-PIERRE.

20 Righi (Jos. de), peinture.
51 Chartres, charpente.
57 Niveleau, couv. plomb, zinc.

r. de Cléry (r. Montmartre).

5 et 7, Binant (A.), fab. de toile à décor pour peinture de panneaux et plafonds ; papeterie, couleurs et articles pour la peinture et le dessin.
19 Bellavoine, papeterie.
23 Gauthier-Dreyfus et Cie, papeterie.
35 Thomas, peinture.
42 Ducroquet, papeterie.
Ducroquet, dépositaire des fournitures pour teintures de M. Anderson et fils, de Belfast.
43 Devroux, architecte.
Devroux, menuiserie.
Conac, marbrerie.
45 Patous, peinture.
47 Colard, ébénisterie.
55 Alexandre, menuiserie.
59 Bezanger, couleurs fines et papier à calquer.
65 bis Porral frères, ornements estampés pour appart.
71 Lefoyer, menuiserie.
73 Lemercier aîné, miroiterie.
92-94 Girard, tapisserie, miroiterie.

aven. de Clichy (Batignolles).

2 Riegel (Édouard), ingén.-géomètre expert. — Bureau de vente de terrains et maisons.
8 Galochet, appar. à gaz.
12 Decour, serrurerie.
21 Bailly (D.), menuiserie.
24 Turet (D.), arch. vérif.
35 Benoît (Cl.), quincaillerie.
38 Noviant (A.), serrurerie.
Delorme, couv. plomb, zinc.
42 Bernard, ent. de bâtim, serrur. et charp. fer.
43 West (Paul), ing. civil.
45 Vérel, arch. insp. principal des trav. du Louvre.
73 Bochard (E.), arch. vérificateur.
Pombla, charpente.
77 Darou, serrurerie.
80 Maxin, ent. de parquets.
87 Pion, architecte.

90 bis Delmare-Senault, arch. Représent. de M. Cappel, d'Alençon, pour les tuiles à colorier (brev. s.g.d.g.)
110 Gouin (Ern.), constr. de machines à vapeur.
Cuinat (Ch.), ing. civil.
Fouquet, ing. civil.
116 Barnier, démolitions.
121 Vaquié, exempt. de démolitions.
123 pass. des TROIS-SŒURS.
125 Guèbre fils, maçonnerie.
131 Gauthier, ent. de démol.
146 Legrand, briques et poteries.

boul. Clichy (Montmartre).

5 Roth, serrurerie, breveté s.g.d.g. pour un système de fermeture en fer à chaînes.
8 Jourdain (J.), archit. 1er insp. des trav. du nouvel Opéra.
11 Brune, peintre artiste.
12 Wenger (El.), architecte.
Rapon, ing. des ponts et chaussées.
Rouzaud (François), ent. de trav. publics.
15 Cressière, arch. ing. commissaire adj. du 9e arrond.
20 Comte, peintre-artiste.
22 Muller (Léon), architecte. Le matin jusqu'à 10 h.
29 Berjaud (J.), couvert. plomb. et gaz.
31 Vielard (L.), architecte. Mardi, jeudi, samedi de 9 h. à midi.
34 Floriot fils. (Devis de maçonnerie.) Mercredi et samedi matin jusqu'à midi.
Toulleau, métreur en maçonnerie.
36 Daumé, peintre artiste.
37 Bauline, serrurier et charpentier en fer.
41 Souber (Henri), sculpteur ornemaniste.
43 Schein (J.), fers.
47 Pigis (F.), fers et fontes.
48 Auhé (P.), cont. vérificat. Mardi, jeudi et samedi de 1 h. à 4 h.
Du Castel (J.), arch. constructeur, métreur-vérif.
Brochot ; bois découpés, fab. de jalousies, etc.; const. de châlets et patinoires, fab. de moulures.
Bonnier et Michel, nettoyage et grattage des façades, location d'échafaudages.
Gillotte, serrurerie.
Douillet, vernisseur sur chêne.

51 Société coopér. de sculpt. et carton pierre.
60 Gilbert, sculpteur, statuaire, ornemaniste.
Fège, peinture.
71 Fougère (Jules), arch. vérif. Lundi et jeudi de 8 h. à midi.
76 Autant (A.), arch. vérif.
82 Maillard, tourn. sur bois.
84 Jacque, peintre artiste.
85 Berthemait, entrage.
92 Lami-Séguin, marbrerie.
96 Fournier, marbrerie.
102 Thiery, aîné, marbrerie.
Rousset et Thiery, serruriers.
104 Blin, marbrerie.
106 Lefort, marbrerie.
108 Platon, marbrerie.
Saillant, marbrerie.
110 Jolly, marbrerie.
112 bis. Bourgoin, marbrerie.
Buzenac, marbrerie.
114 Bourdeau, fils aîné, marbrerie.
Renou, marbrerie.
Douaineau (L.) Cholat ; chaux, ciment et meuliers.
116 Rivart, marbrerie.
118 Chapelain-Aillant, marbrerie.
Nansot, marbrerie.
120 Salvia (J.), fumisterie.
122 Roze, marbrerie.
132 Chaumont, tôlerie de bâtiment.

r. de Clichy
(chaussée d'Antin).

2 Sangnier, miroitier-doreur.
4 Lambert (E.), architecte du gouvernement.
Guérin (Léon), entrep. de travaux publics.
23 Langlois (A.), ing. civil.
27 Fontaine, rampiste.
33 Gillet (V.), serrurerie.
Huet, menuiserie.
Chevrier-Cuvillier, peinture.
36 Courtin (Julien), archit.
Courtin (Georges), ingén. civil.
Delsorbier, arch. vérif.
37 Simon (Ed.), ing. civil.
39 Grièges (de), ing. civil.
42 Maundin, ing. civil.
Mouchelet-Bey, ingénieur civil.
44 Le Basteur O., inspect. gén. des ponts et ch.
Bâtereau (J.) architecte.
46 Chaumeton (L.), métreur en menuiserie.
50 Binehn, const. d'inst. de mathém.

60 De Bele (E.), arch. contrôl. des travaux du ministère des cultes. Tous les jours jusqu'à midi.
Gaillet (E.) architecte.
Guillemin, dor. s. bois.
Klagmann (J.-B.) ⚜, sculpteur.
61 Verlick (J.), arch. vérif.
62 Lambiot (C.), arch. vérif. Le matin de 9 h. à 11 h.
64 Potier, ingén. des mines.
65 Petit, peinture.
67 Burion (E.) arch. Mercredis et samedis de 9 à 11 h.
Poul, ing. civ.
Roblin jeune, archit. vérif. Mercredi et samedi de 9 à 11 h.
Roblin frères, ing. géom.
68 Bisson, arch. Tous les jours de 8 h. à 10 h., mercredi et samedi excepté.
72 Bailly (Jacques), architecte.
87 Seiler, serrurerie.

**chaussée Clignancourt (Montmartre).**
9 Grenier, couv. zinc et quincaillerie.
Heurteaux, menuiserie.
14 Paquest (C.), peintre artiste, décorateur.
15 Vienot, arch. vérif.
St-Vannes (Jules de), arch.
16 Bottini et Zanni, peinture.
9 Bouillet, serrurerie.
St-Vanne, métreur en serrurerie.
Granget, peinture.
21 Marest jeune, peinture.
28 Pelletier, quincaillerie.
31 Lelacq, menuiserie.
40 Bouchez (Jules), mét. vérif. en fumisterie.

**r. Clisson (13e arrond.)**
3 bis. Delettre, peinture.
30 Lacour, maçonnerie.

**r. du Cloître-Notre-Dame (Cité).**
Archin, peinture.

**aven. des Clos (boul. Malherbes),**
Muller frères, ébénisterie.

**r. du Clos-Bruneau.**
11 Granier, serrurerie.

**r. du Cloître-St-Jacques (Halles).**
1 Arnaud, peinture.

**r. des Cloys-Montmartre (18e arrond. Gr. carrières).**
3 Coquillard (veuve et fils), pavage, bitume.
Gallet, serrurerie.

---

8 Velie (rue), fab. de carreaux de plâtre, tuyaux de cheminées, dépôt de chaux et ciment.
17 Brochet (Louis), fils, plâtrier.

**gal. Colbert (r. Vivienne).**
4 Floti, moul. figur.
6 Berthaux jeune, peinture.

**r. de Colisée (8e arrond. faub. Saint-Honoré).**
42 Duval (E.), tapisserie.
49 Coau (Eugène), fumisterie, calorifères et fourneaux économiques.
27 Blondin aîné, poseur de sonnettes.
30 Morin, peinture.
Lavoissière, chaudronnerie.
33 Potané XV, menuiserie.
42 Desjardins, serrurerie.
43 Alexandrini, tapissier.
45 Keyser, menuiserie.
47 Delrieu, peinture.
50 Bastien (J.), arch.—Lundi mercredi et vendredi, de 3 à 6 h.
55 Destons, fab. de fontaines.

**r. Combes (Gros-Caillou).**
8 Duperat, entrepreneur de transport de pierres.

**r. de la Comète (Invalides).**
17 Bru (Casimir), serrurerie.
18 Brunet, menuiserie.

**cour du Commerce (Saint-André-des-Arts).**
1 Girard, peinture.
2 Huchette, serrurerie.
19 Flament (Paul), arch. exp. près les tribunaux, insp. de 1re classe des trav. de la ville de Paris pour le 15e arr.
19 Lambert, doreur sur bois.
24 bis. Galli et Ponzio, fumisterie.

**r. du Commerce (Grenelle).**
11 Nadaud et Lemongodon, maçonnerie.
32 Bellot (Alex.), maçonnerie.
32 bis. Bellot (Jacques), maçonnerie.
33 Ancelin, serrurerie.
34 Guinaud, serrurerie pour fours.
40 Barreau, quincaillerie.
42 Thibault (E.), peinture.
52 Tendrerie (J.), couverture.
54 Turretta, peinture, verres à vitres et miroiterie.
62 Brulée (Ch.), peinture.
71 Jouffroy, maçonnerie.

---

79 Chabrol, fumisterie.
86 Borne (A.), couleurs, vernis et produits chimiques et verres à vitres.
90 et 92 Talon (P.), bois et charbons.

**r. Commines (anc. r. Neuve-Ménilmontant.—3e arrond.)**
4 Garnier, matér. de bâtim. au détail.
5 Roule fils, tubes en cuivre.
8 Lafon, fondeur, fab. d'enseignes, plaques, lettres et chiffres en relief.
7 Mutel, mécanicien.
9 Haquin et Lacroix, menuiserie.
10 Mouchel, (L.), métaux.
11 Siegery (Ed.), arch. vérif.
12 Doxter (H.) et L'houmet, menuiserie.
45 Poussant, peinture.
Carville (C.) aîné, construct. d'appareils de chauffage.
16 Mals (C.), archit. Lundi, mercredi et vendredi, de 4 heure à 5 heures.
Pompon, fab. de lanternes.
18 Vaudel, serrurerie.

**r. Compans (Paris-Belleville).**
39 Robin (H.), menuiserie.
46 Duvivier (A.), fils, menuiserie.
48 Duchâtelet, commissaire-voyer du 19e arrond.
50 Garnier (Ch.), architecte.
114 Heulsuse jeune, fabric. de briques.

**r. de Compiègne (chemin de fer du Nord).**
2 Villain (Edouard), arch. des trav. de la Ville (12e arr.).
Wurgler, ing. civil.
Rouen, peinture, vitrerie et papiers peints.
4 Civet fils, N. et Cie, carriers.
Baton, charpente.
Hallopeau, ing. civil.

**r. de Condé (Odéon).**
3 Delarbre (G.), peinture.
14 Claris (Albert), architecte.
16 Michau, métreur vérif.
20 Portret, arch. attaché aux trav. de la Ville, le matin avant 9 heures.
Teiton fils, entrep. de travaux hydrauliques, constructeur de rochers, bassins et cascades.
24 Callon ⚜, ing. des mines.
30 Lavenant, ent. de bâtiment.

**r. Condorcet.**
(r. des Martyrs, anc. r. Laval,
prolongée.)
47 Lemoisier (Jules), arch.
vérif. Mardi, jeudi et samedi jusqu'à midi.
48 Bre illel, architecte. Mardi
et vendredi de 1 h. à 3 h.
Courregeolles (A.), archit.
inspect. des travaux de la
ville. Lundis et jeudis de
2 à 5 heures.
53 Courtiller, architecte.
55 Piquet, peintre décorateur
pour stores.
59 Bourlois (A.), arch. vérific.
60 Plaine (E.), archit. Mardis
et samedis de 9 à 11 h.
Babourdin (A.), archit.
Lacombe (A.), ing. civil.
61 Nazarre Émile, architecte.
Lundi, mercredi et ven-
dredi de 9 à 11 heures.
Nazarre (Edmond), archit.
Mardi, jeudi et samedi de
9 h. à midi.
64 Borne (L.), maçonnerie.
66 Bellet fils, maçonnerie.
68 Viollet-Le-Duc, O. ✸ arch.
de la cathédrale de Paris,
et de l'église impér. de
St-Denis; insp. général
des édifices diocésains.
Gardy (C.), mét. vérif. spécial en serrurerie.
70 Fasquelle, architecte vérif.
Mardi et vendredi de 4 à
6 heures.
Thibault (C.), archit. mét.
vérif. succ. de A. Perney.
72 Blaize, Deforme et Lefevre,
arch. vérif., attachements
et métr. de maçonnerie.

**r. du Conservatoire**
(9e arrond., r. Bergère.)
13 Poliard ✸, arch. de la Préfecture de police, mem-
bre du Conseil d'hygiène
et de salubrité du dépar-
tement de la Seine. Lundi
et jeudi de midi à 2 h.
Bonel (H.), ing. civil, arch.
de la Préfecture de police.
Lundi et jeudi de midi à
2 heures.

**r. Constance (18e arrond.)**
(anc. r. Ste-Marie-Blanche)
3 Perrot (F.), mén. vérif.
Berchon, arch. vér.f.
Sivet (Ern.), menuiserie.
11 Freminet, vérificateur.
Champion (F.), sculpteur
ornemaniste.
13 Parizot, sculpteur sur bois.
45 Philippe Peron, peintre en
décor.
47 Fauteau, march. de grès.

**r. Constantine (Plaisance).**
27 Locain, arch. vérif. Tous
les matins jusqu'à 9 h.;
jeudi et dimanche jus-
qu'à 11 h.
33 Page (J.), mettreur vérif.
44 Burner, maçonnerie.
48 Lenoir (A.), entrep. de mobilier spécial.
50 Burdin, menuiserie.
63 Chaveau dit Berri, charpente.
66 bis Dubasd, pierres taillées
76 Lainé Joseph), rampiste
83 Thomas, bois.
95 Lacroix, peinture.
100 Poirier, serrurerie.

**r. de Constantinople**
(près le parc Monceau).
6 Letrosne, architecte prof.
à l'École impériale de
dessin.
10 Bourquelot de Cerrignères,
arch. insp. aux trav. des
Tuileries et du Louvre;
expert à la justice de
paix du 8e.
23 Toufflin, expl. du broyeur
anglais, système Carr.
29 Cerbeland, contr. d'appar.
de chauffage.
39 Blin (Eugène), succ. de
Lhuillier, sculpteur-or-
nemaniste.

imp. Conti (6e arr. Monnaie).
2 Daraisse, fab. de pompes.

quai Conti (Institut).
11 Barre (Albert) ✸, sculpt.-
statuaire, graveur géné-
ral des monnaies.
15 Biffet ing. des ponts et ch.
17 Oschée père et fils, prop.
de carrères et ent. de
trav. publics.
19 Havard frères, fab. d'appareils de garde-robes.
23 Lequesne, sculpteur.
25 De Ligny ✸, arch. expert.
27 Desgoffe ✸, peintre artiste.
Hesse ✸, peintre artiste.

bouler. Contrescarpe
(Bastille).
10 Décoin (J.), peintre verrier.
Gadbois, couverture.
12 Cathenoz, menuiserie.
22 Bard, arch.-insp. des trav.
de la Cie générale des
Omnibus.
30 Garnier, fabr. de crémones
à bouton à double mou-
vement

39 bis Méry-Picard, succ. de
Fleury-Gascoin, fab. de
châssis, constructeur de
serres; jardins d'hiver,
combles et charp. en fer,
travaux en fer rustique.
40 Lambardot-Curé, fab. et
march. de ciments.
42 Berthelot, ing. civil.
Chambron jeune, bois de
charpente.
Millot et Cie, entrep. de
trav. publics, fab. de ciment à Méry.
Quentin, menuiserie.
Verlanbou, représentant M.
Gauché-Rigoud, carrier.
56 Peifferi, doreur sur bois.

BASSIN DE L'ARSENAL.
FOSSÉS DE LA BASTILLE.
Prévost et Cie, ciment de
Vassy.
Chantemill, Poisson et Cie,
ciments romains des car-
rières de Bourgogne.
Josser (A.), ent. de transp.

**r. de la Contrescarpe-St-**
**Marcel.**
1 Simonet, ing. géomètre.

**r. Coq-Héron.**
(1er arrond. Grande-Poste.)
5 Préjour, distribution d'imprimés.
9 Caisse d'Épargne de Paris.

**r. du Coq-Saint-Jean**
(Hôtel-de-Ville).
8 Tugot, couleurs et produits
chimiques.
13 Luguet, maçonnerie.

**r. Coquillière (Banque).**
7 Toguini, peinture.
25 Leverrier, et 11 lieux, autographie, expéditions et
calculs
29 Delhom et Guilbert, peinture.
40 Trouvé (L.), peinture.

**r. Corbeau (faub. du Temple).**
3 Bonnel, arch. vérif. Mardi
et vendredi jusqu'à 10 h.
Guelle, architecte.
4 Guionnet, sculpt. sur bois.
13 Bernier, succ. de Chauvy,
const. de grues et appa-
reils de levage.
14 Terrasse, fab. d'ornements
en tôle faits au marteau.
18 Renard, métr.-vérif. spéc.
en charpente.
19 Chiquet, quincaillerie.
25 Lemirrer, menuiserie.
27 Dietrich et Cie, aciers.

29 Moyaux, peintre, artiste décorateur.
31 Flandrin frères, repr. de M. Tessier-de-la-Croix-au-Billy, fab. de serrurerie.
32 Rossignol-Gérard, entrep. de fumisterie.
33 Lebraud, maçonnerie.

r. des Cordelières-Saint-Marcel.
11 Margot jeune, tonnellerie.
15 bis Arnould aîné et Minder, pavage, bitume et terrasse.
26 et 28 Erneneau, fabr. de briques et carreaux, et entrepreneur de carrelage.
26 Héraud, serrurerie.
27 Choureau, fab. de cuves et réservoirs.

r. des Cordiers (5e arrond.).
7 Haize fils, serrurerie.
18 Renner, couverture.
21 Danchin, acteur, maç. enr.

r. Corneille (6e arr., Odéon).
3 Fauvelle, arch. exp. commoyer adj. du 6e arrond. Mardi et vendredi jusqu'à 10 h.

r. de la Cossonnerie
(1er arrond., Halles centrales).
10 Milhoard (A.), cordier.

r. de Cotte (faub. St-Antoine).
3 Coulomb (E. et H.), menuiserie.
23 Ruebrant, archit.-vérif. Mardi et vendredi jusqu'à midi.
24 Deheu (Eug.), peinture.
29 Delacour fils, peinture.

passage Cottin
(r. Ramey-Nouvmtre).
7 Brogi (Émile), arch.-vérif.
11 Paltani jeune, fumisterie et marbrerie.

r. Couesnon (Plaisance).
1 Poulin, couleurs et vernis.

r. de la Cour des Noues.
(20e arrond Père-Lachaise).
4 Courtois, fondeur.

boulev. de Courcelles
(de la r. Lévis à l'avenue des Ternes).
4 Philippe, démolitions.
4 Brete, menuiserie.
5 Saurel, maçonnerie.
10 Vidal et Boulle, fers.
13 Rocher fils, arch.-vérif.
18 Dairas, maçonnerie.
26 Boubiela aîné, fumisterie.

61 Bourgeois aîné, couverture.
Nogrette, entrep. de matériaux de bâtim. et entrep. de bâtiment.
Arnoux, sculpteur.
76 Haveau, directeur de la Société générale des tuyaux de plomb doublés d'étain.
81 Martin, maçonnerie et démolitions.
Raux, faucheur de gazons.
82 Térosse, menuiserie.
85 Bavoz, serrurerie, charpente en fer et grilles.
86 Montant (H.) et Bochet, ent. de couverture, plomberie et zinc, couverture d'art, plomberie couvert en zinc, tuiles et ardoises, appareils hydrauliques.
88 Dubois (Henri), architecte en chef de la Cie des Marchés de Paris.
Thevin (Jules), architecte.
Rousseau (A.), arch. vérif. des travaux de la ville, mardi et vendredi jusqu'à midi.
Raymond et H. Cuau, ent. de fumisterie, constr. de calorifères et fourn. économiques.
101 Chéron (L.), ing. civil.
121 Patin, rec. soustant les ardoisières du moulin Ste-Anne.

r. de Courcelles
(De la r. de la Pépinière à la porte de Courcelles).
4 Loiseau (L.), peinture.
29 Comoy (J.) insp. gén. des ponts et chaussées.
37 Millet, maçonnerie.
85 Durozoi, pompes.
98 Brodi, menuiserie.
106 Bigeard, et Cie, système de vitrerie pour serres et chassis.
118 Dufour (Léon) arch. vérif.
167 Pantou, serrurerie.
202 Lacroix (Eug.) archit. du Palais de l'Élysée, adjoint au Palais des Tuil.

r. des Couronnes (Belleville).
9 Bisson, serrurerie.
24 Ladsous, appar. à gaz.
36 Bayot (Louis), métreur vér. spécial en serrurerie.
66 Martin, charpente.

r. de Courty.
(Près le Corps-législatif.)
4 Péiré (V.), arch. sérif.

r. Couston (anc. r. Florentine-Montmartre).
4 Bigot, fabr. de châssis à rideau français. — Intérieur de chemin. en fonte.

5 Chevalier (A.), (médaillé), entrep. de travaux en cim. st.

r. de la Coutellerie
(Hôtel-de-Ville).
2 Demazières et Coutagel (F.-J.), ingé. — Indique et cherche fuite. — Le robinet parachoc, etc.
4 Guérin (J.), arch.-vérif. (spéc. de serrurerie).

r. des Coutures-Saint-Gervais.
1 École centrale impériale des arts et manufactures.
3 Loiseau, peinture.
4 Lestrime (Pierre), couvert. plomb et zinc.
12 Louvin, serrurerie.

r. Crétet
(9e arrond., avec Trudaine).
4 Cartier (P.), doreur sur bois.
5 Mal, arch.l. Le matin de 9 à 12 h. Dimanches et fêtes exceptés.
Rousselet, archit. Le mat. de 9 à midi, dimanches et fêtes exceptés.
6 Roget, architecte.
Dumanet (E.), ing. civil.

r. de Crillon (Arsenal).
3 Chaumet jeune, maçonnerie.

r. de Crimée
(Buttes-Chaumont).
1 Gérst, couverture.
Faugère aîné, fumisterie et tôlerie.
5 Moreau, march. de bois.
13 De Leuze (P.), arch.-vérif.
20 Monier (Eug.), marchand de bois.
21 bis Cosbron, charpente.
26 Dieudocné et Dorenlot, fab. de meubles à la mécaniq.
30 Robert, menuiserie.

r. du Croissant
(r. Montmartre).
18 De'ahaye (André), peinture.
Fresne (H.) et Cie, vidanges et engrais.

r. Croix-Nivert
(Vaugirard et Grenelle).
20 Jupile (R.), couvert., plomberie, appareils à gaz.
52 Bateaux (J.-B.), maçonnerie.
68 Grossard (Gustave), bitume et pavage.
74 Colber, couverture, plomb. et zinc.
110 Nicolas, ent. de maçonnerie et de consolidation, pavage et terrasse.

117 Lourdin, maçonnerie.
130 et 132 Biot (Sylvain), maçonnerie.

r. Croix-des-Petits-Champs (Banque).
18 Goujon, serrurerie.
25 Véron (Th.) architecte, lundi et jeudi de 9 h. à midi.
29 Fournier frères, quincaillerie, serrur. et crémones.

Passage Cronin (13e arrond.)
(r. Jenner.)
8 Pittarat, maçonnerie.

r. Croulebarbe (Gobelins).
25 Guillouan, couverture.

r. Crozatier
(12e arrond., boul. Mazas).
7 Mahier (Victor), arch. vérif.
Misé (P.), arch. vérif.
14 Montarod, charp. bois et fer.
21 Comble (A.), méc. vérif. attachements et métrage de maçonnerie; mardi et vendredi jusqu'à midi.
31 Desgange, maçonnerie.
Jobart (Jules), arch. vérif. Tous les matins av. 9 h.
Oriot, métreur vérifié.
33 Joly (L.), arch. vérif.
53 Bauchet, bois, fab. de jalousies et bois découpés (à part. du 1er mars 1869.)

r. de Crussol
(11e arrond., boul. du Temple).
5 Lixienberg frères et Cie, acier fondu et corroyé, limes, scies et outils.
8 Martin (Emile), arch. Tous les matins à 9 h.
9 Perot père et fils, rampistes.
11 From et Marchand, aciers et tubes anglais.
12 Carmine, fumisterie.
13 Noël (Antoine), verres à vitres.
14 Chabot, arch. vérif.
Deseine (Eug.) vérificat.
16 Maxeny et Cie, fauteuils et meubles inodores.
18 Berton, maçonnerie.
26 Rouget fils, couvert. plomb. pompes et zinc.
Sagan, fab. de caisses.
33 Cantin père, peinture.
35 Plé fils, menuiserie.

r. Cujas (5e arrond.).
(Sorbonne, anc. r. des Grés).
5 Bérène, menuiserie.
21 Ruet (Eug.), architecte.
Conard, arch. vérif. Lundis et vendredis de 10 heures à midi.

r. Curial (anc. r. Valenciennes, Villette).
4 Biot (Jules), maçonnerie.
3 Gaz jaune, vidanges et engrais.
7 Bery, Desseyers et Cie, construction à mécaniciens chaudronniers, ponts, charpentes en fer, etc.
9 Parlot frères et Grivillé, plâtriers.
Parlot (Paul) fab. de chaux hydraul.
14 et 16 Société française des asphaltes.
20 Petzer (P.-G.), fonderie de fer, ateliers de constr.

r. Cuvier (Jardin-des-Plantes).
11 Schertz, C., peintre-artiste.
14 Ardoin (P.), ing. civil.
16 Alexy, sch. insp. des travaux de la Ville de Paris.
16 Squires (M.-J.), architecte.
57 Champigneulle, arch. insp. au Muséum.

r. du Cygne (r. St-Denis).
9 Marelle, serrurerie.

r. Duguesne (13e arrond.)
(anc. r. de la Pépinière).
21 Huard, méc. vérif. spéc. en peinture.
57 Marchand (Eug.) maçonnerie et matériaux de bâtiment.
60 Gossart (L.), ent. de bâtiment.
63 Bilbery fils, succ. de son père, sculpteur-marbrier.
70 Guillemain, bois et parquets.
86 Sermet-Cabot, arch. vérif.
88 Rigolot (J.) peinture.

r. Dalayrac (Théâtre-Italien).
7 Darcel (P.), peinture.

place d'Alleray (15e arr.)
Bargnis (A.) fils, fumisterie.
Boucher aîné, charp. bois et fer.
Sabatis (A.-S.), charpente bois et fer.

r. d'Alleray
(15e arrond.) Vaugirard.
23 Prin (A.), maçonnerie.
25 Billard, menuiserie et travaux publics.
28 Albpont, cordages.
30 Oseru (Désiré), maçonnerie.
62 Frappat (Marcelin), entrep. de charpente.
66 Hochrid fils, fab. de poterie de bâtiment, et entrep. de carrelage.
67 Delogé, couverture.

81 Maille (A.), vitraux peints.
84 Laguillez, maçonnerie.
102 Poussant fils, maçonnerie.

r. des Dames (Batignolles).
2 Lafolie (H.) géomètre expert. — Vente de terrains et de propriétés.
Dubost (V.), maçonnerie.
4 Giroux V., architecte, attaché aux trav. de la ville.
25 Gerusel (Victor), ing. civil.
27 Oure, peintre artiste décorateur.
53 Leclère-Dancier, enseignes en tous genres.
69 Primant (V.), trav. publics, pavage, bitume, granit.
73 Ciro (E.) méd. vérif. spéc. en peinture; vérif. pour les architectes.
77 Durnet, maçonnerie.
86 Diard (V.), plâtrier.
90 Loirard (L.), architecte.
98 Loiraud jeune, maçonnerie.
Montagne (Gilbert), maçon.
104 Brue, (A.) méc. vérif. spéc. en serrurerie.
Coulier, couverture.
108 May (A.), sculpteur ornemaniste.
112 Nizard, fab. d'orgues pour églises.
120 Mourier, maçonnerie.
125 Foudereau (Jean), couvreur, plombier, gazier.
131 Job, serrurerie.

r. des Dames (Ternes).
2 Bindaux (Paul) méc. vérif. spéc. en menuiserie.
5 Carrabajeuse, maçonnerie.
13 Coulonge, serrurerie.
21 Gudion, menuiserie.
29 Trévelon, maçonnerie.
31 Louandre, bois, lattes et bardeaux.
34 Barbarin fils, clouterie.

r. des Dames-de-la-Visitation-Ste-Marie (r. du Bac).
5 Lantonnat frères, maçons.

imp. Damy (r. du Rocher).
8 Legeard, serrurerie.

r. d'Arcet
(anc. r. de Paris-Batignolles).
11 Marot (Charles), arch. exp. à la justice de paix, inspecteur des bâtiments de la Couronne.

r. Darceau
(route d'Orléans, 14e arrond.).
1 Arnoult et Guitourgé, XX, constructeurs en fer, serrurerie et charpente.

6 Jolivet, serrurerie, fermeture de magasins.
11 Badin, mécanicien.
15 Féron, serrurerie.
51 Dauphin (E.), couvreur.
Foucher (V.), mécanicien.
61 Balle, menuiserie.
67 et 69 Letellier, carrier.
71 Ferraud, charpente.
75 Delamare (Émile), mér. vérif.
77 Gingaud, maçonnerie.
89 Chauvin, maçonnerie.
91 Dallos, serrurerie.

r. d'Argout (1er arrond.)
(anc. r. des Vieux-Augustins).
1 Badar aîné, couvert., gaz,
plomb et zinc.
10 Dupuis et Cie, terres à filtres.
13 Vauxel (J.-B.), fumisterie
et calorifères.
16 Ferrand (Remy), architecte.
Les mardi, mercredi, ven-
dredi et samedi.
Van Oren, expol. de mé-
moires. — Devis. — États
de lieux, à 25 c. le rôle
papier compris. — Impres-
sions typographiques, li-
thographiques et auto-
graphiques.
20 Bruin jeune, peinture, vitrerie en plomb pour églises.
Benoist, menuiserie.
24 Berlire fils, fumisterie.
39 Aubry (veuve), serrurerie.
42 Clabaut (vve) et fils, peinture.
43 Bosch, peinture.
46 Perreau, serrurerie.
48 Goupil (veuve), peinture.
Halbet, couleurs.
53 Fressein fils, peintre en lettres et attributs.
55 Perocheau (C.), menuiserie.
57 Drouard, marc. de couleurs.
63 Daris, peinture.
67 Méry, peinture.
69 Siroguet, cordages.

r. Dorn (8e arrond.)
anc. r. de la Croix-du-Roule.
1 Odillard, serrurerie.
3 Marchand, serrurerie.
Poirlet-Leconte-neur, chaux
et ciment.
15 Jahan (anc. mais. Laury),
const. d'appar. de chauf-
fage et calorif.; fumisterie.
17 Frasseau, sculpteur.
19 et 21 Bailleul, ent. de trav.
publics, pavage, terrasse
et trav. en granit.

r. Daubenton
(anc. r. d'Orléans-St-Marcel).
5 Delaporte (Jules), archit.-
géomètre, métreur-vérif.
Lundi et jeudi jusq. midi.

17 Thuaire (A.) fumisterie.
32 Trussy, peinture.
Sylvestre, menuiserie.

ave. Daumesnil
(r. de Lyon-Bastille).
2 Patrice, menuiserie.
7 Commiot et Cie, serrurerie.
11 et 12 Decuise, bois de sciage.
18 Benoît, carrier.
19 Houot et Grasa, marbres
français et belges.
20 Samson, tapisserie.
21 Patrice, menuiserie.
24 Lefaurichon aîné, etc., entr.
de maçonnerie.
28 Coutty, maçonnerie.
43 Bucher, co. sur. mécanic.
fabr. de machines-outils.
32 Girard, machines-outils,
const. de serrure mécani-
que.
43 Baze, maçonnerie.
Heury, couverture.
Maréchal, fabr. de tuileau
et la tes p. de couverture.
54 Palaix, ent. de maçonnerie.
58 Cluseau, construct. de fours
pour boulangerie.
66 Samel, menuiserie.
68 Arclet, ornem. pour appart.
81 Paupon, chaux et ciment.
92 François, maçonnerie.
105 Libreuil, maçonnerie.
110 Montarsol, charp. bois et
fer.
118 Lagoste, charp. bois et fer.
Côté des Arcades
11 et 12 Robert, marc. de bois.
15 et 21 Robigard-Moinier,
marchand de bois.
27 Coutadont aîné, couvert.
plomb, zinc et gaz.
74 Lout, marbrier, carrelage et
fontaines en pierre et marbre.
103 Water, serrurerie.
125 et 127 Deplechin et Jacob.
Plomb et zinc en tuyaux et
en feuille, tubes et pompes.
277 Vecrandier (Pierre, terrassier.

pass. Joséphine (r. Dauphine)
Chambre syndicale des marchands carriers et des
fournisseurs du bâtiment.
11 Torn, fumisterie, fourn. et
calorifères.

place Dauphine (Pont-Neuf).
16 Hron (Désiré), sculpt. stat.
21 Vinay, ing. civil.
Paupé (A.), métreur spécial
p. peinture et menuiserie.
Mardi et vendredi de 7 à
10 h. du matin.

27 Cosse, Marchal et Cie, édi-
teurs prix de règlement de
la ville de Paris.

r. Dauphine (Pont-Neuf).
10 Kerremans, ferblant. lamp.
16 Masselin (A.), ing. civil.
18 Salvi, dessinateur.
30 Lefèvre Léon, peintre d'enseignes.
38 Méry, peinture.
40 Beret, toiles cirées.
51 Lezablean, fers.
Dauphin, serrurerie.
Nouel, quincaillerie.

r. Davel (Bastille).
5 Gogois, pierres de Bourgogne, ciment et sable.
9 Gaudinat, fabrq. de garde-
robes et robinets.
11 Kusrath, menuiserie.
11 Grossot (Virgile), fumisterie, fourneaux, cheminées
et calorifères.
11 Lajarge, fumisterie.
46 Ledoux, peinture.
Kail (François), menuiserie.
24 Decoupa de et Jourdain, serrurerie et mécanique.
Jérôme, fab. de soufflets de
forges.

boul. Davoust
(20e arrond., anc. Charonne).
4 Navarre (H.), fab. d'émeri
papier de verre.
32 Monot, puisatier.
39 bis Lucol, fab. de crochets
de plomberie et gaz.
66 Passary, ent. de trav. publ.

r. Davy (Batignolles).
49 Raipé (G. de), médaille d'or.
Dessins spéciaux. Albums
industriels. — Auteur de
plusieurs recueils indus-
triels et d'architecture pit-
toresque. — Mardi et ven-
dredi jusqu'à 2 heures.
30 Piériot et Mercier, entr. de
menuiserie.
41 Rabossier, cimentier.
52 Donnerie, terres à vitres.

r. Debelleyme (Marais)
anc. r. de Limoges.
Gam, acteur, menuiserie.
5 Corbin, couverture.
6 Cheret et Cie, quincaillerie.
12 Clusier (E.), fab. de bronzes.
49 Mathern, peinture.
28 Lelièvre, peinture.
29 Mamy oncle, serrurerie.

r. Decamps (Passy)
16e arr., anc. r. de la Croix).
12 Blanche, menuiserie.

**Frémiot**, archit.-vérificat. breveté. Vente de terrains et maisons; gérance. Mardi. et vendredi jusqu'à 11 heures.

**r. Déjean (Montmartre).**
2 Laugne (Charles), sculpteur-ornemaniste.
40 Delcroy (A.), architecte. — Expropriations.
Aubry (A.), serrurerie et fab. de pompes.

**r. Delaborde** (8e arrond.)
(de la r. du Rocher au boulev. Haussmann.
1 Prosset (B.), architecte.
8 Belluot, menuiserie.
9 Ferrary, maçonnerie.
Delarouze, serrurerie et charpentes en fer.
13 Guismand, vérif. spéc. de couvert. plomb. et gaz. Lundi, mardi et vendredi de 8 heures à midi.
30 Bordon (Z.), peinture.
36 Graud, serr. et sonnerie. Meon, appareils à gaz.
38 Sézanga, fumisterie.
40 Robin aîné, couvert. plomb. et zinc, fab. d'appar. de garde-robes, cuvettes, pompes etc. Fabricant de châssis à tabatière.
44 Mézard Aug., sculpteur-ornemaniste.
47 Breteau (Louis), métr. vérif. spécial en serrurerie.
70 Verneuil, menuiserie.

**r. Delambre**
(boul. Montparnasse)
Dépôt des Pavés, Buffet, ing. des ponts et chauss.
3 Bourgne jeune, fumisterie.
6 Delron, menuiserie.
9 Kaol, démolitions.
12 Le Boucher fils, démolitions. Maniez Jules, métreur vérif. en serrurerie.
44 Finance aîné, peinture.
46 Barthès (Ant.), charpente fer et bois.
Fauveau, march. de grès.
49 Damour, menuiserie.
23 Guillaume (Alex), arch. vérif. mardi et vendredi, jusqu'à 11 heures.
Vergeaud (Paul), serrurier.

**r. Delaroche**
(anc. r. St-Georges-Passy).
8 Debressenne, architecte.

**r. Delessert (Passy).**
6 Marand (Aug.) treillageur rustiqueur caisses et chalets.
8 Gnocca, fumisterie.

**r. Delouvain (Belville)**
2 Bisard, serrurerie.
5 Perra (J. A.) arch. vérif.

**r. du Delta**
(faub. Poissonnière).
4 Fradelizi frères, calorifères, fours, économ. et fumist.
11 Gasse, maçonnerie.
13 Guyot aîné, menuiserie.
18 Roussel fils, couverture.
22 Valadon (Alphonse), métr. scores. de F. Crosnier. Mardi, mercredi et vendr. avant 10 heures.

**r. Demours (Ternes).**
5 Guérin, couverture, plomberie, z. nc et pompes et appareils de garderobes.
27 Acasseur, sculpteur ornemaniste et canon pierre.
37 et 51 Voirin, arch. entrepr.
52 Renard, graissier.
54 Malvanque (Émile), métr. vérif. spéc. en menuiserie.

**boul. de Denain**
(gare du Nord.)
7 Jules Rivière, architecte de l'administration des poissons et de la Seine. Mardis, jeudis et samedis jusqu'à 11 heures.
Fontenilain et Cie, tubes en cuivre.
Gambuto, ingén. civil.
10 Mozet, maçonnerie.
Sauvage et Mozet, maçonnerie.

**r. Dénoyez (Belleville)**
5 bis Decoulant, peinture.
13 Vertaz, arch. vérif. Mardi, jeudi et samedi jusqu'à 11 heures.

**r. du Départ**
(boul. Montparnasse, gare de l'Ouest).
11 Barle, maçonnerie.
17 Demongeot (Joseph) menuiserie.
Pezeu, mécanicien.

**r. du Département**
(Villette).
10 Hoof (E.), scieries mécaniques et parquets.
11 Masson (Eug.), serrurerie.
18 Johiet, Gorand, Lamotte et Cie, maître de forges.
29 Thirion, bois.

**r. Démaugiers (Auteuil).**
5 Vinhot, serrurerie et charp. en fer.

**r. Deshardes — Valmore**
(anc. r. N.-Dame, Passy. 15e arrond., Martel).
11 dis Duban (F.), architecte.
17 Lemoine, ingén. civil.
20 Manton, ing. des ponts et chaussées.
23 Joulet (Th.), archit.-expert. Mardi, mercredi, vendredi et samedi de 8 h. à 10 h.

**r. Desnoyers (Panthéon).**
5 Henry, archit. du ministère de la maison de l'Empereur et des Beaux-Arts; inspecteur à l'École polytechnique.
8 Barenne (François), replanisseur de parquets.
17 Anson, menuiserie.
20 Bartel, serrurerie.
33 Terrier, menuiserie.
Gueold, peinture.
42 Monteaud (Silvain) père et fils, maçonnerie.
44 Boucart, instruments d'architecture.
50 Poilblanc, quincaillerie.

**r. Desrembre (Ternes).**
8 Dupahez, maçonnerie.
17 VinBiolet (J.), briquetage et joints à l'anglaise. Logeais, clouterie.
19 Guillet, ing. civ. Loiraud (Claude), maçonner. Casses, charpente.

**r. De Séze (Madeleine).**
4 Leroy, papiers peints.
6 Marcelin, fab. de parquets mosaïques.
10 Feydeau (A.), archit. expert près les tribunaux.

**pass. du Désir**
(boul. de Strasbourg).
2 Chaffanjon, arch. vérif. Mardi jeudi et samedi de 8 h. à 10 heures.
4 Bichelet et Lallemant, menuiserie.
Dussolle (L.), expéditionnaire.
5 Poivray, fontaines.
6 Morch, peinture.
7 Jourdain, couvert., plomb. zinc, gaz et pompes.
8 Lablanche, serrurier mécanicien.
27 Clément (P.), ent. de trav. publ. pavage, terrasse. bitume, etc.

**r. Desremandes**
(boul. Courcelles.)
23 Cabaret (Paul), architecte.

r. des **Deux-Boules**
1er arrond., r. des Bourdonnais.
3 Chapon, fab. de sacs à plâtre
et là bas,
9 Dépôt de papier, d'Écharcon

r. des **Deux-Eaux** (Halles)
14 Loir j°, couverture, plomb.,
pompes,
15 Cultry, verres à vitres, glaces.
16 Pernel et Labosse, fab. de
sacs à plâtre et chaux.
25 Solvet (Théodore), archit.
Mardi, jeudi et samedi,
jusqu'à 11 h.
28 Brulé, serrurier.
29 Scheuer, serrurier.
40 Lankeri, peinture.

r. des **Deux-Portes-St-Jean** (Hôtel de Ville.)
4 Bihn (E.M.), arch. expert,
arch. de l'ad sto. génér.
de l'assistance publique.

r. des **Deux-Portes-Saint-Sauveur.**
22 Lefeure, maçonnerie.
24 Ducor, mécanicien.
28 Viarlaret, menuiserie.
Morin, fab. de platine.
31 Colombo-Fomazzalli (A.),
mét.-vérif. (fumisterie).

pass. des **Deux-Sœurs**
(faub. Montmartre).
7 Gianella frères, serres à vitr.
10 Bullo, peinture.
Bourgeois frères, tourneur.

r. **Domat**
anc. r. du Plâtre-St-Jacques).
21 Tintra, maçonnerie.

r. **Dombasle**
(anc. r. des Vignes, Vaugirard).
61 Jean (Auguste), peintre céramiste, fab. de faïences
monumentales, artistiques
et religieuses.
53 Valette, charpente, bois, fer.

r. du **Dôme.**
40 Rousseau, ing. des p. et ch.
Gonzalès, serb., gaz, couvert. et plomb.

r. de **Domrémy** (13e arrond.)
(anc. r. de la Croix-Rouge).
15 Jobier, serrurerie.
18 Chalifour, maçonnerie.
20 Normand, serrurerie.

r. ce **Donai**
(9e arrond., quart. St-Georges).
4 Hébert, mét. vérif., spéc.
en plomberie et couver-
ture.
6 Ridder (de) ing. civil.

7 Auger (Émile), architecte.
Michaud (J.), ing. civil.
10 Bruins, doreur sur bois.
11 Saint-Salvi ✶, (n. C.), charpente.
12 Marchand (Henry), archit.
Mardi et vendredi de midi
à 2 h.
13 Lincelle (Stéphane), mardi,
jeudi et samedi de 11 h.
à 1 h.
Labour (C.), arch. vérif.
14 Darru père et fils aîné, arch.
des gares de Bordeaux,
Libourne, Angoulême, etc.
et de la Cie Parisienne du
gaz.
16 Amory, arch. vérif.
17 Lguieze, architecte.
18 Charroin (Joseph), menuiserie.
20 Michau (L.), arch. vérif.
22 Crochet, sculpteur-ornemaniste.
25 Pâtre, archit.-vérif., contrôleur des bâtiments ci-
vils au ministère de la
maison de l'Empereur.
29 Dufresne, architecte. Mardi
et vendredi de 9 à 11
heures.
30 Digeon frères, peinture et
dorure.
31 Saint-Salvi (Jules), arch.
expert. Mercredi et sa-
medi de 1 h. à 3 h.
33 Lascombe, archit. professeur.
34 Lajeunesse, fumisterie.
36 Batton (J.), metteur.-vérif.,
spécialité de couverture
et plomberie d'art.
39 Debreuse, serrurier.
Debreine, fumisterie.
43 Croiseau Eug.) ✶, réviseur
des travaux de la ville
de Paris; vérif. des trav.
publics.
De Thoury, architecte. Tous
les jours de 11 h à midi.
46 Serdong ✶, ingén. civil.
46 Chervoite, doreur sur bois.
47 Boublet, ing. civil.
50 bis Haret ✶ et fils ✶, menuiserie et parquets.
55 Stoffer (E.), peinture.
57 Bellange ✶, peintre-artiste
59 Paumier (E.), arch. vérif.
Paumier et c.ie, métrage de
travaux publics.
61 Bandeville ✶ et Bourbon,
sculpteurs - ornemanistes
e carton-pierre.
Théroxel, ingén. civil.
63 bis Petit (Émile), archit.

rue de la **Donne**
(Château-d'Eau).
6 Jourdii (J.), miroiterie.

8 Tournant (A.), fab. de toiles,
sacs et bâches,
12 Dépôt de glaces de Recqui-
gnies, Jeumont et Aniche.
14 Manufacture de glaces de
Montluçon.

pass. **Dondeauville**
(La Chapelle).
29 Gelée, serrurier.

r. **Dondeauville**
(La Chapelle).
2 Guilbert (Gustave), bois de
sciage et de construction,
spécialité pour la couverture.
4 Gache, serrurerie.
Nenet, couverture.
11 David (H.), archit.-ingén.
civil. Tous les matins
jusqu'à 11 heures.
15 Pierron et Dehaitre, ingén.
construct. mécaniciens.
16 Hachette, fab. de lave émaillée pour inscription de
rue; dalles d'urn., etc.
29 Corbière, maçonnerie.
Das (A.), maçonnerie.
30 Renaux, appar. à gaz.
34 Cochin (J.), maçonnerie.
44 Nivoix, fumisterie et badi-
geons.
62 Leflou, archit. vérif. Mardi
et vendredi de 9 à 11 h.
Quesneville, menuiserie.
64 Delacre, marbrerie.

Cour du **Dragon**
(6e arr., St-Germain-des-Prés).
1 Martiny, fab. de grilles en
fer forgé.
8 Ziegler, architecte, mardi et
vendredi jusqu'à 1 h.
9 Morisot, serrur. en grilles.
8, 10, 13 et 15 Cornet, fabr.
de grilles et serrurerie en
fer forgé.

r. du **Dragon**
(6e arrond., r. Taranne).
3 Tardif, couleurs fines et
papiers à colleur.
9 Gratean ✶, ing. civil.
10 Ussel, ingénieur des ponts
et chaussées.
13 Frilouq, fab. d'instruments
de mathématiques.
14 Buisin (A.), serrur.-méca-
nicien, coffre-forts, paratonnerres et sonneries
électriques.
14 Asperti, fumisterie.
15 Demilière, peinture.
24 Batigny, archit. sous-inspecteur aux travaux de
nouvel Opéra.
72 Breton (Const.), architecte,
sous-inspect. aux travaux
de la ville de Paris.

25 29 et 34 Faux, verres à
　　titres et glaces.

35 Profit et Cie, dorure et ar-
　　genture pour ferrures
　　d'appartements.

29 Larrieu (B.), peinture.

31 Fontaine (Jules), meubleur.

33 Renaut, agence d'affaires.

35 Paschal, serrurerie.

**r. Bremé**

(9e arrond. boul. Montmartre).

2 De la Motta, architecte.
　Siemens, ingénieur civil.
　Dutreih, vente de maisons.

11 Compagnie centrale d'éclai-
　　rage et de chauffage par
　　le gaz.
　　Lebon (E.), ingénieur civil.

13 Robert, entr. d'éclairage.

15 Adam, ent. de travaux en
　　asphalte et bitume.

**passage Dubois (r. Villin-
Belleville).**

2 Guittard, maçonnerie.

**r. Durmédie**
(11e arrond.).

23 Defresne et fils, briquetage
　　et joints à l'anglaise.

45 Adam, peinture.

53 Caron, peinture.

**r. Duguay-Trouin.**
(6e arrond. Luxembourg).

42 Erhard, dessinateur-grav.

47 Rabioule, architecte.
　　Teixed, ing. civil.

**r. Dugommier (12e arrond.)
(boul. de Reuilly).**

7 Chareau, peinture.

11 Carmine, fumisterie.

**r. Dulong (17e arrond.)**

29 Héulebert (Victor fils), fab.
　　de pompes, tubes et son-
　　dages.

33 Latuée (F.), serrurerie.

30 Hochereau (E.), archit.
　　de la ville.

60 Vaché jeune, menuiserie.

71 Lemoux fils, entr. de bâti-
　　ments. Tous les samedis
　　jusqu'à 11 heures.

**r. Duméril (13e arrond.).**
(anc. r. du Marché-aux-Che-
vaux.

3 Dumont, serrurerie.

6 Chaput, charpente.

25 Rocher (Pierre), gravatier,
　　terrassier.

26 Gros (Louis), arch. vérif.,
　　spér. en couv. et plom-
　　berie.

**r. de Dunkerque**
(faubourg Poissonnière).

3 Chevalier (Maison), fab.
　　d'appar. de chauffage et
　　d'économie domestique.

18 Arcangues ✱, ingén. civil.
　　Coutures, ingénieur civil.

18 Resin (Jules), ingénieur
　　civil.
　　Touren, ingénieur civil.

20 Boucher ✱, ingén. en chef
　　des ponts et chaussées.

20 Loustan (G.) ✱, ingénieur
　　civil.
　　Mathias (Félix) O. ✱, ingé-
　　nieur civil.
　　Petret (J.) O. ✱, ingénieur
　　civil.
　　Thonin ✱, ingénieur civil.

33 Hussenet ✱, miroiterie,
　　dorure.

21 Gaudry (J.), ingénieur civil.
　　Coche, carreur.
　　Lollieul, carrier.

29 Svehbl, ing n. civil.

37 Alcyse ✱, ingénieur civil.
　　Tureenne (H.) d. s, couvert.
　　et plomb. Plombage du
　　zinc, brev. s g.d.g.

42 Desgouges, architecte-véri-
　　ficateur des travaux de
　　l'asile de Vaucluse, et du
　　nouvel Opéra.
　　Martin (François), maçon-
　　nerie.

11 Mercier, serrurerie.

49 Vanille, menuiserie.

51 Abbé, ent. de maçonnerie.

55 Gasne, ent. de bâtiments.

56 Brinville (Henri), peinture.
　　Mulon, serrurerie.
　　Cousin Lys e., marbrerie.

58 Berthaud fils, tapiserie.
　　Tauty, meubles et menuise-
　　rie d'art.

60 Chenais (Eug.), métr. vérif.
　　Rousseau (Jules), peinture.

62 Valois, arch. vérif. Lundi,
　　jeudi et vendredi jusqu'à
　　11 heures
　　Lecouvette (x. c.), couver-
　　ture.
　　Lecouvette et Homout, cou-
　　verture.

63 Fourner, couvreur en bois.

**r. Dunois**
(13e arrond. Gare).

4 Loiné, pavage, terrasse.

**r. Duperré**
(quartier Saint-Georges).

3 Pizeret, maçonnerie.

8 Houlbert, serrurerie.

10 Demay, serrurerie.

13 Joutieux, serrurerie.

22 Lefranc (Ph.), architecte.
　　Mardi et samedi de 10 à
　　11 h.

24 Jean, maçonnerie.

23 Charroin (Joseph), menui-
　　serie.

**r. Dupetit-Thouars**
(Temple).

10 Garault, mouleur s en cuivre,
　　et cuivrerie pour étalage
　　et vitrages.

12 Martin, fab. d'enseignes.

14 Landru, couleurs fines et
　　crayons.
　　Bisson, fab. d'étalages en
　　cuivre.
　　Lemaître (L.), couv. plomb.
　　et gaz.
　　Masson, menuiserie.
　　Osment (Félix), fab. de fer-
　　meture de persiennes et
　　crémones.
　　Voisin, serrurerie.

16 Foucher frères, quincaille-
　　rie, fab. de serrures.

18 Pouzelgues, serrurerie.

**r. Duphot (Madeleine).**

18 Bachelet, tapisserie.

19 Pinchet, peinture, vitrerie,
　　miroiterie et procédé con-
　　tre l'humidité.

21 Mignart, peinture.

**r. Dupin**
(anc. Petit-Rue-du-Bac).

9 Autri jeune, menuiserie.

11 Drouard, architecte.

19 Lacharmoise (Alexandre),
　　serrurerie.

**r. Dupuis-Vendôme**
(3e arrond. Temple).

5 Merand, serrurerie.

7 Guillemard (H.), architecte.
　　Lundi, mercredi et ven-
　　dredi jusqu'à midi.

**r. Dupuytren.**

8 Joanais, vérificateur.

**aven. Duquesne (7e arrond.)**

5 Moret, serrurerie.

23 Gosselin fils, entrep. d'es-
　　caliers et menuis. d'art.

**r. Durantin (Montmartre).**

3 Barbançon, peinture.

6 Kufer, fab. d'appareils d'é-
　　clairage.

11 Murat (A.-V.), arch. métr.
　　vérif. À midi, et le soir,
　　à partir de 6 heures,
　　dimanche excepté.

17 Marchand fils aîné, couvreur,
　　plomb. zinc.

18 Durlez, peintre-artiste dé-
　　corateur.

22 Chevreul (A.), métr. vérif.,
　　spér. en menuiserie.

31 Meunier et Boutan, fab. d'appar. pour le gaz.

**r. Durantin prolongée.**
6 Léon Rousset, arch. vérif.

**r. de Duras**
(8e arrond. Elysée).
8 Roussel, tapisserie.
9 Chautier (Louis), peinture, filage et décors.

**r. Duris**
(20e arrond. r. des Amandiers).
3 Bousseau, serrurerie.
21 Bertin, menuiserie.
Gaullon Clair, appar. à gaz.

**r. Duroc**
(7e arrond. aven. de Breteuil).
5 Clair (Alex.), ✳ (S. C.), ingénieur civil, constr. de machines et modèles.

**r. du Sommerard.**
(5e arrond., anc. r. des Mathurins-St-Jacques.)
17 Lallemant et Descazes, architectes. Mardi, jeudi et samedi de 8 à 11 h.
Harriet (Emile), architecte.

**r. Dutot (Vaugirard).**
8 Bonté, maçonnerie.

**r. Dutot-Prolongée.**
5 Darcuit, ent. de transports, terrasse, vente de sable et cailloux.

**r. Duvivier**
(7e arrond. Gros-Caillou).
13 Valadon E. (maison). Alfred Darvant, sculpteur ornemaniste.
16 Cadot, architecte.
30 Frey, marbrerie.

**pass. des Eaux (Passy).**
4 Pottier (F.), ingénieur civil.

**r. Eblé (Invalides).**
17 Mithouard, serrurerie.

**r. de l'Échaudé-Saint-Germain**
(6e arrond. r. Jacob).
4 Thesue, tapissier.
13 Vignaudou, maçonnerie.
15 Bosio, sculpteur stat.
45 Moyaus, serrurerie.
23 Coquet, serrurerie.
Biée, fab. de fontaines.
33 Fougerat, fumisterie.

**r. de l'Échiquier**
(10e arr. (faub. Poissonnière).
4 et 6 Ludcy (A.), verres à vitres, glaces étamées et cuies.
7 Piquet, serrurerie.

---

12 Étienne (Alexandre), march. de papiers pour plans.
13 Picard (Jules), architecte. Mardi de 2 à 4 heures.
22 Compagnie de Londres pour le chauffage et la ventilation.
37 Jouhanneaut, peinture.
42 Leduc, expéditionnaire.

**r. des Écluses-Saint-Martin**
(10e arrond. hôpital St-Louis).
1 Simon-Notte, pompes.
1 D'hallu (E.), entr. de ventilation, fab. de ventouses et ventilateurs.
Morel (A.), peint. de stores.
Rocher, fab. de boulons.
5 Leroy et Cie, fourneaux et ci-meules d'usines.
8 Dubrujeaud (Silvain), entr. de charpente, travaux publics.
9 Travers, menuiserie.
10 Jullien (A.), archit.-vérif. arch. de la Cie la Seine.
12 Didion, maçonnerie.
Jomain (J.-M.), brev. s.g.d.g., constructeur de persiennes en fer d'une seule pièce et de fermetures de magasins.
Mabille (E.) (N.C.) et A. Guilhen-Puytsgarde, menuiserie.
18 Urguelti, trav. publics.
21 Rameau frères, couverture.
22 Geoffroy jeune et Guénard, couverture.
22 bis Dumas Faure, maçon.
23 Lévy (J.), ingénieur civil.
27 Darche, et Passant, fers et fontes.
30 Fouché aîné, chaudronnerie.
38 Douard (v., tubes.
39 Châtenet et fils, maçonnerie.
43 Gaillard (Hilaire), serrurier.
47 Mabée (Lucien), entrepr. de maçonnerie.

**quai de l'École (Pont-Neuf).**
40 Borel, quincaillerie.
16 Charles, mécanicien, spéc. d'appar. de buanderie et économie domestique, fab. et vente des appar. fosses mobiles (syst. Mercier).
18 Poignant (F.), coul. fines.
20 Carbonnier, const. de serres.
22 Havard fils, couverture, garde-robes et robinets.
26 De Dave, bourrelets élastiques.

**r. de l'École-de-Médecine**
(6e arrond.).
2 L'Enfant (Casimir) ✳, architecte du Gouvernement.

---

7 Roland, arch.-inspect. des trav. publics.
8 Zacconi (D.), fumisterie.
20 Tesson, peinture.
41 Voisin, peinture.
49 Bombois, menuiserie.
Flament (L.-F.), serrurerie.
80 Thomac, menuiserie.
Masson (Ad.), serrurerie.
86 Lacoste aîné, grav. sur bois.
Jouin, peinture.
92 Durand, peintre d'enseignes.
103 François, peinture.
111 Daroles (A.), arch. vérif. Mercredi et samedi de 9 à 11 heures.

**r. de l'École-Polytechnique**
(5e arrond. Panthéon).
4 Brasdou, entrep. de trav. hydr., chaux, ciments, fosses; puisatier et rocailleur.
15 Debleds, pierres taillées.

**r. des Écoles**
(5e arrond. Sorbonne).
1 Heullant (A.) et Cie, concessionnaires de l'ouverture de la r. Monge.
18 Grouselle (Jules), ing. civil; constr. d'appar. de chauffage et ventilation.
50 Bois (Ernest), architecte.
52 Barré, arch.-met.-vérif. Mardi et vendredi de 8 à 10 h.
60 Lalanne O. ✳, inspect. gén. des ponts et chaussées.
Jacquemin, architecte.
Collignon (Ed.), ingén. des ponts et chaussées.
64 Varcollier, archit. de la ville de Paris (4e arrond.).
Cor (E.me), arch. attaché aux trav. de la ville.
72 Guilleminet, peinture.

**r. d'Écosse (Panthéon).**
3 Corvée, menuiserie.

**r. des Écouffes (Marais).**
6 Chalier, menuiserie.
8 Laurent (Ferd.), serrurerie.
40 Borde (Léon), peinture.
41 Prini (J.), peinture.
16 Bernard, doreur sur bois.
49 Brunet (Louis), met.-vérif.
Bourgoin père et fils, couverture, plomb. zinc, gaz.

**r. des Écuries-d'Artois**
(8e arrond. faub. du Roule).
26 Delaistre (E.), architecte, de 9 à 11 h.
37 Léger (P.), serrurerie.
40 Bareat (J.), maçonnerie.

60 Petit (C.), appareils à gaz, plomb. et pompes à bière.
63 Girard (P.) ✻, peintre-art.

r. **Egimbard.**
4 Dantier, papiers en gros.

place de l'**Église** (Batignolles).
9 Bureau (J.) ing. civil.
45 Delannoy (A.) j⁵, entrep. de travaux publics.

r. de l'**Église** (Batignolles).
9 Vaché (L.) frères, ent. de bâtiments.
13 Perron ✻, ingénieur civil.
20 Jacquin ✻, ing. civil.
     Malcère (A.), peinture et décoration.
23 Noël, arch.-vérif. conduct. princip. des trav. du nouvel opéra.

r. de l'**Église** (Grenelle).
4 bis Daigneau, serrurerie.
20 Parmentier, fab. de châssis et persiennes à lames de verre mobile.
21 Goutière, charpente.
24 Lemoine, menuiserie.
56 Dorigny, fab. de robinets.

r. de l'**Église**.
(St-Mandé-Paris.)
9 Petit, charpentier.

r. **Eugène** (3ᵉ arrond.)
(anc. r. des 3 Pavillons-Marais.)
6 Lefèvre, couleurs et vernis.
7 Delcour (P.) ✻, et Backes (N. C.), fab. de l'écran-store, parc-étincelle, intérieure de cheminées en fonte et devantures en fonte.
14 Vautier fils aîné, garde-robes et robinets.
13 Rollin, métaux.
16 Tomassin fils, fumisterie.

pass. de l'**Élysée des Beaux-Arts** (Montmartre)
9 Luyaire, menuiserie.

aven. de l'**Empereur**
(16ᵉ arrondissement, Passy).
31 Yvon (A.) ✻, peintre-art.
121 Gail (Émile), ing. civil.
478 Fournier (Victor) ✻, ing. civil.
434 Paillard, architecte.

r. des **Enfants-Rouges**
(3ᵉ arrondis. Temple).
7 Larquet, cuivrerie pour étalages et moulures.
9 Demolin, bronzes.
43 Pieron frères, fab. de cuivrerie et tréflerie pour étalages et moulures.

boul. d'**Enfer** (14ᵉ arrond.)
8 Despres (Louis), sculpt.-stat.
     Krauger, marbrier-sculpt.
11 Fortin, Hermann frer., ing. civils. — Entrepr. génér. des distributions d'eau et de gaz de la ville de Paris. — Installation, projets, usines à gaz, bains, chauffage et ventilation.
14 Fortin, archit. vérificat.
20 Dresal, archit. Mercredi et samedi jusqu'à 10 heures.
     Leperrier, maçonnerie.
     Turquin (Edm.) mét. vérif.
32 Tervelin, Chabin et Cie, peinture et gravure sur verre.
59 Charrier (E.), sculpt statuaire et ornemaniste.
     Jacquier et Ravet de Malval, peintre-art. verriers

r. d'**Enfer** (Luxembourg).
6 Louis, fab de cries.
17 Chabat (Pierre), architecte.
18 bis, Cortot et Cie, entrep. de trav. en béton et ciments de tous genres.
     Lesillon, peinture.
19 *École centrale d'architecture*, Trélat (Émile) ✻, directeur.
22 Iselin ✻, sculpteur.
23 Choisi, maçonnerie.
29 Barry (V⁴), gravatier.
     Marie, couverture.
39 Sauvage, chaudronnerie et appareils de chauffage.
32 Cothenel, menuiserie.
39 Richard, sculpteur.
44 Treigni-r fils, charpente.
45 Vaudière (P.), maçonnerie.
58 Thévenin (Ferdinand), peintre en d'cors.
47 Michon (J.-L.) ✻ et fils, maçonnerie.
55 Moreau, menuiserie.
75 Marville (Ch.), photographe.
77 Vautremer ✻, archit. sect. du 14ᵉ arr. de la ville.
     Mouton, arch. com. voyer du 15ᵉ arrondiss.
     Richard (Louis), architecte expert. — Tous les jours avant 9 heures et de midi à 2 heures.
80 Aubonne (V⁴), fab. de cries.
83 Pillier, quincaillerie.
85 Guillou-Massé, bois, sciage.
86 Duport, marbrerie.
101 Bernard, marbrerie.
108 Jouhin, marbr., fontaines.
410 Marchand, miroiterie.

r. d'**Enghien** (faub. Poisson).
3 Bertolini (Jules), fumisterie.
6 Aubert, Gérard et Cie, fab. de caoutchouc.

8 Guiestre et Cie, fab. de carton pour toitures, et de couvert. et peinture hydrofuges.
11 Greman, tapisserie.
13 Beaume ✻, peintre-artiste.
16 Legueil (Edm.), arch.
30 Lorée, menuiserie.
     Bertigaud, serrurerie.
22 Felder (L.), peinture.
24 Ormancey (N.C.), Thisset et Cie, comptoir spécial p. le bâtim.
23 Mayer (Alfred), arch. comm. voyer adjoint. Mardi, jeudi et samedi de 8 à 11 h.
25 Gageau, bronzes.
17 Genth, peinture.
31 Muzard (L.), ingén. civil, dessinat., agence de brevets.
     Muzard (L.) et Journet, location de machines électriques.
35 Perreau, serrurerie.
     Mallioi, fumisterie.
40 Mano, maçonnerie.
43 Durand-Claye (Alfred), ing. des ponts et chaussées.
45 Valée, menuiserie.
50 Lueur, arch. Mardi et jeudi de 8 à 10 h.

r. de l'**Entrepôt** (Chât.-d'Eau).
3 Astier, fab. de limes.
13 Mathieu (J.) ✻, ing. civil, laur. r. St-Sébastien, 45.
15 Coquiet (Léon) O ✻, peintre-artiste.
16 Lacarrière (Aug.) père, fils et Cie, manufacture d'appareils pour l'éclairage et le chauffage en bronze, composition et fonte de fer.
47 Gasrel et Mauge, peinture et décorations.
49 Mène ✻, sculpteur.
     Cain (A.), sculpteur.
27 Société des aciéries d'Imphy-St-Seurin.
29 Sautejeau (Étienne), architecte vérificateur.
35 Grincourt, métr. vérif., spécial en couverture, plomberie et gaz.
37 Jollant, serrurerie.

r. des **Entrepreneurs**
(15ᵉ arrondiss.)
51 Prélat aîné, menuiserie.
56 Chalopin, gravatier-terrass.
86 Garreau, briqueteur-jointoyeur.

r. des **Envierges** (Belleville).
26 Savary jeune, miroitier.
35 Hain, mét. vérif. (spéc. en menuiserie).
54 Lechêne, maçonnerie.

r. de l'École-de-Mois
(r. Mouffetard).
19 Gasler, architecte vérif.

r. de l'Éperon (Éc. Médecine).
9 Rollin, mouleur figuriste.

r. des Épinettes
(17e arrond. Batignolles.)
2 Ferrand, maçonnerie.
30 Bouillard, fab. de crémones.

r. Érard (anc. petite rue de
Reuilly, 12e arrond.).
3 Pradelle, peinture, vitrerie
et décors.
7 Boucheron, rampiste.
14 Gauthier, pavage, trottoirs
et pierres taillées.
12 Riquier, fab. papiers peints.
22 Thibault, papiers peints.
24 Laporte, chaux et sable.
26 (Voy. pass. Montgallet.)
25 et 27 Luchaire (Léon) et
Cie, construct. d'appareils
d'éclairage.
26 (Voy. pass. Stinville.)
30 Bourgeois (Edmond), papiers peints.

r. Erlanger
(16e arrond. Auteuil).
4 Pigeon, fab. de lucarnes en
fonte.
5 Dufresne, menuiserie.
18 Albert-Martin, architecte-
inspecteur.
Lefèvre (A.), architecte.

r. de l'Ermitage (Belleville).
11 Thuillot, peinture.

r. Ermentine (18e arrond.
La Chapelle).
4 Desbordes (Jules), fab. de
sonnettes, timbres et cordons.
9 Ket, menuiserie.

r. de l'Espérance
(13e arrond. Maison Blanche).
7 Luce (Ant.), peinture et papiers peints.

r. Esquirol
(13e arrond. Salpêtrière).
19 Beaujot, chaux et ciment.
27 Luce jeune et Favier, fab.
de couleurs et vernis, et
fab. de peinture hydrofuge
système Fulgus.
28 et 30 Appert, fab. de briques, carreaux et poteries
pour le bâtiment.
41 Paillet, horticulteur.
43 Morane jeune, constructeur
mécanicien.

r. d'Estrées (7e arrondiss.
Roule, des Invalides).
8 Reichling (Antoine), fab. de
carreaux de plâtre, grès
et mater. au détail.
30 Fourniaux fils, fumisterie.

cité de l'Étoile (Ternes).
14 Migeot, maçonnerie.
17 Corblet, serrurerie.
25 Thoré, menuiserie.

r. de l'Étoile (Ternes).
1 bis Besson (A.), serrurerie.
6 Salabaud, maçonnerie.
13 Jolivet ..., poseur de sonnettes électriques et au-
tres.
Belaire et Léonard, me-
nuiserie.

r. de l'Étoile
(4e arrond. Hôtel-de-Ville).
4 Mesure, outils pour maçons.

aven. d'Eylau (anc. aven. de
St-Cloud, 16e arr. Passy).
9 Tronchon (Napol.), constr.
de serres, jardins d'hiver,
grilles et ameubl. de jard.
36 Douville, arch. Mardi, jeudi
et samedi jusqu'à 10 h.
49 Corblin, menuiserie.
57 Duydt (Louis), treillageur-
rustiqueur.
61 Balan, fab. de câbles en fer
et chemins de fer aériens.
78 bis S-riat, maçonnerie.
82 Coutin, treillageur-rusti-
queur.
83 Monier frères, horticult.
91 De la Morandière (F.), architecte. Le samedi jus-
qu'à midi.
93 Rousseau, architecte.
137 Brillet-Deschamps ✳, archit. de jardins.
150 Courbarien, maçonnerie.
161 Aumont (Georges), archit.
paysagiste. Les samedis
jusqu'à midi.
196 Van Sluyters (J.-H.), architecte. Tous les jours
de midi à 2 heures.

r. Fabert (anc. r. d'Auster-
litz-Invalides).
38 Forestier, serrurerie.
40 bis Mellerio (frères, ent. de
fumisterie.
Saint (Edme), photographie.

r. de la Faisanderie
(16e arr. Porte-Dauphine).
28 Ravin, architecte. Vente de
biens.
50 Oberlin (Léopold), arch. ing.
le matin, de 8 h. à midi.

r. Favart (Opéra-Comique).
1 Lefort, maçonnerie.
8 Monde-Labarie (Ch. de),
architecte du Gouverne-
ment, de 1 h. à 4 h.
18 Foulier, peinture, vitrerie.

passage des Favorites
(Gr.-Rue de Vaugirard, 99).
8 Deck (Th.), faïences, décorations en tous genres.

r. de la Félicité (Batignolles).
17 Oudin frères, serrurerie et
pompes.

cité Fénelon
(r. Latour-d'Auvergne).
4 Alexandre, menuiserie.
6 Hinzux, menuiserie.
7 Citroni, fumisterie.
Oxencécour (É.), menuiserie.
27 Marchand jeune, couverture.

r. Fénelon
(10e arr. Saint-Vincent-de-
Paul).
7 Gillet, coloration sur porcelaine dure à grand feu,
et peinture sur lave et
faïence émaillée.
9 Peduzzi, oncle et neveu,
fumisterie.
11 Dru, ingén. civil.

r. Féraux (Vaugirard).
10 Pajaud, maçonnerie.

r. de la Ferme-des-Ma-
thurins
(Chaussée-d'Antin).
4 Barcier, fumisterie.
8 Amyer, peinture.
13 Belin O. ✳, in.-p. des ponts
et chaussées.
15 Gaskau, chau. ferronnerie.
18 Tournier (L.), peintre-artiste décorateur.
22 Bureau, dorure sur bois.
25 Dorlot, serrurerie.
26 Joui, ferblanterie.
28 Morel, tapissier.
30 Thomas-Grelou, ing. civil.
33 Barbieri, peinture.
Piot, tapisserie.
38 Boudet et Saillesfest, tapisserie.
48 Levassort, couil. et vernis.

pass. de la Ferme-Saint-
Lazare
(boul. Magenta, 79).
1 Debrielle, serrurerie.
Hussenet, pompes.
3 Perrin, fab. d'échelles.
5 Complet, menuiserie.
8 Pichon (Isid.), menuiserie.
9 Besson, moulures en bois.
10 Porcheron, tubes et tuyaux.
13 Vernhes, tôlerie.
23 Desprats, chaudronnerie.

r. des **Fermiers**
(17e arr., Batignolles, route
d'Asnières).
12 Mignaton (Joseph), maçonnerie.
Vedel (P.), outils pour menuisiers.
21 Bachelier, maçonnerie.

r. de la **Féronnerie**
(1er arr., Halles Centrales).
2 Girard, cordages.
5 Bodin jeune, cordages.
11 Dreyfus neveu, cordages.
27 Dufrien, cordages.
33 Pringuet, peinture.
37 Cornette (Henri), succ. de
Lionnet, architecte.
Guerin (Louis), cordages.

r. **Férou**
(place Saint-Sulpice).
4 Du Souich, O. ✳, ing. en
chef des mines.
7 Chertier (A.), ornements
d'églises

r. **Ferrus** (14e arrond.)
(anc. aven. Ste-Anne.)
4 Blavette, carreaux à fours.
6 Hauterre, arch. mét. vérif.

r. **Fessard**
(19e arr. Combat-Belleville).
15 Bouyer aîné, maçonnerie.
37 Goulorbe (Hte), couverture.
38 Robby (J.), maçonnerie.

r. des **Fêtes** (19e arrond.)
(anc. r. de Beaune).
2 Crozet, serrurerie et charpentes en fer.
10 Servain, couverture.
41 Klopp, menuiserie.
47 Monière fils, arch. vérif. —
Tous les jours de 7 à 10
heures, jeudi et dimanche
exceptés.

r. des **Feuillantines**
(5e arr., Val-de-Grâce).
57 Rochefort, maçonnerie.
71 Balier, scieur de pierres.
72 Dupuy (L.), peinture, couleurs et vern s.
78 Martine (Louis), archit.
80 Chevalier-Curt fils, fumisterie, fourneaux et calo-
rifères.
82 Roussel (Henri), archit. expert; ex-archit. des hos-
pices réunis et du nouvel
Hôtel-Dieu de Chartres.
84 Lemoine, arch. vérif.
86 Laroque, architecte.
88 Cernesson (Léopold), arch.
insp. des trav. de la Ville
de Paris.

101 Tholomier, serrurerie.
111 Legorgeu (Narcisse), arch.
métr. vérif.
Bailla, fumisterie.

pns. **Feuillet**
(10e arr. r. des Écluses-Saint-
Martin).
3 Hariel, menuiserie.
4 Mérigot (A.), sculpteur en
pierre et carton pierre
6 Desnulle, mécanicien.
11 Paraire (H.) et P. Engle-
bert, serrurerie et charp.
en fer.
15 Maleçot, fab. de colles.

r. **Feutrier**
(18e arr., Clignancourt).
5 Poiré, appareils à gaz.
7 Lejeune (J.), menuiserie.

r. **Feydeau**
(place de la Bourse).
3 Blonnet (H.), fab. d'enseignes peintes et en relief.
6 Contet, couleurs vernis.
7 Ferroux, serrurerie.
8 Talamon, fumisterie.
26 Derval (A.), serrurerie, fab.
de coffres-forts.
28 Pold, agence pour brevets.
Cadlou, serres et glaces.

r. de la **Fidélité**
(10e arr., Église-Saint-Laurent).
3 Thiébault (Victor), sculpt.
ornemaniste.
Chevalier, serrurerie.
5 Merle jeune, fumisterie.
Nantier, peinture.
7 Massezon, sculpt. orneman.
10 Dufresné, ma. civil.
Hersier, ingénieur civil.
12 Commaret, menuiserie, spéc.
d'étaux.
14 Léoni, fumisterie.
Petit (A.), peinture, vitrerie et décorations, anc.
46 Charrerel, ing. civil.
Henry (Edmond), ent. de
trav. publics.

r. de **Figuier-Saint-Paul**
(4e arr., Saint-Gervais).
11 Laniesse (Silvain), pavage,
terrasse et trottoirs.
20 Laroche, fab. d'outils pour
maçons.
26 Restellini frères, maçonnerie, fab. de carreaux de
plâtre et matériaux divers.

r. des **Filles-Dieu**
(2e arr., porte Saint-Denis).
1 Vercellin, menuiserie.
3 Pasty, maçonnerie.
4 Lebsotel-Vuateau, serrurerie.
27 Normand (Jul.), couvert.

boul. des **Filles-du-Calvaire**
(3e arrond.).
4 Busschop (E.), ingén. civil.
6 Pigault (H.), architecte. Le
matin avant 8 h.
8 Tencé (P.) ✳ (N.C.), ent.
de couverture et plomb.
11 Saint-Paul et Dumont, fab.
de toiles métalliques.
18 Geyler (Henri), ent. de trav.
publics.
20 Mazaroz-Ribaillier et Cie;
décoration en cart. pierre
menuiserie d'art et de
bâtiment, meubles sculp-
tés et tapisserie.
22 Baudon, calorifères, fumisterie et serrurerie.
25 Bourran (Gaston de), archit.
comm. voyer, adj. du XIe
arrondissement.
26 Boisberzue, fontaines.
Janin (C.), architecte.

r. des **Filles-du-Calvaire**
5 Beaupied (E.), archit. vérif.
successeur de Loppin.
Lundi et jeudi, de 8 à 11
h. du matin.
6 Hétry frères, ing. brevets.
9 Brochée, serrurerie.
10 Perrichon, architecte. Le
matin avant 10 h.
12 Méridias, coul. vernis.
13 Hugedé (L.), grande fab.
générale et directe de
lettres, écussons, mé-
dailles et armoiries pour
enseignes.
14 Martin (H.), succ. de La-
croix-Lassez, fab. de bâ-
ches, toiles et sacs.
18 Thibaut, architecte; tous
les soirs, de 7 à 8 h. excepté le jeudi et le dim.
23 Mourhezon aîné, peintre.
Gensrd (maison), app. à gaz.

r. des **Filles-Saint-Thomas**
(Bourse)
5 Sueur, peinture.
Puchen cordages.

r. de **Flandre**
(Villette, 19e arrond.).
3 Quiret, metteur spécial en
fumisterie et peinture.
11 Courtot-Lavoncourt (Ernest), arch. vérif.
19 Papin, peinture.
22 Hedelin frères, serrurerie.
28 Langlois, ent. de trav. publ.
32 Gillet (V.), arch. metteur
vérificateur.
34 Carpentier, peinture.
43 Bomblin, fab. d'échelles.
Prégardien, chaudronnerie.

47 Douai père et fils, archit.
Monet, papiers peints.
49 Barbier fils, bois de sciage.
51 Choisy, démolitions.
52 Rolle, cordages.
55 Kaeffer et comp., fab. de bois découpés et jalousies; constructeur de châlets, kiosques et maisons pittoresques.
Ollier et comp., parquets de toutes espèces, boiseries moulurées, et bois.
57 Bréhier (Alex), plomb, zinc.
58 L'hermitte, serrurerie.
59 Mazet, peinture.
60 Masson, menuiserie.
63 Miard (F.), peinture.
69 Lambour, peintre d'enseignes.
71 Veny jeune, peinture.
85 Amigues (O.), arch. vérif.
Soudet (U.), maçonnerie.
Leseure (Ernest), bois et parquets.
Poulain (V.), entrep. de parquets et parqueteur.
Gallot, fab. de parquets.
Ducroux, couverture.
88 Tuffery, serrurerie.
Sergeant, menuiserie.
90 Vve Narcisse Petit; dépôt de chaux hydraulique de Saint-Quentin.
99 Deschamps aîné, menuiser.
Cardinet, constr. mécanic.
100 Labois, arch. vérificateur, expert des 19e et 20e arrond. de Paris, et du canton de Pantin.
Dufay, serrurerie.
108 Dupuy, ing. civil.
Vaillant, serrurerie.
115 Gros fils, fumisterie.
122 Picart (Ach.), arch.-vérif.
Tous les jours 8 à 11 h.
123 Prévot, pavage, trottoirs et égouts.
125 Langlois, chaudronnerie, couv. plomb. zinc.
136 Brochot, bardage.
140 Meunier, peinture.
144 Mathieu, serrurerie.
145 Boisin, ingénieur civil.
155 Delaunay, applicateur de travaux en ciment.
164 Manjan (Ad.), entr. de trav. publics.
168 bis Deselos, démolitions.
189 Babille, taillandier.
201 Charpentier constructeur, en fer.

bou. **Flandrin**.
(16e arrond. Muette.)
11 Basty (Emile), arch. expert.
Le matin jusqu'à 10 h.
15 Combaz, arch. entr. de rochers.

r. **Fléchier**
(Notre-Dame-de-Lorette).
2 Leménil (Emile), archit.

cité des **Fleurs**
(Avenue de Clichy).
16 Durand (J.), maçonnerie, pierres taillées.
27 Henry, appareils à gaz.
55 Martin, maçonnerie.

r. de **Fleurus** (Luxembourg).
21 Grozeil (Jules), fab. d'échelles et treillages.
22 Hémart, arch. vérificateur; lundi et jeudi jusqu'à midi.
Corby (Léon), peinture.
23 Gillet, architecte.
24 Cottébrune (Léon), sculpt.-ornemaniste.
25 Rohn (Aug.), arch. inspect. des travaux du Louvre.
26 Merle, peintre-artiste.
27 Lafrance, sculpteur statuaire et ornemaniste.
37 Carpentier, ing. civil.
38 Ponsin (V.), arch. vérif.
44 Muriel, menuiserie.

r. **Florian** (20e arrond.).
(anc. r. du Château-Charonne)
21 Quincampoix, maçonnerie.

r. du **Foin** (3e arr., Marais).
8 Voisin jeune, ent. de carrelage.

r. **Folie-Méricourt**
(Du boul. du Prince-Eugène au faub. du Temple.)
4 Goizet, cuivrerie p. fumist.
Mallault, forgeron, fab. de croisillons.
14 Chateau-Reynaud, menuiserie.
18 Combaz, fabr. de tôlerie, gueules de loup, ventilateurs pour cheminées et fosses.
20 Levergie, modeleur mécan.
22 Donzel et Cie, fontes de fer et d'ornements.
Sohy, const. mécan., fabr. d'appar. d'arrosage, pompes, tubes et robinets.
24 Drouet-Langlois et Lozier-Langlois, succ. de Langlois (René), marbrerie d'art et de bâtiment.
31 Bonhomme (L.) et Bouly, carreaux de faïence.
32 Lévy, fab. de bronzes.
37 Danon et Chateloup, chaudronnerie et appareils p. bains.
38 Barbey, menuiserie.

Robert (D.), appar. d'éclairage et chauffage par le gaz.
38 Ducrot et Condère, fumisterie.
40 Tiroloy, serrurerie et charpente en fer.
Yvonnet, enseignes en tous genres.
43 et 45 Gor. (Pierre), treillageur et fabr. d'échelles.
44 Raguin, arch. vérif.
49 Israël, couv. plomb. zinc.
64 Le Métais, sculpt. s. bois.
Colders, fab. de robinets.
66 Douchin, maçonnerie.
73 Morsent, menuiserie.
78 Maupertuis, couvreur.
Coffrant, crayons Walter.
82 Bivain, fondeur, quinc. et serrurerie, et cuivrerie.
84 Garnier et Cie, contrôleur automatique pour le gaz.
Lambrieu, fumist. et chauffage au gaz.
Valet, tourneur et monteur en cuivre.
88 Corblet aîné, ornements estampés cuivre et zinc.
94 Théboault (F.), peinture, vitrerie et décorations.
Hubert, papier de verre.
96 Moussard fils, pavage, bitume et égouts.
98 Goualain fils (F.), miroiterie et baguettes en gros.
106 Caravillot frères, menuiserie.
Sandrini et Cie, brev. fumisterie, fourneaux et appareils de chauffage.
408 Géas (Eugène), serrurerie.
Ryckbosch (Auguste), dépôt d'aciers; limes, pelles, outils.
Dubourg (Victor), appar. et articles pour l'éclairage et le chauffage par le gaz.
Monier (H.), becs à gaz.
Marque, ent. de fumisterie, constr. de fourn. et calorifères.
413 Darmoy (J.), arch.-vérif. métreur.

r. de la **Folie-Regnault**
(11e arr., Roquette).
13 Kraatz, charp. bois et fer.
14 Kientzy, constr. mécanic en.
34 Collas, sculpt. statuaire et ornemaniste.
34 Greban, marbrerie.
40 Brou, serrurerie.
44 Doll, couv. zingueur.

r. **Fondary** (Grenelle).
29 Remorain, maçonnerie et trav. en ciment.

passage de la **Fonderie**.
(r. St-Maur, 83.)
2 Codaghengo (Jean-Xavier).
Verres à vitres.

**r. des Fonds-Verts** (Bercy).
2 Pigeon, maçonnerie.
40 Fournet (J.), menuiserie.

**r. Fontaine-au-Roi**
4 Venisl, sculpteur ornem.
8 Regnier, quincaillerie.
9 Hayer, écussons pour enseignes.
Fournier, cristaux de bâtiment.
40 Peltier jeune, fab. génér. de machines et instruments d'agriculture.
42 Mourey, galvanoplastie.
47 Sorel ✱, ingénieur civil, brev. s.g.d.g., pour le Ciment magnésien.
24 Debray, pompe et jets d'eau.
Bona, peinture.
Renaud, forgeron à façon.
26 Rollet, poseur de sonnettes.
29 Maillert (Ch.), fab. de pistons et clapets de pompes.
30 Tournois, peintre-décor.
32 Olivier, menuiserie.
40 Bosin, met. vérif.
Delrue (A.), carrf. et app. de chauffage.
Wassons, ébénisterie.
44 Lecerf, ab. de boutons.
Robert, maçonnerie.
Soulange, serrurerie.
47 Grégy, menuiserie et parquets.
Trubert fils aîné, rampiste.
Roze (E.), fab. de moulures en cuivre et art. pour fumisterie.
49 Moneuse et Thery, ent. de stores, objets en marbres artificiels.
51 Granjel, serrurerie.
55 Nouahier, aspirateurs pour l'assainissement et la ventilation.
57 Maghellen, sculpteur-ornemaniste.
Mahey jeune, couverture, plomb, zinc, pompes et gaz.
59 Pian-on, sculpt. sur bois.
61 Carré, grillageur.
64 Cécile, peinture.
66 Dumas (✱), poêles et panneaux en faïence.

**r. Fontaine**
(quartier St-Georges).
4 Delande, arch. Tous les jours de midi à 3 heures.
5 Delarbre, peinture.
7 Maury (Pasc al), arch. vérif. Etats de lieux.

9 Balandier (L.), architecte.
42 Meunié (A.) fils, archit.
44 Petit, serrurerie.
44 Lévêque, couleurs et vernis.
45 Arizoli (D.), fumisterie.
Arizoli, peinture.
48 Cansagret, architecte.
49 Lehmann, archit. des bains de Dieppe.
49 bis Froger (A.), arch.-vérif. Lundis, mercredis et vendredis, avant 11 h.
20 Chapon (Alf.) ✱ o. ✱ arch. de la comp. universelle du canal maritime de Suez. Mardi, jeudi, samedi, de 8 à 10 heures.
21 André (Ch.), archit., mardi, jeudi et sam., de 9 à 11 h.
22 Gauche (Louis), architecte. Mercredis et samedis, de 9 h. à midi.
25 Gaillard (P.-Victor), peintre artiste decorateur.
26 Cruchet, sculpt. ornem.
27 Garet, peinture.
28 Voillemot (Ch.), peintre-artiste-décorateur.
33 Jubin, maçonnerie.
37 Lamant, arch. vérif.
40 Bottin, serrurerie.
42 Société coopér. de sculpture et carton pierre.
52 Godard (E.), ing. civil, ent. de trav. publics et chemin de fer.
Godard et Janote, ent. des tr. de la ville de Paris.
Lefèvre (Eugène), ing. civ.

**r. des Fontaines-du-Temple**
(3e arrond., Temple).
4 Frémy (Hte), papiers et toiles à polir.
Chavagnat, ferblantier.
40 Dicq, couleurs et vernis.
21 Lestat (Félix), peinture.

**r. de la Fontaine-Termes** (impasse).
4 Heurtaux, architecte.
Morin, couverture.

**r. de Fontaines** (Sorbonne).
3 Mesnard, fabric. de hourdelés.
7 Leguerrone, menuiserie.

**r. des Fontis** (Auteuil).
4 Chauvin, peinture et papiers peints.

**r. Forest**
(18e arr., boul. Clichy).
5 Noyer, menuiserie.

p. ss. de la **Forge-Royale**.
43 Hue, serrurerie.

r. des **Forges** (pl. du Caire).
5 Aubry fils aîné, peinture.
6 Vigier, couverture et gaz.
Dujardin (Edouard), menuis.
Hosch, fab. de fontaines.

**r. des Fossés-Saint-Bernard** (quai de la Tournelle, Halle-aux-Vins).
44 Falaise, treillageur.
Metayer, menuiserie.
20 Flavien E., mét. vérif. attach. figurés et écrits maçonneris.
22 Chaize, entr. de peinture et vitrerie.
38 Martin (Emile), fers, quincaillerie, clouterie.
40 Girard (V.), serrurerie.
46 Dupuist, vérificateur.
Thisse (C.), sculpteur ornemaniste.

**r. des Fossés-Saint-Jacques** (Panthéon).
4 Thiberville, couverture.
3 Glaise, tôlerie pour la fumisterie.
Pupil et Lorès, fabr. d'outils.
4 Tabart, serrurerie.
7 Aubourg, serrurerie.
46 Sabatiny, peinture.
49 Bonhorgne, arch. mét. vérificateur.
Devéra ✱, peintre-artiste.
Masré (L.) succ. de David, couv. et plomberie.
20 Milon, menuiserie.

**r. des Fossés-Saint-Victor** (5e arrond.).
3 Labulla (Ch.), architecte. Tous les jours de 10 h. à midi.
Allain (Albert), architecte. Tous les jours avant midi.
7 Radiguer (V.), papeterie.
8 Maumy, maçonnerie.
9 Paqu in (L.), arch. mét. vérif.
43 Allot, sculpt. ornem.
45 Delaforge, fab. de soufflets de forges portatives.
Villy (J.), arch. vérif., expert en serrurerie.
Boisseau, peinture.
32 Répy, menuiserie.
34 Gohin, arch. mét. vérif. Mardi et vendredi jusqu'à 11 heures.
34 Beau, architecte-dessinat.
34 Lhuillier (Eugène), archit. emplans trav. des hospic.
42 Bouché, serrurerie.
45 Manraux, maçonnerie.
Delaitre (A.), peinture.

r. des **Fossés-du-Temple** (faub. du Temple).
2 Rousselet (Alex.) et Guémard (Ernest), marbriers.

10 Dubois père et fils, arch.-
   vérif. esp.
12 Mathieu (Urbain), achat et
   vente de maisons.
15 Renaux, couv. plomb. zinc,
   gaz et garde-robes. brev.
   s.g.d.g. pour les tuyaux
   inodores.
22 Lemaire fils, architecte,
   mardi, jeudi et samedi
   jusqu'à 10 h.
   Chardron, marbrerie.
24 Atys - Fréhot, archit.; de
   midi à 2 h.
26 Desbordes, const. mécanic.
26 Diancourt, serrurerie.
27 Debote, menuiserie.
31 Preleau, maçonnerie.
   Robberechts, menuiserie.
36 Villard, miroiterie.
37 Desrochers, arch. vérif.
   Dauphin, peinture.
38 Lhôte (A.), peinture.

r. du **Fouarre** (pl. Maubert).
5 Ribemont, menuiserie.
10 Grosdidier, dessinateur autographe et imprimeur
   lithogr. Plans en chromo
   pour MM. les archi.te.tes.
16 Delmas, app. de chauffage,
   chaudronnerie et tôlerie.
18 Peynaud, menuiserie.

r. du **Four-St-Germain.**
15 Sageret, arch. vérificateur,
   propriétaire - éditeur de
   l'Annuaire du bâtiment,
   des travaux publics et des
   arts industriels. Tous
   les jours de 11 heures à
   midi.
   Delaby, mét. vérif., spécial.
   en menu serie.
   Charpentier, dessinateur.
   David, dessinateur.
18 Cornet, peinture.
21 Prades, couleurs fines et articles de dessin.
24 Biautte et Renaudot, menuiserie.
   Chazoillère, peinture.
33 Bernard, peinture.
   Lemoine, doreur sur bois.
39 Courtat, papiers peints.
51 Noël, peinture.
53 Cotelle, fab. de cadres et
   sculpture religieuse en
   plastique bois.
54 Gavet, doreur sur bois.
64 Poteau et Testel, archit.
   dessinateurs, attachés au
   service municipal.
65 Peccatte, serrurerie.
66 Torus, fumisterie.
   Barrat (L.), marbrerie.
70 Laurent, peinture.
73 Leloup Alfred, arch. vérif.
   Mardi, jeudi et samedi
   jusqu'à 11 heures.

r. **Fourcroix** (Ternes).
6 Guillot (Gust.) ✲, ingén.
   civil.
   Bauban, maçonnerie.

r. de **Fourcy-Saint-An-
toine** (4e arrond.).
1 Raffort, couleurs, vernis.
6 Jean (H. et P.), menuiserie.
   Lachaud frères, maçonnerie
   Chollet-Delamarre, fabric.
   d'instruments de mathématiques.
   Camus, couverture.
12 Cablanc, menuiserie.
44 Royant, peinture.
46 Duprez, couverture.

r. des **Fourneaux** (15e arr.,
   de la r. de Vaugirard à la
   porte de Vanves).
5 Meunier, scieur de pierres.
11 Chevalier (A.) et Bougo,
   briques et poteries.
12 Prevost (P.), peinture.
33 Byskogel, horticulteur.
37 Humbert fils, briques et
   carreaux.
40 Lépine, peintre décorateur.
55 Toullic, maçonnerie.
58 Mathieu, gravatier terrass.
70 Pascal, menuiserie.
   Lebourg (H.), mét. vérif.,
   spéc. en menuiserie.
96 Goby, fab. de cordages.
134 Beauvinon, maçonnerie.
204 Hérault, horticulteur.
212 Estieux, ent. de démolitions.

r. de **Fourniat** (17e arrond.
   boul. Courcelles).
   Monduit ✲ et Béchet, couv.
   plomb. et zinc, canalisat.,
   pompes et app. inodores.

r. **François-Gérard**
   (Auteuil).
1 Langlois (Maxime), serrurerie.
65 Séreste (Émile), architecte.

r. **François-Miron**
   (Hôtel de Ville).
4 Gorienne-Daliot, sculpt.-
   stat. et ornem.
6 Leclerc, métreur spécial en
   serrurerie.
11 Crepin, arch. vérif. Le mat.
   avant 9 h.
39 Prevot, couvreur, plomb.-
   zinc.
40 Vautier frères, fers et
   acier.
68 Delos A.) et Cie, fabr.
   de ciments.
74 Proudine, serrurerie.
81 Thibaut, papeterie.

r. **François 1er.**
15 Duval (Raoul), ing. civil.

r. des **Francs-Bourgeois**
   (Marais).
4 Bagues, bronzes.
5 Courtepée, ing. civil
   Méraux (Aug.), couleurs
   fines.
16 Bellet frères, quincaillerie.
47 Vautier fils jeune, fab. de
   garde-robes et cuvettes
   inodores, robinets.
48 Martin (J.), clouterie.
22 Merlier, coul. vernis.

r. **Franklin** (Passy).
3 Wilken (Ernest), arch.-
   métr. vérif.
29 Nivert (Ch.), nettoyage nor-
   mal des édifices publics
   et façades de maisons,
   par l'application de la
   pression de la vapeur.

r. **Fremicourt** (Grenelle).
11 Sabatier (Ch.), serrurerie.
21 Leroux (Narcisse), couvert.
28 Judas (Alfred), peinture.

r. **Friant** (15e arrond., porte
   de Châtillon).
12 Eyerre (Alex.), charpente.
36 Dardan, carrier.

r. **Frochot-Breda**
1 Desbois, serrurerie et boulons.
6 Robbes (Alfred), peinture.
8 Balfourier, peint.-artiste.
10 Bauer (Frantz), arch. mét.
   vérif.

r. **Froissard** (anc. r. Nve-de
   Bretagne. Marais).
4 Rosselli (Pascal), verres à
   vitres et glaces.

r. des **Frondeurs** (Palais-
   Royal).
3 Chalambeaut, fumisterie.

r. **Furstemberg** (r. Jacob).
3 Verzule, peinture.
4 Champion, arch. vérif.
   Garin, architecte.
6 Depaulis ✲, grav. en méd.
   Lazerges ✲, peintre artiste.
7 Bertrand, métreur en couverture, plomberie, gaz
   et peinture; gestion de
   propriétés.
   Daleux frères, mét.-vérific.;
   spéc. de maçonnerie, menuiserie et serrurerie.
   Bordet, dor. s. bois.

avenue **Gabriel** (Champs-
Elysées).
24 Darcel ✶, ing. des ponts
et chaussées.

r. **Gabrielle** (Montmartre).
25 Barmesse (Alfred), arch.
Demangeot (A.), nettoyage
et peinture des façades.

cité **Gaillard** (r. Blanche, 56).
5 Deroile (Aug.), ing. civil.
6 Marc-Verlinde, peinture.

r. **Gaillon** (r. Neuve-des-
Petits-Champs).
6 Masson-Chevalier, serrurer.
11 Bonnaterre, ing. civil.
12 Deville, tapisserie.
12 et 14 Martin et Travers,
couvert. plomb. garde-
robes.
14 Soubrane, fumisterie.
13 Brandon, dessinateur.
17 Grenier-Tsette, peintre-dé-
corat. (bois et marbres).

r. de la **Gaîté** (14e arrond.).
6 Granger père et fils, rabo-
teurs de parquets.
8 Gorge (A.) fils, marbrier et
tourneur.
33 Peny, peinture.
35 Petitjean, appareil à gaz.

r. **Galande** (pl. Maubert).
29 Gianella (Joseph), verres à
vitres.
51 Giraud, fumisterie.
Blaziski, fab. de robinets.
73 Gonvot, taillandier.

passage **Galbois** (r. Châlons).
9 Saucet, menuiserie.
Gallous, maçonnier.

r. **Galilée** (8e arr. Champs-
Ely-ées ; anc. Chemin de Versailles).
29 Lucas, chaud. plomb.,
pompe et zinc.
45 Bucher, arch. entrepren.

r. **Galleron** (20e arr., anc.
Pet.-R.-Fontarabie. Charonne.)
31 Legris, menuiserie.

r. **Gallois** (12e arrond. Bercy).
7 Paymal, bois de sciage.
21 Levasseur, couverture.
28 Vaux, menuiserie.

r. **Galvani** (Ternes).
3 Chevillon, mét. vérif.

r. **Gambey**
(11e arrond. r. Oberkampf.)
3 Boulle, scieur de long.
6 Caillon et fils, serrurerie.

9 Clément, mécanicien.
13 Laparra, ferbl. spéciale pour
enseignes, ornements et
attributs.
20 Brunet, coffre-forts.

r. **Garancière**
(6e arrond. Saint-Sulpice).
8 Halon (de la Goupillère),
ing. des mines.
8 Placet, photographe.
10 Flandrin (Paul) ✶, peintre
artiste.

r. des **Gardes**
(La Chapelle, 18e arrond.).
7 Margaine, peinture.

boul. de la **Gare** (12e et
13e arrond. Du quai de
la Gare à la place d'Italie).
126 Lallemand jeune, appar. à
gaz, cour. et plomberie.
150 Frett (D.), sculpt. ornem.
152 Romagnière (Edouard),
arch. mét. vérif.
169 Duvaisse, fab. de jalousies.
175 Autemenson, bois de sciage.
176 Anbrun jeune, maçonner.
217 Lebreton, bois de sciage.

**Gare du Chemin de fer
du Nord** (à La Chapelle).
Contin, ingén. civil.
Borde et Perier, carriers.
Seitz (Constant), carrier.

quai de la **Gare** (13e arrond.).
6 Carton (E.), march. de bois,
tuiles, briques, carreaux
et ardoises.
16 Grégoire, serrurerie.
17 Pigeot, serrurerie.
30 Passerard, march. de bois.
32 Coudière, bois de sciage.
42 Diele-Vacelle, bureau et
dépôt des carrières du
Poitou.
52 Berthiot-Colin, bois.
56 Sarazin, bois de sciage.
58 Eon fils, bois de sciage.
58 Paymal (Joseph), marchand
de bois.
60 Poupinel-Ancelot, bois.
61 Rotival aîné, bois.
66 Rointet (Romain), entr. de
bâtim. et trav. publics.
68 Payen frères et Picard, bois
à œuvrer.
70 Porteneuve frères, bois.
71 Chassain et Chabot, produits
réfractaires.
74 Ernst (Robert), scierie mécanique et fab. de par-
quets.
76 Allard (Armand), bois de
sciage.
Granger (x. c.), charpente
bois et fer.

76 Lefort et Payen, bois
78 Ouvré (F.), march. de bois,
charpente, chêne et sapin.
Paymal (Joseph), bois.
Picard et Gilbert, bois.
80 Robert (Théod.), charpente.
Larcher, bois de sciage.
Mathieu-Mercier, bois de
sciage et parquets.
82 Clément, bois de sciage.
90 Ricaut ✶, march. de bois.
92 Paymal jeune, bois sciage.
94 Gillot, bois de sciage.
94 et 96 Briqueterie de la Gare.

r. **Garreau** (Montmartre).
7 Himet (A.), archit. vérif.
expert à la just. de paix
du 18e arrondiss. Mardi,
jeudi et samedi de 8 à
11 h.

r. **Gauguet** (15e arrond.)
6 Rousseaux (Oct.), serrurerie.

r. **Gauthey** (Batignolles).
2 Echard (Léon), mét. vérif.
16 Rigollot-Lavergne (E.), architecte.
18 Censier, menuisier.
Frou, architecte.
32 Blondel, peinture.

r. **Gay-Lussac** (5e arrond.).
7 Gautier (Anatole) ✶, contrôleur des travaux de
l'administration des cul-
tes. Mardi et vendredi
jusqu'à 11 h.
16 Seitz (E.), arch. Mercredi
de 5 à 7 h. du soir, et
le vendredi de 9 h. à midi.
Dutinage, architecte.
Brebant, arch. vérif. Lundi,
mardi et mercredi de 9 à
11 h.
26 Bureau de vente de terrains
et maisons.
Association des ouvriers
menuisiers du départ. de
la Seine.
28 Bruyerre (L.-C.), archit.
inspect. aux travaux des
Tuileries.
32 Romanet et Cie, maçonnerie.
33 Ducretet (E.), sonneries et
tableaux électriques.
34 Gelee (Eug.), arch. constr.

r. du **Gaz** (13e arrond. Gare).
9 Anbrun, trav. publ., pavage,
terrasse, trottoirs.
9 Goglet, Queyroux et Pouyet,
vitraux peints.

pass. du **Génie**
(faub. Saint-Antoine, 246).
3 Mazet, maçonnerie.
9 Balavoine, papiers peints.

9 Roger et de Roth, papiers peints.
11 Pourmerois (Prosper), pavage, bitume; terrasse et granit.
17 Laureau, arch. vérif. De 11 h. à 4 h.
18 Frêté jeune, crémones.
23 Boisset, constructeur de jalousies, stores en fer.

r. de Gentilly (14e arrond.).
32 Sondag, menuiserie.

r. Geoffroy-Langevin (4e arrond. St-Merry).
6 Olam, serrurerie.
14 Busson et Vacheron, maçon.
22 Regnier, menuiserie.

r. Geoffroy-Lasnier (Hôtel-de-Ville).
7 Eve (Jean), menuiserie.
12 Dutitre, serrurerie.
20 Halbin, menuiserie.
22 Hury (Émile), métreur.
23 Vergara (Alexis), émeri.
28 Thomas, fabr. de robinets.
34 Heudes, menuiserie.
42 Lepant, serrurerie.

r. Geoffroy-Marie (faub. Montmartre).
3 Franquenet (E.), arch. vérif.
5 Daguin (E.) ※, ing. civil.
7 bis Letacq, menuiserie.
8 Boucart, cuir en relief et carton cuir.
10 bis Puchen, archit. vérif.

r. Geoffroy Saint-Hilaire (Jardin-des-Plantes).
4 Fallet, couvreur-zingueur.
8 Meilhac, maçonnerie.

r. du Géorama-Plaisance
35 Aubrun, paveur.

r. Gérard (13e arrond. Maison Blanche).
10 Choveaue, peinture.

r. Gerbier (Prison de la Roquette.)
1 Krastz, charp. bois et fer.

r. Germain-Pilon (anc. r. N.-Pigal.-Montmartre).
4 Chaumeron (E.), métreur spécial en peinture.
6 Gonnet (Napol.), sculpteur ornemaniste.
Carimantrand (J.), ing. civ.
7 Porcher, sciage de pierres.
11 Payard, peinture.
14 Houzeau, maçonnerie.
20 Melon (Fortuné), architecte vérifiant.
Gabit, peinture.
28 et 30 Dubois, menuis., fab. de moulures et jalousies.

quai de Gèvres (ancien quai Lepelletier).
2 Robert (G.), arch. expert. Mardi, jeudi et samedi de 10 h. à midi.
8 Jousselin (Paul), ing. civil.

r. du Cimetre (près Saint-Sulpice).
3 Larsonnier, fils, fumisterie.
6 Ranglaraît, fumisterie.
8 Leclercl, peinture.
Massert, serrurerie.
12 Robert, marbrerie.
12 Deniseronti, cadres.

r. Girardon (18e arrond.).
13 Bourzier, mét. vérif.

r. Git-le-Cœur (St-André-des-Arts).
4 Crestey, fondeur.
5 Robbe, menuiserie, bois et découpage.
11 Bonnot, peint. et décorat.
45 Alhoy-Rebouel, expert en peinture et décoration.
19 Prout (A.), couvr. gaz.

r. Glacière-St-Marcel (ancien Paris, 5e arrond.).
10 Gérard (T.), menuiserie.
28 Ruzé, maçonnerie.

r. de la Glacière (13e arr.).
4 Colardot, serrurerie.
4 Mascaux (L.), arch., expropriations.
45 Arnaud (P.), charpente.
27 Patinaud et chapelain, maçonnerie.
27 Bonnard (Aug.), menuiserie.
Berthaud, fondeur.
33 Margot aîné et Cie, fab. de cuves et réservoirs.
35 Vincent, menuiserie. Spéc. pour les mégisseries.
58 Chassagniole, serrurerie.
52 Parrot, menuiserie.
53 Reizner, maçonnerie et fumisterie.
57 Meysonnier, menuiserie.
75 Lerambert, serrurerie.
76 Robine, carrier et chaux.
86 Fournier, menuiserie.

r. de la Glacière-Montmartre (18e arrond.).
11 Héricourt, maçonnerie.
12 Torcy, menuiserie.
12 Caflin fils, couverture.
14 Pillevesse, pavage, bitume et terrasse.
21 Jomelle, maçonnerie.

r. Godot-Maurol (9e arr., chaussée d'Antin).
3 Lexample (E.), maçonnerie.

8 Hagnenier, peinture.
9 Belloni, fumisterie.
13 Devicque, pavage en bois.
14 Blesson, tapissier.
16 Véroux, app. à gaz.
18 Dupare O. ※, insp.-gén. des ponts et chaussées.
19 Raynaud, menuiserie.
Poleau, serrurerie.
20 Bourgogne-Bertelmy, fab. de moulures bois.
21 Rohaut, menuiserie.
Doonay, ing. civil.
26 Galéane, peinture.
28 Storelle ※, peintre-artiste.
29 Gaudet, tapissier.
31 Patrellier neveu, maçon.
33 Tréholle, serrurerie.
34 Tavernier (Antoine), archit.
Caboche, menuiserie.
Legrand, doreur sur bois.
Duplouy et Hamel, tapissiers.
35 Le Faure ※, arch. du gouvernement près les établissements thermaux, et de l'Empereur à Vichy (Allier). Mardi, jeudi et samedi de midi à 2 h.
37 Lacroix, peinture.
38 Hemon, tapissier.
40 Monge ※, arch. des bâtiments civils.
41 Laroche, fumisterie.

imp. Gombout (Marché Saint-Honoré).
3 Deschamps, maçonnerie.
Gassot, serrurerie.

r. Gombout (anc. r. Corderie-Saint-Honoré).
Duvivier, fab. de fontaines.

r. de la Goutte-d'Or (18e arrod. La Chapelle).
4 Crinier, couvreur, plomb., zingueur.
18 Demichel, maçonnerie.
32 Beyrié (C.), peinture.
52 Pitois (Joseph), briqueteur, jointoyeur.
61 Dumaine, serrurerie.

boul. Gouvion-St-Cyr (Ternes).
2 Duplay (J.), architecte.

r. Gozlin (anc. r. Ste-Marguerite-St-Germain).
14 Peigney, quincaillerie.
15 Labesse, peinture.

r. de Grammont (boulev. des Italiens).
13 La Nationale, Cie d'assurances contre l'incendie, et sur la vie en cas de décès.

46 Boutard, tapisserie.
47 Duval (B.), peinture.
19 Oppermann, ingén. constr.
    Directeur de la C<sup>ie</sup> génér.
    des travaux publics et
    particuliers, mardi, jeudi
    et samedi, de 4 à 5 h.
21 La Confiance, Cie d'assur.
    contre l'incendie, l'expl.
    du gaz, la foudre et la
    chaud. à vapeur.
26 Brenguier (J.), successeur
    d'Huyos, fourneaux de
    cuisine et foyers univer-
    sels.
28 Comp. des forges d'Alais.
aven. de la **Grande-Armée**
    (anc. aven. Port.-Maillot, Arc-
    de-Triomph. de l'Étoile).
5 Thomas, entrepr. de bâti-
    ments.
17 Daviet (J.), peinture.
23 Bofard (Alphonse), archit.
    vérif
41 Carré (C.) et Cie, constr. de
    serres, jardins d'hiver,
    grilles et ameublem. pour
    parcs et jardins serrurer.
    artistique.
48 Roy, serrurerie d'art en fer
    forgé, construct. de gril-
    les, serres, marquises,
    rampes et balcons
73 Burel (Eug.), ing. civil.
81 Certelant (J.), maçonnerie
    et démolitions.
86 Montrigat, architecte.
q. des **Grands-Augustins**
    (Pont-Neuf).
47 Bocher, papiers peints.
39 Tatard, peinture et décors.
45 Vouriot, sculpt. ornem.
57 Prioux et Olmer, papiers en
    gros.
49 Gunther (Richard), archit.
    inspect. aux travaux du
    Louvre
    Donnaud, librairie spéciale
    pour l'architecture, les
    ponts et chaussées et les
    mines.
55 Chiqu-ril?e, peint. en décors.
57 Valant frères, ing. civil,
    constr. mécaniciens.
r. des **Grands-Augustins**
    (Vallée).
4 Ledreux fils, fourn. économ.
8 Delaporte, peinture.
5 Normand, grav. s. bois.
17 Pelletier frères, sonneries
    et appareils électriques,
    cordons atmosphériques.
20 Royé (Victor), O ✳, archit.
    expert près les tribunaux,
    memb. de la comm. des
    logem. insalubres de la
    ville de Paris, mardi, jeudi
    et sam., de 9 à 11 h.

20 Duclos, cout. plomb, zinc, gaz.
25 Roucolle (Eugène), menui-
    serie.
27 Croppi, fumisterie.

r. des **Grandes-Carrières**
    (18<sup>e</sup> arrond. Montmartre).
40 Serouge, charpente.
44 Trotignon (Georges), briq.,
    carreaux, ciment et plâtre.
    Lefèvre (H.), grav. terras.

pass. du **Grand-Cerf**
    (r. St-Denis, 237).
25 Chiquant Héronet Letze'ter,
    fonte, ordin. et moulées.
    Chiquant (A.), toiles cirées.
34 Aubert, miroiterie.
48 Marchenoir, sonneries ordi-
    naires et électriques.

r. du **Grand-Chantier**
    (3<sup>e</sup> arrond. Archiv. impériales).
3 Guérin-Muller et Cie, fab.
    de compas et instruments
    de mathématique.
    Vernert, déposit. des usines
    de Chagny.
5 Raulin-Bigot (v<sup>e</sup>) et fils,
    fab. de bronzes.
6 Guibout (Adolp.), architecte
    expert près les tribun.
7 Latry (A.) ✳ (N.C.) et Cie,
    blanc de zinc et bois durci.
8 Bende, miroiterie, glaces et
    cadres.
14 Jacob, fab. d'orn. p appart.

r. de la **Grande-Chaumière**
    (6<sup>e</sup> arrond. Montparnasse).
1 Lepère (Alfred), sculpteur.
6 Oudinot (Eug.), peintre-ar-
    tiste verrier.
14 Thuilleaux, ing. civil.

r. des **Grands-Degrés**
    (5<sup>e</sup> arrond., q. de la Tournelle)
1 Branchange (Ch.), peintre
    d'enseignes, attributs et
    décorations.
2 Maillat, peinture.

r. du **Grand-Prieuré**
    (11<sup>e</sup> arrond. r. Oberkampf, 29).
15 Dutho, acier fondu de
    Prusse.
34 Lis. Hebern, fondeur, fab.
    de robinets.
35 Laurent (H.), menuiserie.

r. de la **Grande-Trum-
    derie** (Halles-Centrales).
33 Dufot, maçonnerie.
43 Monnier, menuiserie.

r. **Grange-Batelière**
    (faub. Montmartre).
10 Ducrot fils, miroiterie.
11 Tanneveau et Cie, entr. de
    trav. publics.

11 Pontet (J.), peinture.
15 Moissant (N.C.), serrurerie.
17 Laperche, ap. par. de chauf-
    fage.
    Verger, tapisserie.

r. **Grange-aux-Belles**
    (Hôp. St-Louis).
14 Brezet fils, charpente bois
    et fer.
21 Santot, fab. de cadres.
22 bis Godefroy, entrepr. de
    pavage, asphalte, bitume,
    terrasse et trottoirs.
29 Demoulin, tôlerie.
35 Richard jeune, maçonnerie.
37 Broussin (E.), peintre déco-
    rateur tileur.
39 Albouy, E., archit. spéc.
    pour usines, grands ate-
    liers et fabriques.
    Lenoir (François), éclairage
    au gaz carburé.
    Depois, serrurerie.
    Faciolle (Hyp.), menuiserie.
    Dusau le, fumistes.
42 Weistroffer et fils, appar.
    à gaz.
43 Moreau aîné, menuiserie.
51 Maréchal (J.), mécanicien.
59 Lecoq (J.), quincaillerie.
65 Durollet (J.), poteries.

passage des **Gravilliers**
    (r. des Gravilliers, 49).
4 Tabreau, maçonnerie.

r. des **Gravilliers**
    (r. St-Martin).
3 Thibander (F.), fab. de ro-
    binets et garde-robes.
5 Poncini (J.), fumisterie.
7 Montagne, batteur d'or.
10 Dechamp, menuiserie.
    Ferron, mécanicien.
12 Labrosie fils, peinture.
16 Tiersot, quincaillerie.
20 Tardieu ferblanterie.
24 Righetti, tôlerie fumisterie.
    Guérin, batteur d'or.
    Henry, fab. d'enseignes.
26 Bremotel, fab. de lettres en
    relief pour enseignes.
    Micean, maçonnerie.
37 Baulant, verres bombés.
    Jacob, tubes p. le gaz.
    Tissier (v<sup>e</sup>), app. à gaz.
38 Bonhère, fab. de paraton-
    nerres.
39 Duquesnoy, fondeur.
44 Forster (H.), serrurerie.
45 Maillard (v<sup>e</sup>), clouterie.
    Desprez, miroiterie.
48 Mangin et Cie, fab. de limes
    et outils.
50 Guion, couleurs, vernis.
55 Lefebvre et Marlin, couleurs
    et vernis.
68 Prosper, peinture.

69 Jungfleich, moul. cuivre.
74 Taureau, serrurerie.
Guillory, menuiserie.
77 Sevestre et Cie, batteurs d'or.
86 Besset, fab. de lettres pour enseignes.

**r. Grenelle (Madeleine).**
3 Desgranges, peinture.
12 Bozy, menuiserie.

**r. Gregoire-de-Tours**
(6e arrond. carref. Bac).
4 Robert (Varré, successeur), papier et toile à calquer, fourniture de papeterie pour archit. et ingénieurs.
12 Renard (Simon), maçonn.
16 Girard jeune, peinture.
17 Guibont (L.), maçonnerie.
Parion jeune, succ. de Landault, couverture, plomb. et zinc.
36 Poujargues, serrurerie.
40 Laval (Ch.), serrurerie.
42 Becker, couverture.

**boul. de Grenelle**
(15e arrond. de la r. de Sevres au quai de Grenelle).
2 Thorin, peinture.
8 Énard, serrurerie.
18 Piéplu (Const.), maçonnerie.
22 Blancheton, charpentier.
23 Lebreit, fab. d'échelles.
28 et 30 Ducelier et fils, pavage et bitume.
51 Petitier, pavage et terrasse.
62 Fontanet (J.), charp. en fer et serrurerie.
Deloux frères, charpente.
85 Eloux (Léon), appar. pour le montage hydr. des matériaux.
Rollet, charp. bois et fer.
115 Vezet, charpente.
129 Malherbe et Cie, fab. de poteries rouillées.
153 Grosil (Jules), fab. d'échelles et treillages.
150 Penchant-Berthemail, cimtreur.
151 Poulain (E.), maçonnerie.
156 Louvet (Jules), marbrerie.
163 Crespon, rampiste.
168 Simon, trav. publ., maçonnerie.
211 Martin (C.), menuiserie.
249 Usines des fers de la Franche-Comté.
252 Chazelle, charpente.

**pass. de Grenelle**
(Gros-Caillou).
1 Clément, menuiserie d'art et de bâtiment.
6 Fontaine aîné, serrurerie.
13 Nichon, arch. vérif.

---

**quai de Grenelle**
(15e arrond. Grenelle).
23 Legendre (B.) père, fils et Cie, bois et parquets.
35 Gautier, bois de sciage et parquets.
43 Pernot, pavage, terrasse, bitume et granit.

**r. de Grenelle-Saint-Germain.**
5 Viée, maçonnerie.
Courtois, pap. peints.
15 Nataud de Buffon, O. ✳, inspect. général des ponts et chaussées.
17 Fournier (Aug.), architecte.
Blanchet, couleurs fines.
22 Charié-Marsaines O. ✳, insp. gén. des ponts et chauss.
24 Renaudot (Victor) (N. C.), couverture, plomb. zinc.
25 Reisse (Ch.), doreur sur bois et miroiterie.
32 Pescheux (Auguste), serrurier mécanicien, stores.
Alet fils, menuiserie.
37 Roy, menuiserie.
38 Lépine (J.-B.), arch. vérif. à l'administration de l'Assistance publique. Mardi et vendredi de 7 à 10 h.
Leroux (L.), architecte.
39 Duval (Émile), archit. attaché aux trav. de la ville de Paris, Tous les matins avant onze heures.
Lemée, peinture.
43 Delaroche jeune, construct. de calorifères et fourneaux, chauffage pour serres. — Fumisterie et tôlerie.
56 Canal, doreur sur bois.
59 Colin, peintre-artiste.
62 Jallrot, serrurerie.
63 Meunier, peinture.
64 Béterne, menuiserie.
69 Hardy (L. Amédée), ✳ architecte.
70 Chapelain (A.), ✳, archit. anc. insp. des trav. de la ville de Paris.—De 11 h. à 1 h. le lundi excepté.
71 Féline-Romany O. ✳, insp. général des ponts et chaussées.
82 Merindol (J. de), ✳ arch. aux Ministères d'État et des Cultes es marchés du Temple et St-Honoré, de l'Athénée et membre du jury des Beaux-Arts.
Uchard (J.) ✳, arch. du 7e arrond. de la ville. Lundi, mercredi, vendredi de 9 à 11 h.

---

83 Bercious frères, arch. vérif. Mardi et vendredi de 9 à 11 h.
90 Franken (P.), serrurerie.
91 Daubrée ✳, ingénieur des mines.
96 Blanchard ✳, peint.-artiste.
102 Mahyer ✳, ing. en chef des ponts et chaussées.
105 Administration des funérailles.
111 Duchâtelet, archit. expert, commiss. voyer adjoint. Lundi, mercr. et vendr. de 8 à 11 h.
121 bis Joly (Th. de), ingénieur civil.
123 Fontanges, ingénieur des ponts et chaussées.
141 Ménagé et Blain, menuiserie.
147 Buller, arch. de jardins.
148 Pedretti jeune, fumisterie.
151 bis Degouy, menuiserie.
153 Garau, menuiserie.
157 Pasquier, peinture.
161 Bros (A.), serrurerie d'art et de bâtiment.
164 Foussalter, fumisterie.
Jackson, plomb. fab. de garde-robes, lavabos et baignoires.
170 Huguet (D.), constructeur en fer, grilles, balcons, armature de vitraux, serrurerie ancienne pour églises et châteaux.
180 Frœlicher (Henry), archit. Mardi et mercredi de 9 à 11 h.
180 Frœlicher (Arthur), arch. Lundi et vendredi jusqu'à midi.
197 Bontemps (Al.) charpente.
49 bis Freté (V.), vérificateur.
201 Berteaux, tonnellerie.

**r. Greneta**
(2e et 3e arrondissements).
7 Comolo frères, fab. d'appareils inodores, fils à pédale, brev. s. g. d. g.
31 Gniard, fab. de scies.
38 Troussel, menuiserie.
39 Boutilher, peinture, enseignes et lettres en relief. Girrer, appareils à gaz.
40 Marty, peinture.
43 Dauvois, papiers en gros.
47 Thomas, sonnettes.
53 Rigault (Alp.), bombeur de verres.
56 Rigault, maçonnerie.
57 Arnbi (Bapt.), fumisterie.
60 Camus, peinture.
62 Vernet, diamants p. vitriers.
65 Picard (Ch.), couverture.
67 Paquignon (L.), maçonnerie.

r. Grenier-Saint-Lazare
(r. Saint-Martin).

14 Besse, brosses et pinceaux.
   Sandrin, serrurerie.
16 Beun aîné, couleurs, vernis.
27 Valladou, maçonnerie.
28 Janson, couverture, plomb.
   et gaz.
31 Planquois, tubes en cristal.

r. Grétry (Opéra-Comique).

3 Alberty, peinture.

r. Greuze
(anc. r. Blanche-Passy,
16e arrond.)

18 Girardot, menuiserie.
   Barot jeune, charpente.
24 Louizet, charpente.
23 Lecarpentier et Bordelet,
   ent. de travaux publics.

r. Gros (Auteuil-Passy).

17 Maufay, menuiserie et découpages.

r. Groult-d'Arcy
(Vaugirard).

23 Mathonnet, serrurerie.
25 Billon fils, peinture.

imp. Guéménée
(4e arrond. r. Saint-Antoine).

3 Buisson aîné, batteur d'or.
   Gentil (René), maçonnerie.
4 Dauvet, batteur d'or.
   Fourré, serrurerie.
   Besnard, fumisterie, tôlerie.
   Bétrix, rampiste.
5 Renaud, doreur sur bois.
6 Ketterer fils, grillageur.

r. Guémégaud
(6e arrond. Monnaie).

1 Perisel fils et Mathieu, menuiserie.
5 Roussel, maçonnerie.
13 Blochel, arch. vérif.
15 Fourdrin (C.), arch. expert.
   Billy (Ch.), et H. Duval, fab.
   de chaux, ciment et plâtre.
16 Rigault frères, bombeurs de
   verres.
23 Pichard (Fd.), peinture.
24 Maréchal (Henri) architecte.
29 Daguet, mont. figuriste.

r. Guichard (Passy).

1 Frapart, métreur en maçonnerie.
   Schwab (Joseph), treillageur, rustiqueur.
2 Berteche, peinture.
5 Tinthon, arch. vérifie. des
   travaux publics
   Masselin, maçonnerie.
6 Dardoize (L.), arch. dessinateur.

r. et pl. Guilleminot
(Plaisance).

6 Gatey, serrurerie.
16 Guérard, couvreur.

r. des Guillemittes
(Marais).

2 Deline, serrurerie.
   Lamarque, menuiserie.

r. Guisarde (Saint-Sulpice).

1 Jamet jeune, serrurerie.
18 Le Jolley, menuiserie.
20 Philippon, garde-robes et
   robinets.

r. Guy-de-la-Brosse
(Halle-aux-Vins).

5 Leprêtre (C.), sculpt. stat.
   et ornemaniste.
7 Maury, ingén. civil.
11 Caillé, ing. civil.
13 Murat (A.), arch. métreur-
   vérificateur. Lundi, mercredi et vendredi de 11 à
   2 heures.
15 Ganneau, arch. inspect. des
   bâtiments des hosp. civils.

r. Guyot (Batignolles).

82 Roussel (Henri), (N.C.), serrurerie, constructeur de
   grands travaux en fer.
84 Bonnet, paveur.

r. des Haies (Charonne).

5 Ricaud (Charles) jeune,
   charpente.
11 Bénard (Ch.-Léon), arch.
   vérif.
24 Vautravers (Alex. de), archit. ing. civil.
30 Bouvet, fabr. de briques.
33 Bily, peinture.
36 Ligner, maçonnerie.
42 Bourgeois (F.) aîné, papiers
   peints.
50 Kuntz, bois de sciage.
57 Courtade, menuiserie.

r. Halévy
(place du Nouvel-Opéra).

6 Delaye-Lepsol, coffres-forts
   et serrures.
16 Lévy et Worms, bronzes
   d'art, ébénisterie et ameublement.

r. Hallé (13e arrond.).

46 Devers (J.), peintre artiste,
   et terre cuite émaillée.
56 Leyraloux, fumisterie.

r. des Halles (1er arrond.).

12 Violen (Albert), architecte.
26 Société anonyme des asphaltes du Val-de-Travers.

pl. de la Halle-aux-Veaux

4 Gentis, arch. vérif. Le matin avant 10 h.; le soir
   après 6 heures.
6 Rosselin aîné, fumisterie et
   tôlerie.

r. de Hambourg
(8e arrond. r. d'Amsterdam).

9 Gouverneur, met. vér. en ser.
   Quitelle, serrurerie.

r. du Hanovre
(boul. des Italiens).

1 Leloy, serrurerie.
12 Midroy, menuiserie.
   Morel (Louis), serrurerie.

r. du Harlay (Marais).

1 Durier (veuve), ferblanterie.
3 Roux, ébénisterie.
4 Wahl, tapisserie.
5 Agence internationale du
   bâtiment.
7 et 9 Jeanselme fils et Godin,
   ébénisterie.
10 Snacci (Paul), fumisterie.
   Rosier, menuiserie.

r. du Hasard-Richelieu.

6 Métous (Paul), maçonnerie.
   Simonot, peinture.

boul. Haussmann
(anc. boul. Beaujon, 8e arrond.
faub. du Roule).

31 Bohler, tapisserie.
46 Laporte (A.), libraire éditeur, librairie centrale
   des lettres, des sciences
   et des arts.
58 Fournier, tapisserie.
67 Naudin, tapisserie.
68 Bernard (Henri), ingén. des
   ponts et chaussées.
   Lavaud et Martel, concessionnaires pour Paris du
   brevet Walker, pour la
   sonnerie télégraphique à
   air.
92 Calorifères à air chaud sa-
   turé, brev. s. g. d. g.
   Simon, ingén. civil.
96 Favier, meubles sculptés.
98 Dessaures O. ✠, ing. civ.
100 Monnier, tapissier.
101 Chéronnet (Victor), ingén.
   civil.
   Brasseur, doreur sur bois.
103 Gonjon (Ad.), architecte.
105 Boullogne, carrossier.
   Biby de O. ✠, insp. gén.
   min.
109 Hachette ✠, ing. chef des
   ponts et chaussées.
110 Brené et fils, menuiserie,
   ébénisterie d'acier.
119 Freycinet, ing. des mines.
   Desgrands ✠, ingénieur
   civil.

135 Kellner, carrossier.
137 bis De Sangy (Léon), arch.
Mardi, jeudi et samedi de
midi à 3 heures (le jeudi
réservé à la vérification et
au règlement des mé-
moires).
163 Rainneville (de), ingén.
civil.
464 Cauhapé, carrossier
470 Binder (J.), ing. civil.
Binder, carrossier.
480 Belle, archit. expert ; arch.
du théâtre impér. des
Italiens ; mardi et vend.
de 10 h. à midi.

r. du Haut-Pavé
(5e arrond. place Maubert).
4 Flot, miroiterie.

r. Hautefeuille
(Saint-André-des-Arts).
5 Fonteray, coarsert. plomb.
19 Boeswilwald (E.) O ✳, architecte de la Sainte-Chapelle, insp. général des
monum. historiques.

des Hautes-Vignolles
(Charonne).
34 Poinsotte, chaux et ciment.

r. Hauteville
(boolev. Bonne-Nouvelle).
44 Lebeau, peinture.
47 Houpeaux, tapissier.
25 Thierry (Alex.), archit. du
consistoire Israélite.
26 Herbillon, tapissier.
26 Elermann et Talor, or et argent faut en feuilles.
30 Hérouin, peinture.
Mellini (Henri) fils, fumisterie.
33 Daveluy, ing. civil.
37 Flament (H.), serrurerie,
charp. en fer et trav. d'art.
40 Poulain fils, architecte, de
2 à 3 h.
45 Poinsot, ing. civil.
49 Bergeron, tapisserie.
Régulateurs Giroud pour le
gaz.
51 Tricotel, architecte.
Tricotel ✳, constructions
rustiques en bois, treil-
lage, grillages, etc.
53 Richy (A.), maison de commission générale et d'ex-
portation pour amenble-
ment complets, glaces,
tentures et décors.
55 Bienvenu, tapisserie.
61 Prempain, peinture.
67 Perret (Louis), ing. civil.
72 Guile (Charles), arch. de
parc et jardins.

72 Huguet (A.), architecte, tous
les jours de 10 h. à midi
(jeudi excepté).
80 Cioja, fumisterie.
Poiret, serrurerie.

r. d'Hautpout (19e arrond).
(anc. r. de Belleville-Villette.)
9 Lejeune, brique.
13 Hourlier, brique et poterie.
16 Montéage, ciment.
54 Habin, chaux.
62 Cassotte, terrasse, pavage
et transport.

pass. du Havre
(r. St-Lazare).
25 Foulquier, architecte, mardis et vendredis jusqu'à
11 heures.

r. du Havre
(ch. de fer de l'Ouest, r. droite).
3 Badger (Ch.), architecte.
Boucault, ferblant. et gaz.
12 Houlbrat, ing. civil.
15 Colle (Édouard), architecte,
expert, de 10 h. à midi.

r. du Havre (Batignolles).
3 Bouvier, maçonnerie.
8 Royer, menuiserie.
24 Chevalier, serrurerie.

r. Haxo (xxe arrond.)
80 Castille, serrurerie.
123 Pignont, treillageur.

pl. Hébert (La Chapelle).
1 Ducétis, charpente.

r. du Helder
(boul. des Italiens).
15 Grenet ✳, ingén. en chef
des ponts et chaussées.

r. Henrion-de-Pansey
(Plaisance).
11 Houdin jeune, maçonnerie.

r. Hérold (Auteuil)
6 bis Levieux, bois et parquets, moulures et dé-
coupages.
16 et 21 Outry (L.), ✳ (s.c.)
directeur-propriétaire de
l'usine électro-métallur-
gique d'Auteuil.
16 Heurtant et Maity, fabr.
de prod. bitumineux.

r. Hippolyte-Lebas
(donnant r. des Martyrs).
3 Revel, archit. de la préfecture de police. Le matin
de 9 h. à 10 h.

r. de l'Hirondelle
(Saint-André-des-Arts)
23 Deboves, serrurerie.

r. de l'Homme-Armé
(4e arrond. r. des Blancs-Manteaux).
9 Pion, fab. de garde-robes
et robinets.

r. Honoré-Chevalier
(Saint-Sulpice).
4 Bruneau, architecte.
5 Hangard (Émile), ingénieur
des arts et manufactures.

boul. de l'Hôpital
(chemin de fer d'Orléans et
Jardin des Plantes).
28 Jarotier (L.), peinture.
32 François, menuiserie.
57 Bassy (Jules), architecte
attaché à l'administration
de l'assistance publique,
à la Salpêtrière.
66 Sauvage, serrurerie et charpente en fer.
70 Rousseau, menuiserie.
86 bis Godard, gravat, terrassier.
92 Petroli (Mathieu), fumiste-
badigeonneur.
98 Corneillet-Dupuy, vérificat.
106 Protot, charp. bois et fer.
111 Panard, charpente.
111 Fradet et Toisout, fumisterie spéciale pour usines.
143 bis Sécrot, arch. vérif.
123 Loge, mét. vérif. en couvert. et plomberie.

r. de l'Hôpital-Saint-Louis
(faub. du Temple).
6 et 8 Lancioni (Eugène),
forgeron-mécanicien.

quai de l'Horloge
(Pont-Neuf)
21 Raimbaud, inst. d'arch.
20 Richebourg, inst. d'archit.
31 Rouvet, inst. arch.
35 Borcart, instrum. de mathé,
mathiques et de nivelle-
ment.
37 Malzard, inst. d'arch.
Rosier, instr. d'arch.
39 Bréguet ✳, ing. civil.
Foury, instr. d'arch.
Moléon, ing. civil.

r. Herschamps
(Montmartre).
(Donne r. Lepicet r. Ravignan).
6 Aimé-Clichy, entr. de rava-
lement et nettoyage de
façades de maisons.

r. des **Hospitalières-
Saint-Gervais** (Marais).

42 Couteret, Lepetit et Cie,
batteurs d'or.

r. de l'**Hôtel-Colbert**
(quai Montebello).

9 Philippot, menuiserie.
Reige, peinture.
Dépagnat (J.-B.), entr. de
maçonnerie.
12 Togni (And.), verres à vitres
13 Hameau, maçonnerie.

place de l'**Hôtel-de-Ville**
Préfecture de la Seine.

5 Mettez (Oswald), fab. de sacs
à plâtre, à chaux et ciment
Monsoury, tuiles et briches.
Alphand G. ✶, directeur de
la voie publique et du service des promenades et
plantations.

quai de l'**Hôtel-de-Ville**.

72 Denis, vitrier pour vitraux,
metteur en plomb.
Lemonnier, fab. d'outils.
74 Morgat, maçonnerie.
62 Dubrojard et Mazellon, ma-
connerie.
Dubrojand (E.), métreur.
82 Savarin-Ratel, fab. d'outils.

r. de l'**Hôtel-de-Ville**.

44 Dismier, maçonnerie.
25 Glenadet, fumisterie.
36 Herbault, serrurerie.
46 Meynen-Chrétien, parqueteur à façon.
47 Bailly (P.), maçonnerie.
70 Bureau, maçonnerie.
74 Barret, maçonnerie.
Fort (A.), fils, maçonnerie.
77 Fort (F.), maçonnerie

r. de l'**Hôtel-de-Ville**
(Batignolles)

4 Basly (A.), maçonnerie.
5 St-Martin, peinture.
Petitjean (Maxime); peintre
en décor.
7 Tanqueret C.), architecte.
mardi et samedi, de 8 à 10
heures.
14 Valette, travaux publics.

r. **Houdon**
(anc. petite r. Royale-Montm.)

17 Lacroix, serrurerie.
19 Ganier fils, menuiserie.

r. de la **Huchette** (pl. S.-M.)

5 Oillagnier, serrurerie.
16 May, peinture.
24 Néel (V.), maçonnerie.
25 Demée-frère aîné, serrurerie.
27 Lamarque (M.), menuiserie.

r. **Humboldt**
(anc. r. Biron-Saint-Jacques)

4 Lahouge, maçon. et charp.
49 Arnould jeune, pavage, terrasse et bitume.
23 Lecœur (Ch.), architecte.
Lecœur et Cie, menuiserie.
25 Damourette, ing. civil.

aven. de l'**Impératrice**
(16e arrond. Arc-de-l'Étoile).

27 Chevalier (Mich.) ✶, ingén.
des ponts et chaussées.
59 Lavalley O. ✶, ing. civil.

pass. de l'**Industrie**
(boul. de Strasbourg).

5 Thozelle, menuiserie.
Haye (Ch.), couv. et plomb.
pompes.
7 Michel, peinture.
20 Artus, mét. vérif. spécial en
menuiserie.

boul. des **Invalides** (Invalid.).

8 Parent (Clém.), archit.
Herblin (Louis), peintre.
12 De Rudder ✶ peint.-artiste.
14 Frezoul- (S.), arch. expert
des compagnies d'assu-
rances contre l'incendie.
17 Lemasson, maçonnerie.
18 Larpent, ing. civil.
52 Margon et Fauvage, menuiserie.

Hôtel impérial des **Invalides**.

Crépinet (A.), architecte de
l'Église et du Dôme des
Invalides.
Mendes, O. ✶, lieutenant-
colonel, commandant du
génie, chargé du service
des bâtiments.

r. des **Irlandais** (Panthéon)

4 Pichon, fumisterie, calorifères et fourneaux écono-
miques.

r. d'**Italy** (8e arrond. Chemin
de fer de l'Ouest, rive droite).

12 Carronée, menuiserie.

boul. d'**Italie** (13e arrond.
De la place d'Italie à la rue
de la Santé).

11 Sainrapt, entr. de travaux
publics; carrières.
13 Vallet (Paul), entrepr. de
travaux publics, pavage,
terrasse, trottoirs as-
phalte, bitume et granit.
155 Gaston (Émile), entrepren.
puisatier.

place d'**Italie** (13e arrond.
Maison-Blanche).

Bonnet (Paul), arch. de la
Ville, 13e arrond., ancien
pavillon d'octroi. — Les
mardi et vendredi de 2 à
4 heures.

avenue d'**Italie** (13e arrond.
(Maison-Blanche).

43 Benoist (E.), quincaillerie,
serrurerie et cuivrerie de
bâtiments.
16 Bondit, couleurs et vernis.
47 Fleuret, serrurerie.
18 Roland, peinture.
22 Lejeune, menuiserie.
Demy, fumisterie.
36 Giroy, architecte.
38 Guillot, menuiserie.
49 Dunkel (Charles), architecte
vérif. — Tous les jours
jusqu'à 9 heures.
50 Fleury, peinture.
52 Malgras, peinture.
55 Gautier (Alf.), arch. comm
voyer, adj. du 13e arrond.
Tous les jours de 1 h. à
2 h., mercredi excepté.
63 Ruby, maçonnerie.
69 Peudhomme, menuiserie.
71 Duval, couverture.
72 Bimont, mét. spéc. serrurer.
73 Gros, charpente.
Coste (B.), menuisier et
entrepr. de démolitions.
73 Binet (Alfred), couleurs et
vernis.
75 Girard, horticulteur.
77 Boursin, briques et poteries.
83 Berger, ing. géom.
85 Casse (Alphonse), convert.
85 Letapissier (P.), peinture.
91 Guy, serrurerie.
Marteau, menuiserie.
132 Portemont, charpente.
158 Porteneuve, bois de sciage.
166 Roy (Ang.) et Cie, horticulteur.
170 Cuny, maçonnerie.
178 Bock, marc. de boiseries.
182 Fortier (Gustave), métr.
vérif.
192 Trombert, marbrerie.

boul. des **Italiens**.

11 Despaquis et Braquehais,
photographie.
12 Fournier, tapisserie.
17 Vavasseur, menuiserie.
19 Servant, miroiterie.
24 Viot ✶ et Cie, marbres onix
d'Algérie.

avenue d'**Ivry** (13e arrond.).

15 Louvault et Morel, ent. de
charpente.
17 et 19 Deschars (Alexis), serrurerie et charpente en
fer, mécan. et gr. chau-
dronnerie.

33 Chevreuil, maçonnerie.
76 Bonnefoy, puisatier.
80 Coiffrel, pompier-mécanic.
101 Huet, serrurerie.
114 Peynaud, maçonnerie et grosse fumisterie.

r. **Jacob** (Institut).
4 Leloir (Aug.), architecte.
Trouillet (H.) et Saint-Père, architectes. Visibles de midi à 2 h.
44 Bizet, peinture.
21 Saint-Père fils (Eug.), arch. brev. s.g.d.g. pour l'anti-télier S.P. Mardi et vendredi de 4 à 3 h.
26 Binio (M.), ing. civil.
33 Diet (A.) ✠, arch. de la ville. Mardi, jeudi et samedi, de 4 à 3 h.
35 Flon, architecte.
Sevin (Louis), arch. vérif.
Perault (C.), serrurerie.
43 Leclerc jeune, peinture.
56 Didot (Firmin) ✠ frères, fils et Cie, papiers en gros.

r. **Jacques-Cœur** (4ᵉ arr.)
(anc. r. de l'Orme-Bastille.)
44 Deblalis frères et Hervieu, métaux.
23 Simon, marbrerie.
25 Ravou, pose de sonnettes, porte-voix et timbres.

r. du **Jardinet**
(6ᵉ arr. École de Médecine).
44 Mouton (v⁴), peinture.
42 Bisson, grav. sur bois.

r. des **Jardiniers** (Bercy).
5 Ruy, maçonnerie.

r. des **Jardins St-Paul**.
35 Georget, couverture.

r. **Jarente** (Marais).
2 Carmine, fumisterie.
4 Séquesal (J.), serrurerie.
5 Hasard, peinture.
6 Prodhomme, dessinateur, lithographe, grav. s. bois.

quai de **Javel**.
(Du pont de Grenelle à la porte du Bas-Meudon).
3 Duhamel, marchd. de bois.
5 Joyeus (L.), march. de bois.
29 Phanuel, terrassier gravatier.
39 Dufour, fabr. de briques.

r. de **Javel** (Grenelle).
4 Curfet (J.), pavage, trottoirs.
35 Nolot, constr. de fours et cheminées d'usines.
80 Appolony (Jean), fabr. de cuves.

58 Amelot (V⁴), chaudronnerie.
83 Tholomier fils, serrurerie mécanique, charpente en fer, châssis et scies.
86 Pouchard, puisatier-foreur.
87 Duchenne, bois de sciage.
90 Legendre, mécanicien.
189 Bourcier, arch. vérif.

r. **Jean-Bart** (Luxembourg).
3 Lemaire O. ✠, sculpteur.
6 Languin, peinture.
10 Vanière, serrurerie.

r. **Jean-Menuisier** (Bastille).
40 Grantil et Didion, papiers peints.
40 Richard et Petit, menuiserie.
41 Hue, serrurerie.
47 Chevrier, peinture.

r. **Jean-Bologne** (anc. r. Neuve-de-l'Église, Passy).
6 Lalande (Henri), trei lageur.
10 Selaz, chaudronnerie.
11 Lecerre, menuiserie.

r. **Jean-Cottin** (18ᵉ arrond.)
6 Dagnan, pavage et bitume.

r. **Jean-Goujon** (Champs-Élysées, avenue d'Antin).
16 Sautter ✠, ing. civil.
19 Partier (E.), serrurerie, meubles en fer, stores.
26 Gilbert (Ch.) X⁴, entrepr. de menuiserie.

r. **Jean-Jacques-Rousseau** (grande poste).
4 Lambert, serrurerie.
13 Lecointe, peinture.
19 Fortuné-Gilles, de St-Germain, arch. vérif. expert en marbrerie.
23 Guimer, fab. spéc. de garderobes, robinets et syphons.
31 Lavrut frères, menuiserie.
37 Wargny, doreur sur bois.
41 Picard, serrurerie.
51 Dupont, papiers en gros.
53 Cluseau, constr. de fours.
54 Gobert (Joseph), serrur.
62 Mallet, papeterie.
68 Branca (J.-A.), fumisterie.
70 Legrand, peintre, restaurateur de tableaux.
74 Saugeron, tapisserie.

r. **Jean-Lantier**, place du Châtelet.
7 Tholone (E.), bâches, toiles et sacs.
9 Dutocq fils, toiles à sacs.
40 Boucart, serrur. mécanic.
47 Laurent frères, menuiserie.

r. **Jean-Nicot** (7ᵉ arrond. Gros-Caillou).
47 Despin, maçonnerie.

r. **Jean-Robert** (Chapelle).
8 Guy, peinture.
15 Cauville (Léand.), serrurerie.

r. **Jeanne-d'Arc** (13ᵉ arr.).
9 Delœuvre, maçonnerie.
20 Schonberg, machines-outils d'ateliers.

quai **Jemmapes** (10ᵉ arr.— De la r. d'Angoulême-du-Temple à la r. Lafayette).
162 Lemoine (Aristide), doreur sur bois.
164 E-tablie, tôlerie.
172 Lachaise (Francis), arch. vérif. contrôl. des trav. au minis'ère des cultes.
196 Dardespinne (A.), fab. chaux hyde. Ciment de Pouilly. Tuiles Josson.
201 Gauthier, entrep. spéc. de travaux en ciment.
206 Peret fils, entrepr. de travaux en ciments de toutes natures.
208 Société anonyme des forges de la Providence.
210 Caboche (A.) et Grimault, tubes en fer, aciers et limes.
212 Pilter (Th.), commiss. en machines, grues, locomotives, pompes centrifuges et instruments d'agriculture.
214 Huché (Julien), plâtrier.
214 Macker (Louis), bois de sciage.
216 Colas frères ✠, maîtres de forges, fontes de bâtim., de jardins et funéraires; châssis, cuvettes et appareils inodores.
218 Dumon et comp., chaux hydraulique de Tournay.
222 Lefebvre (Gustave), ingén. mécan., constructeur des moteurs système Lenoir. Houdebert, cour. et plomberie.
224 Faureal, aciers, limes et vis.
226 Miolan (F.), découp. s. bois.
232 Dubois (Jules) et comp., chaux et ciments. — Cuvettes-siphons pour égouts.
232 Dubois (J.), entr. de dragage.
244 Monin (H.), architecte.
246 Macé, mécanicien.
248 Veillard, bois débités.
258 Equipart, verres à vitres.
270 Picq, Benier et Cochois, pierres et marbres,

**273** Crépin (Victor) et frère, verres à vitres.
**276** Logeard aîné, entrep. de menuiserie.
**278** Thiébaut (V<sup>e</sup>), fondeur
**288** Martz (C.), serr. et stores.
**288** Cambon et Thierry ✠, peintres artistes décorateurs.
**300** Derville et comp. [s.c.], march. de marbres, scierie mécanique pour marbres et pierres.
**304** Maury (J.), chaux et ciment. Horrie, verres à vitres.
**304** Feuinat, briques et tuiles de Bourgogne, carreaux, ardoises, lattes, voliges. — Dépôt des ardoises, des câbles et des cordages de la scierie mécanique des ardoisières d'Angers.
**306** Dalifol père et fils, fonte malléable.
**310** Homburger, ingén. civil. Goldschmidt, ing. civil.
**312** Michelet, fab. d'ornem. estampés en zinc, cuivre et plomb.
**322** Callou (Ch.), maçonnerie. Rougeon (Gatien), chaudronnerie en fer et cuivre, tuyanterie et robinets. Amaridon, menuiserie.
**326** Laureilhe, charpente fer et bois.
**328** Hazard, cristaux de bâtiment.

**r. Jenner (13<sup>e</sup> arrond.).**
(anc. r. des Deux-Moulins.
**33 bis** Morin (Louis), travaux publics, charpentes bois et fer
**56** Trosson fils, pavage, terrasse et bitume.

**r. Jessaint (La Chapelle).**
**6** Napoléon (Alexandre), couleurs et vernis.
**12** Favers, meubles en fer.
**16** Moutier, peinture.
**24** Painblame, maçonnerie.
**24** Mergé, menuiserie.
**27** Hervé, couleurs et vernis.

**r. des Jeûneurs (r. Montmartre).**
**43** Antoine et Cie, menuiserie.

**pass. Joinville (faub. du Temple, 55).**
**5** Silacci (L.), fumisterie. Pelliens et Cie, peinture et vitrerie, décors.
**7** Evrard et Boyer, fab. de charnières.
**9** Ilberts, serrurerie.

**11** Le Bœuf (A.), métr. vérif. expert en serrurerie; études, dessins, devis et mémoires.

**r. de Joinville (Villette).**
**4** Roussel, arch. vérif. Mardis et samedis de 7 à 11 h. Bazangeon, maçonnerie.
**5** Auvray, bois de sciage.
**9** Deschamp aîné, menuiserie. Gosguen (Aug.), peinture.
**12** Desmarest, menuiserie.
**21** Fournet, ent. de trav. hydrauliques. Dépositaire de la chaux hydraulique de St-Quentin, d'Agombart frère et sœur.
**23** Larroque (P.), charpente.
**29** Juppont, moulures en bois.

**r. Joquelet (Bourse).**
**6** Pioda (B.), fumisterie et calorifères; inv. d'un nouv. Bouilleur en fonte de fer. Gerbeillot (Barillot), appar. à gaz.
**7** Néret, peinture en bâtim., vitrifiée, mise en plomb.

**avenue Joséphine (Arc-de-Triomphe,-de-l'Étoile).**
**3** Rousseau, ing. des ponts et chaussées.
**45** Pierquin (Hubert), entrepreneur de bâtiments.
**63** Thome et Cie, entrepreneur de travaux publics.
**65** Monduit (Louis), architecte.

**r. Joubert (Chaussée-d'Antin)**
**5** Pottet (L.), peinture, miroiterie et dorure.
**6** Bertholeau, tapisserie.
**7** Benoît fils (A.), architecte.
**9** Finard, peinture.
**10** Langlois (Ch.), ing. civil. Poirmeur, menuiserie.
**11** Tournay (Et.), jeune, couvert., plomb, zinc et gaz.
**18** Alexandre, serrurerie.
**26** Trepied, tapisserie.
**30** Deshuisson, architecte
**33** Bénouville, archit. expert. Tirot, tapisserie.
**34** Boquet, tapisserie.
**41** Balli et Hubert, tapisserie.
**45** Luzzani, peinture.
**47** Taverne et Cie, maçonnerie.

**passage Jouffroy (boulevard Montmartre).**
**10 et 12** Hiffner (Pierre), fab. de coffres-forts et serrurerie de précision.

**r. Jouffroy (Batignolles).**
boul. Malhesherbes.)
**2** Brisset, menuiserie.
**12** Rabuat, menuiserie.

**r. du Jour (église Saint-Eustache).**
**8** Louis (Ludovic), menuiserie.
**11** Breton, serrurerie.
**15** Fremiot (L.), archit. vérif. Les mercredis de midi à 4 heures.
**19** Renard, peinture.

**r. de Jouy (4<sup>e</sup> arrond., r. St-Antoine).**
**4** Guillon et Dugenet, maçonnerie. Noël, serrurerie. Noël (Al.), peintre en décors
**5** Leroux, peinture. Humblot neveu et Garnauld, couv. plomb, zinc et appareils à gaz.
**9** Paupinet, menuiserie. Caillat (E.), couleurs et vernis.
**11** Safeine, chaux et ciment.

**r. Jouye-Rouve (20<sup>e</sup> arrond. Belleville.)**
**16** Borniche, serrurerie.
**18** Faucheur (J.-), maçonnerie.

**r. des Juifs (Marais), (4<sup>e</sup> arr., r. du Roi de Sicile )**
**1** Breton (L.), architecte.
**6** Mercier, menuiserie.
**7** Castille, miroitier.
**10** Salvanac, serrurerie.
**13** Delamarre (Jules), archit. vérificateur.
**15** Arnaud fils, maçonnerie. Michel (A), peinture.
**20** Albert, menuiserie.
**20** Martin, fab. de cadres.

**r. de Juillet (20<sup>e</sup> arr., ancien Charonne).**
**2** Cochard, serrurerie.
**3** Tible, fab. d'enseignes.

**r. Julien-Lacroix (Belleville).**
**39** Leleu aîné, peinture.
**76** Bardy, menuiserie.
**78** Than et Fontaine, archit., directeur de l'Office central du bâtiment, spécial pour le placement des employés du bâtiment.
**80** Renart, couverture.
**103** Chausson (Félix), archit. Tous les jours, de 4 à 6 h. du soir, les lundi et samedi exceptés.

**r. de la Jussienne (grande Poste).**
**2** Maire, peinture.
**8** Moisy Jules), fabrique de tuyaux en cuir et en toile.
**9** Botrel et Brancourt, distributions d'imprimés.

place **Jussieu.**
(Jard.-des-Plantes, pr. la Pitié.)
3 Lagrené (de), ing. des ponts et chaussées.
Loris (C.), archit. vérific. Mardi, jeudi et samedi de midi à 1 heure.
Andraud (Eug.), entrep. de travaux publics.
7 Vadorel, arch. vérific. De midi à 2 heures.

r. **Keller** (r. de la Roquette).
3 De Brucq, fab. de vernis.
9 Bardey, menuiserie.
11 Carol, appareils à gaz.
Lafond, vente et achat de de métaux et matériaux
13 Lecompte (P.), métr. vérif. spécialité en serrurerie, le matin jusqu'à 9 heures
14 Branca (E.) fumisterie.
18 Robillard (J.), serrurerie.
27 Bourgois, serrurerie.

r. **Keppler**
(anc. r. du chem. de Versailles).
8 Michau (Achille), entr. de maçonnerie.

r. **Labat**
(18e arr. Clignancourt).
9 Benoist et Réjaud, maçonnerie.
12 Guéry, serrurerie.
19 Chéron, serrurerie mécan.
24 Delevoy (Alex.), menuiserie.
25 Mesure (F.), maçonnerie
Pelletier, serrurerie ; const. en fer et fab. de châssis.
Baumgardtem (Georges), peinture et décors.

r. **Labie** (Ternes).
1 Brechu (Louis), mét. vérif.
Brohard et Pons, maçonn.
Renaud, maçonnerie.
Stainville, marbrerie.
5 Nicolle, paveur et carrier.
7 Gautrin (E.), serrurerie.
9 Blanvillain fils, bois de sciage.
10 Cornette (Paul), maçonnerie

aven. **Labourdonnaye**
(Champs-de-Mars).
55 Bezullier, arch. Tous les matins jusqu'à midi.
Bratigny, maçonnerie.
63 Sirat, charpente.
69 Bornet (Pierre), couvert., plomb., zinc et gaz.

r. **Labruyère** (place Saint-Georges).
1 Larivière, peintre-artiste.
5 Meunié (L.), architecte.
Meunié (A.) fils, architecte.
27 Gontier, menuisier.

r. **Lacépède** (Jardin-des-Plantes).
14 Marquette, serrurerie.
Bataille, menuiserie.
31 Dubuisson, peinture.
Goyer (Aug.), treillageur, fab. d'échelles
45 Nanteuille, maçonnerie.
Nanteuille (F.), architecte, métr. vérif.
Chamaurel, bois de sciage.
48 Ducemetière, appareils à gaz.
49 Allot-Campaux (Mme), briques, carreaux et poterie.
50 Guillaume, peinture.
53 Françoton, fumisterie, fourneaux économiques.

r. de **La Chaise** (faub. St-Germain).
10 Vantier, grav. en mét.
12 Deschamps, serrurerie.
22 Gonjon, métr. vérif.
21 Michelot, ing. en chef des ponts et chaussées.

pass. **Lacroix** (18e arr.).
25 Masson (Narcisse), serrurerie

r. **Lacroix** (Batignolles, 17e arr. av. de Clichy).
2 Simon, peinture.
7 Letourneur (Casimir), arch. vérif.
38 Beauvais et Carré, maçonnerie.
41 Le Cointe (C.) mét. vérif.

r. **Lacuée**
(12e arrond., place Mazas).
7 Rousseau-Lenoir, march. de sable et cailloux.
Masson, ent. d'éclairage.
16 Poulnot, marbrerie.

imp. **Lafayette**
(chemin de fer de Strasbourg).
14 Derouhaix, serrurerie.

r. **Lafayette** (Du nouv. Opéra au bout. de la Villette).
10 Plaisant, tapissier.
Comp. d'assur. Le Phénix.
33 Margelidon et Hébert, pseudo-céramique, peinture et décoration monumentale et artistique.
Fabrication et application du ciment blanc hydraulique Dubus, pour tous travaux intérieurs ; marbres et pierre artificielle et stues.
34 Latouche, couleurs fines et tableaux.
42 Société centrale des Bétons agglomérés (système Coignet). — Pierres artificiell.
45 Margelidon et Hébert, peinture sur verre, vitraux d'art.

53 Cronslé (G.), architecte de la Préfecture de police.
67 Viel (A.) fils, papiers peints
73 Harlingue, architecte.
Carrelages mosaïques en grès céramé.
Sauer (Arthur), architecte.
80 Biloir, ent. de bâtiments.
84 Moreau, tapisserie.
87 Guébhard, ing. civil.
89 Servier, ing. civil.
93 Nogaret (H.), architecte.
98 Lucot (J.), architecte. Mardi et vendredi jusqu'à 11 heures.
99 Manguin (Pierre), arch. Mardi et vend. jusqu'à 10 heures.
Geffrier, architecte.
Sausy (Ch.), mét. vérif. expert, spéc. en serrurerie.
103 Flamant (Eug.), arch. insp. des trav. publics. Lundi, mercredi et vendredi de midi à 1 h.
Balli et Paganetti jeune, fumisterie et calorifères.
Delage frères. fêtes publiques, tapisserie.
Schaeck, ing. civil.
104 Cantagrel (Joseph), archit. Le matin avant 10 h.
Helle, vérif. des bâtim. de la Couronne.
106 Peyre, ingén.-exp. De 2 à 4 heures.
Duval fils (Charles), arch. insp. aux trav. de la Ville. Mardi, jeudi et samedi avant 10 h.
107 Caron et Cie, entr. générale de ravalements et nettoyages de façades de maisons.
111 Leman (Jacques), peintre-artiste.
113 Lachez (Th.), arch. expert. aut. du *Traité d'acoustique des salles de réunion publique* (2e édit.).
Larquier, sonnettes et app. télégraphiques.
111 Cavé, ingénieur civil.
119 Lagarde, fab. de billards.
Kœnig (A.), repr. la comp. des Ardoisières de Rimogne (Ardennes).
120 Cavillon, marbrerie.
121 Thiry je, serrurerie artistique p. parcs et jardins = treillages en fer, raidisseurs.
126 Bourdelin, ing. civil dessinateur graveur.
Bry, doreur sur bois.
128 Siry (A.), Lizars et Cie, compteurs à gaz.
132 Lesueur (Ed.), maçonnerie.
Ronchon, architecte.

139 Frénais, menuiserie.
153 Horace frères, artificiers.
155 Clément, fab. et pose de sonnettes.
158 Loir aîné (H.), plomberie, couvert. et zinc ; pompes, gaz, garde-robe et robinets.
161 Poisle frères, fers, fontes, tôles et aciers.
163 Jordan, peinture.
165 Marchand Ch.), méd. vérif.
166 Krier, charpente en fer, démolitions.
Leroux, ent. de démolitions.
Rousseau (E.) et Canda, ent. de démolitions.
171 Mignot (Eug.), arch. contrôleur des travaux de la Ville de Paris et du département. Mardi, de 8 à 10 h., jeudi et samedi, de 8 h. à midi.
Vollier (V.), mettr. vérific. spécial en serrurerie et charpente en fer.
Poisat (G.) et Cie, ingén. constructeurs.
Poisat et Gwerthwohl, marbres et pierres artificielles.
175 et 177 Trébuat (L.) N.C., serrurerie et charpente en fer.
176 Batillot (Justin), expl. de pavés et pierre cassée.
Ziégler-Korum, expl. de pavés et granit.
179 Denis, menuiserie.
182 Goelzer (Ph.) (N.C.), manufac. de bronzes et app. à gaz.
183 Marie (Vict.), couverture, plomberie, zinc, robinets.
184 Bignet, menuiserie.
186 Aubry (J. J.), ingén. hydraulicien, fab. de pompes.
Golet, méd. vérificateur.
189 Leblanc (E.) et Dubief, maçonnerie.
Charroppin, ingén. const. mécanicien.
195 Aubin, artificier.
Guillaume et Cie, métaux.
201 Cugnière, architecte.
206 Adam, marbrerie pour bâtiment et meubles.
207 Legris et fils, menuiserie.
214 Lapyre (A.), démolitions.
217 Guignard, lattes et bordeaux.
221 Pralette, maçonnerie.
232 Brianchon (J.) aîné, coloration inaltérable sur porcelaine, faïence et cristaux.
233 Poullette, archit. Mardi, jeudi et samedi de 9 h. à midi.


231 Dubayria (Albert), entrep. de trav. publics, pavage.
233 Vve et Monsier jeune, fers, aciers et tôles.
Heim jeune, fab. d'échelles et menuisier.
251 Fagou, fab. de calibres tout faceis pour la maçonnerie.
Monllet, serrurerie.
Rochon, scierie et menuiserie mécanique ; machine à vapeur de 30 chevaux.
Debernat (H.), mécanicien.

**r. Laferrière**
(pl. Saint-Georges).

3 Cie des canaux de l'Ourcq, St-Denis de et St-Martin.
12 Lemaître (A.), arch. insp. des trav. de la Ville, expr. près le tribunal.
21 Lubert, serrurerie.

**r. Lafeuillade**
(place des Victoires).

3 Ruelle, fab. de stores.

**r. Laffitte** (boul. des Italiens).

5 Drouot (Léon ), arch. ing. civil, construct. d'usines, renseignem. et expertises industrielles.
10 Pellechet fils, architecte.
Esslinger, papiers peints.
11 Baux (Eug.), arch. expert.
17 Cie des chemins de fer, de Paris à Lyon et à la Méditerranée.
Chaperon, ing. en chef des ponts et chaussées.
Mofard, ing. des ponts et chaussées.
Comte, ingénieur civil.
18 Menier (Henry), tapisserie.
20 De Virgile, briques mécaniques.
28 Ilegensforfer (Fr.), peinture, vitraux et mise en plomb.
33 Detrimont, doreur sur bois.
44 Bernard (Louis), architecte. Le matin.
45 Alcan, ingénieur civil.
46 Xavier (Jean), ing. civil.
Hautemulle, tapisserie.
49 Baron, ingén. en chef des ponts et chaussées.
58 Iluvier, papeterie.

**r. Lafontaine** (Auteuil).

2 Allain (Albert), architecte.
25 Gerens et J. Van El-lander, peintres artistes décorateurs.
Pé (François), peintre artiste verrier.
51 Langlois, (Max.), serrurerie.


**r. Laghouat** (18e arr.).

7 Galis (E.), arch. vérif.
9 Chabeville, serrurerie.
Frolawest, mécanicien.
13 Lacroix jeune, maçonnerie.

**r. Lagille**
(av. St-Ouen-Batignolles).

11 Chestier, serrurerie.

**r. de La Harpe**
(5e arr. pl. St-Michel).

9 Hérant, graveur en archit.
23 Leviel, ferblanterie.
27 Dupuisson, peintre en lettres et affiches peintes.
33 Job Hérant, brosses et pinceaux pour peintres.
42 Cartel, pavage et trottoirs.
46 B. robe jeune, peinture.
49 Charpentin (V.), graveur sur bois.

**r. Lahire** (13e arr. Gare).

11 Duval jeune, couverture.

**r. Lallier** (anc. r. Beauregard des Martyrs, 9e arrond.).

4 Grélaine (G.), architecte. Mardi, jeudi et samedi, de 9 à 11 h.
6 Bernard et Millet, sculpt. ornemanistes.
8 Bourfer (Ch.), archit. civ. Renduel-Gamaverre, ferbl. couv. plomb. zinc.

**r. Lamartine** (Notre-Dame-de-Lorette).

4 Aurray, menuiserie.
6 Aznt (Louis), ing. civil. Gautier et Boller, quincaillerie et outils.
7 Stumner (de) ing. civil.
17 Billi jeune, fumisterie.
35 Prutot, tapissier.
44 Riffard, menuiserie.
46 Bastel, peinture.
51 Langlois (Eug.), serrurerie. Catel, menuiserie.
53 Fagret, ferblanterie.

**r. Lambert**
(18e arr. Clignancourt).

6 Sallandrouze, mettr. vérif.

**av. Lamothe-Piquet**
(Des Invalides au boul. de Grenelle).

4 Féré (Paul), vérif. des trav. publ. révis. des devis à la Préf. de la Seine.
20 Adrien, menuiserie.
25 Bouquet (A.), succ. de Choisy, peinture et décoration.
27 Barbare (Alph.), maçonner.

56 bis Illunriot, couvert, en partie bitume imperméable et carton goudronné.
67 Destienne, menuiserie.
71 Renard (E.), architecte.

r. de Lancry

(10e arrond. boul. St-Martin)

2 Guimard, dessinateur.
4 Bezol, architecte.
6 Deserstillers (L. SC., fontes p. le bâtim., châssis, fers, aciers, limes et outils.
Houdry (Ch.), aîné fab. de tuiaux hygiéniques.
9 Clappart, peinture.
10 Lindonsie, app. à gaz.
Enouf (P.), expéditionnaire.
14 Caudis (E.) f°., entrep. de trav. publics.
16 Maurowin, peinture.
20 Faure (Et.), archit. insp. des trav. de l'église Saint-François-Xavier, de 11 h. à midi.
23 Barthad, couleurs et vernis.
25 Simon f°., doreur sur bois.
29 Pagin, serrurerie.
31 Chatelain aîné, peinture.
37 Gobriel, maçonnerie.
43 Lepape (Emile), arch. vérif. exp. de la justice de paix du 10e arrond., de 1 h. à 2 h., dimanche excepté.
Lepape (Alfred), arch. vérif. Visible de 1 h. à 2 h.
Drouet (Pierre), menuiserie.
44 Guiguery, vernisseur de métaux.
47 Androu, archit. véri. expert.
Androu fils, archit. de la Comp. imp. des voitures de Paris.
48 Péré, peinture.
Pottier, serrurerie.
49 Willemain, fab. de crics.
51 Yiol, appareils à gaz.
53 Gros (Jules), arch. comm. voyer, adjoint du 10e arr.
Bourain, pavage, trottoirs.
55 Collina, arch. vérificat.
Hallot (Léon), arch. mét. vérif., spéc. en charpente.
Maurey, appareils à gaz.

57 Impasse Ste-Opportune

Henri-Morillon, mét. vérif.
Moreau (Alph.), serrurerie et charpente en fer.
Robin (Louis), peinture.
Savy, peinture.
8 Henry et Bridimus, app. à gaz.
Sureau (O.), sculpt. ornemaniste de la Couronne et du Gouvernement.
Cayment, fab. de cadres.

61 Ravenel (F.), arch. vérif.
Fouet (L.), mét. vérif.
62 Résaga-Vacchini frères, fumisterie.
63 Barbedienne (F., O. ※), fab. de bronze.
67 Hestot, couverture.

pass. Landrieux
(Gros-Caillou).

3 Larue, ent. de trav. publ.

boul. Lannes (16e arrond. Passy, Porte de la Muette).
7 Brullon, arch. vérif.

r. Laplace (anc. r. des Amandiers Ste-Geneviève).

8 Cirou père et fils, serrur.
9 Chazaud, gendre et succ. de Lesénéchal, maçonnerie.

r. de Lappe (XIe arrond.) anc. r. Louis-Philippe).

5 Pichot, fab. spéc. de souill. de forges.
18 Rocard frères et Duchesne, manuf. de poêles de faïence, montures en cuivre.
20 Rouger, père et fils, marchands de métaux.
Gruin fils, ferblanterie.
22 Pradel et Cibié, fondeurs.
23 Hondel, tôlerie.
24 Gavériaux, fours, économ. calorif. et tôlerie.
25 Gaudier (J.), métaux.
33 Bruguerne et Fabre, tôleries de bâtiments.
34 Baillet, fourneaux et calorif.
44 Caiser et J. Debladis, nég. en métaux.
Brisbault, serrurerie.

r. de La Reynie (boul. Sébastopol, 4e arrond.).

1 Herbau (J.), menuiserie.
3 Geoffroy (L.), serrurerie.
8 Vidal, lumisterie.
19 Datte, doreur sur bois.
23 Bremare, architecte.

r. Largillière.
(Ch. de la Muette-Passy.)

5 Service municipal des promenades et plantations de la ville de Paris.
Alphand G. ※, ing. en chef des ponts-et-chauss. directeur.
Darcel ※, ing. des ponts-et-chaussées.
Vannetelle, architecte attaché aux trav. de la ville de Paris.
Denebonde, conducteur en chef.

r. La Rochefoucauld
(9e arr., quart. Saint-Georges).
17 Lemor (Paul), arch. du gouvernement, insp. des bâtiments civils.
Cabanel O ※, peint.-artiste.
34 Picot ※, peintre artiste.
35 Asselineau (Ferd.), arch. vérif. Tous les jours de 9 à 11 h.
35 Langlois (Emile), vérificat. exp. près le tribunal de Commerce.
Besnard (P.), architecte.
Besnard (P. et Cie, carrières de Courville près Fismes (Marne).
42 Pinoq, serrurerie.
53 Thiey (J.), architecte.
56 Lacombe ※, ingén. civil.
Marchand aîné, couverture.
58 Brot, ing. civil.
Noël, ent. de trav. publics, maçonnerie et démolitions.
Bourgeois f°., peinture.
61 Boulnger, peintre artiste.
Brun, peintre artiste.
Knaus, peintre-artiste.

r. La Rochefoucault
(Montrouge, 14e arrond., Chaussée du Maine).
38 Chartien (J. C.), arch. Tous les jours de 8 à 9 h. du matin, et le jeudi.

r. Laromiguière (5e arr.).
(anc. r. des Poules).
7 bis Sébastien, bois de siège et parquets.
9 Parriset jeune, serrurerie.
10 Pradeau (G.), ent. de bâtiments.

r. Larrey (École-de-Médecine).
8 Legrand (L.), menuiserie.

r. Larribe (8e arrond., près la rue du Rocher.
3 Pataque, maçonnerie.

r. Lacenare (Église Ste-Clotilde).
4 Lemare, Mérauy, et Poussin, peinture.
21 Bataille, marbrerie.

r. Lassus (Église de Belleville).
5 Vol (E.), peinture.
Rigollet, menuiserie.
7 Chaignon (A.), peintre artiste décorateur.

pass. Lathuille (17e arrond. Gr.-Rue de Batignolles 15).
9 Rinfault, couverture.
17 Ogé et Allard, menuiserie.
21 Lagrole, maçonnerie.

r. de Latour-d'Auvergne
(r. Rochechouart et Martyrs).
40 Bipard (Stanislas), archit.
Delore (G.), sculpt. statuaire
Viset (E.), peintre-artiste
décorateur.
Choiselat (A.), sculpteur-
statuaire.
Jacquart (Félix), sculpteur
orn. marbrier.
Polisch (Ch.), peintre-artiste, décorateur.
41 Vincent, menuiserie.
42 Mars (H.), vitrier.
13 Cavier-Belleuse, sculpteur statuaire.
Chéret (Joseph), sculpteur
ornemaniste.
Callot, etc., imagerie.
16 Touret (A.), arch. b. vérifie.
Lundi et jeudis de 8 à
10 h. du matin.
Denis (J.-C.), arch. vérif.
Vivier (L.), peinture.
17 Lartias (A.), arch., architecte-
expert. Mardi et samedi
jusqu'à midi, et les jeudis
de 1 h. à 3 h.
19 Lucas (Ed.), arch. vérif.
Mardi et vendredi de 2
à 4 heures.
21 Mahomet, met. vérif.
35 Déry, métreur vérificateur.
36 Dereux fils, arch. expert.
Plans en relief pour le
tribunal. Contentieux du
bâtiment. Expropriation.
37 Stupfer, ingén. de ponts
et chaussées.
40 Lejeune (E.), architecte.
42 Meslin (Virgile), arch. exp.
Tous les jours de midi à
2 heures.

boul. Latour-Maubourg
(Invalides).
44 Chezeaud (Léoc.) fils frère
jeune, maçonnerie et tra-
vaux publics.
45 Payen C., insp. gén des
ponts et chaussées.
46 Poitot (Paul), fumisterie,
fourneaux et calorifères.
36 Duval O., ing. des ponts
et chaussées.
54 Hansen (W.) architecte. —
Mardi et vendredi, jus-
qu'à midi, et de 4 à 6 h.
73 Bibord (L.), couverture.
74 Dorange (O.), fab. de pap.
peints.
6 Martin, arch. vérif. Le matin
jusqu'à 10 h.
78 Colombier, fab. de papiers
peints.
84 Dorange (O.), pap. peints.
86 Perpereau, menuiserie.
92 Jobbois, const. serrurier.

r. Lalran (Sorbonne).
5 Albizio, arch. professeur.

r. Laugier (anc. r. de la
Chaumière-Ternes).
1 Rex (Alexand.), stucateur.
16 Duchene, maçonnerie.
18 Girot, menuiserie.
26 Rushon fils, maçonnerie et
travaux publics.
34 Guérin (Emile) fils, menuis.
Baudier (Jean), couvreur.
55 Validon, maçonnerie.
62 Grill (Paul), peinture.
65 Millet (Henri), maçonnerie.

r. Lourisien (anc. r. du
Bel-Air-Passy, 16e arr.)
2 Duberose, maçonnerie.
42 Rousseau, ing. des ponts et
chaussées.
48 Robin, serrurerie.
52 Simonet L., maçonnerie.
Chakorel, peinture.
60 Manan (Ed.), maçonnerie.
67 Joubert, architecte. Visible
les mardis et vendredis.
Cresson, peinture.

r. Laval (r. des Martyrs).
3 Soty, architecte. Mardi et
samedi de 8 à 11 h.
Frérot et Cie, société des
scieries et menuiserie
mécaniques de Fécamp.
11 Maboul (Fréd.), met. vérif.
Tous les lundis.
45 Herry (G.), arch. vérif. des
travaux de la Maison de
l'Empereur, du Ministère
d'État, et revis. des trav.
de la Ville de Paris.
16 Lainé (J.-Ch.), archit.
du gouvernement.
5 Cotillon (Jules), arch. vérif.
Mardi, jeudi et samedi
jusqu'à 10 h.
17 Laval, peintre-artiste.
18 Lemaine (Félix), archit.
19 Toulot, peinture.
21 Marquant, archit. régisseur
et courtier d'immeubles.
21 bis Lasson, peintre artiste-
verrier.
22 Guillot, arch. réviseur des
travaux de la Ville.
23 Chavang, arch. vérif.
25 Jaeger (Fréd.), archit. Mardi
et vendredi, de 9 à 11 h.
26 Isabey O., peintre-artiste.
Vidal, peintre-artiste.
26 Jouy, peintre-artiste.
31 bis Clément (Louis), arch.
expert.
Froment, peinture.
33 Carville, peintre d'enseignes.
39 Pollet, sculpt. statuaire.

r. des Lavandières-Ste-
Opportune (pl. du Châtelet).
3 Tévard (Louis), maçonnier.
7 Crumelle (Léon), menuisier.
11 Coroth, lunisterie.
13 Boucoyer, peinture.

r. La Vieuville (18e arr.)
(anc. r. de la Mairie, Montm.)
4 Lafègue jeune, peinture.
7 Mégève, menuiserie.
11 Bresse (L.), maçonnerie.
20 Lesueur, serrurerie.

r. Lavoisier (8e arrondiss.
Madeleine).
1 Flachat (Eug.), ingén. civ.
Plantoni père et fils, fumist.
6 Detalancourt, archit. Mardi,
jeudi et samedi de 11 h.
à midi.
22 Hochart (Ch.), arch. vérif.

r. de la Vrillière (place des
Victoires).
La Banque de France.

r. Lebouteux (17e arrond.).
1 Pochet fils, arch. vérif.

r. Lebrun (anc. r. des Fossés-
St-Marcel).
38 et 40 Patte, clouterie, crochets; art. de quincail-
lerie et taillanderie.
39 Courtois (A.), couvert.
plomb., pompes et zinc.
Tuiles et poteries de bâtiment.
52 Delonte menuiserie.
56 Abels, serrurerie.
60 Sur, serrurerie.

r. Lechapelais (17e arrond.
Gr.-Rue des Batignolles, 37).
4 Dofresnay, chaux et ciment.
Bourrier, maçonnerie.
8 Gélisses (Léon), serrurerie.

r. Leclerc (faub. St-Jacques).
1 Martin (N.C.), menuiserie.
3 Brère et Cie, feuilles métalliques perforées.

r. de l'Écluse (17 arrond.
bouler. des Batignolles).
5 Klagmann, peint.-artiste.
17 Mollard, ing. civil.
24 Chabard, peinture.
25 Mathieu, architecte.
26 Mazille (Franz), arch. vérif.
de la Légion d'honneur.
Les lundis et vendredis
jusqu'à 11 h.

r. Lecourbe (15e arrond.
anc. r. de Sèvres-Vaugirard).
3 Béaud, ent. de jardins.
17 Aupeyani et Fretant, maçonnerie.

31 Robert, peinture.
42 Berry (E.), sable et cailloux.
49 Pirard (Léon), ent. de nettoyage et grattage de pierres. Location d'échafauds volants et roulants.
60 Naulin aîné, mécanicien, plomb et pompes.
64 Constant (L.-J.-B.), charpente, bois et fer.
76 Cagnard (L.) et Cie, fab. de pompes centrifuges et autres, const. mécanicien, chaudronnier, compteur à eau et vidange.
80 Marteau, menuiserie.
81 Gasse aîné, couv., plomb., pompes, gaz et siphons.
84 Pinnot, carrier.
100 Leroy, maçonnerie.
121 Prahua (Silvain), entrep. de travaux publics.
122 Fromage, entrep. de terrassements.
128 Lambert (L.), arch. vérif. Lundi, mercredi et vendredi.
135 Roblot (E.), peinture et vitrerie.
148 Paraud (J.-B.), pavage et trottoirs.
160 Rubler (Louis), arch. vér.
183 Maillochon frères, charp. bois et fer.
228 Guenot, charpentes bois et fer.
231 Mégret, march. de bois.
256 Prunier, serrurerie.
251 Marquis, fab. de carreaux à four.
264 Boulay, menuiserie.
279 Braibet et Christmann, fab. de carreaux à four.

r. **Lecuyer** (18e arrond., chaus. Clignancourt, 99).
7 Grosset, poseur de sonnett.

boul. **Lefebvre** (Vaugirard).
30 Hamers (H.-E.), ing. civil.
Hamers (H.-E.), matériaux de construction.

r. **Legendre** (anc. r. d'Orléans-Batignolles).
43 Albaret (E.), ing. civil.
50 Quenel père et fils, peintres en décors et bâtiments.
62 Carpentier-Deforge, doreur sur bois, encadrements.
66 Stekart (J.-B.), métreur-vérificateur.
87 St-Ange Laplanche, archit. vérif., reproduction par la photographie de monuments et maisons particulières.
97 Catti, fumisterie.
101 Fellot (Jean), ing. civil.

104 Desjardins (L.), mét. vérif. spécial en serrurerie.
107 Houchet (Alf.), archit. Cadet, paveur.
116 Lescar, peinture.
131 Crébessègues, serrurerie. Pigache, fab. d'enseignes.
123 Armange, chaudronnerie. Jeannesson, fumisterie et tôlerie.
175 Bouillot et Guillon, maçonnerie.

r. **Legrand** (19e arrond. Belleville, boul. de la Villette).
7 Fosty, mécanicien.
12 Pottier, menuiserie.

pass. **Lemaire** (15e arrond. Grenelle).
7 Lemaire (Charles) (N.C.), couverture, plomb. et zinc.

r. **Lemarrois** (anc. Vieille-Route-de-Sèvres Auteuil).
33 Langlois (Maurice), serrurerie.

r. **Lemercier** (Batignolles).
1 Hunet (A.), arch. géomètre.
1 Périsse, ing. civil.
2 Guillaumet (Aug.), dessinat. et grav. en archit.
5 Barillet, serrurerie.
9 Aze (Henri), arch. vérif., de 8 à 11 h.
25 Simonet, maçonnerie. Simonet (Félix), architecte.
28 Allioli, peinture.
31 Lebris, ing. civ.
32 Leclerc (Em.), ing. civil.
44 Bourguignon (René), ingénieur civil.
49 Lecloux, menuiserie.
50 Lefebure (Eug.), arch. vérif.
69 Bonnebiat, couverture.
84 Bucheron, maçonnerie.
90 Bernard, fumisterie.
91 Wery (Eug.), arch. entrep.
105 Micol, menuiserie.
110 Mazet et Boutier, ent. de maçonnerie.

r. **Lenoir** (faub. St-Antoine).
3 Detecour aîné, peinture.

r. **Léon** Chapelle (18e arond.).
25 Nivera, fumiste et badigeon.

impasse **Léonie** (14e arr.).
6 Thireau (Juste), couverture, plomb. zinc.

r. **Léonie** (9e arrondissem., r. Chaptal).
41 Trouville (L.), architecte.
44 Naissant, architecte.
Delom, ingén. civil.
Fernex (de), ingén. civil.
Dusé (Alex.), appar. à gaz.

r. **Léonie-Montmartre** (18e arr., r. des Acacias, 46).
3 Toclet et Jugand, menuiserie.
5 Tetu, serrurerie.

r. **Léonie-Pigeonne** (impasse).
3 Deigorge (Abel), fab. de grues pour le bâtiment.

r. **Léopold** (Bercy).
3 Aroditart (Désiré), maçonnerie.
7 Levasseur aîné, bois.

r. **Le Pelletier** (9e arrond., boulev. des Italiens).
4 Le Nord, compagn. d'assur.
8 Société anonyme des co-propriétaires.
17 Mariette (E.), arch. Mardi, mercredi, jeudi et vendredi de 9 à 11 h. du matin.
21 Pelletier (R.) et Cie, archit. vérif., spécialité pour la comptabilité et le contentieux du bâtiment.
29 Société anonyme des aciers Martin.
31 Gimère, tapisserie.
35 Gislain, ingén. civil.
37 La Seine, assurance des propriét. de voitures contre les accidents causés à autrui.

r. **Lepeu** projetée (13e arr.).
44 Courbeaux, pavage, bitume, égouts et trottoirs.

r. **Lepic** (anc. r. de l'Empereur, Montmartre).
12 Hubaine (Aristide), archit.
15 Leclère, couv. gaz.
45 Royer, peinture.
20 Nicaire (Jules), archit. vérif. (spéc. en menuiserie.)
Brunet (Victor), arch. vérif.
23 Gosset (P.), couleurs et vernis.
24 Lafaye, peintre verrier.
25 Blanchard, succ. de Milon, maçonnerie.
Marsaud et Blanchard, entrepreneur de maçonnerie.
27 Fraud, archit. vérif. Lundi et jeudi, de 7 à 11 h.
Langlois (E.-O.), mét. vérif.
Ginier, maçonnerie.
44 Robin, menuiserie.
Chardet, arch. insp. aux trav. du Palais de justice. Le matin avant 10 h.
Champion (Georges), archit.
Champion, sculpt. ornem.
Robin, menuiserie.
46 Decombre (L.), peinture.
50 Donney, architecte. Lundi, mercredi et vendredi de 8 à 11 h.

53 Mérille, maçonnerie.
Tusant, arch. vérif.
73 Zuur **, peintre artiste.
99 Coulanier, serrurerie.

**r. Lavegrattier (île Saint-Louis).**

40 Claudel *, ingén. civil.
42 Tusier, maçonnerie.
44 Lindlug et (Ch.), archit.
mètr. vé if.
Brinchou, parquteur.
20 Gérard, serrurerie.

**r. Lesage (anc. r. du Théâ-tre-Belleville, 20e arrond.).**

23 Naveau (Vict.-Emman.), ar-chitecte. Mardi et ven-credi de 9 à 10 h.
Barriche, serrurerie.

**Lesdiguières (Bastille).**

1 Remy, marbrerie.
6 Mouis dit « Félix Salar-nier, quincaillerie.
7 Denis, fab. d'articles pour les doreurs.
8 bis Brer (J.), peinture.
40 Pedrazzetti, fumisterie et fourneaux.
12 Bayer fils, peintre, doreur et vernisseur sur métaux.

**r. Lesueur (16e arrond., Arc-de-Triomphe).**

7 Vaudoyer (Léon), O. *, archit. insp. génér. des édifices diocésains; mardi, jeudi et samedi, de 9 h. à 11 h.
10 Boisseau, peinture.
18 St-Sahi (Eug.), entr. de trav. pub'ics.
Delevre (Gustave), archit. vérif.

**r. Letellier-Grenelle.**

13 Union (F.), peinture.
25 Chérioux, maçonnerie.
31 Gérin, serrurerie.
40 Lotin (A.), architecte.

**r. Lévêque (Butte-des-Moulins).**

12 Mignon, peinture.
13 Pineau, grillageur.

**r. Levert (Belleville).**

9 Larcher, maçonnerie.
22 Quettin (E.), architecte.
23 Plouinet, menuiserie.

**r. Lévis (Batignolles).**

25 Jeantin, serrurerie.
35 Borel, peinture.
38 et 40 Augustins (F.), pein-ture et vitrerie.

46 Thurin (Léon), arch. vét. vérif. (Sydt. pour serru-rerie). Le matin de 8 à 9 h., et le soir de 7 à 8 h.
51 Labbaye, menuiserie.
52 Marcolet (E.), inspect. et dessinateur en bâtiment.
67 Vachter (J.), entr. de bâti-ments.
72 Ambaise, appar. à gaz.
81 Guidelroy, couv. plombier.
93 Michel, peinture.
95 Despagnat et Mazet, ma-çonnerie.
Poisson, carreleur.

**r. Lhomond (5e arrond.) (anc. r. des Postes).**

1 Givre, fumisterie.
9 Pichon, fumisterie, calori-fères et fourneaux écono-miques.
21 Lenormal, peinture et dé-corations.
23 Curio, arch. comm. voyer du 5e arrondissement. Mardi et vendredi de 9 à 11 h.
Cornet (J.), arch. comm. voyer, adjoint du 5e arr. Mardi et vendredi de 9 à 11 h.
45 Jullietti Victor et Ce, pein-ture, nettoyage et grat-tage de façades.

**r. du Liban (20e arrond., anc. r. des Arts).**

9 Armand, carreleur.

**r. Libert (anc. Bercy).**

27 Chaumé, maçonnerie.

**ruelle des Lilas (r. St-Sabin).**

2 Mazet, maçonnerie.
6 Ourn, menuiserie.

**r. de Lille (faub. St-Germain).**

1 Crochat (Ch.), ent. de trav. publics.
4 Lagrange (Macoyer), ingén. des ponts et chaussées.
5 Elie de Beaumont, O. *, inspect. gén. des mines.
6 Retter jeune, peinture.
16 Tapin, serrurerie.
17 Boulnois, peinture.
19 Duban, O. *, archit. du Gouvernem. et de l'École impér. des Beaux-Arts.
25 Antegaini (Joseph), fumiste-rie.
Voiron fils, peinture.
26 Leclerc O. *, insp. gén. des ponts et chaussées.
33 Bouet (G.), maçonnerie.
35 Mamafet (Eug.), archit. du Gouvernement.

37 Lahuitre, ing. civl.
46 Leclerc, menuiserie.
47 Lambert (Martin), archit. de 11 à 1 h.
Degraux, menuiserie.
49 Raveau, arch. du 15e arr., insp. au minist. de l'inté-rieur pour les monuments histor. du département de la Seine-Infer.; arti-tre expert près le tribun. de commerce. Membre de la commission d'hygiène du 7e arr.
79 Desmazeau de Givré, ing. civl.
92 Buddicom *, ing. civil.

**r. de Limné (anc. r. St-Victor. De la r. Lacépède à la place Maubert.)**

5 Jose fils (A.), menuiserie.
8 Pasquet, arch. vérif.
11 Charpentier, tapisserie.
12 Robert (C.), arch. expert des justices de paix du 5e et 15e arrond., et celle du canton de Villejuif.
13 Gatoux père, archit. agent des bâtiments de l'assis-tance publique.
Simier (J.C.), maçonnerie.
Taisse (C.), sculpteur orne-maniste.
Ventre, ferblanterie.
16 Letaché, maçonnerie.
18 Vasseur, arch. vérif.
21 Valsaion (Henri), menuiserie.
21 Martin (Alfred), arch. voyer.
22 Berand, vérif. Tous les jours jusqu'à 9 h., et le soir.
31 Dejarrin et Boisot, menui-serie.
49 Barbier (A.), peinture.
70 Watier, menuiserie.

**r. Limois (pont de Grenelle).**

3 Loir (E.), arch. vérif.

**r. des Lions-St-Paul (4e arrond. Arsenal.)**

5 Bal (Ferdinand) *, arch. succ. de Tournier. Mardis et samedis de 9 à 11 h.
8 Gaillard frères (J. et D.), couverture.
11 Chastelet, couv. plomb-rie.

**r. de Lishomme.**

15 Gauthey (Émile), ing. civil.
20 Queyrat (François), maçon-nerie.
24 Vautier (M.), arch. insp. de la Ville.

**quai de la Loire (19e arrond. (Villette)**

22 Collesson (Camille), bois et parquets.

25 Desgrais frères, bois de sciage.
31 Mathieu (H.), bois et parquets.
50 Fournier (Etienne), spécialité de bois de construction et d'échafaudages, échelles, lattes et bardeaux.
56 Gayet (Germain), bois et parquets.
Sauvage, carrier.
58 Duchesne et G. Durenbit, bois de sciage.
76 Ramelot, briques, tuiles et ardoises.

r. de Londres (chaussée d'Antin, Église de la Trinité).
3 Labastie, ferblanterie.
4 Agostini (Ange), fumisterie.
7 Séralon, ing. civil.
8 Solacroup, ingén. des ponts et chaussées.
11 Huez, tapisserie.
13 Baise (Em.), ing. civil.
15 Biornochin, arch. de la soc. gén. du Crédit indust. et commerce; expert près le tribunal.
31 Danjoy (E.), archit. Mardi et vendredi de 8 à 10 h.
42 Petit, fab. d'inst. d'archit.
49 Flachat (Léon), O. ✳, ing. civil.
51 Lecouhellier, ing. civil.
56 Parker, ing. civil.
58 Capela (de) ✳, inspecteur gén. des ponts et chauss.
58 Yvert (Léon), arch. ingén. exp. près les tribunaux.

r. de Longchamps (Chaillot 16e arrond. Bassins).
40 Poupard, ingén. civil.
50 Vaché (Ch.), serrurerie.
51 Laurent (A.), maçonnerie.

r. Longchamp - Passy (16e arr. Porte-Dauphine).
4 Cagneux, peinture.
5 Bruhé, menuiserie.
Milsent, couverture.
6 Lemounier et Cie, pavage, terrasse et gravatier.
15 Rebeyrol, couv. zinc., gaz.
17 Dubois, peinture.
23 De Virgile, briques mécaniques.
25 Boutonnier (Paul), maçonnerie.
43 Marchand, couverture.

r. Louis-le-Grand (boul. des Italiens).
4 Prouée (ve), garde-robes isoloirs portatives.
5 Mestral, architecte.
6 Lenoir (Louis), peinture.

9 Donat de Pommeux, archit. exp. près le trib. imp. du Gouvernement. Mardi, jeudi et samedi de 9 à 11 heures.
10 Ambrosetti (D.), fumisterie.
35 Blache (Désiré), sculpt. ornemaniste.
32 Duval, menuiserie.
Bouchery (N.A.), bronzes.
35 Dessaux, papiers peints.
37 Chasoulier (J.), arch. vérif. Lundi, mercredi et vendredi de 1 h. à 3 h.
Charlou, tapisserie.

r. Lourcine (r. Mouffetard).
4 Maroucy et Tahan, peinture.
8 Dechassey (Félix), peinture.
25 Gourdain (Eug.), peinture.
33 Polisson, maçonnerie.
35 Mercy, menuiserie.
41 Lechevalier, couverture.
50 Philippe, peinture.
69 Balle, peinture.
81 Hulot J., menuiserie.
Lavergne, maçonnerie.
48 Lapeyre, démolitions.

r. de Lourmel (15e arrond. anc. Grenelle).
12 Bruler (Ch.), menuiserie.
16 Aumont (Frédéric), entrep. d'asphalte et bitume.
36 Lacroix (AL), maçonnerie.
48 Tafanel, fab. de chaux.
66 Drake et Pierre ✳, fumisterie et fourneaux.
67 Furet (Ad.), arch. vérif.
69 Rage (Jules), architecte.
71 Guilhelin (A.), entrep. général de bâtiment et trav. publics.
74 Jartin (Prosper), voiturier, terrasse, march. de sable et cailloux.
88 Roulet, charpente.

r. Louvain (Ternes).
18 Dupré, menuiserie.

r. de Louvois (r. Richelieu).
2 Neuhaus, lithographe; spéc. de copies de plans pour MM. les architectes.
10 Labbé, dor. s. bois.

r. du Louvre (1er arrond.).
6 Forquenot ✳, ing. civ.
8 Soury (L.), fils, et P. Lescolier, doreurs s. bois.

aven. Lowendal (École-Militaire).
6 Laurau frères, fab. de coffres-forts.

r. de Laune (2e arr. Bonne-Nouvelle).
3 Leloup, encadrements.
15 Méry B.s, serrurerie et sonnerie électrique.
18 Pascal Jean, peinture.
25 Billon et Paris, menuiserie.
27 Letellier (Onésime), ameublement. spéc. en peinture.
Loquet frère, serrurerie.
37 Serpotein ✳, menuiserie.
51 Truffier, serrurerie.
Chaplain (F.), menuiserie.

r. de Luxembourg (1er arrond. pl. Vendôme).
5 Richellerie (A.), arch. vérif. des trav. de la vil.
23 Chich roz Joseph, peinture.
51 Caron, architecte.

r. de Lyon (12e arr. pl. de la Bastille).
3 Delerue, O. ✳, ingén. en chef.
Du Boys (Ernest) ✳, ing. des ponts et chaussées.
Garet ✳, ing. des ponts et chaussées.
Bidermann, ing. des ponts et chaussées.
5 Levillain, arch. vérif.; le matin jusqu'à 9 h.; le jeudi et le dimanche exceptés.
7 Pierquin Thomas, ent. de démolitions.
20 Bauchet (Jules), arch. exp. commis voyer du 12e arr. Jeudi et samedi de midi à 2 h.
Conard (Félix), ingén. civil.
Aubany (H.), peinture et enseignes.
25 passage d'Orient.
4 Grasset, fumist. et fours.
16 Milon, menuiserie.
35 Mille ✳, ing. des p. et ch.
Blevaie (M.), ing. civil.
37 Duconjon J., ainé et Cie, fab. de scies.
38 Lelarge coffres-forts.
39 Deville, ing. civ.
44 Balutel, arch. vérif.
Perrin (Henri), arch. vérif. mardi et vendredi de 8 à 11 h.
Vanderwalle, peinture.
48 Dumas, fab. d'échelles.
49 Brocchi (Astère), ing. civil.
Guyard, vérif.
Petit, frères, moulures bois.
51 Gourmont, bois de sciage.
57 Patrice, menuiserie.
Réveilhac et Beneh, métaux.
58 Arnout (Jean), menuiserie.
61 General, charpente.
Hosine, ing. civ.

37

65 Sappel (th)., ingénieur des ponts et chaussées.
71 Duret, maçonnerie.
75 Sulpis J.), fab. d'ornements en zinc.

**ARCADES DU CHEMIN DE FER.**
44 et 45 Morel aîné, couv. plomb. zinc, pompes et gaz.

**r. Mabillon** (Saint-Sulpice).
8 Ronnay, couverture.
40 Dissin, peinture.

**r. de Madame** (Luxembourg).
6 Debonnefoy, ing. civil.
19 Chatet (L.), tableaux religieux, sculptures et ornements pour église.
23 Bertin, sculpteur sur bois.
26 Le Maire (Louis-Eug.), archit. de sinateur.
35 Vignon, ing. des p. et ch.
37 Delesse, ing. des mines.
40 Laborataye, ing. civ.
46 Sulpis, grav. en acch.
48 Lefebvre de Fourcy, ing. en chef des mines.
Lamé, ing. en chef des mines.
Rosier, fumisterie.
50 Beaulieu, ing. en chef des des ponts et chaussées.
52 Dufour, peinture.
Morel (Louis), couv. plomb. pompes et zinc.
Douillard (A.), peintre-artiste.
53 Destors, archit. de S. M. la Reine de Suède. Mercredi et vendredi jusqu'à 10 heures.

**r. Madame** (Charonne).
21 Faure, maçonnerie.
43 Tôturu, charpente.

**boul. de la Madeleine** (1er arrond.).
11 Graat (F.), bronzes d'art.
45 Duval frères, tapisserie.
47 Huzelbelle frères, travaux publics et chemins de fer.
Marcais, ingénieur civil.

**pl. de la Madeleine**
3 Violet, tapisserie.
17 Moret (Camille), archit.
30 Juban (anc. maison Laury), app. de chauffage, fumisterie et calorifères.

**r. Mademoiselle** (15e arrond. Vaugirard).
43 Nolot (H.), constr. de fours et cheminées d'usine.
91 Birteu (Ant.), maçonnerie.
Ledreux (Aug.), peinture et décors.

**boul. Magenta** (du Château-d'Eau au boul. Rochechouart).
11 Granger, fab. de bronzes.
12 Petin, Gaudet, et Cie. maîtres de forges.
Trusey (A.), peintre-art. décorateur stores.
15 Duval (Aug.), ingén. civil.
16 Lafone (M.), contentieux civil et commercial.
25 Arnult (Georg.), architecte. Mardi et samedi de 9 à 11 heures.
Rousseau, app. à gaz.
39 Locouppe, repr. Mme Vve Bourgeois-d'Auxerre p. ses ciseaux hydrauliques.
40 Lauvray, coffres-forts et serrures.
42 Lefevre, ing. civil.
Juliet, Guéant, Lamotte et Cie, hauts fourneaux, fonderies, forges et laminoirs d'Ottange Moselle.
46 Treluet (A.), arch. ing.
51 Guillot fils, arch. conduct. aux trav. de la ville.
52 Dubuc, ing. civil.
55 Croisy (Léon), architecte. Lundi, mercredi et vendredi jusqu'à 11 heures.
Bury (Ch.), architecte.
69 Hecte (Louis), architecte. Mardi, jeudi et samedi de 8 à 11 h.
78 Munier, app. à gaz.
79 Voy. passage de la FERME-ST-LAZARE.
80 D'Irage, arch. inspect. de l'adm. gén. de l'assistance publique. Les mardis et vendredis de 10 h. à midi.
82 Le Bret, ingén. des mines.
Lebrun, ingén. civil.
83 Rabasseix, arch. et ingén. civil.
89 Leseur (Georges), ing. civil expert.
90 Guichard, arch. expert, mardi et samedi, de 9 à 11 heures.
92 Desgranges (A.), arch.
93 Grivelle, ent. de bâtiment. Levent aîné, ent. d'éclairage.
97 Bill (Ch.), ingén. civil.
104 Mabille (Paul), architecte.
106 Lebailly (Edmond), maçonnerie.
Lebailly, carrier.
107 Lefebvre-Norville, archit. Lheureux, architecte.
110 Deblainte, architecte.
113 Vincent (Jules), arch. insp. du domaine de l'assist. publique. Mardi et vendredi de 8 à 10 h. du matin.

115 Prothomme (E.), méd. de maçonnerie.
116 Leseur (Edouard), entrep. de travaux publics.
130 Vercaud, maçonnerie et trav. publics.
135 Poussard aîné, architecte.
137 Compard (E.), arch. vérif. Lundis et jeudis jusqu'à 11 h.
Charles Duval, architecte. Tous les jours de 1 h. à 3 h. Dimanches et fêtes exceptés.
Lemaistre (G.), arch. Tous les matins de 9 à 11 h.
13 Chaboznot, ing. civ.
140 Daley, carrier.
141 Leliu, ingén. des ponts et chaussées.
Noss, ing. civ.
142 Delarue, architecte.
Laroche, maçonnerie.
145 Herzer, couvert. plomb. zinc, app. de garde-robe et régulateur à gaz.
146 Coudrier (Alexis fils), arch. attaché aux travaux de la ville de Paris.
Tribe, arch. insp. du 17e arrond.
Demaret (A.), architecte.
150 Mirecki, ingén. civil.
152 Olivier (Alph. fils), arch. attaché aux travaux de la ville.
153 Nathan, maçonnerie.
154 Jacquet, architecte. Lundi, mercredi et vendredi de 10 h. à midi.
156 Aubertin (E.), arch. insp. des trav. de la ville.
Gay (Eug.), arch. vérif. expert. Mardi et vendredi d. 8 à 11 h.
157 Debil (E.), méd. vérif.

**r. Magenta** (Auteuil).
5 Mongelard (J.-F.), menuiserie.
6 Mendez (Félix), maçonnerie.

**r. Magenta** (du Château-d'Eau au quai Valmy.)
1 Lison (Henri), arch. Lundi, mercredi et vendredi de 8 à 11 h. du matin.
7 Ducerf, arch. expert.
15 Bistouil et Lhomme, architectes.
21 Pelletier (F.), maçonnerie.
Pelletier (Victor), peinture.
23 Opigez (Ch.) et Cie; agence de brevets.
26 Martin (A.), XII, et Cie, marbrerie et mosaïques.
Mauran (Emile), arch. du théâtre Rossini.

r. du Mait (2° arr., Bourse).
6 Maigre, papiers peints.
18 Rocher, peinture.
27 Peyrat, treillage, toiture et parquets.
29 Quatain (Henri), arch. vérif.

aven. du Maine
(boul. Montparnasse).
6 Fosset, bois de sciage.
12 Aubinont, maçonnerie.
13 et 15 Casalis-Col. (A.) ✱, minot. forgues.
16 Morand père, parqueteur. Morand (V.), mat. vérif.
20 Tixier, maçonnerie.
21 Dopter (Jules), peintre et graveur sur verre.
22 Berger (A.), maçonnerie. Poulo, carrier.
24 Duset (Sylvain), scieur de pierre tendre. Duset (Nathan), architecte. Tous les matins de 8 à 10 h., jeudi excepté.
30 Gorgeon (Th.) mat. vérif.
30 Ledru (Vve), asph., bitume.
32 Lecoute père et fils, ent. de trav. publics.

chaussée du Maine
(14° arrond. Plaisance).
4 Gaiłky, ing. civ.
20 Boyer, gravatier terrassier.
22 Granger, ferblanterie.
24 Mallet, papiers peints.
45 Pasteau, peinture et papiers peints.
51 Levavasseur (Frédéric), expéditionnaire.
54 Mégnelz, papeterie.
57 Thiex (Michel), treillageur, grillageur, rustiqueur.
59 Husset, serrurerie.
62 Bgoulet, fumisterie.
69 Cels (F.), horticulteur.
71 Houdan (A.), arch. mét. vérif.
78 Lagneaux, quincaillerie serrurerie.
81 Preux (Eug.), arch. vérif.
87 Franquenel, arch. profess.
94 Natie, sculpt. ornemaniste.
96 Saul, menuiserie.
97 Rousseau, arch. mét. vérif.
99 Huguet, pavage et bitume.
100 Panchard, serrurerie.
101 Donjon (Michel), peinture.
105 Filbol, charpente.
107 Bevret, menuiserie.
108 Groseil aîné, treillageur et fab. d'échelles.
111 Carel (A.), mét. vérif. spéc. en serrurerie.
421 Iossi, fumisterie. Salati, fab. de châssis à rideaux, pour cheminées.
125 Lahue (L.), coulages.
160 Mousset, foreur de puits et puisards.

impasse du Maine
(avenue du Maine).
4 bis Thin-Samy et fils, ent. de trav. pub.
3 bis Mari (E.), jeune, entr. de trav. publics, pavage, bitume et granit.
5 Ferri fils, maçonnerie.
6 Bouchard, maçonnerie et menuisier.
11 Deschy, sculpt. d'ornements carton-pierre.
12 Source (Ch.), serrurerie, grilles, châssis, balcons, ferme portes Joliet.
16 Prillard, menuiserie, parquets et scierie mécanique. Febvre, menuiserie.

pl. du Maine
12 Rankin (E.), maçonnerie.

r. de la Maison-Blanche
(anc. r. Neuve (13° arrond.)
9 Philippon (E.), maçonnerie.
11 Lanoque (P.), couverture.
16 Duchet aîné, fumisterie.

r. Maison-Dieu
(15° arrond. Plaisance).
16 Allaire (Aug. et Léon), maçonnerie.

r. de Maistre (18° arrond.)
(avenue Saint-Ouen)
11 Amy (Constant), menuiserie.
23 Masson (Narcisse), serrurerie, charpentes en fer, serres et châssis.
24 Pré heures-fours, terrassiers.
44 Gabillard, peinture.
68 Lebru (Adolphe), sculpteur ornemaniste.

r. Maître-Albert
(5° arrond. q. de la Tournelle).
1, 3 et 5 Ledoux, menuiserie. Boyer, fumisterie.
6 Goupil, maçonnerie.
7 Couty et Piquebe, maçon.

aven. de Malakoff
(anc. aven Saint-Denis-Passy). (16° arrond. Bas-ins).
20 Petit (H.), menuiserie.
23 Ginsker, architecte. Pillon, serrurerie.
46 Hurtaut G.), ingén. géom. attaché à la Société des terrains de Passy. Heurtaut (Adolphe), arch. Heurtaut et Motty, fab. de produits bitumineux.
71 Mongelard (A.), serrurerie, et constr. en fer.
93 Tournant et Cie, ent. de décoration et location p. fêtes et soirées.

r. Malar (Gros-caillou).
35 Beauflis, charron-forger., fab. de binards pour transporter la pierre, etc.

r. Malebranche (5° arrond.)
(anc. r. St-Thomas-d'Enfer.)
3 Dury (J.-t., peinture. et déc.
5 Blanchard, peintre artiste.
7 Fournié, ing. des ponts et chaussées.

boul. Malesherbes
(8° arr., de la pl. de la Madeleine au boul. Courcelles.)
1 Perriet (A.), successeur de Vallet, cuir d'écritures.
8 Debhaye, serr.-maçonnerie, coffres-forts.
10 Peet, Barbet et Cie, Sociét pour opérations de voirie. Cornuolet, ing. civil. Leotard, tapisserie.
17 Armenguad (E.), fab. de carton-cuir repoussé pour tentures.
19 Roncquement (de), ingénieur civil. Maire, ing. civ.
20 Viel Antonini, architecte. Mardi et vendredi, de 11 à 2 h.
21 bis Beven-de-Massi ✱, ing. civil.
39 Jean (Auguste), fab. de faïences artistiques et religieuses.
41 Chapman (H.), ingén. civil.
59 Sall frère, ingén. civil.
63 Simhé (Émile), ing. civil.
63 Pazini et Nisiur, tables en bois en tous genres.
65 Evrard (Alf.), ing. civ.
68 Cuniolat, ing. civ. Pétigant ✱, ingén. civil.
69 Bois (Victor) ✱, arch. ing. civil
72 Favre, arch., ing. civ. Vée (L.), ingén. civil arch.
73 Matthiessen, ing. civil. Sergejeff, ing. civil.
79 Hermant (Ach.), arch. de la sill., exp. près le trib. de 1re instance. Canmont (A.), const. d'app. et sonneries électriques, para-tonnerres et gir-ell.
85 Perrine (E.), ingén. civil.
87 Noolheg ✱, ingén. civil.
193 Landier, carrier.
200 Pérodeaud (J.) arch. insp. des trav. publ.
206 Brisset, menuiserie.

cité Malesherbes
(r. des Martyrs).
7 Deckon et Mallet, archit. spéc. pour les bains. Mardi, jeudi et samedi, 5 qu'à 10 h.

9 Rousseau (Th.) ✳, peintre artiste.

11 Juillet ✳, peintre artiste.

**place Malesherbes.**
Paillard, serrurerie et sta-ries.

**r. Malesherbes**
(8e arr. Église St-Augustin).
46 Hain (A°) et Drouet, menuiserie.

60 Condelet (L.), serrurerie.

61 Guérin (E.) fils, menuiserie.

**r. Mellier**
(Marais, 4e arrond.).

12 Mellier (A.), arch. vérif. attaché à la préf. du dép. de la Seine.

20 Verdeil (F.), arch. Mardi, jeudi, samedi, avant 10 h.

**r. de Malte**
(faub. du Temple).

7 Foubin, marbrerie.

12 Tatin, fonte malléable.

13 Déjean (Eug.), arch. du 11e arrond. de la ville de Paris.

Rouleau (J.-B.), statuaire et ornemaniste.

47 Goulard, serrurerie.

49 Duruy (A.) ✳, machines à vap. fixes et locomobiles.

24 Brault (B.), à ch. vérif. Mardi, jeudi et samedi de 9 h. à midi.

32 Chatel jeune, ing. construc-teur, app. d'éclairage.

36 Bresson, ing. civil, brevets.

38 Mignier (E.), peinture.

40 Boulanger (Charles), succ. de Houdebert jeune, couv. plomb. zinc, pom-pes et gaz.

53 Reynaud, menuiserie.

55 Briley aîné, app. à gaz.

60 Joyeux, ent. de bâtim.

Mag. réunis. — M. Charles Forest, architecte. — Lundis mercredis et ven-dredis de 10 h. à midi.

**r. Mandar** (r. Montmartre).

5 Rouché, papeterie spéc.

9 Leloge, fab. de fontaines.

10 Thomas (F.), banquier.

Branca (J.), fumisterie.

Christophe (J.) (anc. maison Blin et Noël), fab. d'hor-loges publiques, paraton-nerres, girouettes et comp-teurs.

11 Petit, menuiserie.

12 Pieplu et Schuchbauer, hor-loges publiques, paraton-nerres, girouettes mobi-les et instrum. de précis-sion.

43 Vallet (P.), papeterie.

---

**r. du Manoir**
(18e arrond. Clignancourt).

5 Morel (Louis) fils, ent. de terrassements, gravatier.

9 Mortant, entr. de pierres taillées.

**r. Mansart**
(anc. r. Pecciev, 9e arr., quart. St-Georges).

3 Grignon jeune, fumisterie, bres., s. g. d. g. pour la trappe à porte-mobile in-dépendante pour la fer-meture des cheminées.

5 Rouvière, peinture.

5 Ariot (Dominique) jeune, fumisterie.
Méliès, architecte.

11 Jouanin (Alph.), architecte. Mardi et vendredi de 9 à 11 h. du matin.
Goullier, architecte. Mardi jeudi et samedi, de 9 à 11 h.
Richmond, ing. civil.

12 Pajoux (A.), archit. insp. des trav. de la Ville.
Emery (N.), directeur vérif.

**r. des Marais-St-Martin**
(10e arr., faub. St-Martin).

18 Brandeau, app. à gaz.

20 Lachambre (A.), arch. vérif.

32 Herpin, mécan.

34 Prexel, dépôt des forges de Bains (Vosges).

34 Delincourt, directeur de l'office spéc. des employés p. l'industrie du bâtiment.

37 Petin ✳, Gandet ✳, maî-tres de forges.

38 Dubureau aîné, entr. de trav. publics.

40 Carpentier (C.), galvanisa-tion des fers, fontes et tôles.
Leblond (Aug.), couverture.

42 Peigne (J.), peinture.
Société des aciéries d'Imphy-St-Seurin.
Legrand, peintre en décor et dorage.

46 Parot et Ruelle, peinture.

50 Jassy (Alfred), arch. vérif.

52 Hauchecorne (Gustave), suc-cess. de Gailhran fils; couv., plomb., zinc et gaz.

60 Souprou fr., quincaillerie.

62 Ruzard, arch. vérif.
Beaudouin (Th.), marbrerie.
Chabrux, serrurerie.
Vincent, menuiserie.

66 Huguenier (Adolphe), do-reur musicien.

68 Bonnette et Richard, fab. de jalousies et chaînettes.

---

70 Wargny (Hector), fondeur, fab. de robinets.

91 Séné, couverture.

92 Poncier (Thomas) et frères, fumisterie, calorifères et fourneaux.

94 Aurélien, tôlerie.

95 Bastian, métaux.

**r. Marbeuf**
(Champs-Élysées).

28 Bjou, menuiserie.

31 Boyer, serres, serrurerie, parcs et jardins.

45 Legrand, menuiserie.

66 Dumont ✳, ingén. en chef des ponts et chaussées.

**r. Marcadet**
(18e arr., de la grande r. de la Chapelle à l'avenue St-Ouen).

1 Grabet, arch. vérif.

8 Geoffroy, ing. civil.

14 Gigant (Joseph), menui-serie.

18 Meunier, couverture.

19 Martiand, carreaux de plâtre.

**cité Sainte-Anne.**

8 Roland (Alex.), archit. vérif.

66 Jeanbrot fils, serrurerie.

72 Maublet aîné, menuiserie.
Fremont, serrurerie.

82 Mays frères, mécaniciens, constr. de pompes.

83 Rougery, démolitions.

86 Mathis, fab. de carreaux de plâtre et tubes de che-minées.

91 Denis (J.-C.), arch. vérif.
Marcotte fils, moulures.

111 Constantin (Baptiste), me-nuiserie.

135 Lafosse (V°), archit. méd. vérificateur.

180 Taminier, gros terrassier.

190 Martinet, cimleur.

212 Luclef (Victor), couv. zinc.

216 Roulmann, couvreur.

222 Lachambre, construct. en fer, charpente, serrurerie, bres. pour un nouveau système de couverture.

225 Marçais, maçonnerie et pierres taillées.

**r. du Marché-des-Blancs-Manteaux** (4e arrond.).

3 Moustier (H.), peintre fileur.

**r. du Marché-Grenelle**
(15e arr., Grenelle).

23 Prieur, arch. expert; jus-qu'à 9 h. du matin.

**r. du Marché-Passy**
(16e arrond.).

3 Magot, maçonnerie.

5 Marilou (H. de), arch. met.
verificat. geom.

**r. du Marché-St-Honoré**
(1er arr., place Vendôme).

3 Fauvet, couleurs fines.
4 Duc O. ✸, arch. du Palais
de Justice.
Rouget, peintre artiste.
Bareau, ferblantier.
6 Junk (Carl), arch. de l'am-
bassade de S. M. le roi
de Prusse. Lundi et jeudi
de 8 h. à midi.
6 Septiat, peinture.
17 Paeu, menuiserie.
Clerc, peinture.
22 Carré (Léon), met. verific.
peinture et dorure.
26 Roche (D.), sculpteur.
27 Norion, menuiserie.
28 Rousselin, Rocher et Mouton, peinture et dorure.
31 Jarmud et Cie, fab. d'app.
électriques.
33 Duchez, peinture et décoration.
34 Morot, arch. vérif. expert.

**r. de la Mare** (Belleville)
2 Vauthier (Jules), fumisterie.
3 Michaud E., couverture.
33 Cailleux (L. jeune), peinture
et vitrerie.
59 Bénard Aug., serrurerie.
73 Wilemin, menuiserie.
89 Dossonet, marbrerie.

**r. Marie-Antoinette**
(18e arr., Montmartre).
4 Tonero, fumisterie.
10 Luzzini, peinture.
10 bis Gonco (Marius) et entrp.,
app. à gaz.
30 Bournier (Al..., ...), arch..
vérif.
35 Moitié (A.), arch. vérif.

**r. Marie-Stuart**
(r. Montorgueil).
13 Legrand, app. à gaz.
17 Caribou, fab. de jalousies
et chaînettes.
18 Maria, serrurerie.

**r. Marignan**
(8e arr., Champs-Élysées).
14 Cheysson ✸, ing. des ponts
et chaussées.
Giffard ✸, ing. civil.
Imp. Bourdin.
6 Boudin, serrurerie.
Sanguin, peinture.

**aven. de Marigny**
(8e arr., Élysée).
13 Debrousse (Hubert), ent. de
trav. publics.

**r. Marivaux-avenue**
(2e arrond., Opéra-Comique).
1 Cheny, serrurerie.
5 Chanderlot et Davoy, entrep.
généraux de bâtiment.

**quai de la Marne**
(19e arrond., Villette).
16 Rouze frères, briqueterie et
carrelage.
22 Biot, bois de sciage.
23 Fournal, dépôt de briques,
tuiles, carreaux ardoisés.
30 Dumesnil et Aubagnac, fers
et aciers.
35 Queval-Tousais, bois et parquets, scierie mécanique.

**r. du Maroc**
(19e arrondissement).
2 Pleumon, menuiserie.
10 Morton (E., contentieux et
recouvrements.

**r. des Maronites** (20e arr.)
(anc. r. Constantine)
7 Traiteur (Aug.), arch. vérif.
auteur du Traité spécial
pour faire les devis de
charpente. Mercredi et
vendredi jusqu'à midi.
14 Debatte père, bois.
33 Trimoulet, entrep. de travaux publics, pavage et
herrasse.
44 Parque (Stéphane), méit vér.,
attachements lignés et
métrés de maçonnerie.
43 Truffet, serrurerie.

**r. Marofoy**
(10e arr., faub. Saint-Martin).
5 Taillefesse, poseur de sonnettes, cordons et tubes
électriques.
7 Orane (Gustave), ent. de
serrurerie, const. de serres, châssis, grilles, combles et planchers en fer;
articles pour l'horticult.

**r. des Marronniers** (Passy).
8 Calla ✸, ingén. civil.
Calla (Louis), architecte.
16 Ducau, charpente.

**r. de Marseille**
(r. Grange-aux-Belles).
11 Naturel, maçonnerie.
Natelet (J.), métreur spéc.
de peinture et dorure.

**r. Marsollier** (Th.-Italien).
32 Rousset (El.), tapissier.

**r. Martel**
(faub. Poissonnière).
3 Dupanz (Georges), ing. civil.
5 Marion, ing. civil.

6 Hatrel jeune, Brunet et
Burdier, bronzes.
8 bis Touret, archit. vérif.
mardi, jeudi et samedi de
1 h. à 3 h.
10 Coquet aîné, marbrerie.
Vallery, tapisserie.
12 Remy et Grubert, fabrique
d'orgues pour églises.
17 Thouvé, ing. civil.
Gaudionac, Valle et comp.,
fab. et installation d'app.
à gaz.
18 Doulton et Cie, poteries p.
bâtiment et t. ...
Collet (H.), brosses à tubes.
18 Colin (Ernest), met. vérif.
spécial en marbrerie.

**r. Martignac**
(église Sainte-Clotilde).
5 Foucou, ing. civil.
26 Odiot (E.), serrurerie.

**r. des Martyrs**
(Notre-Dame-de-Lorette).
1 Gamache, couleurs fines.
4 Remy, quincaillerie.
8 Guriel, ingén. des ponts et
chaussées.
13 Day (Victor), architecte.
18 bis Dumont (Alex.), peinture
20 Chain, tapisserie.
22 Dumont, menuiserie-ébénis-
terie.
Pierre (Désiré) aîné, couverture, plomb. et zinc.
Grange, sculpt.-décorateur.
Cristofoli et Facchino, mo-
saïstes vénitien et ro-
mains.
Catel, menuiserie.
23 Garneray ✸, peintre-artiste.
Lepaulle, peintre-artiste.
29 Renou, peinture.
Béru, serrurerie.
32 Delaplace, peinture.
34 Guillet (J.), arch. vérif. —
Tous les mat. jusq. 11 h.
Depettesville, tapisserie.
44 Biot (Alph.), arch. expert,
mardi et vendredi, de 9 à
11 h. du matin.
Surville, ing. civil expert.
46 Mayer (Émile), architecte.
49 Thomine, serrurerie.
Penoix (R.), fumisterie.
51 Poirimeau, architecte. Mardi et vendredi jusq. midi.
Delamotte, tapissier.
55 Goland (E.), arch. vérif.
Chabrié et Jean, successeur
de Chabrié frères, éclai-
rage au gaz et à l'huile
pour fêtes; manufact. de
bronzes et d'appareils à
gaz.

63 Zara (P.), peintre-artiste.
74 Hoffmann (Alfred), mat. vér.
    spéc. en peint. et dorure.
78 Bénitin, menuiserie.
84 Fouhinne (de), ing. civil.
85 Bannmaux, arch. march.
    jeudi et sam., de 8 à 11h.
    Gandelot (Ch.), const. de
    calorifères à eau chaude
    et ventilation.
89 Bigot (Alex.), mstr. vér.
91 Garnier (L.), briquetage et
    joints à l'anglaise.
97 Charlet, papiers peints.

r. **Massillon**
(près Notre-Dame).
5 Trésage, peintre.
    Bornes, fab. de moulures
    en bois.

boul. **Masséna** (porte de
Choisy.)
25 Rouyer (Ernest), scierie-
    mécanique.

r. **Mathis**, (Villette).
16 Sauvain-Sablery, pavage et
    trottoirs.
45 Egron, chaudronnerie.
21 Bazod fils, charpente, bois
    et fer, planchers, combles
    et escaliers en fer.

r. **Matignon**
(8e arrond., Elysée)
12 Barbier ✶, peintre-ar-
    tiste.

pl. **Maubert**
(5e arrond., Saint-Victor).
9 Morin, couleurs et vernis.

r. de **Maubeuge**
(faub. Poissonnière).
    Jolly, arch. et rep. (angle
    de la r. de Rocroy.)
    Guillot (M.), arch. vérif.
    (angle de la rue Neuve-
    Coquenard.)

r. **Maublanc – Vaugirard**
(15e arr., Vaugirard).
8 Petit (Stéphane), sculpteur
    statuaire.
15 Courleuge, fumisterie.
22 Lefèvre, couverture.

r. **Maubuée**
(4e arr., Saint-Merri).
42 Beru, menuiserie.
27 Barbe, serrurerie.

r. **Mauconseil**
(1er arrond., Halles).
36 Berton, serrurerie.

r. **Mazet**
(boul. Montparnasse)
1 Fath (A.), dessinateur in-
    dustriel, relevé de plans.
    Etats de lieux et expédi-
    tions.
    Lefèvre H., peintre.
5 Catherine Léon, sculp-
    teur-ornemaniste.
9 Progent, maçonnerie.
13 Chéroux (Sylvain), arch. vér.
15 Vollez Th. ✶, arch. du
    gouvernement.
15 Lelorphand, peinture.
19 Fèbre, menuiserie.
20 Augé, peinture et vitrerie.
23 Patte (J.-M.), architecte.
    De 8 à 10 h. le matin,
    et de 6 à 8 h. le soir.

r. **Mayran**
(square Montholon).
5 Savy, maçonnerie.
    Rousset (A.), appar. à gaz.
7 Bayrand (Jules), architecte.
8 Delabarde (Ch.), arch. de
    la préfecture de police.
    Mardi, jeudi et samedi, de
    9 à 11 h.
    Joguet, ferblanterie.
9 Potot Alfred, architecte.

r. **Marengo**
(10e arr. boul. Bonne-Nouvelle).
6 Courteille, menuiserie.
10 Rouan, appar. à gaz.
20 Decorbie, peinture.

r. **Mazagran-Gentilly**
(13e arrond. Maison-Blanche).
29 Caron, maçonnerie.

r. **Mazarine**
(5e arrond. Institut).
1 Lagarde, maçonnerie.
5 Michelet, miroiterie.
13 Cros, tôlerie.
16 Lepesteur, menuiserie.
19 Motte (F.-L.) père et fils,
    de Coulommiers, archi.
    expert. — Lundi de 7 à
    10 h.; mercredi de 10
    à 1 h., et le vendredi de
    7 à 10 h. du matin.
20 Ouddel O. ✶, arch. prof.
26 Éremeux (L.), serrurerie.
27 Delamare, couleurs, vernis
28 Ladoi jeune, fab. d'instru-
    ments de mathématiques,
    précisions, géodésie et
    mines, déposit. de la
    boussole Salmon.
30 Boote aîné, peinture.
32 Degeorge, arch. et rép.
37 Dubois (A.), grav. mét.
41 Filliatre, peinture.

42 Bonnard (G.), sueur. de Vau-
    doré, Bonnard et Brot,
    éclairage et chauffage par
    le gaz, plomberie de ca-
    nalisation et robinetterie.
45 Rousse L, maçonnerie.
48 Rush, arch. vérif.
52 Larceux, peinture.
56 Fernerol (P.), menuiserie.
60 Gancel, arch. de la Ville.
    Lacroix (A.), papiers en
    gros.
72 Cajmoss (L.), tapisserie

boul. **Mazas** (gare de Lyon).
3 Dulot, bois de sciage.
5 Godinot jeune, bois de
    sciage.
7 Mateau (Eug.), menuiserie.
    Mercier (J.), menuiserie.
    Prume, serrur., planchers
    et combles en fer.
    Touret, ent. de trav. pub.
18 Quesnot, ingén. civil.
23 Gillet, scieur de long.
    Rousseau (Lucien), archit.
34 les. Lacour (Louis et Bap-
    tiste), maçonnerie.
29 Larson, peinture.
30 Weber, démolitions.

Impasse **Mouton**.
2 Wolff, ent. de pavage,
    terrasse, trottoirs en gra-
    nit, asphalte et bitume.
11 Séverin, bois de sciage,
    ent. de parquetages.
36 Mallié (J.) et Baschard,
    serrurerie, charp. en fer,
    grilles, serres et châssis.
41 Menot aîné, maçonnerie et
    démolitions.
45 Dumoutier, démolitions.
47 Meyzet, démolitions.
47 bis Pecheur et Picart, entr.
    de démolitions.
49 Cantuel, ent. de démolitions.
    Grasckaule et Le Boucher,
    ent. de démolitions.
73 Riteau, charpente
85 Lacour (Joseph et Eugène),
    maçonnerie.
89 Izambert, serrurerie, const.
    de serres, jardins d'hiver,
    combles et châssis.
95 Duclos, maçonnerie.
98 Tournemine, menuiserie.
121 Béguin, papiers peints.
125 Rousselle fils, maçon-
    nerie.
132 Roch jeune, ent. de dé-
    molitions.

r. **Mazet** (6e arrond.)
(anc. r. Contrescarpe-St-André.)
8 Gérard-Liverani, serrurerie,
    balancerie.

r. de **Menux** (Vilette).

11 Nivet aîné, maçonnerie et construct. de fours.
20 Vidal (P.), maçonnerie.
22 Delattre, serrurerie, stores
33 Grommer, peinture.
44 Bertaux et Cie, fab. de briques-malaxées.
70 Leclercq, couverture.
75 Gillet et Back-Toennis, fab. de chaux, ciment hyd. de St-Quentin.
Vitasse et Delinotte, fab. d'outils.
87 Jeantien, maçonnerie.
96 Cécile, serrur. mécanicien.
Tripet, menuiserie.

r. **Médéah** (13e arrond.).

6 Brice frères, fumisterie.
Brice jeune, badigeonneur, épousseteur de monuments publics.

r. de **Médicis**
(6e arrond, Odéon).

19 Lemexon (L.) fils, greffier de bâtiment.

quai de la **Mégisserie**
(Pont-Neuf).

4 Vilmorin-Andrieu et Cie, horticulteurs.
5 Francin, quincaillerie.
6 et 8 Girot, quincaillerie.
14 Blondel (Henri), architecte.
16 Auger fils, serrurerie, et quincaillerie.

r. **Ménessier**
(18e arrond. Montmartre).

9 Nouly (C.), arch. mét. vérif. Tous les jours jusqu'à 9 h. du matin.
10 Cuzeaux, architecte.
Duthoit, archit. vérif.

boul. de **Ménilmontant**
(du boul. Philippe-Auguste à la r. Oberkampf).

8 Berger, gravatier, terrassier.
43 Faivre, serrurerie.
48 Léonard (V., verres à vitres.
20 Petit, graveur, marbrerie.
27 Maney-Millet, marbrerie.
36 Kieken (J.-B.), ent. de bâtiment.
Penset (J.), fab. de cuivrerie pour fumisterie et voitures.
57 Choquet jeune, ent. de trav. publics; monuments en granit.
58 Jubier, maçonnerie et marbrerie.
59 Molle, menuiserie.
62 Péricard, marbrerie.

64 Lefèvre, marbrerie.
65 Challiner, marbrerie.
84 Galopin, fab. d'outils.
96 Mariotte, couverture.
99 Lecestre, couvert. plomb. et et zinc.
104 Choquet, rampiste.
Aoulain, charpente.
Martin-Gini, moulures, bois.
Vigoureux, meubles en fer.
111 Abord (A.), ent. de charpente.
115 Quimperton, maçon. et fab. de carreaux de plâtre.
120 Riguet, serrurerie.
Sacré (J.), cuivrerie pour le bâtiment.
123 Garnier, matériaux de bâtiment en détail.
144 Geniche, fumisterie.

pass. **Ménilmontant**
(xie arrond. r. Oberkampf, 138)

17 Habillon, couverture.
27 Lesueur jeune, poêles et panneaux en faïence.
31 Jolimet et Grehan, fab. de moulures en bois.

r. **Ménilmontant**
(20e arrond. anc. chaussée Belleville).

10 Tournier, charpentier.
15 Butlinger, serrurerie et const. de voitures mécaniques.
18 Sandrini, peinture.
22 Roullet, menuiserie.
24 Germain, ing. civil. Travailleurs, eaux, plomb., zinc.
26 Durand André, fab. de ciseaux.
33 Lebizant, couverture.
41 Loiseaux, peinture.
48 Forquet (Louis), arch. mét. vérif.
50 Jammet E.-L.), arch. vérif., auteur des tarifs de bâtiment à façon. Dimanches, mardis, jeudis et samedis jusqu'à 10 h.
51 Dépôt, peinture
64 Morel, peinture.
79 Chéron (Adolphe), archit., mardis, jeudis et samedi de 8 à 10 h.
85 Pommier, couverture.
Cornu (E.), ventilateur.
88 Vaquette, menuiserie.
96 Pstalitowski (Louis), Paillet et Goux, ent. de trav. publics.
100 Vaen (Eugène), maçonnerie et matériaux de bâtiment.
Besson, serrurier mécanic.

r. **Mercier** (Halle aux blés).

1 Gasse, serrurerie.
4 Saintyves, sacs et bâches.
10 Braux-Duval et Cie, toiles à sacs et à bâches; vente et location de sacs.
12 Marchand (S.), couleurs et vernis

r. **Meslay**
(3e arrond. Porte-St-Martin).

1 Eglé (Jules), arch. exp. du trib. civil de prem. instance, commiss. expert du 3e arrond. Mardi et samedi de 2 à 4 h.
Fournier C., archit. commiss. expert adjoint du 3e arr. Mardi et samedi de 2 à 4 h.
7 Guibreau, menuiserie.
11 Schacher, Letellier et Cie, fab. de chaux et ciment.
20 Desnos-Garnissol, agent de brevets d'invention.
22 Lamy (Léopold), architecte. Mardi et vendredi de 9 à 11 heures.
24 Brevault (Emile), ingénieur civil, spéc. pour brevets d'invention.
25 Faure-Beaulieu, ingén. civ.
28 Bataille, orgues d'église.
39 Alexandre père et fils, orgues d'églises.
40 Desfeux, couvert. en carton-cuir pour toitures (S).
Binstin (Nap.), ingén. civil.
41 Hamot, architecte.
Roche et fils, quincaillerie.
42 Simon (Félix), miroitier doreur.
55 Fontaine, serrurerie.
Bellanot (Léon), peinture.
57 Mellerio fils, fumisterie.
Bertrand, ébéniste.
Mayer, photographe.
59 Duval, menuiserie.
60 Celard jeune, peinture, location d'échafaudages et nettoyage et grattage des façades.
65 Artoli, fumisterie.

r. **Mesnil** (16e arrond.).
(place d'Eylau.)

7 Berry, peinture.
11 et 13 Marel (E.) méc. vérif.

r. des **Messageries** (10e arr.)
(faub. Poissonnière, 8).

7 Cassina, fumisterie.
8 Joly, serrurerie.
12 Hugot et Turin, peintres artistes décorateurs.
17 Poplin, peinture.
19 Bonaplt père, fumisterie.
23 Legrand, menuiserie.

**r. de Metz**
(Gare de Strasbourg.)
1 Liotard jeune, calorifères, gaz.
12 Barthélemy, compt" à gaz.

**r. des Meuniers**
(12ᵉ arrond. Picpus)
11 Mangée, luc, papiers peints.

**r. Mézières** (Saint-Sulpice).
4 Dutot, ornements d'église.

**r. Michel-le-Comte**
(r. du Temple).
5 Albanel, fumisterie.
12 Schick-Weiter, miroiterie.
16 Rougier, mesures métriques.
20 De champs, appar. à gaz.
21 Tassini, peinture.
23 Compain, miroiterie.
Gonamier, fab. de sonneries et appareils électriques.
25 Bandeville, serrurerie.

**r. de la Michodière**
(boul. des Italiens).
3 Ottoz, couleurs fines.
5 Cane (Ch.), serrurerie.
18 Cabot, couleurs et vernis.
20 Tourneux (Félix), ingénieur civil.
Bournel, peinture.
23 Duval, miroiterie.

**r. Mignon**
(École-de-Médecine).
5 Bonneau, maçonnerie.

**r. de Milan** (r. de Clichy.)
4 Chevrier-Cuvillier, peinture et vitrerie.

**r. des Minimes** (Marais).
48 Lapersonne Ernest, archit. vérf. Mardi, jeudi et samedi de 9 h. à 11 h.

**r. Miollis** (Vaugirard)
(anc. r. St-Fiacre, 15ᵉ arrond.).
22 Rollet, charpente bois et fer.
23 Page (C.), menuiserie.
27 Mossy (N.C.), menuiserie.

**cour des Miracles**
(2ᵉ arrond, place du Caire).
6 et 8 Errard, Ristroph, succ. verres à vitres et glaces.

**r. Miromesnil**
(8ᵉ arrond. faub. St-Honoré).
2 Gabriel Cruchon, peinture, papiers peints.
11 Rossi et Piollini, fumisterie, fourneaux et calorifères.
48 Fastou, peinture.

---

59 Himet, serrurerie.
50 Besson (Louis), vérif. des bâtiments civils.
66 Metfrederque, peintre vernisseur sur métaux.
76 Boinouard (Henri), architecte.
Hubert (William), ing. civil.
98 Société des bétons agglomérés système Coignet.
Coignet (F.) ingén. civil.

**r. des Missions** (6ᵉ arrond.)
(anc. r. St-Maur-St-Germain.)
15 Best, graveur sur bois.
21 Belhot (E.), architecte.
24 Rivoit (H.), archit. vérific. Mercredi et samedi de 7 à 9 h. du matin.
29 Husson, arch. méd. vérific. spécial en serrurerie. — Lundi et vendredi jusqu'à midi.

**r. Mogador**
(9ᵉ arrond. Chaussée-d'Antin).
3 Pipon (A.), peinture et serrures à vitres.
5 Hacker, tapissier.
6 Guikol, meubles anciens.
12 Kratsch, tapisserie.

**r. Mogador-Belleville**
(20ᵉ arr. ouest. Ménilmontant).
11 Defer (P.), bois.
12 Mons, peintre verrier.
16 Vignes, serrurerie.

**r. des Moineaux**
(1ᵉʳ arrond. Palais-Royal).
11 Andrieu, ent. de trav. en ciment Portland naturel.
Ducommun jeune, bétons.
16 Caille (Vᵉ), peinture.
27 Brou, serrurerie.

**r. des Moines** (Batignolles).
7 Ronneas (Ch.), métr. vérif. spéc. en couvert. plomb. et gaz.
26 Landeau, peintre, décor. pour soies.
28 Simonet, ventilateur.
Jardin (Victor), maçonnerie.
29 Coulon, couverture.
31 Pingre (A.), peinture.
47 Profillet (G.), arct. vérif. — Mardi et vendredi.
48 Anet (Sulpice), menuiserie.
50 County (A.), archit. métr. vérif.
63 Richelet, carrier.
64 Champion (P.) méd. vérif. menuiserie.
65 Gandeau, maçonnerie.
71 Gimard, peinture.
83 Couteu, couverture.

---

87 Perot, peintre artiste décorateur.
88 Lemaire (L.), arch. vérif. spécialité de trav. en fer.
89 Mussut, menuiserie.
93 Lucas (Ad.), maçonnerie.
97 Vilain-Douclet, maçonnerie.
Gautier, entrep. de carrelage.
113 Meunier, menuiserie.
Meunier, location d'échafaudages en tous genres.
114 Coutrim jeune, maçonnerie.

**r. Molay** (Temple).
2 Miche, couverture.
4 Aubant, menuiserie.
6 Suisau, coffres-forts.

**r. Molière** (1ᵉʳ arrond.)
(anc. r. Fontaine-Molière).
13 Duprat, maçonnerie.
Selasse, appareils à gaz.
Bonetti, fumiste.
25 Prévault fils, bois.
27 Desmaret, menuiserie.
29 Boissy (F.), peintre.
32 Ducaire, fab. de fontaines.
35 Mayoussier, serrurerie.
38 Lemahu, menuiserie.
39 bis Bernard, peintre.
41 Gauthier (J.-B.), architecte vérificateur. Lundi, mercredi et vendredi de 8 à 11 heures.
55 Cirel, serrurerie.

**r. Molière** (16ᵉ arr. Auteuil).
6 Mottin, menuiserie.
13 Helouin, peinture.
20 Mathieu, fumisterie.
23 Colas frères, fumisterie.
24 Serrant aîné, chaudronnerie.
27 Ruel e, peinture.
29 Bou (F.), arch. métr. vérif.

**r. de Monceau** (8ᵉ arrond., faub. du Roule).
10 Fremaux fils, maçonnerie.
11 Bourgeois de Lagny ✠, archit. de la nouvelle église russe à Paris, s.-insp. des trav. de la ville.
Bouthier (L.), métr. vérif. spécial en maçonnerie.
Dumery, ing. civil (loyers).
Lesrou, ent. de jardins.

**r. Moncey-St-Georges**
5 Eme'l (Thomas), ing. civil.
17 et 19 Bivière, couverture.

**r. Moncey** (Batignolles, 17ᵉ arrond. Aven. de Clichy).
15 Morain (Th.), menuiserie.
19 Vaché aîné, menuiserie.

21 Gervais (Émile), peinture.
27 Carré (A.), sculpt. ornem.

r. **Monge** (5e arrond.)

4 Pety (C.), arch. attaché au travaux de l'assistance publique.
10 Ozanne (E.), arch. attaché aux travaux de l'assist. publique.
12 Bouyer, Cabaton, Regnard et Cie, ent. générale du bâtiment.
Martin (Julien), couvreur.
Pinstier, cordages.
15 Grosjean, insp. principal de la salubrité.
Proud fils, peinture.
19 Robert et Besnard, archit. entrepr. Tous les jours de midi à 2 h.

r. **Monjol** (Belleville)

7 Lefèvre, serrur. fab. de grilles.

r. de la **Monnaie** (Pont-Neuf).

6 Antigeac et Le Berton, miroiterie et dorure.
9 Touchard (Ch.), arch. insp. des trav. de la ville de Paris, expert près les tribunaux.
11 Guichard et Vasnier fils, greffiers de bâtiment.
Dumas-Combe fils, verres à vitres et glaces.
Basile, fab. de stores.
Tollé frères, pap. en gros.
21 Maurice (E.), papeterie.
26 La Mutualité, Société des propriétaires réunis pour la vidange et les engrais.

r. de **Monsieur** (7e arrond., Babylone)

13 Bec (Henri), maison.—Marbrerie et stuc.

r. **Monsieur-le-Prince** (6e arrond. Odéon).

2 Saulnier (Jules), archit.; mardi et vendredi, de 8 à 11 h.
14 Houtelar, tapissier.
16 Belhatte, grav. sur bois.
38 Avinen (Vve), lunisterie.
45 Ghelardi, moul. figur.
46 Nicolas (Laurent), peinture.
47 Letanneur (Ch.), arch. vérif. des trav. publics.
48 Des Mazures (Eug.), arch. expert, membre de la commission d'hygiène et de salubrité, attaché aux trav. de la ville de Paris.
48 Lambert (Fabien), architecte sous-insp. aux trav. de la ville.

48 Verner, photographe.
49 Tardieu (G.), ing. civil.
51 Pouillet (Ch.), ing. civil.
55 Duriez (Eug.), papeterie.
56 Bès-Caribaux, pap. peints. Langlois, couleurs, vernis, mastic.
62 Mesnard (J.), peinture et dorure.
69 Lesacher, peinture.

r. de la **Montagne-Sainte-Geneviève** (5e arrondis. Panthéon).

34 Legay, fers rainés.
40 Chekeville, graveur.
45 Chaubau, cloûterie.
51 Roche (Ant.), appar. à gaz.
55 Trocque, mécanisme.
Debré, peinture.
56 Reaudon, ent. de travaux hydrauliques.
62 Le Goff, peinture.
63 Sullerot, menuiserie.
65 Vialle, menuiserie.
79 Lechevalier, couverture.

aven. **Montaigne** (Champs-Élysées).

48 Ozanne (Jules), archit.
Febvre (A.), ing. civil.
51 Carré (A.), ingén. mécanic. Maillart (A.), textures en feuilles minérales. Epstein, ing. civil.
53 Carpi, ingén. civil.
81 Johan-van-Soelen, archit. agréé du département du Haut-Rhin.
83 De Gonten, tapisserie.
103 Lebon, fab. de meubles et articles de jardins; jeux.

r. **Montalque** (8e arrond., faub. St-Honoré)

5 Dupré, O. ☆, ingénieur civil.
9 Drevet ☆ ☆, arch. de S. A. le vice-roi d'Égypte.
38 Ferbert jeune, couverture.

q. **Montebello** (Not.-Dame).

10 Moreau, couverture.

r. **Montéra** (12e arrond.) (anc. r. des 4 Bornes.)

9 Grosse, fab. de sacs.

r. **Montesquieu** (1er arr. Palais-Royal).

4 Dubreuil, fab. et march. de papiers peints.
6 Millet, photographe.

passage **Montgallet** (r. Érard, 24).

20 Lefèvre, maçonnerie.
22 Lainé, maçonnerie.
34 Treton, couverture et plomberie.

r. **Montgallet** (12e arrond., r. de Reuilly).

3 Guilhaut, charpente.
7 Charpentier, carreleur.
43 Riparous et Moussard, maçonnerie.

r. **Montgolfier** (Arts-et-Métiers).

11 Erbs (L.), ouvrerie et tôlerie pour la luministerie.
16 Heu-Guillemont, ent. d'éclairage.
30 Zammaretti (Jacq.), fumist.

r. **Montholon** (9e arr., faub. Poissonnière).

5 Paillard, peinture.
Vinats, tapisserie.
13 Krémer (Ph.), ing. civil
28 Lepetsky, ing. civil.
Jacquillat (V.), serrurerie.
Rousseaux (Vict.), peinture à base de Paraffine.
Perotti, peinture.
Nessi (Joseph) aîné, luministerie.
30 Wort père, diamants de vitrier
31 Beaufils, appareils à gaz.
33 Boucher, couverture.
36 Crombette, inscriptions sur calicot.

boul. **Montmartre** (2e arr.).

5 La Fraternelle - Parisienne, comp. d'assurance mutuelle contre l'incendie et l'explosion du gaz.
8 Carpenter-Delforge, doreur sur bois, encadrements, restauration de tableaux.
11 Richomé, bronzes.
16 Pathey (Th.), pap. peints.
19 Bouillot, architecte.
Boulanger (E.), architecte.
22 Huret, mécanicien.

faub. **Montmartre** (9e arr.).

4 Boreau (H.), architecte; le matin.
Despréaux (C.), arch. vérif. régisseur.
Lucas et Hamon, peinture.
8 Pauton, peinture.
Bourgeois et Cie, appareil d'éclairage et chauffage par le gaz.
Loisel, vente et achat de maisons.
10 Goupil, serrurerie.
Cobin, menuiserie.
21 Gautier et Vallée, quincail., serrurerie et ferronnerie, fab. et dépôt des stores Castendet.
25 Zimmaretti (A.), fumister.
28 Robini, peinture.
Semichon (J.), papeterie.

30 Baloche, serrurerie.
32 Périn, ferblanterie.
40 Bourdon, arch. vérif., arbitrage et contentieux; mardi et samedi.
   Bonnard (A.), arch. ingén.
42 Basillon, serrurerie.
   Cornillon (François pie), appareils et chauffage au gaz, couvert. et plomb.
55 Grignart (E.), ing. civil.
57 Couche O. ✲, ing. en chef des ponts et chaussées.
58 Dubray (F.), peinture.
74 Bailla frères, fumisterie et calorifères.
   Filhol, menuiserie.
75 Muré, clouterie d'acier.

r. **Montmartre** (1er arr. De l'église St-Eustache au boul. Montmartre).

3 Louis (Ludov.), ent. de menuiserie.
4 Jousane, fab. d'enseignes.
42 Petitjean, vente de fonds.
47 Leclair, près hypothécaires, vente et achat d'immeubles.
30 Descamps (A.), peintre de lettres.
31 Soyer, fab. d'enseignes.
   Touchard, couleurs et vernis.
32 Gibon, peinture.
33 Zam, architecte.
35 Barbou, porte-bouteilles en fer.
56 Desmontis et Quenessen, batteurs d'or.
67 Tenz t et Cie, appareils à gaz.
70 Wottot, peinture.
78 Cortet, menuiserie.
   Mougin, peinture.
   Limberger, dor. sur bois.
93 Sala et Labaïe, décorations, enseignes et attributs.
96 Boignet (E.), succ. de A. Wiriot, horloger-mécanicien.
100 Ribault, miroiterie.
118 Collin, fab. d'horloges publiques, paratonnerres, girouettes et compteurs.
122 Gaillard (F.), architecte.
125 Durançon, cristaux de bât.
138 bas, chauffage de bains, etc. vie, vie.
156 Robert, fumisterie.
145 Caspar, fab. d'enseignes, lettres et écussons.
151 Bellange, papeterie.
157 Rangvailer (Ch.), peint.
167 Bernard, quincaillerie et serrurerie.
170 Goutier, meubles de jardins.

r. **Montmorency** (Temple).

8 Penguer, menuiserie.
9 Fontaine, succes. de Féron, rampiste.
10 Sorel-Douce, bronzes.
12 Besana frères, fumisterie.
44 Martin et Vandenberghe, fab. d'étalages en cuivre.
46 Naulot, menuiserie.
30 Ramelet, fab. d'escaliers en tous genres.
37 Carbonneaux, fabr. de jalousies.

r. **Montorgueil** (2e arrond., église St-Eustache).

1 Marie, couvert., plomb. gaz.
4 Estibal (N.), comptoir des ventes de fonds de commerce.
45 Berton (Ad.), métreu. vérif. spécial en fumisterie.
   Geimoni, fumi-terie.
21 Cordier, peinture.
29 Royer, peint. et pap. peints et diamants pour verres.
47 Vanhem-boote, menuiser.
49 Legrand, menuiserie.
55 Rousset (C.), architecte.
56 Dupille, couleurs et vernis.
61 Dimet (Désiré), peintre d'enseignes.
69 Delaunay, arch. vérif.
70 Pascal, arch. inspect. pour les trav. du nouvel Opéra.
94 Faure, fab. de lettres relief.
98 Simonnet (Ch.), fab. de lettres relief.

boul. **Montparnasse** (faub. St-Germain. De la r. de Sèvres à l'Observatoire).

2 Texier (Jules), architecte.
9 Gehin (L.), menuiserie.
11 Barthélemy (Eug.), archit. vérif. (mét.)
13 Fournier (Bernard), arch. inspecteur à la ville.
   Grasse, menuiserie.
16 Gailly (J.), démolitions.
24 et 28 Lamotte, entrep. de serrurerie, constructeur en fer, successeur de A. Besset pour les serres, jardins d'hiver, châssis, etc.
25 Saites, peinture.
28 Lanos, arch. vérif. Les lundi mercredi et vendredi de 10 à 1 h.
   Labare (Ernest), sculpteur.
33 Desplaces, serrurerie.
38 Boissonly (de), arch. vérif. mét. spéc. en fumisterie. Tous les jours de 11 à 1 h.
47 Mirimollin, architecte.
48 Gillant, couverture.
49 Merklin (J.), Schütze, orgues d'églises.

50 Courtier, peinture.
53 Latouche, bois de cormier.
61 Bellom (J.), ing. des p. et chaussées.
62 Pottier frères, menuiserie.
70 Belloir (Adolphe) et fils, tapissiers décorateurs. Location entrepr. de fêtes et cérémonies publiques et particulières.
   Julien (F.), architecte.
78 Parriot (N.C.), ent. de trav. publics.
80 Barker et Verschneider, fab. d'orgues pour églises.
81 et 83 Nettement (Alfred) fils succ. de Fontenelle, ciment métallique. — marbrerie et sculpture d'art.
84 Delangle (F.), peintre artiste verrier.
   Pillet (A.) jeune, menuis.
85 Malhome, papier et toile à calquer.
86 Julien, marbrerie.
92 Dulac (F.), architecte.
   Leigue, ing. civil.
94 Boué et Cie, fab. des robinets-chauffeurs, système F. Passy.
98 Fortin — Herrmann frères, ent. de la distribution des eaux de la ville et de la Cie impériale des eaux.— Installations, projets, usines à gaz, bains, chauffage et ventilation. — Atelier de fabrication pour tous ses travaux.
103 Tadeosi, fumisterie.
105 Letellier, couverture et pompes, plomb. zinc. — Machines, pompes élévatoires.
140 Marnotte, archit. commvoyer adjoint.
146 Legros (Alp.), architecte.
157 Fraisse, sculpt. orneman.
149 Gautier, moulures en bois.
151 Valentiny (Jean), maçon.
157 Morat fils, maçonnerie.
161 Caille (J.), sculpteur.
   Desprey, sculpt. statuaire.

r. du **Montparnasse** (r. Notre-Dame-des-Champs).

43 Carpentier et Tellier, peinture et vitrerie.
44 Fontaine (Ch.), menuiserie.
22 Bayolos, artiste-lithographe.
50 Bazin, couverture.
   Navellier, grav. sur bois.
44 Regnier, marbrerie.
56 Claise, marbrerie.
57 Faivre, serrurerie.
58 Tadeoni, fumisterie.
59 Jacquet, marbrerie.
   Lebegue (G.), entrepr. de construct. et marbrerie.

71 Herlin, marbrerie.
75 Delalorge, marbrerie.

r. **Montpensier** (P.-Royal).
3 Cormier, serrurerie, fab. de grues.
7 Pariset fils et Mathieu, menuiserie.
8 Chabrot O. ✻, arch. de la Couronne.
23 Lemaire, serrurerie.
26 Boissy (F.), peinture.
24 Vinit (Arsène), ing. civil.
37 Legrand (L.), fab. d'appareils d'éclairage et de chauffage par le gaz.

r. de **Montreuil** (faub. Saint-Antoine).
4 Terravaillon, pap. peints.
9 Perrot, peinture.
17 Bessière fils, couverture.
48 Boudier, serrurerie.
30 Paradis et Béguin, menuiserie.
62 Marnay, pavage, terrasse, trottoirs et égouts.
90 Walliers et Cie, démolitions.
92 Riboulot (D.) fils, maçonnerie.
94 Gros (A.), mécanic., fab. de pompes et mach. à zinc.
95 Mouliet, serrurerie.
Raif, menuiserie.
97 Lanssade, ent. de charpente et scierie mécanique pour le découpage des bois.
107 Berthemail, entrep. des ventes de caves, fab. et location de monte-charge. Fab. de crémones.
108 Lalan, maçonnerie.
411 Bresson, peinture.
423 Marjolin, menuiserie.
433 Debarle fils, bois.

r. de **Montreuil** (Charonne. — 20e arrond.).
21 Goyot, quincaillerie et serrurerie.
39 Bréjoux, app. à gaz.
45 Hourdequin, bois de sciage.
52 Sève aîné, ing. géom.
53 Berheim (Corneille), peinture.
59 Dussol (Charles), entr. de trav. publics, pavage, terrasses, trottoirs, égouts. Exploit. et vente de menuiseries.
63 Casimir et Cie, serrurerie, stores et bannes.
Raymond, repres. Laloy (A. et Cie, papiers peints.
64 Trubert, peinture.
65 Latour, charpente, fer et bois.
67 Lemaître (B.), mét. vérif. spéc. en menuiserie.

74 bis Amiot jeune, marbrerie.
76 Fonteneau, charpente.
78 Cornet, peinture et couleurs.
81 Delanchy, entrep. de démolitions.
82 Desautloup, menuiserie.
115 Colin (Alp.), arch. mét. vérif.; mardi, jeudi et samedi, de 7 à 10 h.
129 Velard, menuiserie.
134 Testa, démolitions et chantier de matériaux.

boul. de **Montrouge**
(14e arr., du boul. d'Enfer à la place du Maine).
12 Guillot, maçonnerie.
20 Bisson (E.), sculpteur marbrier, jardinier.
21 Thealgant-Lehéricy, bois de sciage.
51 Durand-Vossy, **NB**, marbr., sculpture et dallage.
44 Dilier-Mourgues, graveur-marbrier.
50 Dumont-Mervan, marbrerie.
52 Gilbert-Vallette, marbrerie.
60 Andrieu, ent. de travaux en béton.
76 Labrue (Alfred), mét. vérif. spéc. en serrurerie.

r. du **Mont-Thabor**
(1er arrond., Tuileries).
6 Petit (Eug.), archit. expert.
Dubois (Gustave), architect.
24 Société des Aciéries d'Imphy-St-Seurin.
36 Bijou, menuiserie.
40 Declion (A.), architecte. — Les mardi et vendredi de 9 à 11 h.

r. **Montyon**
(faub. Montmartre).
3 Huber frères et comp., sculpteurs ornemanistes, carton-pierre.
4 Cadier aîné, peinture.
8 Levrier, menuiserie.
Barreau, serrurerie.
Laurency (Ed.), peinture, grattage et nettoyage de façades; location d'échafauds et de filets de sauvetage.

r. **Morand**
(11e arr., anc. r. Ferdinand-du-Temple).
6 Besançon, menuiserie.
7 Fallait, charpentier.
9 Hussey, fondeur sur métaux.
15 Pelletier, sculpteur ornemaniste, carton pierre.
16 Lenoird (Aug.), menuiserie.

20 Enault aîné, pavage, égouts, trottoirs en asphalte, bitume et granit.
30 Poulain (E.), marbrerie et pierres taillées.

r. **Moreau**
(12e arrond., Quinze-Vingts).
10 Calemard, arch., comm. voyer, adjoint du 12e arrondissement.
12 Corbot ✻, construct. mécanicien.
17, 19 et 21 Chauvel, scierie mécanique et fab. de parquets.
47 Carpentier (Ed.), peinture.
22 Deblois, corsage.
44 Talaud, maçonnerie.
50 Emerique, Marcaille et Cie, fab. de cuisteries.
52 Lezendarme, scierie mécan.
58 Moussean, serrurerie.
Dernad, couverture, pompes et gaz.

r. **Moret**
(11e arr., r. Oberkampf 133).
6 Delforge (A.), fab. de cisailles et ciseaux.
10 Fouquet, arch. vérif.
Michelin, constr. mécanicien, pompes et machines.

r. **Morère** (Porte de Châtillon)
Marais (A.) fils, fab. de papiers peints.

r. des **Morillons** (15e arrond. Vaugirard)
33 Nolot, maçonnerie.

boul. **Morland**
(4e arrond., Arsenal).
6 Valette (B.), architecte.
15 Pierquin (Thom.), démolitions.

r. **Mornay**
(4e arrond., Arsenal).
3 Bouquet (V.), constructeur et organisateur de fours.
4 Pinot, maçonnerie.

r. de **Morny** (faub. St-Honoré, 8e arr., anc. r. d'Angoulême).
9 Rameau, O. ✻, insp. gén. des p. et chauss.
11 Noël (Théodore), arch. inspecteur du Palais des Tuileries.
22 Lacombe (H.), arch. insp. des travaux publics.
27 Tercé, peinture.
39 Dupuis, menuiserie.
40 Robin, couv. plomb. zinc.
41 Leonard fils, architecte.
43 Laffely aîné, menuiserie.
45 Glorian (Alfred), fumiste, fourneaux et calorifères.

### r. de Moscou
(8ᵉ arrond., r. d'Amsterdam).
6 Allard St-Ange, ing. des p. et chaussées.
Grégoire ✶, ingénieur des ponts-et-chaussées.
7 Gauthrein, serrurerie.
Chomette, menuiserie.
Martin, fumisterie.
10 bis Bourdon (Ch.), peinture et décorations, miroiterie et dorure.
28 Mosnier ✶, entrepreneur. Construct. de bâtiments.

### r. Mouffetard
(de la r. des Fossés St-Victor, à la place d'Italie).
3 Lejemble, couleurs et vern.
17 Tromuset, terrassier.
48 Deruaz, menuiserie.
67 Lassier (Alph.), peinture.
79 Thomain, serrurerie.
89 Violet, sculpteur, ornemaniste, dessinateur.
89 Wilkozewski, couleurs et vernis.
97 Belloir (Joseph), menuiserie.
99 Grosjean, fumisterie.
107 Prochon, pose de sonnettes.
108 Loison, peinture.
112 Pain, serrurerie.
128 Bardou jeune, mécanicien, serrurerie.
135 Jehannin, fer-blanterie.
151 Marie, serrurier-mécanicien.
257 Braconnier, menuiserie.
264 Duvallet (L.), briqueteur jointoyeur, fumiste.
295 Desmarest, serrurerie.
297 Roche, marbrerie.

### r. des Moulins (1ᵉʳ arrond.).
3 Nos, peinture.
4 Bastien, expéditionnaire.
12 Mesurent (J.) anc. maison Averly, couvert. plomb., pompes, zinc et gaz.
13 Binel, serrurerie.
16 Leneveu, peinture.
19 Barbier (V.C.), ébénisterie, et tapisserie

### r. des Moulins-Batignolles
(18ᵉ arr., gr. r. des Batig.)
5 Cartaux, maçonnerie.

### r. des Moulins-Belleville
(19ᵉ arrond.)
19 Monière (A.), arch. vérif. lundi, mercredi et vendredi jusqu'à midi.

### r. du Moulin-de-la-Pointe
(13ᵉ arr., Maison-Blanche).
12 Casse, charron.

### r. du Moulin-des-Prés
(13ᵉ arrond., Maison-Blanche).
18 Dupuy-Jamain, horticult.
23 Mathieu, serrurerie.

### r. du Moulin-Vert
(14ᵉ arrond., Plaisance).
12 Guy, entr. de trav. publics. Guy (E.-M.), architecte.
12 Bauché, arch. vérif. Lundi et vendredi de 8 à 11 h.
59 Bigino, sculpteur, statuaire et ornemaniste.

### r. du Moulinet
(13ᵉ arr., Maison-Blanche).
41 Marquereau aîné, menuiserie

### r. Mouton-Duvernet
(aven. d'Orléans, 14ᵉ arrond.)
8 Lebreton frères, couverture.
12 Guimet de la Martinière (L.) ing. arch.
13 Camuset, menuiserie.
19 Morel (Édouard), métreur vérif.
Maurin, peinture.
25 Palajay (E.), architecte. — le matin avant 10 heures.

### chaussée de la Muette
(16ᵉ arrond., Passy.
43 Seguineau (Alexis), ing. civ.

### r. Muller-Montmartre
(18ᵉ arr., Clignancourt).
1 Arzali jeune, fumisterie et marbrerie.
5 Pacquement (Louis), archit. vérif.
11 Compoint, serrurerie.
15 Pistolen (M.), architecte.
21 Ligrot et Roche, entr. de menuiserie.
28 Touret (E.), peinture.
Defely frères, fab. d'enseignes.
30 Estival (Ach.), arch. vérif.
30 Laurent (L.), ent. de peinture et vitrerie.

### r. Murillo (parc Monceau).
6 Rémon (A.), peintre artiste décorateur. Peinture, dorure et décoration; entreprise générale.
Prignot (E.), dessinateur-décorateur.

### r. des Murs-de-la-Roquette (11ᵉ arr.).
1 Pichot frères, entrepr. de carrelage.
3 Canchard (A.), maçonnerie.
Moubrey frères, charpente.

### r. Myrha
(18ᵉ arr., Clignancourt).
2 Béas, peinture, dorure et enseignes.
6 Lortias fils, maçonnerie.
12 Segard, menuiserie.
14 Gex, f.b. de stores.
22 Verguand, appar. à gaz.
42 Saugin, serrurerie, serres, charpente en fer, grilles et chassis.
48 Leblanc, peinture.
59 Revel, couv. plomb. zinc.
Pinette et Pasquier, serrurerie.
67 Leclercq, peinture.
86 Quinette fils, pavage bitume.
92 Belletre, métr. vérif.

### square Napoléon
(20ᵉ arrond., Belleville).
19 Bouger et Chassy frères, menuiserie.

### r. de la Nation
(18ᵉ arr., Clignancourt).
6 Dubray, géom. de la Comp. d'assur. génér.: études, tracés de routes, lotissement et cubature de terrasses.
6 Lefebvre, bois de sciage.

### r. Nationale (13ᵉ arrond.).
31 Latruffe (Henri), métr. vérif. et ent. de maçonnerie.

### r. de la Nativité (anc. r. du Commerce-Bercy).
8 Renoux (Alph.), menuiserie, brev. pour un nouv. syst. de croisée.
31 Leclaire (E.), menuiserie.
42 Vernot, maçonnerie.
44 Protat fils, bois.
46 Tremulot, peinture.
48 Jouvey, menuiserie.

### r. Navarin (r. des Martyrs).
1 Jacob, doreur sur bois.
2 Kesseler, serrurerie.
7 Boivier (A.), arch. commissoyer adj. d'arrond. Le matin de 8 h. 1/2 à 10 heures 1/2.
9 Nitot (Hipp.), architecte.
13 Jal (Anatole) ✶, architecte.
16 Banderah O. ✶, ing. civil.
22 Robin, ing. civil.
25 Dercen père, architecte.
28 Robert (Alph.), serrurerie.
Roovet, fumisterie.
31 et 33 Demeure, menuiserie.

### r. de Nemours
(11ᵉ arr., r. Oberkampf, 61.)
6 Huet, métr. vérif. Le matin jusqu'à 10 h.

7 Wolfron (Alfred), mét. vérif.
Martel, cloutene.
11 Bonzens, serrurerie.
Casard, serrurerie.
11 bis François, fab. de cuivrerie pour fumisterie.
12 Potron, tourneur mécanicien
16 Nibert, menuiserie.
17 Fortin frères, couverture.
Channelet (Louis), ent. de
trav. publics.
r. de Seule (Pont-Neuf).
(anc. r. Anjou-Dauphine).
7 Rocher, peinture.
9 Goetz (Léon) et Buisson (P.)
papeterie et librairie.
10 Brouard peinture.

boul. de Neuilly
(17e arr., Plaine-Monceaux).
6 Monhurel, couverture.
16 Thibault, ing. civil.
89 Lescanne-Perdoux, entrep.
de travaux publics.
103 Thery XII. maçonnerie.
112 Quarre d'Aligny, ing. civ.

r. Neuve-Bossuet
(r. Neuve-des-Martyrs).
16 Bonardi et Gibelli, fumisterie.
18 Vincent (Albert), architecte.
Tous les matins de 8 h.
à 11 heures.
25 Traizet, march. de bois.

r. Neuve-des-Boulets.
(Xe arr. Popincourt).
7 Logeard, menuiserie.
8 De Merville, maçonnerie.
11 Lavallte fils, maçonnerie.
35 Stal, charpente.

r. Neuve-Bourg-l'Abbé
(3e arr. r. Saint-Martin).
12 Morisseau et Crosson, peinture et papiers peints.

r. Neuve-des-Capucines
(Place-Vendôme).
11 Glaize, chaudronnerie.
17 Crédit agricole.
19 Crédit Foncier de France.
20 Combe-Billiet, tapisserie.
21 Sous-Comptoir des entrepreneurs.
22 Rousseau, peinture et papiers peints.

r. Neuve-Coquenard
(9e arrond. r. Lamartine).
11 Anselme, mét. vérif.
Courtin et Anselme, peinture
11 Cour Saint-Guillaume.
4 Fradelizi et Danis, fu-
misterie et calorifères.
Bailliart, menuiserie et inv.
fab. de pivots va-et-vient
pour ferme-porte.

Ginier, menuiserie.
Allely (S.), couverture.
Jeunet, peinture, vitrerie.
6 Baillif (François) et Ra-
setti, sculpteurs - orne-
manistes.
11 bis Venlot, fumisterie et
calorifères.
17 imp. de l'École.
4 Routy, peinture.
5 Champion jne, couverture.
Court, menuiserie.
22 cour Bory.
Noël, peinture.
Caron, serrurerie.
28 Ducourtiou, maçonnerie.
29 Moreau, arch. voyer de la
Ville-St-Denis.
31 Dié fils, charpente et maçonnerie.
Dié (Léon) fils, arch. mét.
vérif.

r. Neuve-des-deux-Ponts
(Île St-Louis)
4 Longchanbon, démolitions.

r. Neuve-Béjean.
(Montmartre).
7 Lesieur, fab. d'enseignes en
tous genres.

r. Neuve Fontaine
(9e arrond. quart. St-Georges).
5 Boileau (L.-C.), arch. sous-
inspecteur des trav. de la
Ville.
Letrequilly, menuiserie.
6 Galland, ing. civ.
7 Vinot, menuiserie.
8 Hanoyé (Émile), architecte
de la Préfecture de police,
ingén. civ. Le vendredi
de 9 h. à 11 heures.
Lachand aîné, maçonnerie.
9 Munié, maçonnerie.
Remy, peinture et dorure.
10 Longchambon, meubles en fer.
11 Mozet (Léon), maçonnerie.
12 Langlet, architecte, le matin jusqu'à 9 h., le soir
de 5 à 7 h.

r. Neuve-de-la-Goutte-
d'Or
(18e arr. boul. de La Chapelle).
5 Germond, couverture.

r. Neuve-des-Martyrs.
(9e arrond. r. des Martyrs, 35).
10 Letellier, ingén. civil.
11 Agnès X., ingén. civil.
14 Perard, métreur-vérificat.
Carenac, ingén. civil.

r. Neuve-des-Mathurins
(Chaussée-d'Antin).
5 Agence du nouvel Opéra;
Garnier (Ch.) arch.
en chef.

6 Duret, menuiserie.
56 Balli, tapisserie.
45 Comp. de Forges de Châtillon et Commentry.
54 Haronger (Félix), serrurerie.
55 Smitz, ing. civil.
65 Ramée (Daniel), architecte.
73 Cuntel, ing. civil.
Hébert, tapissier.
77 Bézy-Deberre, doreur sur
bois.
86 Jalonreau et Cie, entrepr.
de trav. en bitume, tuyaux
en papier bitume, bitume
liquide.
93 Lecompte, tapisserie.
100 D'Eichthal (Georges), ing.
civil.
103 Kleitz, O. inspecteur
gén. des ponts et chaus-
sées.
103 Simonin (L.), ingénieur
civil.
Delaveau, menuiserie.
108 Mora, doreur sur bois.
111 Chabert, arch. vérif.

r. Neuve-de-la-Pelouse
(16e arr. aven. de la Grande-
Armée.)
13 Boutet, maçonnerie.
Renversé, menuiserie.

r. Neuve-des-Petits-Champs
(de la Banque de France à la
place Vendôme).
15 Marchand, doreur sur bois.
17 Pisani, mouleur figur.
19 Casalis, couleurs vernis.
20 Marie, verres à vitres et miroiterie.
23 Siner, quincaillerie.
28 Bréant-Castel, peinture.
33 Brant, encadrements.
36 André (F.), archit. expert;
inspect. des fêtes de la
ville de Paris.
Mignaton (Joseph), maçon-
nerie.
Joy, peinture.
38 Orsatti, ing. civil.
45 Lévitre (P.), peinture.
47 Borel, fab. spéc. d'horloges
publiques, compteurs et
paratonnerres.
50 Moulin, tapisserie.
55 Marbel (G.), cont. fines et
artistes de dessins.
59 Fortin (Ch.), papeterie et
librairie.
62 Croizet-Brunot (V.), horloges.
Monthiers (P.), ingén. civil
des mines.
76 Benssy, papiers peints.
82 Balet je, tapisserie.
89 Ducher (A.), peinture, vitrerie, miroiterie, décoration et teinture.
97 Logeard, menuiserie.

**r. Nve-des-Petits-Pères**
(Basque).
1 Blondeau, serrurerie.
Moreau, menuiserie.

**r. Neuve-Popincourt**
(xre arr. r. Oberkampf), 60).
4 Falcoz, maçonnerie.
5 bis Alexandre fils, arch.
vérificateur.
8 Pihet fils, ingén. civil.
10 Pétrément, fabr. de vis, boulons et écrous.
11 Leroy et Delaitre, fabr. de cadre.
Zambeaux-Pecqueur, ornements d'église.
15 Simon-Thomas, pavage et bitume.
16 Denisot, mécanicien
17 Yvose-Laurent et Cie, fab. de bâches et toiles.

**r. Neuve-de-Reuilly**
(12e arrond.)
1 Moreau, ent. de travaux en ciment.
6 Dieppedale, charpente.
Vasseur (A.), peintre en décor.
10 Bouquet, menuiserie.

**r. Neuve-Saint-Augustin**
(2e arrond. de la r. Richelieu au boulev. des Capucines).
1 Loremy et Grissey, miroiterie et dorure pour bâtiment.
5 Tessoo, serrurerie.
8 Bègue et Cie, chauffage à la lampe d'huile de pétrole par circulation d'eau ou d'air chaud.
30 Laurent, peinture.
Lange, ébénisterie.
38 Demaille (N.C.., fab. de plomb roulé et nég. en métaux.
41 Geoffroy (Jules), serrurerie.
57 Guillaume Edm. ✶, ancien pensionn. de l'Académie de France à Rome, arch. ter in-p. au Palais de St-Cloud.

**r. Neuve-Sainte-Catherine** (Marais).
7 Bazin, menuiserie.
8 Duprézeux, couverture.
Abelanet, miroiterie.
9 Houdin, menuiserie.

**r. Neuve-Saint-Médard**
(r2 Mouffetard).
2 Coutal, briques, carreaux et poteries.
7 Martin, briques, poteries et carrelage.
10 Maigne, lumisterie.
21 Lécuyer, poteries.

**r. Neuve-Saint-Merri**
(4e arrond. quart. St-Merri).
7 Bertant frères, couleurs.
12 Dufay (A.) fils, papiers en gros.
16 Thévenin, menuiserie.
19 Paul, maçonnerie.
20 Caemin (v°), menuiserie.
21 Couratier, peinture.
22 Renaud frère, é.b. d'instruments de mathématiques.
26 Lepetit (Joseph), maçonnerie.
29 Rousset-Boucher, registres et agendas en gros.
39 Poujaud, menuiserie.
42 Couracier, peinture.

**r. Neuve-du-Théâtre** (Grenelle)
3 Maniette et Bonneville, serrur. mécan.

**r. de Nevers**
(6e arrond. Monnaie).
5 Bazile, serrurerie pour stores.
21 Cuisinier (D.), serrurerie, constr. en fer.

**pas. Neuve**
(10e arr. faubg. de Strasb., 67).
3 Sirot (Eug.), mét. vérif. en serrurerie.
4 Titre et Lapraírie, arch. Tous les jours de midi à une heure.

**r. Newton**
(16e arrond. Bassin)
5 Saunier, maçonnerie ; tous les jours de 2 à 4 h.
6 Tallet frères, menuiserie.

**boul. Ney** (porte de la Chapelle)
6 Champès et Portade, charpentiers.

**r. Nicolas-Flamel**
(4e arr. Tour St-Jacques).
5 Latrulle aîné, arch. vérif.

**r. Nicolet**
(18e arr. Clignancourt).
1 Bonnin, peinture.
5 Lemley, serrurerie.

**r. Nicolet** (7e arrond.)
(r. de l'Université, près le boul. Latour-Maubourg).
15 Nithelou (H.), serrurerie.

**r. Nicolo**
(16e arr. anc. r. des Carrières-Passy.)
3 Lenoire, architecte.
6 Peretti, lumisterie.
17 Philippe, serrurerie.

**r. Niepce**
(anc. r. Nve-Bréant, 14e arr.).
4 Cancalon aîné, maçonnerie.

**r. du Nil** (place du Caire).
(anc. r. Neuve-St-Sauveur.)
4 St-Denis, menuiserie.
5 Maubrey, peinture.
Peign-y, serrurerie.

**r. Nollet**
(17e arrond. Batignolles, anc. r. St-Louis).
1 Calois, ing. géom. Mercredis et samedis av. midi.
8 Maingaud, couvreur, plombier, zingueur.
Vannier, peinture.
10 Durand, lumisterie.
17 Urbain (V.), ing. civil.
27 Brouillard, peinture.
28 Faure, vérif., gestion et contentieux de bâtiment.
Faure (Ch.), dessinateur.
31 Lesouple (E.), entrep. de bâtiments.
32 Louans (L.), peinture.
40 Donnadieu jeune, serrurerie.
54 Mareilly (de), arch., ingén. civil.
54 Delporte, peintre d'enseignes.
56 Conchon (E.), arch. vérif. Mercredi et vendredi jusqu'à 11 heures.
Danelle (V.), couleurs.
Volard, ingén. civil.
59 Rivet, arch. comm. voyer du 17e arrond.; mardi et samedi jusqu'à 11 h. du matin, et 5 à la mairie de 2 à 5 h.
70 Robart, ingén. civil.
71 Borde (A.), ent. de maçonnerie et de trav. publics.
90 Martin (Ch.), ingén. civil.
90 Noisout, arch. vérif.
91 Le Bœuf, monte-charge, monte-personnes et plats.
94 Aubert, charp. bois et fer.
112 Magnint, briques et poteries de bâtiment.

imp. **Saint-Louis**
Brébant, peintre-badigeonneur.

**r. des Nonnains-d'Hyères** (Pont-Marie).
8 Clément aîné, fab. de marches en zinc fondu pour tous les degrés de toitures.
11 Gueneau (André), couvert. plomb. et gaz.
Cézard, menuiserie.
Combandon, oncle et neveu, peinture.
15 Boussin, maçonnerie.

r. de **Normandie** (Marais).
4 Laloy, appar. à gaz.
9 Gane, maçonnerie.
40 Biston, ent. de fumisterie ; inv. brev. de la Trappe Biston.
45 Hubert, serrurerie.

r. **Notre-Dame-Bonne-Nouvelle.**
3 Champion, serrurerie
5 Denian, peinture.
11 Anquetin, menuiserie.

r. **Notre-Dame-des-Champs** (6° ar. Luxembourg).
7 Muriel, menuiserie.
42 Lecoy, serrurerie.
13 Eliot (L.), peinture.
45 Bourdeleau, dessinateur.
24 Breton et Bonnet (Adolphe), architectes ; mardi, jeudi et samedi de 8 à 11 h.
Travaux, sculpteur.
Chapu ✶, sculpteur.
Oeron (Ach.), mét. vérif.
Joyeux, menuiserie.
27 Morandiere, ing. civil.
30 Viard (P.), ent. de démolitions.
34 Thomas (Ch.) ✶, arch. insp. de la Ville.
38 Duvoir-Leblanc (v° Léon), chauffage et ventilation ; fourneaux, calorifères et fumisterie.
51 Château (S.), maçonnerie.
53 Anvray, sculpt. statuaire.
54 Meusnier (Mathieu), ✶ sculpt. statuaire.
Ghisloi (Ch.), appareils de chauffage et carrelage en faïence décorée.
56 Hubert, doreur sur bois.
Dujardin, phot. graphe.
58 Clerget O. ✶, architecte en palais de St Cloud.
Jouffroy ✶, sculpt. stat.
60 Lorenzo, archit. expert près le tribu. mardi, jeudi et samedi de 7 à 10 h. du matin.
68 Delmas, couverture et gaz.
Avoine (Maxime) père et fils, sculpteurs ornemanistes.
70 bis Brion (G.) ✶, peintre-artiste.
75 Delabarre (Et.), arch. attac. aux trav. de la Ville de Paris.
Deboy (V°), ornements et sculpture en terre cuite.
Thomas (G.-J.), sculpteur-statuaire.
83 Cibot (Et.), ✶, peintre-artiste.
96 Coffetier, peintre-artiste, verrier.
107 Breaux ✶, ingén. civil.

113 Epry, ent. de bâtiment.
415 Homberg O. ✶, insp. gén. des ponts et chaussées
120 Caillié (J.), sculpteur.
121 Bonhomme oncle et neveu, menuiserie.
121 bis. Bord (A.), maçonner.

r. **Notre-Dame-de-Lorette** (9° arrond.).
8 Vervelle (V°°), doreur sur bois
40 Ragon (Paul), peinture.
Duval et Cie, bampier spécial pour le bâtiment.
41 Grappillard, arch. expert.
18 Lefebvre (Ch.), peinture et papiers peints.
19 Marette frères, arch. vérif. Mardi, jeudi et samedi de 9 h. à midi.
35 Renaud, architecte.
Delavigne, tapisseries, décors et ameublements.
37 Renault (H...), arch. insp. du 12° arrond. de la ville de Paris et du Théâtre impérial du Châtelet.
38 Labire (F.), peinture.
39 Normand (Alf.), ✶, arch. du Gouvernement. Mardi et vendredi de 9 à 11 h.
41 Lefrou (D.), architecte.
45 Regnault (Victor), archit. du Gouvernement, expert près le tribunal de 1re instance. Mardi, jeudi et samedi de 9 à 11 h.
46 Blanc (C.), peinture et décorations.
50 Martron aîné, sculpt. ornemaniste.
56 Lefebvre, architecte.
Girard (Xavier), arch. vérif.
Bracassat ✶, peintre-artiste.
60 Lebouteux (D.), arch. de la ville, mercredi de 9 à 11 h.
Chaton, couleurs et vernis.

r. **Notre-Dame-de-Nazareth** (3° arr. Porte-St-Martin).
9 Turq frères, quincaillerie.
10 Goret, dépôt de quincaillerie et serrurerie de MM. Ducorroy frères, et dépôt des serrures Coutant.
43 Legrand (Aug.), menuiserie.
Chouet-Roblain, fab. de sièges, lavabos et toilettes.
18 Rouget, peinture.
Agasse, fab. d'enseignes.
20 Machefer, quincaillerie.
Métaux (Paul), maçonnerie.
24 Ponthus (E.), app. à gaz.

25 Petit, peinture.
29 Héret, architecte de la ville tous les jours de 1 à 2 h.
30 Fortin, miroiterie.
31 Appert-Lengelé et Cie, bambeurs de terres.
32 Bonnifet, fab. d'outils.
Agasse, fab. d'enseignes en tous genres.
35 Cailleux (Alex.), arch. exp. près la justice de paix du 3° arrond. Le jeudi de 2 à 5 heures.
36 Carrère, fab. d'enseignes.
37 Morsaline, peinture.
38 Drena et fils, peinture et décorations.
39 D'Hantel, peintre-artiste-décorateur.
40 Tixier, maçonnerie.
42 Zammaretti (Th.), fumisterie.
43 Cazaubon, fab. de garde-robes et robinets.
44 Saphary (Claude), fabr. de tôleries.
53 Cailar (Noel), tôles.
55 Ernst, vérif. des trav. publics et de la Ville.
61 Amoureux (Jules), ing. civil, dessinateur et brev. d'invention.
63 Cretté, peinture.
64 Guitard et Vaslin, fumisterie, fourneaux et calorif.
66 Giasse fils, peintre artiste décorateur, fileur.
Langlois, toiles cirées.
72 Cuvriot, serrurerie.
Floral, papiers peints.
74 Catherinet (Hipp°), peintre en décors.
Lagache (C.), miroiterie.

r. **Notre-Dame-de-Recouvrance.**
(2° arr. boul. Bonne-Nouvelle).
6 Borlesville (J.-F.), maçonnerie.
10 Gauret (A.), maçonnerie
20 Castelbon (Henri), agence spéciale pour l'obtention et la vente des brevets.

r. **Notre-Dame-des-Victoires.** (2° arr. Bourse).
2 Tournier, maçonnerie.
8 Meyer (H.), arch. vérif.
24 et 25 Dumas (P.-A.) ✶, fabr. et march. de papiers peints.
25 Menard, ent. d'éclairage.
28 Bourdon ✶, ing. civil.
42 Clark et Cie, fermetures en fer.
44 Nillos, ingén. civil.

r. des **Noyers** (Place Maubert).
33 Lhoste, quincaillerie.

35 Roussel, ferblanterie.
51 Argouton (Jean), entrep. de démolitions.

r. **Oberkampf** (xie arrond.), anc. r. Ménilmontant. Du boul. des Filles-du-Calvaire à la r. Ménilmontant, anc. Chaussée.
4 Hébert, miroitier—doreur.
5 Lemoro, Mérault et Poussin, ent. de peinture.
Société de l'industrie des bronzes.
6 Cochord, fondeur, robinets.
7 Jailly (A.), dessinateur, auto grap. expéd.
Demaigre, app. à gaz.
Martin, rampiste.
9 Péret, rampiste
10 Baillet, serrurerie.
Descayrac, fab. de billards.
41 Cerf et Ve Berton, trav. publ. Expl. des pâtes et chaux.
44 Lequien, sculpteur.
Reusse, tubes en cuivre.
45 Cribier (Ch.), bronzes.
47 Thiessard Victor, arch.-vérif. Mardi et vendredi de 9 à 11 h. du matin.
Thiessard (Paul), mgén. géomètre; bureau spéc. pour l'achat et la vente des propriétés et l'expropriation. Spécialité de Plans-affiches.
Garnier, peinture et vitrerie.
48 Menager, Henri, arch. insp. du 11e arrond. Lundi, mercredi et samedi de midi à 1 h.
49 Petit, mét. vérif., spéc. en menuiserie.
Role, grillageur.
24 Lemaire père, arch. vérif.
Duval (Édouard) et Émile Charron, arch. méc. vérif. Mardi et vendredi de 8 à 11 h
Lemmens (J.), peintre décorateur. — Enseignes et écussons.
26 Roibin (Ernest), arch. vérif.
27 Moreaux, met. vérif. spécial en menuiserie.
33 Léonard, vérif. spéc. pour devis et attachements, états de lieux.
44 Minot, représ. M. Mauny, bois, moulures, parquets, sciage et découpage.
Caillon jeune, menuiserie.
47 Barthélemy et Dabreuil, fab. de papiers peints.
50 Cognart, peinture.
61 Giroud, met. vérif. spéc. en menuiserie.
62 Bonilhant, fondeur, constructeur, marches en bronze et inscript. en relief.

62 Fresgot et Douchet frères, quincaillerie.
64 Musset, cuivrerie.
65 Catrel, couverture.
69 Noyon, app. à gaz.
Aulousset, pavage, asphalte et bitume.
70 Chevriaux, app. à gaz.
70 bis Maupoix, pavage, bitume, terrasse et trottoirs.
74 Lecomeux, mécanicien.
Guettier (A.), ing. civil, fab. de mesures métriques
75 Nègre, serrurerie.
Fiaux et Allard, app. à gaz.
Chabord, mécanicien.
77 Autin, menuiserie.
Brisset (Paul), peinture.
87 Eloy, serrurerie.
88 Dubois, peinture.
90 Brosard A.G., arch. vérif.
Joachim, const. de fourneaux et cheminées d'usines.
93 Brianchon, met. vérif. (maçonnerie. Lundi, jeudi et samedi de 8 à 10 h.)
Robin, serrurerie.
95 Untersteler, mécanic., fab. de coffres-forts et serrures de sûreté.
98 Laurent Eug. (N.C), fab. de moulures, cadres et parquets.
Deguil (B.), ébénisterie.
Belteville, fab. de billards.
99 bis Mittelette, quincaillerie, métaux, outils.
100 Queste, cartages.
101 Cassebonne, peinture.
103 Berlier, papiers peints.
105 et 106 Jacob (Charles), sculpteur ornemaniste.
Terrasse fils, pap. peints.
Biron, sculpt. ornemaniste.
108 Lesaulnier, fonderie, fab. de cuivrerie pour bâtiment et marine, crémones et espagnolettes.
110 Guezard (E.), arch. vérif.
111 Impasse GAUDELET.
40 Lenfroy (Ed.), entrep. de menuiserie et escaliers.
16 Fouquet (Eug.), métreur vérificateur.
18 Groussaud (J.), maçon.
114 Chêne fils, valorifères.
120 Pique (J.), cuivrerie et ferrures pour stores et ameublements.
121 Limon Gustave, métreur vérif. en serrurerie.
Mutin, architecte.
Georges-Pervost, machines hydrauliques, pompes, jets d'eau et aquariums.
Baillot fils, peintre artiste décorateur; spécial. pour théâtres.

121 Vaillant (E.), serrurerie.
122 Hallot, arch. agent voyer secondaire de l'arrond. de Saint-Denis.
123 Durant aîné et Bourgeois, couleurs fines.
125 Roullet, menuiserie.
Feltin, mécanicien.
Bouchacourt, boulon.
Brossement, pompes.
Millet, fab. de crochets de pouttières.
Poncet, fab. de moulures.
Seger, mouleur mécanic.
Rousseau fils, toiles métalliques.
127 Barignand, mécanicien.
129 Gouilloud, architecte insp. à la comp. du chemin de fer de Paris à Lyon et à la Méditerranée.
130 Dupont (F.) et Bazille, couverture.
132 Goumy (André), maçonnerie.
137 Debalier (H.), fers, tôles et aciers.
138 Courty, maçonnerie.
Cartier, menuiserie.
138 Bourland, chaudronnerie.
Bonnin, doreur sur bois.
139 Petipot et Cie, bois, moulures et parquets.
145 Moignard, démolitions.
147 Montillier—Maria, pompes.
151 Mignon et Rouart, ingén. civil, const.-mécaniciens.
153 Vaillant, serrurerie.
Masson, rampiste.
454 Tournaire, couv., plomb., zinc et gaz.
Dauphin, fab. de cadres et moulures.
159 Lavignac, architecte attaché aux trav. de la ville.
Garien, architecte.
160 Bonfour (N.), serrurerie.
160 Manger, fabr. de cadres.
Canac, sculpteur sur bois.

r. **Oblin** (Halle-aux-Blés).
8 Roux (A.), serrurerie.

carref. de l'**Observatoire** (Luxembourg).
Yvon-Villarceaux, ingén. civil; à l'Observatoire.
2 Fuchet; ingén. civil.
11 Groseille, arch. insp. des bâtiments des hosp. civils.
13 Villatte, peinture.
18 Petit (N.), ent. de travaux publics.
20 Concelon frères, peinture.

carref. de l'**Odéon**.
13 Boyer, serrurerie.

r. de l'Odéon (6e arrond.).
5 Bresse, ing. des ponts et chaussées.
6 Stalle, terres à vitres et glaces.
7 Cirolle (Ernest) ✶, ing. des ponts et chaussées.
Sévère, ingén. des ponts et chaussées.
9 Mowbray-Laming, inspect. principal de l'éclairage de Paris, arbitre au tribunal de commerce et au tribunal civil
10 Lagrange fils, peintre en décors.
11 Monestier-Savignal, ingén. des ponts et chaussées.
13 Parion aîné, conv. plomb, zinc, pompes, tubes, etc.
16 Lequeux ✶, arch. du départ. de la Seine.
19 Gruet-Olivier, peint., vitrerie.
20 Grisart ✶, arch. des archives de l'Empire et de l'administration des postes.
Rateau (Théod.), arch. contrôl. des trav. de la Ville.
Micheli, mouleur.
Renner, tapisserie.

r. Odessa (14e arrond. boul. Montparnasse gare de l'Ouest, rive gauche).
5 Lozier (G.), menuiserie.
Gauthier (Ch.), sculpt. statuaire.
Fontana, sculpt. mouleur.
10 Peignier (Ch.), architecte.
12 Dumpous, sculpt. orneman.

cité Odiot (8e arrond. r. de l'Oratoire-du-Roule).
7 Ignace, arch. insp. des trav. publics.

quai de l'Oise (19e arrond. Villette).
7 Gallet je, bois de sciage.
15 Lekong, plâtrier.
17 Schacher-Letellier et Cie, ciment, briques et plâtre.
29 Lepel fils aîné frères et Cie, fondeurs en fer

r. Olivier-de-Serres (15e arr., gr. r. de Vaugirard.)
10 Lebreton jeune, couverture.

r. d'Oran (La Chapelle).
2 Keller (Henri), maçonnerie.
11 Thiry jeune, serrurerie pour parcs et jardins.

r. de l'Oratoire-Rivoli
6 Magne (Aug.) ✶, architecte insp. divisionnaire de la ville de Paris

r. Ordener (18e arrond. près le boul. Ornano).
16 Mirtinet, menuiserie.

quai des Orfèvres (1er arrond. Pont-Neuf).
36 Bodrot (Ch.), arch. sous-insteur des trav. de la ville.
36 Pécoul, arch., conduct. aux trav. du Palais-de-Justice.
54 Henkebert (A.), architecte, ex-membre de la comm. d'hyg. et de salubrité de la Seine.
70 Gavard, instr. d'architect.

r. des Orfèvres (Saint-Germain-l'Auxerrois).
3 Pompidt, fourneaux économiques.
6 Pacaud (Olivier), menuiserie.

r. de l'Orient (Montmartre).
16 Wernet-Péron, peinture et enduit oxydofuge.

impasse de l'Orillon (faub. du Temple).
7 Silacci (J.) et Croppi (J.), entrep. de fumisterie, fourneaux et calorifères.
Silacci (J.), brev. pour ses tuyaux en terre cuite.
11 Paupier (L.), constr. d'instrument de pesage.
19 Legal et fils, modeleurs.

r. de l'Orillon (11e arr., faub. du Temple).
19 bis, Simon, fondeur.
20 Pellerin, fabr. d'appareils pour égouts et puisards.
28 Eren (Jules), entrep. de ventilations en tous genres, brev. pour le porte-guides Eren
41 Ernouit, métreur-vérifie.
53 Kreutly (L.), menuiserie, bois et parquets.

avenue d'Orléans (14e arr. anc. barrière d'Enfer).
Delannoy ✶, ing. civil à la gare du chemin de fer de Sceaux.
9 Gnendin (Jules), couvreur.
11 Collè (C.), serrurerie.
Grasse (Etienne), fumisterie.
15 Duris (Eug.), neveu, peinture et décorations.
Fanin (Henri), démolitions.
19 Beauvais, géomètre-dessinateur à la Préfecture de la Seine.
Fischer (A.), maçonnerie.
23 Gauthier (Philippe), archit. vérif.
Leyraloux, fumisterie.

26 Trié (Edm.), maçonnerie et ent. de vidanges.
29 Benoist, archit. expert.
30 Rivière, appareils à gaz.
32 Bénade, serrurerie.
33 Champoudry (Em.), géom., levé de plans de carrières.
48 Huguet (J.-C.) ✶, graveur et dessinateur en architecture.
50 Rousseau, couverture.
53 Vaché fils, menuiserie.
54 Patois (J.-B.), architecte.
66 Andrieu (E.), archit. vérif.
74 Morel (E.), couverture et plomberie.
76 Jalain et Chaillou, fers, fontes et tôles.
83 Poier (Ad.), serrurerie.
92 Bellanger, couverture.
98 Mandron, fab. de vrics.
101 Dulac, charpente.
102 Schaub, arch.-vérif., spéc. pour les attachements de maçonnerie.
106 Mortier, Etienne jeune et compagnie; produits en terre cuite pour le bâtiment.
107 Debay (Veuve), poteries et ornements en terre cuite.
111 Robin, treillageur.
132 et 131, Canda et Rousseau, démolitions.
136 Troubat, charpente.

quai d'Orléans (île St-Louis).
14 Barot (André), ing. civil.
16 Laurent (J.), architecte.
18 Bourier (Eugène), architecte.

r. d'Orléans (12e arrond. — Bercy).
45 Deslandes, menuiserie.
47 Beaudoin (s.c.), menuiserie.
26 Jeunesse, peinture.
32 Roblet, couverture.
33 Gervaise (Ch.), menuiserie.

r. d'Orléans-St-Honoré (Halle au Blé).
17 Dubois, peinture.

r. d'Orléans-Villette.
4 Laurent frères et Cie; menuiserie et parquet par procédé mécanique.

quai des Ormes (Hôtel-de-Ville).
2 Péron, arch. du service des Beaux-Arts de la ville de Paris
10 Fagard, arch. comm. voyer adj. du 4e arrond., conducteur des travaux des Halles centrales.

38

boul. **Ornano**. (18e arr.)
(anc. r. Leti-se.)
6 Perraudon (Vital), couv.
plomb. zinc. gaz.
18 Tappert (J.), archit. insp.
aux trav. des halles cen-
trales, membre de la
commission d'hygiène et
de salubrité du 18e arr.
Mardi, jeudi et samedi
jusqu'à 10 h.
25 Dobigny (L.), maçonnerie.
92 Bart (Louis), arch. spécial
pour les questions de
droit. Le matin de 8 à
11 heures.

quai d'**Orsay** (Gros-Caillou).
71 Belly ✳, peintre-artiste.
413 Hottot (V.C.), construct. en
fer, grosse serrurerie et
charpente en fer.

r. de l'**Oseille** (Marais).
5 Raymond, menuiserie.
6 Robin, serrurerie.
7 Dufaure (J.), fab. de bronzes,
9 Berthet, quincaillerie.

r. **Oudot** (Montmartre).
87 Robert fils, poseur de sonnettes.

r. **Oudinot** (7e arr., faub. St-
Germain, r. Vanneau).
2 Borgni- (D.), fils aîné et
Hervé (L.), appar. de
chauffage.
6 Bonnet (Louis), mét. vérif.
Visible jusqu'à 9 heures.
Gariot, peintre-artiste.
19 Mazet ✳, menuiserie.
21 Liénard (Paul), sculpteur
ornemaniste.

r. de l'**Ouest** (15e arrond.,
Plaisance).
35 Barlet (Eug.), arch. vérificateur.
38 Fourrier, serrurerie.
39 bis Gendrand, pavage et
bitume.
50 Colry, arch. entr.
76 Perithon fils aîné, matériaux
en détail.
104 bis Pageon, ing. exp. des
tribunaux, s.-inspecteur
des carrières; consolida-
tion d'anciennes carrières
et renseignements. — Le-
vée de plans.
82 Dumoulin, charpente.

r. de l'**Ourcq** (Villette).
(anc. r. du Ch.-de-St-Ouen.)
22 Chataigné (Éd.), charpent.
48 Luvot (A.) et Cie, asphalte
de fer.

r. aux **Ours** (boul. Sébastopol).
5 Jean (A.), serrurerie.
7 Andréoli et Cristoforini,
peinture, vitrerie et dé-
cors.

r. **Paguvin** (Grande-Poste).
1 Bousseroux fils, fumisterie.
tôlerie.
3 Courmont et fils, verres à
vitres et glaces.
4 Denizo, contentieux, gestion.
8 Cie d'Affichage et d'Annonces.
9 Chandelier, menuisier.
10 Bachelier, fourniture spéciale d'articles pour les
peintres. Sacs économ.
pour conserver les raisins.
26 Hardy (Michel), maçonner.

r. **Paillet** (5e arr.)
(anc. r. Ste-Hyacinthe-St-
Michel).
28 Fourrier, fumisterie.
29 Lenu (L.-C.), architecte.

r. de la **Paix** (pl. Vendôme).
3 Boucard, ingénieur civil.
5 Lairy (A.) ✳ [N.C] et Cie,
fab. du bois durci.
15 Legrand, papeterie.

r. de la **Paix**
(17e arrond. Batignolles).
7 Delaitre ✳, ing. en chef
des ponts et chaussées.
12 Boucharin (L.), mét. vérif.
spéc. de serrurerie.
11 Lhomme, arch. expert; le
matin de 8 à 11 h.
12 Duhamel, couverture et
plomberie.
24 Dugas (A.), mét. vérif.
49 Godard, menuiserie.
56 Cant, peinture.
76 Hunier, peinture.
79 Maillard, menuiserie.
81 Belet-Richard, peinture.
94 Gueneau, serrurerie.
98 Vignier, ing. civil.

r. de la **Paix-Vaugirard**
(15e arrond. Pourtour-de-
l'Église).
6 Beeban jeune, arch. vérif.

r. **Pajol** (18e arrond.)
(En rempl. des r. Neuve-du-
Bon-Puits, Strasbourg et N.-
de-Strasbourg). (Chapelle.)
20 Lecerf, fab. de houblons.
39 Le Patre (Léon), ent. de
maçonnerie et mét. vérif.
51 Foret (J.), const. de fours
et cheminées d'usines.
56 Wever, représ. M. Comus,
carrier à Trouville.
61 Vincent-Méunier, couvert.

r. **Pajou**
(anc. r. de la Glacière, Passy).
15 Pecqueux, menuiserie.
78 Delorme, maçonnerie.

Place du **Palais-Bourbon**.
3 De Franqueville O. ✳, insp.
gén. des ponts et chaus-
sées.

pl. du **Palais-Royal**.
2 Compagnie Parisienne d'É-
clairage et de chauffage
par le gaz.

r. **Palatine** (Saint-Sulpice).
3 Estève, serrurerie.

r. **Palestro**
(anc. Cour de la Trinité, 2e arr.)
17 Gaja et Langlois, fumisterie.
19 Aubry, serrurerie.
Ponzio, peinture.
23 Maubert, menuiserie.

r. des **Panoyaux**
(20e arr. boul. Ménilmontant).
9 Tournier, charpente.
30 Halary, maçonnerie.
37 Trouvallets, couv. plomb.
et zinc.
38 Martin, charpentier.
43 Rainaud, pavage, bitume et
salpêtre.
48 Rousseaux, app. à gaz.
51 Ouvret, serrurerie.

r. **Papillon**
(9e arr. faub. Poissonnière).
4 Doré (C.), peinture.
5 Reine, arch. Mardi, mercredi et vendredi jusqu'à
midi.
6 Bonneau, ent. et location
d'échafaudages.
7 Pertuiset (V.), architecte.
10 George (Joseph), serrurerie
mécanique, fab. de ma-
chines pour enlever les
matériaux.
12 Bernard (E.), serrurerie.

r. **Paradis-Marais**
(Archives-Impériales).
11 Viannon et frères, peinture.
Choplet, miroiterie.

r. **Paradis-Poissonnière**
(10e arrond.).
10 Miton, verres bombés.
12 Chavès, ing. civ.
15 Doulton et Cie, manufacture
générale de poterie en grès
vernissé.
17 bis Varé ✳, arch. paysagiste.
20 Minet, maçonnerie.
25 Martin (Ch. [N.C], miroiterie et
dorure.

33 Bourreff et Cie, fab. de lustres et app. en cristal, commission en art. d'ameublement.
38 Bernard (E.) serrurerie.
40 Teiton père, ent. de trav. hydraul. constr. de rochers et cascades. Lesieur miroiterie.
41 Stal, doreur sur bois.
47 Lamarque (Prosper) menuiserie.
56 Plombirige dite mine de plomb. Ch. Marzoni, représentant.
57 Coaventi, arch. des trav. publ. exp. près le trib.
58 Lenormand (Charles), arch. de l'Admin. de l'enregis. et des domaines.

r. du Parc-Royal
(3e arr.) (Marais).
5 Obert (Félix), appar. à gaz.
6 Lebelle, couverture.
8 Geant-Marly, fab. d. bronzes. Permichelli, funisterie.
12 Pierson (A.), fab. d'instruments de précision.
15 Schulthess, archit.. Lundi, mercredi et samedi, de 8 à 11 h.
49 Choisy, batteur d'or.

r. de la Parcheminerie
(Saint-Séverin).
10 Martin, maçonnerie.
15 Bouniol, serrurerie.
27 Béraud, hérissons pour le ramonage.
31 Baudin fils, couverture.

r. de Paris-Batignolles
(17e arrond.).
15 Turcotti et Giraud, ent. de maçonnerie.
18 Blanchet, entrep. de fauchage de gazons.
52 Le Rooley, démolitions.

r. de Paris-Belleville
33 Leconte, arch. comm. voyer adjoint du 19e arr.
35 Turmelet, vente de fonds de commerce et propriétés.
38 Praeger, peinture.
41 Boudot, maçonnerie. Lefebvre, serrurerie.
42 Feraux, arch. vérif. Mardi, jeudi et samedi, de 9 à 11 h.
43 Guillier (J.), sculpt ornemaniste.
54 Condray (Auguste), archit. vérif. Mardi, jeudi et vendredi de 9 à 11 heures.
56 Lenfant (V.), peintre en lettres et en-ligne.

60 Bienaimé (Félix), architecte comm. voyer adjoint du 20e arr.
88 Grenepin (Aug.), archit. commissaire voyer du 20e arrond. A la mairie, mardi et vendredi de 2 à 4 heures. Caillot, peinture et papiers peints.
102 Bonnaire, miroiterie.
105 Rinal, couverture.
109 Lefèvre (A.), arch. manfis, jeudis et samedis avant midi.
136 Streit, architecte.
139 Bertrand et Cie, app. à gaz.
145 Gaultier (N.), peinture.
158 Beu, peinture.
161 Lhomme fils aîné, couleurs vernis.
166 Roudart (Ernest), peintre en décors.
171 Larue, ing. civ., brev.g.d.g.
176 Jacob, serrurerie.
181 Huret, architecte de la ville.
213 Lawes (Ard.), peinture.
222 Gauthier, menuiserie.
229 Bayeux (Alexandre) jeune, maçonnerie.
231 Vincent (H.), treillageur.
235 Dasivier (A.) fils, menuiserie.
237 Morelle, serrurerie.
250 Benneau (J.-M.), maçonnerie.
263 Brayer (G.), ins. géomèt. Gossia, peinture.
275 Leveut, cous. plomb. zinc et gaz.

r. de Paris-Charonne.
15 Lisambard, brev. s. g. d. g. Chalet-, constr. de rochers, pièce d'eau, enduits hydrofuges, treillage et grillage; constr. en paille et en roseau.
20 Camand, charpente.
20 Trottier, couverture, plomb. et zinc.
48 Joly, maçonnerie. Cofet jeune, plâtrier.
56 Broeland (Ernest), fab. de meules et moulins.
65 Tahanon (J.), maçonnerie. Collet, charpente Julien et Pillet, charpente.
95 Marlin, peinture.
100 Cabaret, couverture.
109 Racolliot, peinture.
115 Herbeaumont aîné, constructeur de serres en fer, jardins d'hiver, combles et châssis.

r. de Parme
(9e arrond, r. de Clichy).
8 Charpentier (Isnf.), archit. Tous les jours de 10 h. à midi.

aven. Parmentier
(11e arrond. St-Ambroise, pl. du Prince-Eugène.)
2 Hersant (Alex.), architecte vérif. Fergeau (Ch.), arch. vérif. Lanier, arch. entr.
4 Croullois et Delacroix, monteurs en cire.
6 Ferrand (Stanislas), archit. Mardi, jeudi et samedi de 8 à 11 h. Boisson (A.), graveur sur marbre.
7 Forgeot (Hippol.), architecte. Tous les mardis et vendredis de 2 à 5 h. Lemonnier maçonnerie. Leroux (Aug.), ingén. géomètre, architecte. Tous les jours avant 10 h. Crespin (Arthur-Aug.), ing. civil.
10 Decenne, ingénieur civil.
12 Samain et Cie, fab. de presses, pressoirs, pompes et mach. à élever les eaux.
15 Weyher, Lorenz et Cie, ing. construct. mécaniciens.

pass. Parmentier (faub. du Temple.)
15 Gohier, couvert. plomb. (à partir du 15 juillet 1869.)

r. Parmentier
(10e arrond. Hôpital-St-Louis).
3 Leblond, serrurerie, paratonnerre. (Au 1er avril 1869, r. de Clignancourt-Montmartre, 35.)

r. des Partants
(20e arrond. Ménilmontant).
10 Garrier (Victor), peintre en bât. et conv. en papier imperméable.
33 Proteau, couverture.
47 Legrandeur et Perron, fab. de limes.
50 Savart, maçonnerie.

r. Pascal (Gobelins).
4 Hanriot, serrurerie.
20 Thiébault, app. à gaz.
33 Dremilly (J.) et Frandin (J.) peinture et vitrerie.
40 Hulot (J.), menuiserie. Philippe (F.), couverture, plomberie et pompes. Lavergne, maçonnerie. Tein, tôlerie.

59 Savy, charpente.
67 Antoine, briques.

**r. Pasquier** (Madeleine).
4 Job (de), O. ✶, n.-p. gén.
des ponts et chaussées.
23 Dutrou ✶, arch. du palais
de l'Industrie.
Naveau, menuiserie.
28 Boulry fils, ébénisterie.
44 David, verres à vitres et
miroiterie.

quai de **Passy** (16e arrond.).
1 et 7 Nozal, bois.
28 Colet, bois de sciage.

**r. de Passy** (16e arrond.)
7 Chantin (Ch.) ✶, peinture
et décoration.
11 André, peinture.
15 Buard, app. pour l'éclairage et le chauff. par le
gaz.
19 Lefebvre (Louis), peinture.
Sauvage, serrurerie de luxe,
forgeron-taillandier, fab.
d'outils.
Jacquin, ferbl. zinc, plomb
et garde-robes.
22 Lévesque, tapisserie.
31 Defrance (L.), couleurs
vernis, papiers peints et
verres.
35 Joron, peinture.
43 Balu, serrur. mécanicien.
Lebrun, fumisterie.
50 Normand (Jules), arch. in-p.
des travaux de la maison
de l'Empereur.
Turretta J.), miroiterie cadres et peinture.
51 Guébin (Jules), ing. civil.
66 Lartigue (Henri), ing. civil.
73 Lemaire, serrurerie.
75 Ollivier, peinture.
85 Hubert, met. vérif. spéc. en
plomb. et couverture.
97 Clairet, peinture.

**r. Pastourel**
(3e arrond., Marais).
4 Ouri, menuiserie.
21 Bigey, couverture, plomb.
zinc et gaz.
32 Bourdain aîné, arch. vérif.
Lundi, mercredi et ven-
dredi jusqu'à 11 h.

**r. de Patay** (13e arrond.)
5 Plantié, fab. de cordages.
27 Durcourtioux fils, pavage et
terrasse.
40 Lamotte, peinture.
45 Cotvin, couverture.
47 Boutan, constr. de fours et
matériaux de bâtiment.
65 Coussotière (A.), maçonnerie.

passage des **Patriarches**
(r. Mouffetard, 95).
9 Desompre, serrurerie.

**r. des Patriarches**
(r. Mouffetard).
4 Bella (Clément), verres à
vitres.
12 Savoye, menuiserie.

**r. Paul-Lelong**
(anc. r. St-Pierre-Montmartre).
6 Langevin, serrurerie.
12 Luc, serrurerie.
17 Guillet, menuiserie.
19 Poussier, menuiserie.

**r. Pauquet-Villejust**
(16e arrond. Chaillot).
5 Hourdin, menuiserie.
19 Monchel, serrur. et charp.
en fer.
21 Delarue ✶, architecte.

**r. Pavée** (Marais).
(4e arrond. r. St-Antoine.)
6 Demay, peinture.
10 Mongaud jeune, travaux
d'égouts et en ciments.
11 Charles-Lorotte, architecte.
Grousseaud (A.), maçonne-
rie.
12 Mamy, serrurerie.
Pichot frères, ent. de carrelages.
17 Lts-Verschave, fab. de pointes, fil de fer, ferme-persiennes Hervé.
21 Tasil, arch. vérif. insp. aux
trav. du Nouvel-Opéra.
Salette, peinture et décors.

**r. Payen**
(15e arrond. r. de Javel, 10,
Grenelle).
2 Ibsantaut et Maity, fab. de
produits bitumineux.

**r. Payenne** (Marais).
1 Lefebvre, peinture.
3 Legrand (Ernest) ✶, arch.,
de plusieurs compagnies;
mardi, jeudi et samedi de
11 heure à 1 h.
4 Vinet (A.), Stouff et Cie,
banque et recouvrements.
Lemonnier, renseignements
et contentieux.
6 Gosse, miroitier-doreur.
11 Hyon-Fauvel, appareils à
gaz, plomb., pompes, gaz
et garde-robes.
22 George (F.), peinture.

**pass. Pecquai**
(3e arrond. r. Rambuteau, 5).
1 Bertelage (Fl.), fumisterie.
5 Bonnet, serrurerie.
11 Tournemine, menuiserie.

ruelle **Pelée** (r. St-Sabin).
9 Fournier, fournit. pour les
a.p. à gaz.

**r. du Pélican**
Croix-des-Petits-Champs).
10 Schelaire, serrurerie.

place **Pentagonale**
(boul. Malesherbes).
2 Dusserre et Portant, architectes.

**r. de Penthièvre**
(faub. St-Honoré).
6 Pothier (Alfred), ingénieur
civil.
9 Lisch (Just.) ✶, arch. du
Gouvernement.
11 Georges (L.) fils, maçon.
Langlois (Aug.), ing. civil.
19 Caillou, arch. du gouvernement; expert près le tri-
bunal.
Boucher (Paul), architecte.
21 Maure, ing. civil.
25 Noll, peinture.
30 Vallet, couverture, gaz.
Merle ✶, grav. et sculpt.
35 Justamond, serrurerie.

**r. de la Pépinière**
(faubourg Saint-Honoré).
2 Lissignol, ing. civil.
11 Bouilly et Gachier, menuiserie.
Fiora frères, peinture.
Solille, doreur sur bois.
18 Thirion (Oswald), ingénieur
civil.
Guien et fils aîné, plombiers,
pompiers, for-ns.
22 André, architecte.
54 Cerutti, peinture.
Dille (A.), menuiserie.
78 Lombert et Cie, pompes à
incendie et accessoires.
83 Guillaume, maçonnerie.
86 Tingry-Lehuby, architecte.
92 Rolier, fumisterie.
Parqueville, serrurerie.
112 Girard et Gaillard, serrurerie.
120 Bartaumieux (Ch.-Victor)
fils, architecte.
Astier de la Vigerie, ing.
des ponts et chaussées.
130 Gavean, serrurerie.
Lebrun père et fils, peinture.

**r. Perceval** (14e arrond.).
10 Bataille, arch. vérif.

**aven. Percier**
(8e arrond., boul. Haussmann).
6 Lecavey, serrurerie.
Guillaume (E.), peinture.

6 Goffinon jeune, ent. de couvert., plomb., pompes, zinc et gaz.

8 Tronquoy, archit. Mardis et vendredis le matin avant 11 h.

8 bis Carthry, menuiserie. Parqueville, serrurerie.

r. **Perronnet**
(faubourg St-Denis).

12 Fouchard (Aug.), entrep. de travaux publics et march. carrier.

boul. **Pereire** Ternes, 17e arrond., pl. Courcelles.

48 Lerendu, pavage.

35 Servy 🎖, chaudronnerie.

114 Lucet, arch. vérif.

111 Augustin (E.), arch. constructeur.

143 Weibel et Cie. const. d'app. de chauffage et ventilation.

185 Delton (Alph.), architecte. Caboche, maçonnerie.

231 Lehr, arch. vérif. Desteract, arch. entrep.

247 Hulot, couv. plomb. zinc, gaz. Gillot, marbrerie.

253 Dauphin, menuiserie.

257 Cerbelaud (J.), maçonnerie et démolitions.

place **Pereire**.

5 Godfernaux, ing. civil.

r. **Pergolèse** (16e arr.).

48 Chenel (Valéry), architecte expert, contentieux du bâtiment. — Les mardi, jeudi et samedi jusqu'à midi.

r. **Pérignon** (7e arrondiss., (aven. de Saxe).

2 bis Rousset, couv., plomb. zinc, gaz.

7 Duchesne (P.) 🎖 et Cie, entr. de marbrerie.

r. de la **Perle** (3e arrond.).

4 Déchanaux (H nri), démolitions.

6 Kieffer, menuiserie.

r. **Perrault** (1er arrondiss., anc. r. des Fossés-St-Germain-l'Auxerrois).

3 Beauvalet, couv., plomb. zinc.

4 Lippmann Schneckemburger et Cie, objets d'art et sculpture en simili-marbre et simili-pierre.

6 Lardit, quincaillerie.

r. **Perronet** (7e arrondiss. anc. r. St-Guillaume).

3 Lesourd de Beauregard, architecte vérificat. inspect. des trav. du ministère de l'instr. publique.

B.ier (Hector 🎖), ingén. civil.

4 Plisson, serrurerie.

r. **Pelelle** (15e arrondis., r. Blomet, 112, Vaugirard).

9 Bréhan aîné, arch. vérif. Mardis et vendredis de 7 h. du matin à 1 h.

r. **Petit** (Villette, 19e arr. anc. r. des Prés-St-Gervais).

12 Weber, démolition.

25 Goumy (François), maçonnerie.

39 Petiot (Alex.), maçonnerie.

61 Héloin (A.) fils aîné, fab. de chaux hydraulique.

66 Raberand, pavage, égouts, terrasse et trottoirs.

72 Richebois et Grenié, succ. de Guérin, charpentiers.

75 Robinot père et ses fils, terre cuite et poteries.

r. du **Petit-Carreau**
2e arrond.

11 Lefèbvre et Denise, bronze, tapisserie et ébénisterie.

23 Bauby (A.), gaz.

26 Griessinger (A.), serrurerie. Pastelot, fab. de stores.

26 Schlüter et fils, autographie et calque de plans.

50 Caillot, serrurerie.

r. du **Petit-Champ-Saint-Marcel** (13e arrond.).

2 Diot, charpente.

8 Baron, serrurerie.

12 Margot aîné et Cie, fab. de cuves et réservoirs.

r. de la **Petite-Corderie**.

3 Morand, serrurerie et stores.

pass. des **Petites-Écuries**
(10e arrond.).

5 Ritt, manuf. d'appareils et chauffage par le gaz. Colas, peinture.

10 Pichon aîné, menuiserie.

19 Bussy, menuiserie.

20 Contant, peinture. Lorée, menuiserie.

23 Gosse 🎖, peintre artiste.

r. des **Petites-Écuries**
(10e arrond.).

3 Chalet, menuiser. et bois.

7 Catlaert et Fuzellier, cristaux de bâtiment.

11 Claro, ing. civil.

12 Taillefer, archit.; tous les jours, de 4 à 3 h.

12 Bourreff et Cie, cristaux de bâtiment et d'éclairage.

13 Weil (Frédéric) 🎖, ingén. civil.

21 Claret, architecte.

21 Delagenière 🎖, archit. insp. voyer divisionnaire de la grande voirie. Leclère (Albert), architecte.

42 Bippert, ing. civil.

15 Revest (Em.), toiture en papier bitumé. Aurebant, lumisterie, tôlerie, fourneaux et calorifères.

61 Robustel (J.), serrurerie.

r. des **Petits-Hôtels** (10e arrond. Église St-Vincent-de-Paul).

4 Clémançon, entrep. d'éclairage.

27 Dupuy, sculpt. ornemaniste. Cloacal, tapisserie.

32 Flamand, menuiserie.

34 Charlon, ingén.-arch. Grand, ingén.-archit.

r. du **Petit-Musc** (4e arrondiss., Arsenal).

20 Guibillon, arch. vérif. Lundi et vendredi de 1 h. à 2 h.

28 Pignier, couverture.

31 Bourg frères et Gustin, fonte d'art usuels. Prost, arch. ing. civil, prof. de dessin au lycée Charlemagne. Robot (Alexis), arch. vérif.; le matin avant 9 h.

33 Godart (N.), peinture.

r. du **Petit-Pont** (5e arr.).

10 Charmont (L.), graveur dessinateur.

15 Ulysse (Denis), peintre-verrier.

**Petite-rue-St-Denis**.
(18e arrond., Clignancourt)

2 Bancelin, serrurerie.

15 Rateau aîné, charpentes bois et fer.

17 Sébastien, appar. à gaz.

18 Houpy, peinture.

22 Valette, maçonnerie.

27 Collée, serrurerie, spécialité pour boulangers.

39 Birt (Louis), arch. expert (spéc. pour les questions de droit); de 8 à 11 h. du matin.

r. **Pétrarque** (Passy-Paris).

9 bis Firbeux, construct. de machines à briques.

r. **Pétrelle** (9e arrond.,
   r. Rochechouart).
6 Gouix, menuiserie.
   Espinasse frères, chaudr.
9 Foin (E.), tourneur sur bois
   et plâtre et découpage.
   Boland, releveur au marteau.
   Picard (Victor), doreur sur
   bois.
15 Bront, fab. de compt'eurs.
22 Allasseur (J.) ✻, sculpt.
   stat.
   Matabon, statuaire.
   Margey, sculpteur ornem.
24 Bergue, serrurerie.
30 Solon, sculpteur orneman.
   et statuaire.

r. **Philippe-de-Girard** (10e
   arr. anc. r. de la Chapelle.
7 Lacoste, peinture.
9 Adam (Olivier), arch. vérif.
   expert.
9 Rousseau, fumisterie.
10 Bellezanne jeune, maçonnerie et trav. publics, égouts
   pavage, bitume et trottoirs.
35 Rousseau et Conda, entrep.
   de démolitions.
51 Calla ✻, machines et mécaniques, et matériel de
   chemins de fer.
   Chaligny, ing. civil.
55 Pelon, tôlerie.
82 Lauwers, tôlerie.
88 Brassens et Vincent, entr.
   de transports.

r. **Phélippeaux** (Temple).
18 Tourret, fab. de brosses à
   peinture.
20 Tissaire, serrurerie.
28 Tourneur frères, quincaillerie et métaux.
30 Arrighetti, fab. de tournebroches.

Avenue **Philippe-Auguste**
   (11e arrond.).
Jérôme et Lhéritier, succ. de
   Faucon (à l'angle de la
   r. des Rats).

r. **Piat** (Belleville, 20e arrond.
   de Paris, 60).
6 Thozet, arch. vérif. Mardi,
   jeudi et samedi.
44 Boulanger, serrurerie.
45 Le Bègue (Paul), sculpteur
   ornemaniste.
48 Legras (A.), mécanicien,
   fab. moutures en cuivre.
21 Allain (Gustave), architecte.
   Condoin (L.), arch. vérif.
   expert, auteur du mode
   de mesurage des bois de
   construction.
30 Lerot (A.-P.-C.), ingén.

r. de **Picardie** (Marais).
3 Bierge, fumisterie.
8 Poncial (B.), fumisterie.
9 Boureau, bombeur de verres

r. **Picot**
   (aven. de l'Impératrice).
8 Gondouin (E.), grillages mécaniques à double torsion.

boul. **Picpus** (12 arr. Reuilly).
10 Bertault, vitrerie.
18 Chabrux, serrurerie.
20 Stohr, charpente.
63 et 65 Mort aîné ✻, ent. de
   charpente.
66 Perrier, charpente bois et
   fer.
106 Bablué, peinture.

r. **Picpus** (12e arr. Reuilly).
31 Dion, fab. de papiers peints.
89 De Merville, maçonnerie.

r. **Pierre-au-Lard** (Saint-
   Merry).
5 Thévenin, menuiserie.
12 Lesoutre, maçonnerie.

r. **Pierre-Lescot**
   (Halles-Centrales).
3 Laforge, fab. de réflecteurs.
   Pinot (A.), architecte et gérant d'immeubles.

r. **Pierre-Levée** (11e arr.,
   r. Fontaine-au-Roi).
4 Kappler (Léon), arch. métreur-vérif.
5 Valci, tourneur et monteur
   en cuivre.
   Lambrier, fumisterie et
   chauffage au gaz.
12 Petit (Jules), fab. de robinets,
   pompes et tubes.
   Violette et Boutier, tubes en
   cuivre.
13 Hormsfield (T.), Représentant, MM. Jessop et Sons,
   acier anglais.
16 Dangien, fab. de cuivrerie
   pour la fumisterie.
17 Gautier (E.), Van den Berghe,
   directeur ; entrep. d'é-
   clairage au gaz et à l'huile
18 Mercier, ingén. civil.
   Bornu (Ambroise), fumisterie, fourneaux et calorifères.
   Nainer, sculpt. mouleur.
18 Longlet (B.), fonte ornée et
   fournit. pour la fumister.
   Esteuf, doreur et vernisseur sur métaux.
19 Reynier, pompes de jardins.

r. **Pierre-Picard** (18e arr.
   Clignancourt).
10 bis Blanche, maçonnerie.

12 bis Decloux, pavage, bitume, granit.
49 Jonhson, bois de sciage.

r. **Pierre-Sarrazin** (École
   de Médecine).
7 Degoulle, serrurerie.

cité **Pigalle** (9e arrond.)
4 Faure-Dujarric (L.), arch.
5 Bire, menuiserie.
7 Brun, peintre artiste.

r. **Pigalle** (r. Blanche, 9e arr.).
2 Janniot (E.), arch. expert.
   Mardis, jeudis et samedis
   de 8 h. à midi.
   Lavigne (Ernest), archit.
   vérif.
9 bis Molard, ing. des ponts
   et chaussées.
   Demangeat (E.), arch.
21 Radoux (Louis), architecte.
   Mardis, jeudis et samedis
   de 8 à 11 h.
22 Dupré (Léon), architecte.
   Drouart, arch. vérif.
28 Laurency (Ernest), nettoyage
   et grattage des façades.
33 Coquelin, menuiserie.
36 De Vertus, mét. vérif.
37 Bergeret, peinture.
38 Dujour, ingén. civil.
39 Mérigot, arch. vérif.
40 Houllert, serrurerie.
44 Lelignay, ent. de bâtiment.
46 Tassart fils, serrurerie.
59 bis Léclinche, ing. civil.
63 Donnats ✻, peintre artiste.
65 Gabé, peinture.
69 Dailly O. ✻, ing. civil.
77 Bohn ✻, peintre artiste.
   Pils ✻, peintre artiste.
99 Dailly (Ad.), ing. civil.

r. **Pinel** (13e arrond., boul.
   de l'Hôpital, 137).
3 Bayonne père et fils, charpente.
5 Thominot, serrurerie.
41 Joly (Jean), maçonnerie.

r. de la **Pitié** (5e arrond.).
7 Batta, menuiserie.

r. de la **Plaine-Ternes**
   (17e arr., aven. des Ternes, 25).
2 Hélie, marbrerie.
chemin des **Plantes** (14e arr.
   Plaisance. — Imp. Cast).
1 Sonthonax, peintre artiste
   décorateur.

cité des **Plantes** (13e arrond.)
17 Guillon (Julien), mét. vérif.
   spéc. en menuiserie d'art.
26 Vincent (Étienne), maçonnerie.

r. des **Plantes** (12° arr.).
19 Demichy-Chartier, mét. vérificateur.

r. du **Plâtre-ste-Avoye**.
8 Dermigny, menuiserie.
46 Rével, maçonnerie.

r. **Poimot** (14° arrond.).
2 bis Coutiau (Alfred) expéditionnaire.

r. du **Poirier** St-Merry).
5 Gautier, rabot. de parquets.
45 Morin, serrurerie.

r. des **Poiriers** (20° arrond.)
(Ménilmontant).
8 Bazin et Buffet, fab. de tuyaux en plâtre et carreaux de plâtre.

boul. **Poissonnière**.
42 Pirou-Delettrez, papiers peints.
43 Dutertre, tapisserie.
14 bis Fondet, ing. civil, fab. de calorifères et intérieurs de cheminées.
22 Loupe, fab. de calorifères.
Fenquière et Lecomte, miroiterie.
Gondouin (E.), grillages mécaniques à double torsion.
30 Barbedienne (F.), O. ✶, bronzes d'art, meubles artistiques et réduction par procédé mécanique.

faub. **Poissonnière**.
6 De la Chardonnière (Oscar), arch. esp. près les trib., lundi, mercredi et vendredi, de midi à 4 h.
26 Ducel (J.-J.) ✶ et fils, maîtres de forges; fontes de bâtiment, d'ornements et de jardins.
32 Garnier (Arsène), peinture.
Coussedière, peinture.
35 Girard, ing. civil.
50 Bricogne ✶, ingén. civil.
52 Boulier, ferblanterie.
Roussel, maître de forges.
58 Tremblay (Elie), architecte.
Tremblay (Benjamin), arch.
68 Rojaud (Eug.), architecte.
70 Allard (Edm.), architecte.
Tous les jours de 11 h. à midi.
76 Legrand (Arm.), menuiser.
79 Harez (Félix) (N.C.), const. de calorif., fourneaux, fumisterie et tôlerie; nouvel appareil réflecteur; entrep. de serrurerie.
Mil épied, menuiserie.
88 Gauchet (E.), peinture.
95 Pingeon, menuiserie.

98 Alcan ✶, ing. civil.
111 Olivier, peinture.
112 Fousse, locat. d'échafaudages, entr. de ravalements et ragréement des façades.
Kakré, serrurerie.
114 Charpentier (A.), architecte vérif.
Lebrun, appareils à gaz.
116 Jouanne (E.), mét.-vérif., spé., en couv., en plomberie.
122 Lolley (E.), fumisterie.
126 Cugnière (F.), architecte.
130 Rifaut, arch. vérif. expert, près le tribunal de première inst. de la Seine.
134 Viel (Adolphe), arch. inspecteur des asiles impériaux.
138 Boulier, peint. artiste décorateur.
Petit (Jules), peintre artiste décorateur.
138 Vauvillé, menuiserie.
141 Cie Parisienne d'éclairage et chauffage par le gaz.
De Gayffier ✶, ing. en chef des ponts et ch.
Camus, ing. des ponts et chaussées.
Arson ✶, ing. civil.
144 Hermann-Lachapelle et Ch. Glover, constr. de machines à vapeur fixes ou locomobiles.
146 Travers fils (Louis) (N.C.), entr. de serrurerie, constr. de grands travaux en fer.
150 Lolley (E.), const. de fourneaux et calorifères.
151 Desplanques père et fils, maçonnerie.
Nivet, ingénieur constructeur.
152 Gouvrit, serrurerie.
153 Picarel (Victor), doreur en bâtiment.
155 Bessières, arch. expert tous les jours, de midi à 4 heures.
164 Vaugeot, menuiserie.
167 Pascal, ing. civil.
169 Patlery, arch.
185 Maubert, sculpteur ornemaniste.
187 Auger (Louis), menuiserie.
193 Brochetion, serrurerie.
Plot (Eugène), menuiserie.
Carré, app. à gaz; pompes à bière.

r. **Poissonnière**
8 Gosse, serrurerie.
11 Johan, fab. d'encadrements.
21 François, métr. vérif.

24 Énour, ferblanterie.
23 Biaggi, peinture.
27 Babet, menuiserie.
33 Guenne (A.), miroiterie.
37 Allard, quincaillerie.
42 Poncelet, architecte expert des comp. d'assurances à prime fixe.

pass. des **Poissonniers**
(18° arr., Petit-Montmartre).
22 Fransioli, peinture.

r. des **Poissonniers**
(18° arr., Chapelle).
41 Burdin, menuiserie.
52 Bruère (E.), peinture.
50 bis Noisette (Charles), arch. de la comp. générale des Omnibus.
53 Humbert fils, serrurerie.
58 bis Pelletier (Anatole), maçonnerie.
60 Quesneville, menuiserie.
117 Thiriou, menuiserie.

r. de **Poissy** (St-Victor).
(5° arr., quai de la Tournelle).
1 Schmitz père ✶, architecte ingén. constructeur.
2 Morel, architecte.
4 Flavet (Emile), maçonnerie.
29 bis Vasseur jeune, archit. vérif.
Surcouf fils, menuiserie.
35 Gondouin, maçonnerie.

r. des **Poitevins**
(École-de-Médecine).
5 Ponzdoux, marb. figuriste.
6 Mouton (V°.), peinture.

r. de **Poitou** (Marais).
3 D'hiver, fab. d'enseignes
13 Rigault aîné, bombeur de verre.
29 Thévenet et Morand, bombeurs de verre.
33 Biard, couleurs et vernis.

r. **Poliveau**
(Jardin des Plantes).
17 Rogier, peintre.
39 Grablet (Alex.), pavage, terrasse, trottoirs.
Grignard (J.-B.), maçonnerie.
39 Cervaux, menuiserie.
42 Jeanson, menuiserie, découpages, jalousies et outils pour tanneurs.
45 Dumas (V°e), maçonnerie.

r. **Polonceau**
(ne. r. des Couronnes-Chapelle, 18° arrond.).
2 et 4 Postal, entr. de démolitions.

3 bis Hormant , taillandier, fab. d'outils.
42 Charles, fumisterie, tôlerie.
49 Fontaine (Alex.), mét. vérif. spécial en menuiserie.
49 Leglay, serrur. mécanicien.
53 Cardon, peinture et décorations.

**r. de la Pompe-Passy**
(16e arrond.)

9 Cusy, couvreur.
47 bis Thébault, couverture.
44 Gorisse, peinture.
48 Lemonier, serrurerie.
60 Nicolle, maçonnerie.
62 ter Dufresne, menuiserie.
65 Ralu, pavage, bitume, terr.
72 Creté, maçonnerie.
403 Balan, brev. s.g.d.g. fab. de câbles en fer et chemins de fer aériens.
450 Danrée, menuiserie.
442 Lafoy et Minard, convert. plomb. zinc, pompes.

**r. du Ponceau**
5 Hélias, peinture.

**r. Pont-aux-Choux**
(Marais, boul. Beaumarchais).
6 Carion, couverture.
Lavallée, serrurerie.
7 Gros (J.), papeterie.
40 Prompt, peinture.
Legrand, quincaillerie.
42 Rémond, tourneur, robinetier.
46 Songaylo, ing. civil.
47 Noyer, miroiterie, dorure.
Lefebvre (A.), limes, aciers, scies, et outils.
48 Graviroy (L.) et Cie, arch. vérif.

**r. du Pont-de-Lodi**
(6e arrond., r. Dauphine).
5 Larmande, papiers en gros.
5 André (Édouard), peintre d'enseignes.

**r. du Pont-Louis-Philippe**
(4e arrond., Hôtel-de-Ville).
7 Facey fils, couv. plomb. zinc et gaz.
45 Langlois-Deblenne, contentieux civil et commercial.
46 Vallet, fumisterie.
20 Lemaître (Frédéric), couv.
33 Garnier (J.), ing. civil.

**place du Pont-Neuf.**
(1er arr., Louvre).
45 Ducray-Chevalier, fab. d'instrum. pour les sciences.

**r. du Pont-Neuf** (1er arrond.)
4 Saint frères [M.], toiles, sacs et bâches.

5 Antignac et Le Berton, miroiterie et dorure.
45 *La Mutualité*, Société des propriétaires réunis pour la vidange et les engrais.
21 Dessat et fils aîné, papiers peints décorations.
Huchart, vente de propriét. et fonds de commerce.
35 Duchesne , vente et achat de fonds.

**r. de Ponthieu**
(Champs-Élysées).

4 Lévicomte ✳, arch. insp. voyer , divisionn., mardi et vendr., de 41 h. à 1 h.
3 Virain, coul. et vernis.
7 Tresch, peinture et verres à vitres.
8 Moreaux ✳, ingén. civil.
9 Sauvage, tapisserie.
43 Champiot (Jean), couvert. plomb. et gaz.
43 Viallet (H.), arch. insp. de trav. de la ville.
44 Mofras (H.), arch. vér., tous les jours, de 11 h. à 1 h.
45 Thibault (Ernest), archit.
47 Boulmet, peinture.
Millot (Ent.), maçonnerie et enduits en ciment hydro-volcanique, visible de midi à 1 h., et le soir de 7 à 8 h.
49 Lacombe (H.) arch. inspect. des travaux publics.
23 Febvre (Armand), ing. civil
27 Haranger, peinture.
33 Tassot, peinture.
35 Lesage, menuiserie.
Préaut [M.] et neveux, serrurerie et charpente en fer.
38 Dufocq, doreur sur bois.
40 Cartier, serrurerie.
43 Deniel, tapisserie.
45 White (William H.), arch.
55 Stamm (J.-J.), architecte.
55 Duquesnel, pavage.
59 Carroyer (Ed. Jules), archit.
61 Landsce (Ad. de), ing. civil.

**r. de Pontoise**
(quai de la Tournelle).
42 Seguin, clouterie.
44 Lebel, peinture.
23 Bouchard, menuiserie.

**r. Popincourt**
(XIe arr., de la r. de la Roquette à la r. St-Antoine).
4 Bellanger, gravateur.
7 Parot (E.) tis., plâtre fin et albâtre pour artistes.
9 Dida (A.), fab. de vernis.
40 Bourin, mécanicien.
40 et 42 Deriveau (E.), chaudronnerie en cuivre et en fer.

44 Hudelot, marbrerie.
42 Bize, fabr. de robinets.
Valin, fabr. de tables de billards en pierre de Tonnerre.
44 Bourse, fab. de limes.
45 Gaudier et Cie, fab. d'étalages en fer.
46 Sofizot, bois de sciage.
47 Parot (E.), mécanicien.
27 Dumand, maçonnerie.
28 Proux (Henri), pavage, terrasse et gravafier.
Bénard (C.), ent. de terrassements.
Candelier, fab. de tissus métalliques.
Stainsere (A.), tôleries et tous genres.
29 Viot ✳, et Cie, marbres d'Algérie.
34 Fontaine (A.) et Cie, galvanisation du fer.
Dubier (B.), fab. d'appareils pour l'éclairage et le chauffage par le gaz.
39 Benoist fils, maçonnerie.
Cochelin (A.) serrurerie et planchers en fer.
Cayer (E.) fab. de moulures en cuivre.
Lemonier, maçonnerie.
Lemarcis frères, appar. pour le gaz.
Lemasson, scierie à la mécanique.
Savoye (Paul), menuiserie.
Richard, ent. de fours et fourneaux.
40 Barbotta, peinture.
Morel, fab. de fontaines.
51 Pellissier aîné, fumisterie.
55 Pellissier jeune, fumisterie.

**r. Portalès** (2e arrond.)
(anc. r. Ste-Barbe).
6 Hotereau, menuisier.
Floquet, serrurerie.

**r. de Port-Mahon**
(2e arrond., place Gaillon).
40 Trinquart, photographe.
46 Gillot, ferblanterie.

**r. du Port-Saint-Ouen**
(Batignolles, aven. de Clichy, 98).
40 Viallet (A.), appar. à gaz.
43 Roggiery, arch. entrepr.
47 Aubert, charp. bois et fer.
51 Manceau, maçonnerie.

**r. du Port-St-Ouen-prolongée**
44 Boulet (Jules), briqueteur peintogeur et maçon.

r. **Portefoin**
(3e arrond., Marais).

3 Revillon, fondeur de cloches et sonnettes.
11 Brugière, maçonnerie.
14 Cubain et Ce, métaux.
Garnier, marbrerie.
15 André, estampeur.
19 Lambin, Saguet et Fouchet, bronzes.

r. des **Portes Blanches**
(18e arrond., Clignancourt)

6 Laurent, charpente.
10 Hoffman, rampiste.
11 Rateau, charp. fer et bois.
15 Henry, ingén. mécanicien construct. de pompes et machines.
25 Réjand et Benoist, maçonnerie.
Réjand (Henri), métr. vérif.

r. du **Pot-de-Fer-Saint-Marcel** (r. Mouffetard).

3 Faverie, menuiserie.
16 Frugier et Lefort, maçonn.

r. du **Poteau**
(Montmartre, 18e arrond.)

12 Beaumont, couverture et plomberie.
30 Tavenaux, couvreur.
58 Bourée jeune, menuiserie.
68 Douchet, peinture.

r. de la **Poterie-des-Arcis**
(4e arrond., Hôtel-de-Ville).

5 Fleuriet et Delatre, couleurs et vernis.

r. **Poulet**
(18e arrond., Montmartre).

1 Gillet, fab. d'appar. à gaz.
3 Pihan, mét. vérif. en maçonnerie.
3 Dugot, menuiserie.
5 Simgeon (Charles), menuis.
7 Bilbille (Eug.), arch.-vérif.
Tinturier, couv. plomb. zinc, gaz et garde-robes.
8 Hubert (Hypp.), mét. vérif. spéc. en peint. et dorure.
10 Dufresne, serrurerie.
11 Paltani jeune, fumisterie et marbrerie.
12 Turblin, bois de sciage.
15 Hanoye (H.), architecte.
17 Turquois (Achille), peintre en décors.
Jamet, serrur. mécanicien.
21 Liénard (Isaac), arch. ing.
23 Gobe fils, peinture.
26 Pant, couv. zinc et gaz.
39 Rameix et Meunier, ent. de maçonnerie.

r. **Pradier**
Belleville, 19e arrond.)

26 Melzessant fils aîné, fermetures de magasins, brev. s. g. d. g., fonctionnant sans bruit ni ébranlem.
32 Tessier (F.), serrurerie.

r. du **Pré-Belleville**

4 Krettly (L.), menuiserie, bois et parquets.
16 Courtois, entr. de travaux publics.

r. du **Pré-aux-Clercs**
(7e arr., St-Thomas-d'Aquin).
46 Patritti (Jacques), fumist.

r. des **Prêcheurs** (Halles).
12 Peillier, serrurerie.

r. de **Presbourg** (Place de l'Étoile).
12 Passy (de) ing. des ponts et chaussées.

r. du **Pré-Maudit** (18e arr.)
4 Chapeaux, maçonnerie.

r. du **Pressoir**
(20e arrond. Ménilmontant).
2 Chebeville, menuiserie.
9 Picot (P.), peinture.
28 Boubie'a (E.), pose de sonnettes.

r. des **Prêtres-Saint-Germain-l'Auxerrois**.
7 Gaillot, serrurerie.
11 Montiton, couf. et vernis.

r. des **Prêtres-Saint-Severin** (5e arrond.).
6 Dumont, menuis., ébénist.
12 Sajobert, fumisterie.

boul. du **Prince-Eugène**
(xe arrond. Du boul. du Temple à la place du Trône).
1 Rouget, architecte.
2 Bernier (L.) arch. expert. Mardi et mercredi de 8 à 10 h., et le vendredi jusqu'à midi.
Rabot, cordages.
6 Sebille et Cie, dallage et pavage à base d'ardoise, bitume malaxé et cuit à la vapeur.
6 Lapeyre (A.), démolitions.
7 De Heyler, peintre artiste décorateur.
9 Masse (A.) et Jullien, entr. de trav. publics.
11 Gouley L. M.), architecte.
15 Jaillon (Alex.), arch. expert du trib. de commerce.
19 Chemin, maçonnerie.
21 Garet, ing. des p. et ch.

21 Girard (Alphonse), brevets d'invention.
22 Luce (Ed.), archit.-vérifie. mardi, jeudi et samedi avant 11 heures.
25 Phily (J.), arch. contrôleur des bâtiments civils au ministère de la maison de l'Empereur e des Beaux-Arts, mardi, jeudi et samedi jusqu'à midi.
Allaume, architecte, mardi jeudi et samedi av. 11 h.
26 Coussy (L.) app. à gaz.
33 Marquet (Alph.), architecte.
Hanappier, arch. ingénieur.
Jacques, ingén. civil.
34 Rotté (Louis), architecte Lundi, mercredi et samedi de 8 à 11 h.
35 Printz, serrurerie, fab. de coffres-forts.
36 Cloat, ing. civil.
37 Legros (Ad.), archit. Mardi, jeudi, samedi de 9 à 11 h.
Mazet, maçonnerie.
38 Bénard (Désiré), arch. vérificat.; mardi, jeudi et samedi jusqu'à midi.
Lebrun (ve et fils, marbrer.
39 Bozn (L.), arch. comm. voyer du XIe arrond., à la mairie, les mardis et vendredis de 2 à 4 heures
43 Dumoutier ent. de démolit.
46 Schiele (G.) et Cie, appar. pour ventiler et sécher.
Diperier, bronzes.
48 Tremblot, fab. de poêles et pac eauxenfaïence; terre cuite, faïences imitation marbre et pierre.
49 Tavernier (Ch.-Henri de) arch.-expert des Compagnies du Soleil et l'Aigle.
53 Tuane (Eug.), vérificateur des travaux de la ville de Paris, lundi, mercredi et samedi de 8 à 10 heures.
58 Fourment, Houille et Cie, succ. de Barbezat, et Cie et J.-P.-V. André fontes de bâtiment, de jardin, de sépulture et de ménage.
59 Brouilhony, archit. expert; le matin de 8 à 10 h.
Cellier (Jules), mét. vérif. spécialité maçonnerie, mardi, jeudi et samedi de 9 h. à 11 heures.
Lefebvre, papeterie spéciale pour MM. les architectes et entrepreneurs.
61 Veyssier, ent. de pavage, trottoirs, asphalte et bitume.
63 Lamorche (E.), contentieux et recouvrements

63 Thiessard (Emile), métreur en maçonnerie, mardi, jeudi et samedi de 7 à 9 h. du matin; lundi, mercredi et vendredi de 7 à 10 h. du soir.
Delattre, ing. civil.
64 Guillemin (Victor), archit.; mardi et vendredi de 8 à 11 h.
67 Margelidon, arch. vérif.
Moreaux, archit. vérif.
68 Richardière, arch. expert.
Hublier, arch. expert.
69 Groslier (Alexis), métreur-vérif.
71 Royer (J.) architecte.
74 Dumont (L.), arch. inspect. des bâtiments civils.
75 Prevel (L. D.), tôle et acier
76 Delavarde fils, couverture.
78 Dieudonné, ing. civil.
79 Chancerel, ing. civil.
88 Mallet, serrurerie.
Cour Trullot.
42 Beaudelot (Em.), mécanicien.
46 Kieffer, menuiserie.
47 Bigot (Henri), maçon.
89 Geoffroy (Léon), peinture.
94 Dufour (Eug.), architecte; lundi, mercredi et vendredi avant midi.
97 Galland, maçonnerie.
100 Busschop, ing. civil.
103 Avézard, arch. de la fabrique paroissiale de Sainte-Marguerite, les mardi, jeudi et samedi de 8 à 10 h.
Brunant (Louis), métreur-vérif. en menuiserie, le matin de 7 à 9 heures.
105 Détain (C.), archit. ingén. civil. Rédact. à la Revue d'architecture.
109 et 111 Huserot (N.-L.), architecte. Lundi, mercredi et vendredi de 1 h. à 2 h.
Louap, fumisterie d'usines.
114 Duval-Potier (N.C.), miroiterie et dorure.
Nect (L.) et L. Dumont. Pompes centrifuges. Entreprise d'épuisement. Tuyaux pour conduites.
116 Gaconnet-Moreau, métr.-vérif. spécial en maçonnerie, couvert. et plomb.
Dodé, Faure et Cie, glaces platinées et à surprises.
118 Bourdeix J., arch. vérif. Le matin avant 9 heures.
119 Letellier, arch. attaché à la Compagnie immobilière.
121 Joliot Adolphe), architecte vérif. le mercredi jusqu'à midi.

131 Lavechin (Ch.), architecte
Biguet, plomb. zinc, gaz.
Coindat (V.), vente et location de matériel pour les entrepreneurs de maçonnerie.
145 Passeaux, menuiserie.
163 Vollaud (J.), arch. vérif. Le matin jusqu'à 9 h.
188 Noël (Emile), arch. vérif. lundi mercredi et vendredi de 8 à 11 heures.
Doublet et Bonnaire, manufacture de papiers peints.
196 Bertot (A.), fab. de cadres et dorure, miroiterie.
200 Francastel frères, pavage, terrass, trottoirs, asphalte, bitume et granit.
202 Guy (Ernest), maçonnerie.
207 Blanche aîné, charpente. Bonvalet, serrur. et charpente en fer.
207 Gaum. rel. constructeur de kiosques et chalets, papiers bitumés pour toitures.
217 Legrand, papier pour toitures à enduit imperméable.—Vente et construct. de kiosques et chalets.
219 Dejon ent. de démolitions.
221 Joffre fils, couverture.
221 Renaud, maçonnerie.
228 Philipon (A.), arch. ing. géomètre; succ. de M. de Soutreau.
230 Chesleville, arch. vérif. tous les matins jusqu'à 11 h.
233 Chassin (A.), arch. vérif. mercredi et vendredi de 8 h. à midi.
231 Flageat (Jules), architecte-vérif. Mardi et vendredi de 8 à 10 h.
235 Goujon, arch. vérif. métr. spéc. en re-ouvert. et plomb.
240 Natiez fils, menuiserie.
245 Cité Guénot.
2 Blanc, serrurerie.
Danès (A.F., couverture, plomberie, zinc et gaz.
7 Quinette (Charles), pavage, bitume, asphalte.
8 Valladon, maçonnerie.
13 Motot, puisatier.
258 Betregy, démolitions.
258 Girondet (E.), arch. brev. s. g. d. g. mardi, jeudi, samedi jusqu'à 11 h.
268 Letourneur, scieur à la mécanique
294 Bétrène, ent. de charpente

Place du Prince-Eugène
2 Marty-Brunet, ent. de trav. publics.

avenue du Prince-Jérôme.
2 Brohard (Th.), arch. vérif.

r. Princesse (Saint-Sulpice).
11 Leroy, serrurerie.
12 Dupommereulle (Edmond), arch. vérif.

r. de la Procession
(de la Grande-Rue-de-Vaugirard, 71, via r. de Vanves, 90.)
20 Daniel (A.), puisatier.
92 Duprez (Léonard), ent. de charpente.
93 Laurent Ruteaux peinture.
95 Sivet (J.), charpente.
113 Sciez, mouleur.
135 Noury, cintreur.

r. des Prouvaires.
7 La place, brevets, vente de fonds et maisons.

r. de Provence
(9e arrond. faub. Montmartre).
1 Lévy, ingén. civil.
3 Bonnasseaux, peinture.
4 Ancelot, tapissier.
5 Baron, arch. vérificateur.
7 Delisle (J.), arch. vérifie.
7 Gauche N., papeterie.
13 Bergier (C.), ent. de trav. publics.
Bergier et Lacour, entrep. de pavage.
15 Deshayes, serrurerie.
31 Gademère, tapisserie.
44 Bock (H.), entrep. d'asphalte.
46 Bruignac (de), ing. civil.
Chaper, ingén. civil.
49 Perret (Ch.), fab. et magas. de papiers peints.
52 Logeard, serrurerie.
54 Degas, tapissier.
56 Schneider et Cie, fers du Creusot, const. de machines.
Mathieu (Ferd.) O., ing. civil.
Oppermann (C. A.) ingén. des ponts et chaussées, mardi, jeudi et samedi de 10 h. à midi.
Chartonnier (Pierre), ingén. civil.
Desbrière, ing. civil.
58 Société générale de crédit.
60 Borel et Lavalley, ent. de trav. publics.
Achard, ing. civil.
Champeillon, ing. civil.
62 Luce-Jumel, miroiterie et dorure.
64 Veillay (L.), couvert. plomb. et gaz.
65 Berthelon, peintre en décors.
Haas (Henri), ingén. civil.
67 Loret, couleurs et vernis.
75 Baillargeat, maçonnerie.

76 Steiger (Frédéric), fumisterie et calorifères.
78 Talboutier (Ad.), serrurerie.
80 Bineau, peinture.
89 Biard, serrurerie.
91 Besani et Cie, fumisterie.
93 Couché, couleurs.
95 Meraud, menuiserie
105 Mabire et Montadert, ent.
de menuiserie.
Raphanaud, serrurier, fab.
de châssis.
106 Petitpas, fontaines.
107 Copin (F.), serrurerie.
111 Gibus, appareils à gaz.
Fournier (F.), menuiserie.
112 Marminia, peinture.

r. Puebla (anc. r. Drouin-
Quintaine, 19ᵉ arr. Villette).
19 Mensois, charpente.
20 Aubert, serrurerie.
22 Gérard (E.), men. métreur.
38 Mathieu, peinture, papiers
peints et couleurs.
143 Defer (P.), bois de sciage
et de construction.

r. Puget (Montmartre).
3 Lebredonchel (Pierre), mét.
vérif. (menuiserie).
6 Tache (F.), terre cuite,
pour le bâtiment
10 Chevallier (Edme-Victor),
archit. vérif.
11 Bigot, fab. de chassis à rideau.

r. du Puits-de-l'Hermite
(5ᵉ arr. Jardin des Plantes).
7 Ratta, menuiserie.
19 Lemeunier, fumisterie.

r. des Quatre-Fils
(3ᵉ arr. Archives impériales.)
2 Lestienne (Irénée), couvert.
plomberie et pompes.
4 Prunier, serrurerie et fab.
de pompes.
13 Clotrier, fontaines.
Pouraet, peinture
15 Baron, menuiserie.
22 Roch (J.) et Cie, prod. chimiques, dépôt. des silu-
cates de MM. Kuhlmann
(de Lille).

r. des Quatre-Jardiniers
(Charonne).
6 Chaussée (J.), serrurerie.
15 Dotot (D.), Jérôme et Cie,
fondeurs de cloches et de
bronze.

r. des Quatre-Vents
(6ᵉ arrond. Odéon).
8 Regeaud, maçonnerie.
10 Lagardère, serrurerie.
Pelon aîné, fumisterie.

r. Quincampoix.
22 Goussard, menuiserie.
34 Boulevard, peinture.
36 Montelet (L.), menuiserie.
41 Sercleyrat (J.), menuiserie
44 Hacbard, couverture, gaz.
60 Château, menuiserie.
70 Amiard, replanisseur de
parquets.
84 Féjard, serrurerie.

Pass. des Quinze-Vingt
(r. de Lyon, 58).
30 Arnoux (Ferd.), menuiserie.

r. Racine (6ᵉ arrond. Odéon).
13 Richard, arch. vérif. Spéc.
pour les états de lieux.
21 Ferry, bois et presses.
30 Brochei (Aug.), ing. civil.

r. Radziwil
(anc. r. Neuve-des-bons-Enfants)
31 Thorier (Jules), architecte.
35 Chassaigne, fumisterie.
37 Ramand, arch. expert.
Garnier-Ramand, archit.

pass. Raguinot
(Chemin de fer de Lyon).
9 Raymond, fumisterie.

r. Rambouillet
(12ᵉ arr. r. de Charenton, 160).
2 Boutmy, ing. civil.
10 Enfer et ses fils, fab. de forges et soufflets de forges
47 Méry (Désiré), serrurerie.

r. Rambuteau
(des Archives à St-Eustache).
44 Lecanteur et Perrière, cintrages en tous genres.
20 Lebrun, écritures de bâtiment, état des lieux et
vérification.
Molteau, quincaillerie
22 Rixon (V⁰ et fils, peinture.
Fouquet-Turbeux, meubles
en fer.
25 O-wahl jeune, arch. vérif.
Rousseau jᵉ, maçonnerie.
29 Busson et Vacheron, maçonnerie.
30 Carère (E.) menuiserie.
32 Bottin, arch. vérif. spéc.
pour trav. d'usines, et
trav. en taille de pierre.
pour cimetières.
36 et 38 Viardot (Gab.) et De-
lascau, ébéniste, sculptée.
44 Reton, architecte.
51 Vergeron (F.), toiles cirées.
56 Fournier père et fils, arch.
vérif.
57 Danton aîné, serrurerie.
Fouquet, replanisseur de
parquets.
81 Touté, quincaillerie.
105 Charpentier (E.), peinture.

r. Rameau (Pl. Louvois).
2 Zammaretti (Mar e), fourneaux et calorifères.
6 Fauconnet (de), arch. comm.
voy. adj. du 2ᵉ arrond.
13 Cordier, maçonnerie.
Meunier, ferblanterie.

r. Ramey (anc. chaussée Clignancourt).
2 Gelin, quincaillerie.
45 Lucquet, maçonnerie.
49 Foliot-Saval, arch. vérif.
Tous les jours de 11 h.
à 1 h.
Chemin (Ad.), architecte.
Pax, maçonnerie.
23 Belon, arch. vérif. expert.
31 bis Loroze, stucateur.
36 Dubet (Emile, arch. vérif.
37 Michel (F.), peinture.
Marty, architecte.
38 Bégat (Ch.), métr. vérif.
peinture et dorure.
40 Cambron, tampiste.
Marcotty fils, meut. en bois.
41 Gagin et Cie, toiles cirées,
bâches.
45 Desillers, serrurerie.
53 Aygalenc, couv. plomb. zinc
et gaz.

r. des Remparts (Charonne).
9 bis Guyon, maçonnerie.

r. Rampon (anc. r. de la
Tour-du-Temple).
3 Jesson, fonte malléable.
11 Briley aîné, appareils à gaz.
18 Godin-Giraux, fab. de bi-
lants.

r. Rampouneau (20ᵉ arr.)
(anc. r. de l'Orillon-Belleville)
15 Dupont et F. Bazile, couverture.
27 Blavette, couleurs, vernis.

du Ranelagh-Passy
(16ᵉ arrond.).
21 Mathoux, fab. de carreaux
de plâtre et poterie fer-
rugineuse.
49 Grondeux, serrurerie.
Petau et Cie, mécanicien.
23 Vital-Dubray O. ✠, sculpt.
30 Couchot, menuiserie.
34 Couste (Louis), maçonnerie.

r. Raoul (Paris-Bercy).
4 Daubert (Eugène) père et
fils, architectes.

quai de la Rapée.
(12ᵉ arrond., du pont d'Austerlitz au port de Bercy).
8 Olivier, cordages.
11 Delaunay et Prevost (maison
Sacazeau), charpente.

**18** Thibaut et Bernard, bois de sciage.
**20** Dumas, charpente.
**32** Meier fils et Cie. marchands de bois.
**34** Marotte, march. de briques, tuiles et ardoises.
**36** Mariotte (A.), com. en bois. Mariotte (Ch.), ing. civil.
**38** Société des march. de bois. Fayard (Aug.) fils, bois. Gillot (Jules), bois de sciage. Bazirel, peinture.
**40** Bordel, bois de sciage.
**44** Favriaux, bois de sciage.
**46** Rayant ✚ et fils, bois de sciage.
Beaufils, bois de charpente.
**48** Courageux, bois de sciage.
**52** Guillaume, bois.
**54** Favriaux, bois. Mouton, scieur de long.
**56** Poiré et Martin, bois.
**58** Lemaitre, bois de sciage.
**60** Chambron frères, bois.
**62** Dépôt des forges de la Cie de Châtillon et Commentry, fils de fer, fer, tôles et pointes.
**64** Charpentier (Léon), bois de sciage.
**70** Guittard, bois de sciage.
**72** Lasnier (A.), ent. de bâtim.
**74** Gillot-Chambron, bois.
**82** Blaise, bois.
Hudelot, marchand de bois.
**84** Bandelot, fab. briques, ardoises, tuiles et bardeaux.
**88** Burg jeune, bois de sciage.
**100** Moret-Thibaut, const. de voitures.

**r. Rateau** (Feuillantines)
**2** Raux, menuiserie.

**r. du Retrait**
(20e arrond. Ménilmontant).
**10** Desenfant aîné, maçonner.

**r. des Rats** (Père-Lachaise).
**8** Morand, menuiserie.

**r. Ravignan** (18e arrond.).
(anc. r. du Vieux-Chemin).
**6** Croset (G.), sculpteur, décorateur et doreur.
**7** Defosse, peintre en décor.
**12** Beard, entrep. de parquets.
**26** Lefebvre (A.), couvert. et plomberie.

**r. Raymouard** (16e arrond).
(anc. r. Basse).
**22** Chappe (Victor), architecte.
**56** Lefevre frères, menuiserie.
**69** Breton (Aug.), arch. commvoyer adj. du 16e arr. mardi et vendredi de 8 à 10 heures.

**92** Bouria (Léon), architecte.
**94** André, menuiserie.

**r. Réaumur**
(3e arrond Arts-et-Métiers).
**13** Zani (J.), fumisterie.
**27** Malet, couleurs vernis.
**29** Abtebert jeune, diamants pour vitriers.
**35 et 37** Picard, succ. de Lanquest, grosse ferronnerie, serrurerie et quincaillerie de bâtiment.
**39** Govard et Raserat ✚✚, ent. de trav. publics.
**42** Héricourt, quincaillerie.
**42 bis.** Hasson, Buthod et Thibouville, orgues pour églises.
**43** Vuillemin O. ✚, ing. civil
**50** Vallès, ✚, ing. en chef de ponts et chaussées.

Imp. Réheval (Belleville).
**23** Frey fils, construct. mécan.

**r. Réheval.**
(anc. r. St-Laurent-Belleville).
**25** Jullien et Thibaut, serrurerie.
Belloni, fumisterie.
**25** Loustalet (Aimé), colleur de papier, décorateur.
**35** Chaignon, ent. de carrelage.
**52** Degorse, maçonnerie.
**45** Jamelle (Emile), fils aîné, ent. de travaux publics.
**49** André fils, peinture.
**51** Moreau, menuiserie.
**65** Gui, serrurerie.
**66** Carel, architecte attaché aux trav. de la ville de Paris, mardi, jeudi et samedi de 10 h. à midi.
Floron (A.), architecte, insp. à la compagnie des chemins de fer l'Est.
**71** Urth, menuiserie.
Honfet, peinture.
**88** Bessières, fab. de cordons acoustiques.
**89** Chatelin, ingén. civil.
Imp. du Puits, r. Réheval.
**10** Guignard (S.), pavage, trottoirs, terrasse et égouts.

**r. des Récollets**
(10e arr. faub. Saint-Martin).
**3** Bamboin frères, fab. de toile cirées et bâches.
**5** Chartier père et fils, chaux et ciment.
Martin (Alexandre), maçonnerie.
**11** Jacquemin, fumisterie.
Weyk, fumisterie.
Bossère et Barbier, peint.
Bilet (J.), serrurerie.
Ly, fab. de becs à gaz.

**41** Laroque, fab. de billards.
**43** Chevalier, ent. d'éclairage à l'huile.
Conti frères frères, fumisterie et app. de chauffage.
**19** Masson (Ad.), serrurerie.
**21** Garnerey, doreur sur bois.
**27** Breton et Dupont, serrurer.
Proport, appareils à gaz.

**r. du Regard.**
(6e arrond. r. du Cherche-Midi).
**2** Lemaire fils, dor. sur bois. Nolland jeune, appar. à gaz.
**5** Michat C. ✚, insp. général des ponts et chaussées.
**5** Huet ✚, ingén. des ponts et chaussées.
**6** Le Deschault, architecte-inspecteur aux travaux du nouvel Opéra.
Nicol (P.) peint. art verrier.
Gumery ✚, sculpteur.
**8** Boiblivin (C.), mécanicien.
**10** Deforme, sculpteur statuaire.
**12** Roussel et Tricher, sculpteurs ornemanistes.
**16** Marsalon, peinture.
**22** Boutté (Louis), fers.

**r. Régis**
(marché St-Maur-St-Germain.)
**6** Jupin (Octave), arch. métr. vérif.
**8** Renant (Adrien), arch. vér.
**10** Ravion, maçonnerie.

**r. de la Reine-Blanche**
(13e arrond. Gobelins).
**10** Lemaignan (L.), carrier.
**20** Bies, sculpt. ornemaniste.

**aven. de la Reine-Hortense**
**13** Martin (Ch.-W.), ingénieur civil.
**18** Hue (Achille), architecte.

**passage Renard** (Belleville).
**10** Bouillé, arch. vérif.

**r. du Renard-St-Merri**
**5** Mottier, menuiserie.

**r. du Rendez-Vous**
anc. St-Mandé. 12e arr., Bel-Air.
**2 bis** Naudin aîné, plomberie. pompes, mécanicien, zinc.
**5** Fonce (Gust.), peintre, couleur vernis et verres à vitres.
**6** Arlouin (F.), peinture.
**6 et 8** Cauconnier (Louis), serrurerie.
**10** Castégnier, peinture.
**10** Rollier, menuiserie.

26 Leblanc (Jules), ing. mécanicien, chaudronnerie,
machine à vapeur, etc.
32 Ricaut aîné, charpente.

r. **Mannequin**
(anc. r. Lombard, 17e arrond.).
16 Lemoine et Lucas, maçon.
Tamisier fils, serrurerie.
36 Lhonneur et Cie, marchand
de fers.
53 Weibel et Cie, const. et
fab. d'appareils de chauffage et de ventilation.

r. de **Rennes**
6e arrond., gare de l'Ouest,
r. g. boul. Montparnasse.).
145 Langlade (Achille), arch.
vérif.
117 Brasseur, couleurs et vernis.
149 Mercier et fils, peintures
et décorations.
126 Girard (Alph.) ✚, archit.
inspecteur principal des
études pour l'achèvement
du Louvre; membre de
la commission des loge-
ments insalubres du dé-
partement de la Seine.
Leblanc (E.), archit. exp.
mardi et jeudi de 8 à 11 h.
Bovar (Ad.), arch. vérif.
Nicolle, peintre artiste décorateur.
Mourichon (Édouard), ma-
çonnerie.
Maison, tapisserie.
129 Galu (Joseph), peintre en
décors.
139 Dupézard (A.), arch. vérif.
143 Danvillier, treuils et machines à vapeur, vente et
location.
144 Chevalier (A.) et Bouju,
briques, carreaux, hors-
seaux et poterie; chaux
et moellons.
145 Luiné (Émile), arch. insp.
aux travaux de la ville.
135 Séguin (E.), marbrerie.
147 Girodde (Ad.), ingén. des
ponts et chaussées.
Brissaud ✚, ingén. civil.
152 Deprez, ing. civil.
154 Bianchi ✚, ing. civil.

r. des **Réservoirs** (Passy).
7 Nesson, fab. de robinets.

boulev. de **Neuilly**.
25 Delépine, maçonnerie.
Sarasin, serrurerie.
27 Barou frères, fab. de papier
nacre de toutes couleurs.
33 Louchard, menuiserie.
35 Arrachart (Félix), entrepr.
de maçonnerie.

r. de **Neuilly**
(12e arr., faub. St-Antoine).
1 Buchmann, menuiserie.
10 Blachet, couverture.
13 Cart, mécanicien.
16 Roullot, peinture.
17 Fournel, serrurerie.
Macart peinture.
28 Lemaire (H.), serrurerie.
29 Buffet, menuiserie. fab.
spéciale de calibres et
outillage pour la maçonn.
Mangein (Baptiste), couv.
plomb. zinc et gaz.
31 Édouard, peintre.
31 Hubert, menuiserie.
Largade, maçonnerie.
31 bis Coulenay aîné, démolitions.
35 Dumas (Alex.) (N.C.) et
Arsène, papiers peints.
38 Oléon aîné, fumisterie.
39 Rousselle fils, maçonnerie.
Manzein (Baptiste), couv.,
plomb., pompes, zinc.
67 Coron jeune, charpentes
bois et fer.
73 Pacon, papiers peints.
78 Gibory et fils aîné, maçon.
104 Seibecker et Guggia, vitrerie pour serres et châssis.
111 Renard ✚, entrepreneur
général de trav. publics
et particuliers.
Hangard (Émile), ing. civil.

pass. de la **Réunion**
(3e arrond. r. St-Martin, 176).
11 Strologo, fumisterie.

r. de la **Réunion** (Charonne).
3 Tate-sausse (J.), serrurerie.
28 Focas, fab. de mastics.
44 Bouguy, couverture.
Cochois (A.), archit. vérif.
Mercredi, samedi et di-
manche jusqu'à 10 h.

villa de la **Réunion** (Auteuil).
11 Perrichont, travaux publics.

(r. du **Rhin** 19e arrond.)
(anc. des Carrières-du-Centre.)
4 Fleury (Félix), menuiserie.
12 Goumy (François), maçonn.
20 Ilyon, menuiserie.
r. **Riblette** (Paris-Charonne).
15 Thiessard père, arch. vérif.

r. **Ribouté**
(9e arrond. square Montholon).
1 Danville, serrurerie.
1 des Neft frères, fumisterie.
3 Martin, appareils à gaz.
8 Pasquet-Lemarchand, peinture.

r. **Richard-Lenoir**,
(XIe arr., r. de la Roquette, 132.)
5 Goumy (Joseph), maçonnerie.

17 Ducros (L.), serrurerie et
grilles en fer.
35 Pierre (Aug.) et Irené, chaudronnerie.
37 Demoncy (G.), menuiserie.
43 Mengeot (P.), arch. vérif.
Le matin avant 10 h.
45 Amiot, serrurerie.
Verry, menuiserie.

boul. **Richard-Lenoir**
(XIe arrond. de la Bastille à la
r. Rampon).
1 Fouquet, tapisserie.
2 Migevant (J.), commission-
naire en marchandises.
3 Paquet, maçonnerie.
5 Malpeaux (Édouard), arch.
vérifie., mét. spécial en
menuis. rie. Mercredi et
samedi jusqu'à 10 h.
Bronenkant, serrurerie.
6 Brault et Cie, maîtres de
forge.
11 Gaudinat, fabr. de garde-
robes et robinets.
20 Duquesne (Clément), archit.
22 Moreau (Ot.), couverture.
21 Hamon, architecte; le matin de 9 à 10 h.
25 Thierrée, maçonnerie.
26 Berkowicz G., arch. vérif.
Tous les jours de 9 à 11 h.
31 Berlivet (Pierre), modeleur
mécanicien.
38 Hatlet, graveur-marbrier.
42 Cornillon (vve L. E.) et Cie,
chaux, ciment romain et
pierres taillées, fontaines
à filtre.
52 Poitevin, carrier, pierre
d'Anstrude, Tonnerre et
Grimault. Dépositaire des
ciments Lobereau jeune
et Meurgey.
53 Zimmermann, dorure sur
bois et meuble, miroiterie.
ameublements anciens.
Mangin-Lesur, miroiterie en
gros.
55 Rossi (Filippo), marbres en
gros.
Dejaiffe-Destroye, dépôt de
marbres de Belgique.
61 Gariel et Garauchot, entr.
de travaux publics pro-
priétaires et fab. du ci-
ment Gariel de Vang.
64 Gaitz, trav. publics, égouts
pavage et trottoirs.
65 Laroque (L.), entrep. de
travaux publics et du service municipal des eaux
et égouts de Paris.
66 Pompes funèbres générales
de France.
71 Mantelet, Léger et Cie.
pierre de Tonnerre, de
Grimault et d'Anstrude.

74 Coutelier (E.), ornements pour l'architecture, estampé et repoussé en zinc, cuivre tôlé et plomb.

77 Décle-Vazelle, prop. expl. les carrières du Poitou. S'adresser chez M. Gallais, représentant. Minangoy, représ. M. Lapierre de Lyon. Pierres tailées.

78 bis Lozérisvel, peinture.

79 Dubreuil (L.), clous dorés, ornements pour appartements, quincaillerie pour meubles et tapissiers.

83 bis. Marchant (Augustin), sculpteur ornemaniste.

83 bis. Chailloux, mat. spécial en serrurerie.

87 Guillon (Henri), metr. vérif. spécial en serrurerie.

93 Ralot, fab. de faïence.

95-97 Fourment, Houdle et Cie, success. de Barbezat et Cie et J.-P. André, fontes de bâtim., de jardins, de sculpture et de ménage.

99 Gardet (Ach.), bronzes.

105 Allard, peinture.

104 Dunouel Chant-loup, chaudronnerie en fer et en cuivre.

112 Grados (L.), fab. d'ornements estampés pour l'architecture, en zinc, cuivre plomb et tôle.

113 Moulinet, peinture.

123 Bontelon, architecte, projets de chalets et maisons campagne. — Gérance de propriétés.

131 Cochin, peinture.

134 Tournay (V.), couverture, plomb, zinc et pompes.

136 Morceut, menuiserie.

138 Mottean, pavage, asph. bitume et granit.

144 Guillemmichon, peinture.

116 Bonhoume (L.), et Bouly, carreaux de faïence.

158 Vétu fils, bronzes.

r. Richelieu.

46 Marcel, arch. commissaire voyer du 1er arr.

47 Renaud gendre et succ. de Vachet, fab. d'instruments de précision de mathématique et de géodésie, pour le dessin, l'architecture, la levée des plans et le lavis.
Renaud père et fils, émailleurs sur fer et sur cuivre.

19 Selosse, appareils à gaz.

25 Thouré, tapisserie.

29 Loisen fils, sonneries élect.

40 Legrand (L.), fab. d'appar. d'éclairage et de chauffage par le gaz.

43 Aublet (Aug.), architecte. Mardis, jeudis et samedis de 9 à 11 h.
Caron, vente et achat de terrains et maisons.
Fichet, fab. de coffres-forts et serrures de sûreté.

45 Renou (E.), écriture pour le bâtiment.

49 Meyer, papeterie.

57 Rivaut, bronze.

60 Cavel (Frédéric), architecte.

65 Gallot, peinture d'enseignes, lettres et enseignes peintes sur murs.

73 Hattat-Chotteau, fab. de stores.

83 Stuller, serrurerie.

87 Compagnie d'assurances générales contre l'incendie.
Compagnie d'assurances générales sur la vie.
Dauvin, architecte.

92 Chesiron (A.), arch. expert, commis. voyer adjoint du 1er arrond. Mardi, jeudi et samedi de 9 à 11 heures.
Ravain, entr. de trav. pub.: vente et location de matériel mécanique pour dragage, épuisement et terrassement.

92 Société de statistique de Paris.

99 Aubin-Segard, courtier en maisons et terrains.

108 Legrand et Cie, publicité.

110 Lesage et Cie, (ancienne Cie Richer) entreprise générale de vidanges; fosses-mobiles, système diviseur et vidange de nuit, désinfect., engrais.

112 Compagnie générale immobilière.

r. Richer.

(9e arrond., faub. Montmartre).

19 Société anonyme des mines et fonderies de zinc de la Vieille-Montagne.

20 Janvoas et fils, fab. de bourrelets d'appartements.

30 Luhalle (Amable), architecte.

53 Dagé et Hottin, maçonnerie.

54 Noël et Cie, vente d'immeubles.

avenue Richerand
(Hôpital St-Louis).

5 Hoché (Julien), plâtrier.

r. Richomme
(18e arrond., Chapelle, anc. r. Lecante).

10 Dessaigne, peinture.

11 Lecante fils (E.), maçonner.

16 Degrave, serrurerie.

r. Rignud (16e arrond.)
(anc. r. du Bouquet-d.-Champs).

3 Noël, peinture.

r. de Rigny
(anc. r. Saint-Michel du Roule).
(8e arr. boul. Malesherbes).

3 Bartaunieux (Victor), père, archit. expert. au ministère de l'intérieur. Lundi, mercredi et vendredi de 3 à 5 heures de l'après-midi. Les entrep. sont reçus au bureau les mardi, jeudi et samedi de 7 à 9 heures du matin.
Bartaunieux (Charles Victor) fils, archit., les entrepreneurs sont reçus les mardis, jeudis et samedis de 7 à 9 h. du matin.

r. des Rigoles (Belleville).

11 Marguerot, menuiserie.

13 Kessler, peinture.

14 Johanne, serrurerie.

58 Perrin (Alph.), arch. vérif.

93 Bruneau fils, maçonnerie.

r. Riquet (Chapelle).
(réunion des r. de la Tournelle et la Chapelle).

8 Paquier Jules, maçonnerie.

12 Joyeux, ent. de pavage, trottoirs, bitume et granit.

15 Fleury succ. de Fauronnier, mécanicien constructeur de moulins à plâtre.

19 Rolle, cordages.

30 Delorme, menuiserie.

32 Arnould, fab. de salpêtre.

34 Gaudon, maçonnerie.

38 Grosjean, parquets.

43 Arnaud-Grand, chaudronnerie.
Jumeau, charpente.
Valentin, fab. de blanc de salpêtre, terrassier.

59 Petit (F.), charpente.

67 Menuffer, maçonnerie.

71 Maure fils, charpente.

73 bis Huot frères, couv. zinceurs.

73 Thominot (G.), met. vérif.

77 Vallant (Pierre), couverture.

86 Murle, arch. expert. Le matin avant 10 h.
Guillemin, carrier.

pl. de Rivoli (Tuileries).

1 Gobier-Luc, peintre-vitrier.

r. de **Rivoli**
(de la r. Saint-Antoine à la
pl. de la Concorde)

4 Gabet, ent. de trav. publics.
5 Osont (L.), quincaillerie.
9 Provot, couv. plomb. pompes et gaz.
15 Schwind, architecte.
16 Vigreux, ing. civil.
18 Beaudoin XU, menuiserie.
24 Desmazin, archit. métreur vérificateur.
26 Vaucheret, arch. vérif. — Lundi et jeudi jusqu'à 9 h.
30 Marie (Victor), architecte. Mardi, jeudi et samedi de 9 h. à 11 h.
33 Belloir e, arch. inspect. aux travaux du Louvre.
Mercier (Adolphe), archit., mardi, jeudi et samedi de 8 à 10 heures du matin.
Cantagrel (F.-J.), ingén. civil.
Abette, tapisserie.
35 Davout, arch. vérif.
38 bis Ratte, doreur sur bois.
46 Fontan, fab. de stores ventilateurs.
Laurancy, archit., succ. de MM. Pivon et Gaussinel. Mardi, jeudi et samedi jusqu'à midi.
49 Labitte, contentieux.
50 Marguerite Soudée, couleurs, vernis.
Lelaurin, ing. civil.
51 Tardif-Delorme, architecte vérificateur.
55 Morin (Alex.), arch. expert. Mardi et vendredi jusqu'à 10 h.
60 Deumeure, ing. géomètre.
63 Lemeur (J.-B.) ✠, de l'Institut, archit. inspect. divisionnaire.
65 Humblot-Comté et Cie, fab. de crayons.
66 Jullien (Paul), entr. de trav. publics.
Paris et Cie, vidang., fosses fixes et fosses mobiles.
68 Delahaye (Léon), fumisterie et caloriferes.
Mazzuechi, diamants pour vitriers et miroitiers.
69 Pouchet, ingén. civil.
70 Bon (Jules), architecte.
82 Désalais, peinture.
Ser (L.), ingén. civil.
87 Gente, agence immobilière.
88 Bertrand, ing. des ponts et chaussées.
Mahieu ✠ et Pouchet, ent. de travaux publics.
Mathieu ✠, comptoir du bâtiment.
90 Charlet (J.-E.), gestion de propriétés et contentieux.

94 Lebrot (J.), archit. Mardi, jeudi et samedi de midi à 2 heures.
100 Guzzi, diamants p. serres.
Jule (A.), arch. vérif.
146 Richard, couleurs fines.
144 Favé (Ch.), arch. expert.
156 Evrard (Emile), papiers peints.
Henri-Lepante fils, ingén. civil.
158 Gourguechon frères, entr. de parquets scellés au bitume et tous parquets ordinaires.
150 Jourdain (F.-L.), archit. expert de la société d'assurance mutuelle immobilière contre l'incendie. Mardis et vendredis jusqu'à midi.
Le Moniteur des locations et vente d'immeubles.
158 Para, peintre et doreur.
165 Barnett, éclair. lumineux.
170 Ratier (F.) et Valadier (G.), arch. vérif.
172 Agudio ✠, ing. civil.
184 Thierry (C.-A.), arch. insp. aux trav. de la Cour de cassation.
194 Rousseau, archit. inspect. du Palais-Royal.
200 Balestrini, ingén. civil.
212 Gennys, archit.-vérif.
214 Bande (Elphège), ing. des ponts et chaussées.
Richê J.I., représ. la Comp. ardoisière de Deville (Ardennes).
226 Blard, ingén. civil.
228 Fell (John), ing. civil.
235 Entes (Em.) ✠, arch. du ministère des finances.
236 Poirier, tapisserie.

r. **Rivoli-Belleville**
(20e arrond.).

11 Frit, maçonnerie.

r. **Robert** (Chapelle).
Humbert, menuiserie.
22 Tornelé, charpente.

boul. de **Rochechouart**
(De la r. des Poissonniers à la chaussée des Martyrs.)

9 André, menuiserie.
Prud'homme, jalous., moulures et bois découpés.
25 Guéritot, arch. du Gouvern.
27 Salmson, sculpt. statuaire.
46 Cabot (A.), archit.; expropriations. Mardi et vendredi jusqu'à midi.
Ponchon, démolitions.
54 Pesnel (L.), architecte.
76 Dambourg fils, vidanges des tonneaux mobiles inodor.
84 Malézet (H.), archit. géom. vérif.

86 Regnier (Ch.), arch. attaché aux trav. de la Ville.
96 Riehler (J.), archit. mét. vérif.
98 Vivien, app. à gaz.
104 Zoegger (Ant.), sculpteur ornemaniste.
108 Zoegger, arch. vérif.

r. **Rochechouart** (pl. Cadet).

8 Brisset, mét. vérif.
Cesson (A.), peinture.
9 Bo'tin, maçonnerie.
Rozeau serrurerie.
19 Bache, serrurerie, appareils et sonneries électriques.
23 Mongy (A.), serrurerie.
25 Ramé, serrurerie.
26 Buat (Eug.), vérif.
41 Lamy (Alex.), peinture.
42 Walcker (H.), sonneries à air.
55 Ravenean, machines élévatoires et appareils d'arrosage.
57 Chapron (Lawrence), arch. ingénieur.
59 Blad, peinture.
51 Malot (V.), peinture.
55 Süllierre, architecte. Tous les jours jusqu'à midi.
Raynaud et Cie, app. à gaz.
58 Lorain (Ernest), mét. vérif. en menuiserie.
Lorain (Frédéric), mét. vérifical.
61 Chateau (D.) père, archit. expert.
Chateau (Alfred), architecte.
66 Moissant (N.C.), serrurerie.
67 Laynaud (Paul), succ. de Moreau, architecte.
69 St-Just et Léon Dru, font. sondeurs, ent. de puits artésiens.
70 Jouan (H.), arch. vérif.
Binant (A.), fab. de toile à décor pour peinture de panneaux et plafonds.
76 Nevous (Ch.), maçonnerie.
78 Delaplace (Victor), peinture.
82 Méland (J.), mét. vérif. spéc. en fumisterie.
88 Loudien, peinture.
90 Serre, menuiserie.

r. du **Rocher**
(8e arrond., pl. du Havre).

8 Sauchart fils, serrurerie.
Baxter, peinture.
16 Petit, peinture.
20 Noirot-Lemay, peinture.
23 Nessi et Paganetti, fumisterie et caloriferes.
24 Guilland (F.), couverture.
34 Cailloux, menuiserie.
36 Picard (Eug.), M.V. spéc. en peinture.
Leroy fils, peinture.
38 Romero fils, fumisterie.

40 Tissier (G.), fumisterie
Renoz (F.), sculpt. d'ornem.
carton pierre, nouveau
procédé de dorure.
42 Impasse Dasy.
5 Hugonenc, serrurerie.
8 Logeard, serrurerie.
45 Calau, marbrerie.
Natter, peinture.
61 Lefuel C. ✳, arch. de l'Empereur, du Louvre et des
Tuileries.
62 et 64 Leture et Baudet, ent.
de serrurer.e, construct.
en fer ; fab. de persiennes
en fer à lames mobiles.
74 Mérard, menuiserie.
83 Didion, rampiste.

r. de Secrol
(10° arr. St-Vincent-de-Paul).
1 et 6 Rouan (v°), menuiserie.
14 Gervais, menuiserie.
19 Gontier, menuiserie.
19 Levet, rampiste.
21 Delebarre (Jules), arch.
vérif.
Turquois, peint. et décors.
23 Pilot (Eug.), arch. vérif. ré-
daction d'affaires con-
tentieuses. — Tous les
jours jusqu'à 10 h.
Simon, arch. vérif.
Doman, arch. vérif.; mardi,
jeudi et samedi, de 8 à
11 h.
Lefrançois, ing. civil.
23 Lecronier, peintre décorat.
et filage.
24 Turenne (B.) fils, couverture et plomb. plombage
du zinc brev. s. g. d. g.

r. Rodier
(9° arrond. Rochechouart).
1 Morey (H.), fondeur.
4 Transline, serrurerie.
10 Gandolle, arch. vérif.
11 Gouzon, tourneur en bois.
24 Geslin, serrurier-construct.
28 Renaerf (C.) ✳, arch. ingénieur.
Dulbin (Georges), architecte.
35 Adam (Alphonse), archit.
41 Profit-Steckel, peinture.
53 Waker et Cie, appareils à
gaz.
55 Barthélemy, compteurs à gaz

r. du Roi-Doré
(3° arrond. Marais).
6 Prodlet, ardoises p. billards.

aven. du Roi-de-Rome
(Arc de Triomphe de l'Étoile).
58 Natal (A.), photographie
pour les constructions.
87 Sacristain, entr. de terrassements et trav. publics.

r. du Roi-de-Sicile
(4° arrond. r. Vieille-du-Temple, 14).
18 Dorliat, entrepos. des chaux
hydraul. naturelles des
usines de St-Roch à Mussy
(Aube), ciments, romains,
Vassy, Molme et Portland,
Carreaux de faïence et fab.
spéciale de carreaux de
plâtre, bruts et lisses.
18 Sanguin, tôlerie.
22 Mahay, couverture.
24 Forgues (E.), menuiserie.
31 Cherbonnel, maçonnerie.
Mercier, peinture en lettres
et décorateur.
Lange (Ch.), couleurs.
34 Veval, couverture, plomb.
pompes.
47 Rosenfeld, fab. de pompes.
49 Gioffinon jeune, couv. plomb.
pompes et gaz.
51 Baux, maçonnerie.
Simon, mét. vérif.
52 Roche (J.), fumisterie.
58 Masterman, peintre en
décors.

r. de Romainville
(Belleville).
8 Guyard, mét. vérif.

r. de Rome.
3 D'herbecourt, archit. insp.
aux travaux du Palais de
Justice.
9 De Metz, arch. expert, membre de la commission des
logements insalubres de
Paris. Mardi et vendredi
de 8 h. à 11 h.
23 Salleron (Léon), arch. de
la Ville.
11 Texier ✳, maçonnerie.
42 Carbonnel (F.), maçonnerie.
45 Leroy (L.), archit. de la ville
et des hospices de Bernay
(Eure), lundi mardi mer-
credi et jeudi de 8 heures
à 10 heures.
50 Petit de Villeneuve, arch.
expert, mardis, jeudis et
samedis de 9 h. à 11 h.
Clarin (J.), entr. de trav.
publ.
58 De Broker (G. B.), arch. ingénieur.
Béranger (Félix), serrurerie.
62 Hervey-Picard, arch. ingén.
Lundi et vendredi de 9 h.
à 11 heures.
Ghilain, ing. civ.
70 Lance (C.), peinture.
83 Claitte (F.), architecte.
Hanon (P.), entr. de stuc.
115 Stilmant, ingén. civil.
119 Clarin (Jules), entrep. de
trav. publics.

Agence Chaptal.
119 Train, architecte. Mercredi
et vendredi de 10 à 11 h.
127 Correy (J.) et G. Cacheux,
métreurs vérif., attache-
ments de maçonnerie.

r. des Mondeaux (20° arron.)
21 Picard, maçonnerie.
82 Poirier, rampiste.
92 Molane (Ch.), couv. plomb.
zinc.

r. Roquépine
(8° arrond. Élysée).
6 De Sermet O. ✳, insp. gén.
des ponts et chaussées.
7 Gallopin, serrurerie.
7 et 16 Leroux, menuiserie.
14 Meunier, serrurerie.

aven. de la Roquette
(11° arr. r. de la Roquette, 128).
11 Lefèvre aîné, maçonnerie.
13 Maigne fils et Renard, fab.
de soufflets de forges.
Vidal, serrurier mécanicien.
15 Paquignon (L.), maçon.
24 Espinasse, métaux.
23 Boghi, peinture.
25 Boiton, fourneaux d'usines.
Drazeon (V.), mét. vérif.
peinture, couverture plomberie.
30 Prost fils, fab. de rivets et
boutons.
35 Sauvage fils, couv. plomb.
zinc.

r. de la Roquette
(11° arrond. de la Bastille au
Père-Lachaise).
2 Lange (C.), arch. vérif. mardis, et samedis de 8 h.
à 11 heures.
Borgniet (J.), fab. d'ardoises.
11 Anzelles, fumist. et tôlerie.
20 Bonnale, grosse quincaillerie, métaux, fourn. de
plomb. et fab. de pompes.
Tissier, maçonnerie.
Pranet, fourn. de cuisine,
cheminées, calorif. et tôlerie.
24 Laruelle fils, fab. de soufflets de forges.
26 Brocard frères et Duchenne,
manuf. de poêles et pan-
neaux en faïence et bis-
cuit, moul. en cuivre.
27 Lacaux, poteries.
31 Magnier, serrurerie.
31 Engel, panneaux et poêles
en faïence.
35 Moulin jeune, fourneaux
et calorifères.
36 Elière fils, poterie.
39 Frion (L.), marbrerie.
Roland, découpeur en bois.
Mahé, couverture.
41 Dufailly, sculpteur mouleur.

43 Barbieri (P., poêles et panneaux en faïence, poteries de bâtiment.
Sartorio et fossi, fumisterie.
Paulin, fab. de tuyaux de sonnettes et porte-voix.
Pinta, serrurerie.
Colin, fab. de crochets de gouttières.

45 Astruc, fab. de crochets de gouttières.

46 Griffeuille, tôlerie.

47 Barrié aîné, const. de fourn. et chemin. d'usines.
Lecomte, fourneaux économ.

49 Sartini, mouleur figuriste.

51 Schlosser, serrur.-mécanicien.

52 Biergensel, découpeur en bois.

53 Duchamps, serrurerie, fab. de jalousies, stores en fer.

53 Daubenton et Cie, fab. de colliers à charnières.

55 Goubet, crochets, outils et pièces pour pompes.

57 Gossin frères, statuaires ornemanistes, terre cuite.

59 Gits, marbrerie, spéc. pour coulisseaux, sonnettes et poignées.

61 Simonet, fab. de pompes et robinets.

65 Espinasse, fab. de briques et poteries.

69 Paquignon (L.), maçonn.
Cadet (E.) et Cie, fab. de robinets et tuyaux à joints élastiques.

74 Mangin père et fils, fumisterie.

79 Maillard, fab. de rideaux d'escaliers.

88 Ribouleau fils, serrurerie.
Frémont, fab. de doré pour les papiers peints.
Houzé, peinture sur terre.

90 Varlet fils, fab. de tôlerie estampée.

92 Gamelin, peinture.

96 Hochard, fontes de bâtiment, de fumisterie et de ménage.

115 Duplavinage fils, mécanicien, presses et pompes hydrauliques.

115 CITÉ INDUSTRIELLE.

7 Togni (Auguste), verres à vitres.

8 Meylon, marb. tourneur.

14 bis Monié, peinture.

45 Regnard, couverture.

25 Doué J., const. mécanicien, machine à vapeur et broyeurs.

29 Lefèvre (J.), maçonnerie.

36 Hurbe, maçonnerie.
Mautin, marbrerie.

120 Courcelles (A. de), papiers peints.

122 Maréchal, menuiserie.

123 Boiton, marbrerie.

125 Godet (P.), marbrerie.
Vermond, doreur sur bois.

127 Bonzin, marbrerie.

128 Bertrand, marbrerie.

129 Egloff, marbrerie.

133 Delrieu, fourneaux.

140 Colas, sculpteur ornem.

152 Rougier, horticulteur.

153 Damien, marbrerie.

155 Hamelin (X.), marbrerie.

156 Lambrecht, marbrerie.

157 Chambroy, marbrerie.

158 Lacaze, marbrerie.

159 Bougeant, serrurer., grilles.

160 Boiton dit Latour, marbrerie.

161 Blanchon, marbrerie.

162 Parisé-Deutsch, marbrerie.

163 Admant, marbrerie.

164 Genest, tourneur en pierre et marbre.

165 Marc, marbrerie.

167 Sauveplane, marbrerie.

169 Bordes, marbrerie.
Budelot, marbrerie.

170 Roche, marbrerie.

171 Commesse, marbrerie.

172 Compte aîné, serrurerie.
Deseille, marbrerie.

173 Cané, marbrerie.

174 Cabot, marbrerie.

175 Aubé, marbrerie.

176 Besson (Paul), marbrerie.
Bougeant, serrurerie, grilles.
Routière fils aîné, peintre verrier.
Faivre, serrurerie.

177 Debergue, marbrerie.

178 Chaumette, marbrerie.

179 Lefèvre, fab. de grilles.
Guérin, marbrerie.
Mounier, couverture.
Van Haveskercke (Eug.), mét. vérif. spécial pour trav. de cimetière.

180 Devoisine, marbrerie.

181 Beuvrier, marbrerie.
Larblot, marbrerie.

182 Bourdon, marbrier.

185 Biot frères, marbrerie.

186 Foucher (Vve), marbrerie.
Dondeau père et fils, marbrerie.

188 Avon, marbrerie.
Bougeant, serrurer., grilles.
Lefaux, marbrerie.

190 Jolly fils, marbrerie.
Lamblin, marbrerie.

192 Fouillet, marbrerie.

194 Maillochon fils aîné, sculpture et marbrerie.

196 Guérain, marbrerie.

200 Lebègue (B.) et Gendres, marbrerie.

r. des Roses (18e arrond.).
(anc. r. des Rosiers-Chapelle).

5 Vost, ent. de terrassements.
Hamon et Ginot, entrep. de vidanges.
Langlois, fumisterie.

9 Lefort (Eug.), maçonnerie.

10 Touzard (Henri), architecte.
Mardi et vendredi jusqu'à 11 heures.

r. de la Rosière (15e arr.).

9 Lemoine, menuiserie.

r. des Rosiers (4e arrond.).
(r. Vieille-du-Temple, 40).

2 Grougnet et Boivre, peinture et papiers peints.

6 Resteilini frères, fumisterie générale.
Brouillet (J.), menuiserie.

12 Caillette, fab. de robinets et garde-robes.

27 Mazet, maçonnerie.

30 Hirsch, expéditionn. ire.

35 Touret, peinture.

42 Lasselannes (Ant.) avec de Charles, fab. d'instruments de précision pour les sciences.

54 Champsal, maçonnerie.

r. des Rosiers (Montmartre).

5 Fichy, menuiserie.

r. Rossini (anc. Opéra).

8 Beauvillain (Ch.) et Neprou (Emile), architectes Mardi et vendredi de midi à 2 heures.

place Roubaix (10e arrond.).
(chemin de fer du Nord)

21 Danriac (H.), plâtrier.

23 Thorel, arch. vérif.

24 Castel O, ing. civil.

24 Carcenat (Eug.), ing. civil.

r. de Rouelle (Grenelle-Paris).

55 Pellabout, moulures en bois.

57 Gamlunnet, march. de bois.

58 Barra, charpente.

r. des Rouen (Villette).

3 Sartorio, fumisterie.

r. Rougemont
(9e arrond. boul. Poissonnière)

4 Joly et Cie, calorifères.

7 Gellin, fab. de stores.

9 Boutillier, app. à gaz, et garde-robes.

12 Pinchon (Alex.), arch. insp. de la ville de Paris.

13 Demory, architecte.

r. du Roule (Pont-Neuf)

7 Abar, appar. à gaz.

20 Granderie, peinture.

89

r. **Roussel** (Batignolles).
(17e arrond. plaine Monceaux).
13 Becquet, rampiste.
   Mospha, menuiserie.
16 Roussel (H.) (N.C.), serrurerie et constr. de grands trav. en fer.

r. **Rousselet-Saint-Germain** (7e arrond.)
9 Prempain (Ch.), architecte.
17 Vivier, pavage, trottoirs, égouts et terrasse.
32 Rouyre, fumisterie, fourneaux et appar. de chauffage.
35 Lévêque (A.), treillageur, châssis, claies, caisses à fleurs et serres.

r. **Roussin** (6e arrond.)
3 Forgeron, serrurerie.
7 Marie (Léon), peinture.
35 Milleret ainé, maçonnerie et puisatier.
81. Dechard, menuiserie.
83 Sorets, architecte. Mardis, jeudis et samedis jusqu'à 11 h.

r. **Rouvré**
(anc. r. de Calais-Villette).
7 Baudinet, charpente.

r. **Roy** (8e arrond.).
anc. r. St-Jean-Baptiste.
1 Laporte, chaudronnerie.
2 Dillé, menuiserie.
9 Droeling O. ✳, insp. gén. des ponts et chaussées.

place **Royale**
(4e arrond. Marais).
5 Rouard, arch. réviseur des trav. de la ville.
9 Delgrange, architecte. Mardi et vendredi jusqu'à 11 h.
15 Union centrale des Beaux-Arts appliqués à l'industrie.
20 Legeley, flor. sur bois.

r. **Royale-Saint-Honoré**
(8e arrond. Madeleine).
6 Dorozy frères et Cie, maîtres de forges.
10 Salazard (Ch.), cuirs repoussés anciens et modernes, papiers peints.
13 Bande O. ✳, insp. gén. des ponts et chaussées.
18 Soupir fils, papiers peints.
20 Laureau frères, serrurerie, et fab. de coffres-forts.

r. **Royale-Villette**
4 Aubert, architecte-géomètre.
3 Bertholet (A.), arch. géom.
   Vente et location de terrains.

4 Bignon, peinture.
6 Appert, ing. civil.
7 Bréhier (E.) fils, chaudronnier constructeur.
12 Bouillet, couverture, zinc et bandes en zinc.
14 Guillaume-Parisot, scierie mécanique.
27 Flament, menuiserie.
29 bis. Lelong, plâtrier.
31 Barras (J.), bois de sciage.

r. **Royer-Collard**
(5e arr., boul. Saint-Michel).
3 Pecqueur (Ch.), architecte.
9 Régnier (L.), peinture et décorations.

r. **Rubens** (boul. de l'Hôpital).
3 Dufrien, cordages.
10 Joly et Cie, papiers peints.

r. du **Ruisseau** (Montmartre).
(18e arr., r. Marcadet, 130).
3 Hérand, maçonnerie.
17 Naudot, peinture.
31 Boulland, fab. de limes.
42 Bérard et peinture.
62 Corhard, peinture, papiers peints et couleurs.
95 Vidal, charpentier.

r. des **Sablons** (Passy)
(anc. r. des Bornes).
30 Dumas et Trixier, maçonnerie.
38 Legrand, maçonnerie.

r. du **Sabot**
(r. du Four-Saint-Germain).
3 Gervais, peintre fileur.
   Loiselle, serrurier.
4 Ménage et Blain, menuiserie.
6 Sauvanaud, maçonnerie.
8 Labelouile, menuiserie et jalousies.
   Larsonnier fils, fumisterie.

r. **St-Ambroise-Popincourt**
(11e arr. boul. du Prince Eugène).
9 Caudère (F.), tôlerie, chaudronnerie.
11 Appay (N.C.), ent. de trav. publics, pavage, bitume, trottoirs et égouts.
17 Poulet et Deattre, fab. de produits chimiques désinfectants.
25 Guignard, menuiserie.
27 Depardon (A.), architecte, mardi, jeudi et samedi avant midi.
   Dandin, ing. civil mécanicien-constructeur.
   Bonnier, peinture.
29 Belzanne (Pierre) jeune, maçonnerie.

20. Sabrout, maçonnerie, brev. s.-g.-d.-g. pour les hourdis en panneaux briques creux hermétiques.
33 Roufflet ainé, mécanicien.
37 Maurani (A.), dessinateur en archit. et pour brevets.

r. **Saint-Amandine** (Marais).
3 Chemin (Edmond), architecte inspect. des trav. de la Ville. Jeudi et samedi, de 4 à 5 heures.
   Hospital (Pierre), fumisterie.
6 Couchouay, verres à vitres.
7 Cammel (J.), publicité, confection d'adresses et distribution.
13 Le-broussart (L.), menuis.
   Mugnier, rampiste.
16 Frenkel, peinture.

boul. **Saint-André**
(place Saint-Michel, 6e arr.).
1 Davioud ✳, archit. en chef du serv. des promenades et plantat. de Paris, et des théâtres de la place du Châtelet.

r. **Saint-André-des-Arts**
(place Saint-Michel).
27 Chazottière, peinture.
33 Weyland (Ed.), architecte. Mardi, jeudi et samedi de 8 à 11 heures.
37 Beynet, couverture, plomb. zinc et gaz.
51 Bourlier, greff. de bâtiment.
45 Schaire, architecte.
   Lalo (Louis), ingén. civil.
   Malaure (Joseph), succ. de son père, rocailleur.
50 Barrault (Edm.), architecte. Le matin avant 9 heures.
   Malaure jeune, rocailleur.
52 Moléon, ing. civil.
   Sabourin (Eug.), peintre en lettres.
60 Bertaut, peinture et dorure.
62 Nouzillet, serrurerie.

r. **Saint-André**
(Charonne, 20e arrond.).
7 Banessien (Th.), marbrerie et monuments funèbres.
11 François (F.), maçonnerie.

r. **Saint-André-Montmartre**
(18e arr., Clignancourt).
15 Langlois Eug., serrurerie.
19 Boucher (B.-F.), peinture.
25 Mercier, marbrerie.

r. **Sainte-Anne**
(Palais-Royal).
9 Birault (Gustave), fab. d'enseignes.

18 Ouradou (Maurice), archit.
  inspecteur des travaux des
  monuments historiques et
  de la cathédrale de Paris.
18 Ethié, ent. de peinture.
21 Botte, peinture.
22 Loriont, doreur sur bois.
  Otten, peintre en décors.
23 Havard et Loyer, fab. de
  garde-robes et sièges inodores.
25 Verrier, quincaillerie.
28 Bouchard, frères, ent. de
  serrurerie ; nouv. syst.
  de sièges inodores.
29 Lapito ✳, peintre artiste.
  Pécron (Gust.), écritures et
  autographie.
30 Coindet, menuiserie.
34 Augeron, doreur sur bois.
  Perot, peinture.
43 Duval, couv., gaz et garde-
  robes.
46 Bosquet, papiers peints.
49 Boiste, fab. de lettres.
49 bis Landry, mét. vérificat.,
  spéc. en serrurerie.
51 bis Compagnie barométrique,
  nouv. syst. de vidanges
53 Goulet (B.), peinture.
  Hobert, tapisserie.
59 Lavoncourt fils, peinture.

**faub. Saint-Antoine**
(de la Bastille au cours de Vincennes).
9 Petit, ornements pour appartements.
11 Robiot et Noury, ornements
  pour appartements.
13 Debeanvais, quincaillerie.
16 Piédefert, ébénisterie.
24 Cogin, marbrerie.
  Chandonfils, vieux fers.
  Prieur (G.), doreur sur bois.
  Beaujon, tapisserie.
  Revol, découpeur à la mécanique.
27 Jungfleisch, serrure, écritures et moulures.
29 Marie, quincaillerie.
30 bis Cormier (L.), fab. de
  meubles et tapisseries.
38 Lenoble, tapisserie.
38 Van-Belthoven, ébénisterie.
38 bis Guibillon, serres à vitres.
40 Bolny jeune (s.c.), ébénisterie et tapisserie.
42 Roll, ébénisterie.
45 Auzilles, fumisterie.
  Boulon, tôlerie.
  Delmas (Vve) aîné, métaux.
  Coar Saint-Louis.
3, 5 et 13, Chauvin (J.), fab.
  de crochets pour gout-
  tières et tuyaux, bri-
  des et boulons. Outils
  pour plombiers, couv-
  rie. et gaziers.

47 Fruter, verres à vit. et glaces.
50 Meynard fils aîné, ébénist.
50 Berteau, tapisserie.
53 Kurtz, moulures en bois.
55 Quetin (Victor), dessinateur
  pour l'ameublement.
  Vignes frères et Delaunay,
  bois des îles.
56 Martin aîné, marbrerie.
  Houillon, ornements pour
  appartements.
64 Hubel, ébénisterie.
66 Mathas, peinture.
  Virhaus, ébénisterie.
67 Go¹py, peinture.
71 Berlin, serrurerie.
  Bac, miroitier, doreur.
74-76 Racault (H.) et Cie, ébénisterie.
75 Rouchonat j¹ (N.C.), verres
  à vitres.
  Giroux, marbrerie.
81 Houchez, miroiterie.
89 Berton, miroit. et dorure.
91 et 93 Alexandre jeune, glaces et dorures.
95 Dugourd, miroiterie, cadres
  et dorures.
  Souverain, découp. en bois.
97 Lebesgue (Ernest), quincaillerie.
  Perin ✳ et Cie, construct.-
  mécaniciens, machines-
  outils.
98 Petitpas, menuiserie.
99 Cronfalt, tapisserie.
106 Jaand jeune, serrurerie et
  charpente en fer.
107 Ernest, papier de verre.
109 Canvet, miroiterie.
115 Achille (J.), fab. et march.
  de papiers peints.
  Dubois fils j¹ et Dordor,
  bois.
  Meyer, bois des îles.
116 Regnier (Ch.), peinture.
119 Achard, meubles sculptés.
127 Goekler, ébéniste.
139 Barbault (F.), serrurerie.
155 Prouteau, serrurerie et
  charp en fer.
  Dupont, peinture.
159 Martin, peinture.
159 PASSAGE ST-BERNARD.
  1 Roger (Émile), fab. de
  jalousies à châssettes, et
  ornements en bois dé-
  coupés.
  7 Bauchet, fab. de jalousies et ornements en bois
  découpés.
  15 Baissière, menuiserie.
  18 Parfond, serrurerie.
161 Lafarthe, peinture.
163 Grosfils, peinture.
168 Mignart (L.), app. pour le
  gaz, plomb, zinc, lavabos
  pour coiffeurs.
  Moreau, doreur sur bois.

179 Mercier, peinture.
191 Menard, fab. de scies.
199 Trouillon (Stan.), peinture.
201 Fouquet, fab. d'app. pour
  l'éclairage et le chauffage au gaz ; couvreur,
  zinc.
213 Fortin, app. à gaz.
223 Deslossé et Karth, fab. de
  papiers peints.
236 Pass. du GÉNIE (V. Génie).
246 Roger et de Roth, papiers
  peints.
247 Paradis e¹ B²guin, menuiserie.
  Gonsse, peinture.
253 Legros (Hilaire), maçonnerie.
271 Dumont, peinture.
275 Bezzolt, papiers peints.
278 Guilbert, dessinateur.
289 Lagoutte et Briet, ent. de
  serrurerie et charp. en fer.

**r. Saint-Antoine**
(4e arrond., de la r. de Rivoli
  à la Bastille).
94 Châtre, serrurerie.
98 Roger et Tetrel, appareils à
  gaz, plomb et pompes.
102 Dagoy, menuiserie.
  Moulin, app. de chauffage.
110 bis Nidoux, tapisserie.
113 Déjouhet, maçonnerie.
124 Courtoy, cordages.
130 Duval, menuiserie.
139 Revillon, serrurerie.
153 Fonquet, couverture, gaz.
  Gaulard, fab. de vernis.
155 Lapeyre, démolitions.
159 Cieralin, menuiserie.
164 Togni (Alex.), diamants
  pour vitrier.
170 Laidenfrost (Philippe), arch.
  sous-insp. au trav. de l'é-
  glise St-François-Xavier.
  Charbonnier (F.), arch.
  vérif.
  Bénaud, couvreur.
189 Maubert (Félix), peintre en
  décors.
193 Lemarchand, couleurs.
195 Tognand, maçonnerie.
  Berlin, peinture.
  Gaidrot, ébénisterie.
196 Bellan, fab. de stores.
200 Renault (G.), arch. vérif.,
  insp. au chemin de fer
  de l'Ouest.
205 Huly, ébénisterie.
208 David, Buisson et Cie, association coopérative des
  ouvriers maçons et tail-
  leurs de pierre.
214 Desmuyck et Ponsard,
  métr. vérifical.
214 Contamin, ing. civil.
232 Marchand, père et fils, fers.

**r. Sainte-Appoline**
(porte-St-Denis).

2 Leblanc, ing. civil, brevets.
Destoureleur (Paul), peinture.
3 Coupy, serrurerie.
5 Brisebat, vérificateur.
6 Drouin jeune, grillageur.
42 Demoulier, arch. Tous les jours, de 1 h. à 2 heures.
16 Gravereaux, menuiserie.
Carne, fab. cordier et d'appareils gymnastiques en tous genres (à partir du 15 mai 1869, r. St-Denis, 365.

**r. St-Armand**
(2e arrond., place Vendôme).

8 Compagnie générale des Eaux.
11 bis. Violet (Adolphe) [NC], entrepreneur de travaux publics (bureaux.)
Bureaux des carrières de Tinseau et Cie, de St-Ylie (Jura).

**pass. Sainte-Avoye**
(r. du Temple, 3e arrond.).

6 Fouquet, couverture.

**r. St-Benoît-St-Germain**
(r. Jacob, 6e arrond.).

5 Alouel (Amédée), archit. Lundi, mercredi et vendredi de 9 à 11 heures.

**pass. Saint-Bernard**
(Voy. faub. St-Antoine, 159.)

**r. Saint-Bernard**
(faub. Saint-Antoine, 11e arr.).

5 Lacour frères, maçonnerie.
9 Baron, couverture.
26 Messner fils, pap. peints.
44 Toulouze, peintre en décor.

**r. St-Blaise (20e arrond.).**
(anc. r. St-Germain.)

7 Lemaître, menuiserie.
16 Benoit, maçonnerie.
19 Renaud, couverture.
21 Chambert, couverture.
37 Philiponet, fab. de papiers peints.
47 et 49 Castel et Rivière, ent. de charpente bois et fer.
51 Vert, charpente bois et fer.
63 Chérouvrier, charpente.

**r. St-Bon (Tour St-Jacques).**

9 Gasnier, serrurerie.
11 Davinage, menuiserie.

**r. Sainte-Cécile**
(faub. Poissonnière).

4 Dubayon, tapisserie.

**r. de la Sainte-Chapelle**
(Palais de Justice).

3 Legnay (L.), arch. expert, ⓖ Exposit. univ. 1867, arch. de la comp. du gaz génér. de Paris; mardi, jeudi et sam., de 9 à 11 h.
13 Chambre syndicale générale des entrepreneurs de bâtiments.

**r. Saint-Charles-Chapelle**
(18e arrond.).

5 Rivollet, peinture.

**aven. St-Charles-Grenelle**
(15e arrond. Javel).

1 Appolony (J.), menuiserie, fab. de caves.
10 Caillet (Arsène), maçonn.
37 Morenne, briqueteur join-toyeur.

**imp. St-Claude (Marais).**

1 Lefalhour, menuiserie.
4 Lecaille (Henri), mét. vérif. en serrurerie.

**r. Saint-Claude**
(3e arrond., Marais).

4 Thais et Brunfaut, doreurs sur métaux.
6 Dumoulin (Scipion), fab. de colles.
6 Paillard (Vict.) ⚜, bronzes.
7 Grenon (F.), peinture.
8 Réunion des fab. de bronzes.
13 Allouard, arch. exp., arch. de compagnies d'assurances et près les justices de paix des 1er et 4e arr.
26 Mollier, architecte.
Degay fils, maçonnerie.
28 Bulte, doreur sur bois.

**r. Sainte-Croix-de-la-Bretonnerie (4e arr.).**

11 Lagneau, mét. vérif.
21 Drouin (J.) O. ⚜, produits chimiques.
34 Gerbox, menuiserie.

**boul. Saint-Denis**
(Portes St-Denis et St-Martin).

4 bis. Martin (V.), ent. générale de vidanges.
4 Jacquier, expéditionnaire.
18 Ganneron, menuiserie.
20 Moireau, papiers peints.

**faub. St-Denis (10e arr.)**

15 Fèvre, serrurerie.
17 Lenoir (H.), mét. vérif.
Dehoulle, serrurerie.
Henry, menuiserie.
17 Longet, peinture.
19 Pauvels, doreur sur bois.

19 Silly et Leblond, doreur sur bois.
21 Jeandrieu, fondeur, fab. de robinets, garde-robes, pompes, etc.
21 Lasserre, peinture.
Porte fils, mét. vérif.
24 Lecointe et Cie, peinture, dorure et miroiterie.
24 Pitet aîné et Lidy, brosses et pinceaux.
35 Lefoy (v.), écritures et calculs pour le bâtiment.
38 Gousull, marbrerie.
43 Tronquoy (Cam.), ing. civil.
54 Baillet (Émile), arch.
Rosier père [NC] et fils, manufacture d'appareils pour le gaz.
Sharre, peinture.
Collet, sculpteur orneman.
55 Chuwab, ing. civil.
56 Malharbet, serrurerie.
57 Biforet (A.) et C. Mora, fab. d'appareils électriques.
Bigot, marbrerie.
61 Brela (Jules), décorateur en bâtiment.
61 Pasques, miroiterie, doreur.
Baudru, doreur vernisseur sur métaux.
62 Bony, peinture.
Raet, tapissier.
64 Quirogne, menuiserie.
65 Noblet, dor. sur métaux.
67 Haguenier, peinture.
68 Berlin, quincaillerie et serrurer. p. meubles et bâtim.
71 Biozot, menuiserie.
Riocrot, fumisterie.
76 Pinot (Ch.), arch. exp. à la justice de paix du 13e arr. Mardi, jeudi et samedi de 8 à 11 h.
77 Landry, serrurerie.
Gianella fr., verres à vitres.
78 Avisse, peintre en décors.
79 Jumelle, maçonnerie.
Derrasse, menuiserie.
81 Malamy, serrurerie.
Geslain, menuiserie.
83 Bondeaux, boule panoramas.
84 Binaux (Alexis), arch. vérif.
85 Conchon, peintre décorateur.
86 Danand, modeleur en bois.
Diamand, ferblanterie.
87 Brasseur (Ed.), menuiserie.
89 Brot (Léopold) (N.C.), miroiterie et dorure.
90 Constans (Hipp.), archit. exp.
91 Fosnon, peinture.
98 Dehaut, boulons, rivets et crochets de gouttières.
99 Bach-Pérès et Cie, peint., décors, fab. de stores.
103 Adan (Eug.), peint. artiste décorat., stores et vitraux.

104 Barbieri et Cie, fumisterie.
106 Lecoq, peintre d'enseignes.
110 Sautejean (E.), architecte. Mardi, jeudi et samedi de 9 à 11 h. du matin.
126 Mousset, serrurerie.
130 Gugnon fils, verres à vitres en gros pour bâtiments et tous autres usages. — Verres mousseline, verres peints et gravés.
132 Vinaux (H.), et Cie, maîtres de forges.
Gaillard et Haillot, const. de calorifères–Chaussenot.
137 Brayer, menuiserie.
140 Bourgeois, fumisterie.
140 Zulling, artificier.
145 Thiébaut (Victor) ✠, fondeur, fab. de robinets. — Dépositaire et fab. des appareils de distribution d'eaux système Ch. Douchain.
146 Wallerand et Cie, extincteur des incendies.
148 Lhomer, serrurerie.
Bontant et Coutureau, maçonnerie.
Bois (V.), menuiserie.
Roudoni, fumisterie.
Candelot père, ciment antinitreux, enduit hydrofuge.
Michel — Greyveldinger, broyeur et bétonnière, fab. de compteurs à eau, système Pioz.
Tacon et Cie, fab. de garde-robes inodores (système divisenr), ent. de cour, plomb. zinc et gaz.
155 Pernelle, ing. géom.
156 Masserano (P.) fils aîné ✠, fab. de stores, jalousies, treillages, ornem. en bois découpés et chalets.
157 Jolot (Marc) ✠, arch.
Michaud (Edm.), ing. civ.
162 Pain, serrurerie.
Chevalier (maison), appr. de chauffage et d'économie domestique.
Thiébaut (Victor), sculpt.
176 Brugnot (L.), représent. M. Jacquet (E.) pour ses carreaux hydrauliques.
178 Lhomme, converture.
Lanney, menuiserie.
182 Libessac, sculpt. ornemaniste.
Seguier et Cie, mécanic.
184 Gendry et Robillard, serruriers, const. en fer.
185 Wallart (P.), menuiserie.
Commeau (Ch.), peinture.
Georges, charpente.
405 Lefort (Sulpice), maçonn.
88 Bardy, menuiserie.

188 Pique aîné, métr. vérific. expert de la Chambre des entrep. de menuiserie et expert en menuiserie.
Saunier (A.), arch. vérif.
Birgioni, mét. en bâtim.
Aubriat, verres à vitres, verres mousseline peints et gravés.
Villain, serrurerie.
192 Daubigny fils, arch. vérif.
Denoyer, menuiserie.
202 Georges, charpente.
204 Lamy et Cie, menuiserie.
206 Bruno, serrurerie et charp. en fer.
210 Bochet (Jean), ent. de démolitions.
222 Séchage immédiat des constructions nouvelles et anciennes. M. Ligny, directeur.

r. Saint-Denis (de la place du Châtelet à la porte Saint-Denis).

20 Lacome (L.), arch. expert, inspect. des trav. publics et de la ville de Paris. — Mardi et vendredi de 10 heures à midi.
121 Diot, peinture.
168 Clément, toiles cirées.
173 Résillion, peinture.
201 Forster (Fr.), serrurerie.
244 Lacrenu, menuiserie.
248 Marin, toiles métalliques.
250 Curel jeune, serrurerie.
257 Fiat (V°), fab. de couvre-joints en zinc.
271 Guignard (A.), serrurerie.
277 Douvion, peinture.
278 Carcassonne, peinture.
290 Lemaistre-Toussaint, arch. invent. du Ventilateur continu et désinfectant.
309 Poix (Amédée), app. à gaz.
311 Lucas, menuiserie.
Victor Morin, fab. d'enseignes en tous genres.
313 Manufacture des glaces et prod. chim. de St-Gobain.
345 Petit (A.), miroiterie, cadres et dorure.
321 Roswag ✠ et fils, toiles et tissus métalliques.
338 Lecrosnier, toiles et tapis cirés, bâches imperméabl.
341 Pasty, maçonnerie.
Leblond-Watean, serrurer.
Vercellin, menuiserie.
345 Marschal, menuiserie.
347 Leblond (G.), serrurerie.
Dalloz, représ. M. Ignace Salva, fab. de parquets à Annecy (Haute-Savoie).
351 Anvian, fabric. de lettres en relief et écussons.

356 Devez, fab. générale d'enseignes et de stores.
357 Baudry (M.), miroiterie et cristaux de bâtiment.
Berteloot, serrurerie.
Bourgouin, menuiserie.
Leblois, peinture.
360 Periol, serrurerie.
361 Berloux, doreur sur bois, fab. d'ornements d'églises et d'appartements.
Thiphaine et F. Bourdonneau, cordages et articles de gymnastique.
365 Carne, fab. cordier et d'appareils gymnastiques en tous genres. (Au 15 mai 1859.)
367 Aliv, grillageur.
369 Tournadre, diamants de vitriers.
371 Duquêne, fab. d'enseignes, lettres, écussons et drapeaux.
374 E. Melon de Pradou, G. Lecoq et Cie, const. d'usines à gaz.
Lecoq frères, fab. d'appar. et plomb. pour le gaz.
Tricas (V°), fleurs artific. pour fêtes.
375 Raoult et Bamfinet, vente de fonds et maisons.
376 Canape (E.), peinture.
380 Nohan, peinture et réflecteurs de jour.
Cristoforoni (J.), peinture.
Peyen, appareils à gaz.
390 Moreau et Brenil, couleurs et vernis.
395 Ménissier (A.), quincailler.

r. St-Denis–St-Antoine (près le Trône.)
3 Mongenot (J.), sculpteur orneman., carton pierre.
44 Montjoye (L.), maçonnerie.

pass. Saint-Dominique (Gros-Caillou).
8 bis Pinon, menuiserie et jalousies.

r. St-Dominique–St-Germain (7° arr. De la r. des SS. Pères au Champ-de-Mars).
7 Leblond, menuiserie.
16 Perrot ✠, ing. civil.
18 Rousselle ✠, ing. en chef des eaux et égouts.
21 Fay, représ. la société des ardoisières de Deville-St-Barnabé (Ardennes).
23 Lavigne-Duval, serrurerie.
Barral et Deréé, sculpteurs d'ornements.
Delron jeune, peintre verrier.
Fostier, menuiserie.
Riquier, peinture.

26 Delarteux, peinture.
33 De Labry ✠, ing. des ponts et chaussées.
51 Cabat, O. ✠, peintre artiste.
56 Allès, menuiserie.
69 Mangon ✠, ing. en chef des ponts et chaussées.
71 Brame, ing. des ponts et chaussées.
84 Avril O. ✠, insp. général des ponts et chaussées.
91 Levallois, O. ✠, insp. gén. des mines.
Bourreille (de), O. ✠, insp. gén. de mines.
96 Reynaud (Léonce), O. ✠, insp. gén. des ponts et chaussées.
100 Delapierre, arch. vérif. des bâtiments de la Couronne, des trav. publics de la ville de Paris.
102 Peever, couvert., plomb. et appar. inodores.
Doix, peinture.
108 Pellet et Arnoux, menuiserie.
134 Ries (Charles), couverture, plomb., zinc et gaz.
136 Galimé, architecte. Lundi, mercredi et vendredi de 11 h. à 4 h.
141 Lecomte, arch., contrôleur des trav. de la Ville.
447 David (Just.), anc. minéraliste marbrier.
446 Grange, couverture.
449 Larche, peinture, décors et dorure.
450 Camus, couv. plomb. zinc, appar. à gaz, plomberie et garde-robes.
461 Duzbot (A.), arch., ancien contrôl. des bâtiments de l'hôtel imp. des Invalides. Tous les jours, lundi excepté, jusqu'à 11 h.
Delaunay (V.), peinture et papiers peints.
Gasse, fumisterie.
467 Desir (H.), menuiserie.
Boutreux fils, couverture.
468 Kowalski (J.-A.), archit.; tous les jours de 8 à 10 h.
Battu (Vve) et fils, peinture et dorure.
478 Leueur aîné, tonneaux d'arrosement.
479 Foussard, menuiserie.
483 Leblay, menuiserie.
497 Mazzoli et Deturco, dallages en mosaïques vénitienne et romaine.
Madroux, peinture.
490 Seyeux (N.C.), charpente, bois et fer et entrep. générale.
219 Menot (Francis), maçonnerie.

255 Oln (Edouard), arch. vérif.
225 Dupuis jeune, serrurerie et quincaillerie.
233 Girard (Alph.-Hypp.), arch. spécial pour constr. d'usines à gaz. Agence pour brevets.
Bourret-Marais, arch. v.
Bourret-Marais, peinture.

**r. Sainte-Elisabeth**
(3e arrond. Temple).
2 Giseys (E.), menuiserie.
4 Porta, fumisterie.

**r. Sainte-Eugénie** (ancien Petit-Montrouge).
8 Bouvier, charpente.
10 Hetaris, charpente.
44 Biagioni, fab. de moulures.
50 Bogian, sculpteur.

**r. Sainte-Euphrasie**
(Montmartre).
2 Hebert, maçonnerie.

**imp. Saint-Eustache**
(r. Montmartre).
4 Darnias, menuiserie.

**r. Saint-Fargeau** (20e arr.
Ménilmontant).
20 Croux et Cie, fab. de briques.
31 Canouil frères, briqueterie S. Fargeau.
40 Letalle, briques et poteries.
71 Delano-Letay (M.), fab. de briques.

**r. Saint-Ferdinand**
(17e arrond. Ternes).
6 Gignon (E.), serrurer. et charp. en fer.
8 Réguier, peinture.
18 Duche-ray, serrurerie.
Wright et Bunel, ent. de travaux publics.
23 Ferembach, menuiserie.
39 Ballet (Gust.), ing. civil.
40 Triper, serrurerie.

**r. Saint-Florentin** (pl. de la Concorde).
4 Le Breton O. ✠, insp. gén. des ponts et chaussées.
16 Emmahuc-Agasse, archit.

**r. Sainte-Foy** (Porte-Saint-Denis).
8 Magniat (Picard), maçonn.
43 Arnoult, serrurerie.
23 Portevin, menuiserie.

**r. Saint-Georges** (9e arr.)
7 Petit, peintre, expert.

9 Friker, arch. vérif.; mardi, mercredi et vendredi, de 9 h. à midi.
41 Leclaire et Cie, peinture.
20 Olive, archit. Lundi, mercredi et vendredi matin de 8 à 11 h.
37 Faucillon, fumisterie.
Foubert, tapisserie.
43 Bouquié, ing. civil.
48 Chevalier, graveur sur bois.
52 Lenfant, architecte.

**r. Saint-Georges** (Batignolles).
4 Bunel, couvreur, plomb. zinc.
31 Dumouza, architecte, chef du service du contrôle des voitures.
13 Cirot (Ed.), métr.-vérific. (peinture).

**boul. Saint-Germain**
(Musée de Cluny).
1 Archambault, fab. d'échelles.
Guillemet, menuiserie.
4 Mérieux (C.), marchand de sables.
7 Joret, architecte.
9 Lefanichon jeune, entrep. général de bâtiment.
11 Thinet (L.), couverture.
Marga (Eug.) (N.C.), marbrerie et marbres, ent. des travaux du nouvel Opéra.
Gabbani, fumisterie.
12 Delcos et Cie, marchand de menuiseries, sable et caillou.
13 Gebelin, fab. d'échelles.
14 Huguenin (Ch.), arch. insp. aux travaux de la ville de Paris.
31 Orlando, arch. vérif. Lundi, mercredi et vendredi jusqu'à 11 h.
38 Franc (A.), quincaillerie.
48 Estival (A.), couverture.
64 Radi (J.) aîné, architecte. Tous les jours, de 11 h. à 4 h., excepté les lundi et jeudi.
68 Charon, arch. vérif. Tous les jours de 10 h. à midi, dimanches, lundis et jeudis exceptés.
69 Couche (Et.) O. ✠, ing. en chef des ponts et chauss.
73 Diday, ing. en chef des mines.
74 Noel (Emile), arch. Mardi, jeudi et samedi, de 8 à 10 h. du matin.
76 Chevalier ✠, ing. en chef des ponts et chauss.
Menjot de Dammartin, architecte, inspecteur de trav. de l'Hôtel-de-Ville.

**84** Garnier (Ch.), ✠, architecte du nouvel Opéra ;
bureaux à l'agence des
travaux, r. Neuve-des-
Mathurins, 8.
**100** Belgrand O. ✠, insp. gén.
des ponts et chaussées.
Collignon O. ✠, insp. g'n.
es ponts et chaussées.
Imbert, fab. de compas.

**r. Saint-Germain-
l'Auxerrois** (1er arrondiss.).
**12** Vinet Odelin et Cie, fontes.
**38** Brassard, serrurerie.
**45** Mignaton, maçonnerie.
Marisni, menuiserie.
**56** Dufour, peinture.
Aragon, briques et carreaux.
**60** Moulinet et Thomas, ma-
connerie.
**66** Didier, menuiserie.
**68** Verdier, appar. à gaz.
**70** Bar, peinture
**72** Bourlier, menuiserie.

**r. Saint-Gilles** (Marais)
**6** Jolly, peinture.
**10** Gueys, serrurerie.
**11** Firvet (Émile), ing. civil.
**12** Descombz, arch. vérif.
**16** Guillemin (E.), dessinateur
industriel.
**47** Mousseron et Cie, appareils
de chauffage, foyers pour
cheminées, tuyaux uni-
taires.
Leglus Maurice, ébénisterie.
**18** Berthet, bronzes.
**24** Gastambide, bronzes.

**r. Saint-Guillaume** (7e arr.
St-Thomas-d'Aquin).
**20** Balette, métreur vérif.
**33** Alet fils, menuiserie.

**r. Saint-Hilaire** (Panthéon).
**45** Goislard, serrurerie, mécan.
spécial pour les stores.

**r. Saint-Hippolyte**
(St-Marcel).
**29** Mahieu ✠ et Paochet, bureau des travaux.
Breton jeune et Lorgueil-
leux, peinture.
Martre, calorifères ; fumisterie, fourneaux et chauffage de serres.

**cloître Saint-Honoré**
(Palais-Royal).
**6** Barazzetti, fumisterie.
**11** Lemèle, peint. et dorure.
**14** Laborde, serrurerie, const.
de chassis et charpentes
en fer.
**16** Perpereau, menuiserie.

**faub. Saint-Honoré**
(8e arrond.).
**19** Guillard (A.), serrurerie et
quincaillerie ; bronzes de
bâtim., ornements pour
écuries et selleries.
**22** Rabourdin, quincaillerie.
**26** Bouniceau, ing. des ponts-
et chaussées.
**30** Bigot, menuiserie.
**35** Pereire (Eug.), O. ✠, ing.
civil.
Pereire (Henri), ing. civil.
Rhoné ✠, ing. civil.
**43** Mariel ✠, ing. en chef des
ponts et chaussées.
**47** Lesoufaché ✠, arch. Mardis, mercredis, vendredis
et samedis, de midi à 2 h.
**57** Ombrecht, architecte.
Lhullier, menuiserie.
Bamboss (Jules), ingén. architecte. — Tous les jours
de 10 h. à midi.
**62** Hivert, papeterie.
**67** Tancé Ernest, peinture.
**75** Bougerie (Aug.) ✠, arch.
**77** Desjardins, serrurerie.
**87** Desgranges (A.), serrurerie
**88** Vaillant, archit. de la compagnie immobilière.
**90** Gaillard, archit. sous-insp.
aux travaux du Palais-de-
Justice.
**93** Cariotte (Ad.), arch. vérif.
**99** Mallard, métr. vérif.
**103** Raquet, peintre de lettres,
enseignes.
**105** Petizon (Eug.), ingénieur
civil.
**106** Nautre et Kerckhovt, peinture.
**108** Morio, peinture.
Thiercelin jeune, tapissier.
**109** Leroy, menuiserie.
**115** Godet, peinture.
**117** Pommier, menuiserie.
**cour St-Philippe.**
**87** Blondin jeune, pose de
sonnettes
**31** Depuène, serrurerie.
Thirion, peinture.
Morel, menuiserie.
**125** Bourgeois (C.), couvert. gaz.
Bessière frères, fumiste-
rie et tôlerie.
**127** Tavernier, architecte.
Jacquand ✠, peintre-artiste.
**139** Giacotti, fab. de stores
en tous genres.
**141** Amiot, peinture, dorure et
papiers peints.
**157** Leriche (Em.), architecte.
— Mardi, jeudi et samedi
de 9 à 11 heures.
Edet père et fils, quincaillerie.
**158** Prudhomme (Ed.), quincaillerie et serrurerie.

**160** Durand (Victor), serrurerie.
Chouquet, app. à gaz.
**163** Piget, serrurerie.
**174** Isabey (Léon), arch. insp.
des bâtiments de la Cou-
ronne, et arch. du Sous-
Comptoir des Entrepre-
neurs. — Tous les ma-
tins jusqu'à 10 heures.
**180** Fenrost, peinture.
**189** Pachot (Ch.), arch. vérif.
**196** Rousse, peinture, dorure
et papiers peints.
**197** Rizart, peinture.
**211** Delaune et Mabille, menuiserie.
**215** Villerose, serrurerie.
**221** Bruyant, grillageur.
**229** Gayrard (G.) ✠, arch. exp.
et ingén. civil.
**223** Grossrieder, couverture.
Nicouer, peinture.
**228** Lecout, peinture.
**230** Tamisier (A.), poseur de
sonnettes simples et électriques, porte-voix.
**231** Crassy ainé, maçonnerie.
**232** Levay, menuiserie.
Lefèvre (Ch.), serrurerie
et sonnettes.
**233** Leyre (P.), arch. de jardins et bacs coniques.
**238** Rumpelmayer (Victor) ✠,
✠, architecte.
**248** Chaudesaigues ✠, archit.
commiss. voyer du 2e ar-
rond. Mardi, jeudi et sa-
medi, de 8 à 10 h. A la
Ville, le mercredi, de midi
à 2 h.
Rocher (Jules), peintre décorat., fab. de stores.
**Cité Beaujon.**
**4 bis** Racquet, menuis.
**2** Peingourouv, menuis.
**252** Dechamaut (P.), entrep. de
démolitions.
**261** Subran (Ch.), serrurerie.
**266** Burdy (Jean), maçonnerie.
**266** Ehrmann, marbrerie.
**270** Clark, arch. vérif., serrurerie. Lundi et vendredi
de 1 à 4 heures.
Hénault (E.), miroitier-
doreur.

**r. Saint-Honoré** (de la
r. de la Ferronnerie à la
r. Royale).
**64** Hodin, peinture en bâtim.,
lettres et enseignes.
**67** Com fils, menuiserie.
Lescophy et Duval, métr.
vérif. (attachements de
maçonnerie).
Duchesne, peinture.
**94** Thiroux et Cie, serrurerie.
**99** Vercher, peinture.
**108** Guitzeit, peinture.

108 Curty, miroiterie.
123 Ravigon (A.), peinture, vitrerie et décorations.
131 Simonet (Louis), fab. d'enseignes.
133 Mollard-Lemuuier, couleurs et vernis.
133 Quéruel, serrurerie.
156 Leclerc, peintre.
171 Nouguier, ing'r. civil.
173 Hue et Jeaunin, fab. de compas.
175 Dupressoir, fab. d'instruments de mathématiques et de précision.
181 Fontaine (maison), Vaillant, Ferté et Lacour, quincaillerie pour bâtiment, serrur. crémone et bronzes.
200 Dru, tuct. vérif.
203 Haeuer, tapisserie.
205 Feré, papiers peints.
209 Dupont, march. de couleurs.
219 Maréchal (C.), arch. Mardi, jeudi et samedi, le matin jusqu'à 11 h.
257 Millot-Battieuville fils, appareils à gaz.
260 Pichert et Dalin, peinture.
265 Botte, architecte.
267 Arceuf, architecte.
269 Brou (N.C.), serrur., charpente et planchers en fer.
270 Masson (Narcisse), serrur.
272 Tasserie, app. à gaz.
274 Jeaudin, peint. et décorat.
276 Larroux, menuiserie.
278 Colloti, nouv. système de vitrerie de toit.
    Sorin jeune, serrurerie.
282 Beautavon (J.), liquide désinfectant.
286 Detombes, peinture.
294 Corsosier, serrurerie.
314 Robee, peinture.
    Chemin, dorure, miroiterie.
320 Lourdez, peinture.
334 Montchaussée et Ternisien, tapisserie.
336 Dejae (C.), architecte. Mardi, jeudi et samedi, de midi à 2 h.
338 Boulleau, peinture.
340 Carré, serrurerie, stores et sonnettes.
346 Dashwood, archit. métr.-vérif.
350 Laurens ✻, ingén. civil. Le Rouge et Cie, entrepr. de trav. publics.
356 Santa-Colonna (de), sculpteur statuaire.
366 Paublan, fab. de coffres-forts et serrures.
368 Rocher, app. inodores, ferblanterie.
370 Carrier (Gustave), archit. vérif., rédacteur des devis de la Ville.

392 Blot, march. de couleurs.
396 Destenne (E.), architecte.
402 Chevallier fils, menuiserie.
414 Chamouillet, miroitier et dorure.

r. **Saint-Hyacinthe-Saint-Honoré**
1 Chaluge, architecte.
3 Lehause (P.), serrurerie.
7 Dupriez, peinture.

boulev. **Saint-Jacques**
19 Guibourge et Arnoult fils, charp. en fer et serrurerie.
20 Chevettier (A.), briques, poterie et carrelage.
29 Wiriot (Veuve), poteries.
44 Biel, ent. de fers publics.
46 Busset, émailleur sur fer.
51 Richard (Jules), ent. de menuiserie.

faub. **Saint-Jacques**
(13e arrond.)
27 Lemoine (Benoît), architecte. Méd. de bronze expos. univ. 1867. Le matin jusqu'à 10 heures.
    Marty, vérificateur.
28 Meunier, tailandier.
29 Récalt, serrurerie.
35 Toussaint (E.), peinture.
    Fouy, ul aîné, modeleur mécanicien.
81 Thiercongst frères, art. lithographe.

r. **Saint-Jacques**
(5e arrond. De la r. St-Séverin à la r. du Port-Royal).
7 Codant fils aîné, cadres.
9 Petitjean, app. à gaz.
22 Lemonnier, publicité générale.
26 Martier, fab. de cadres.
51 Boucher, couleurs fines.
71 Dupont, serrurerie.
75 Caron (Ed.) et Cie, appareils de levage, chaperparachute.
122 Lozanne, mét.-vérif.
    Roth (Ch.), publicité.
131 Montie (A. L.), arch. vérif. méd. de peinture.
    Michautil, fab. de grillages en tous genres.
140 Farou, menuiserie.
186 Vignes, appareils à gaz.
174 Mauras (P.), peinture.
189 Menj (G.), peinture.
213 Dukast, serrurerie.
218 Malgras, peinture.
232 Fos, serrurerie.
246 Roumanet et Cie, maçonnerie.
261 Boffait, menuiserie.
263 Bailla (Const.), fumisterie.
266 Barré, archit. professeur.

299 Gousse, peinture.
    Perrier, fab. de calibres ferrés.
305 Davignon, peinture.
312 Bizon, peinture.
328 Piz:et, photographe.
330 Boucher, couleurs, vernis et papiers peints.

r. **Saint-Jean** (17e arrond. Aven. de Clichy, Batign.).
10 Parly (A.), arch. vérif.
20 Krier (Eug.) fils, maçonnerie.

r. **Saint-Jean-de-Latran**
(Sorbonne).
7 Desolte, peinture.

pass. **Saint-Joseph**
(10e arrond.).
10 Couret, maçonnerie.
13 Doner, menuiserie.
15 Menu, menuiserie.
16 Marchegay, maçonnerie.
22 Bu-noult (A.), pavage, bitume, terrasse et trottoirs.

r. **Saint-Joseph** (r. Montmartre).
7 Lebœuf, serrurerie.
9 Philippon, menuiserie.
    Lucas et Hamono, peinture.
13 Rupe, menuiserie.
16 Fille, serrurerie.
17 Blanc, fumisterie.
19 Dallery, menuiserie.

r. **Saint-Laurent** (10e arr. Église Saint-Laurent).
3 Ronthus (F.), serrurerie, baigneau, menuisier, modeleur mécanicien.
    Gaudet (L.), bois.
6 Leneur (J.), arch. vérif. Rully, po-urde sonnettes.
7 Marcelin-Bertin, couvert.
18 Artus, architecte.
    Cau-it, fondeur, fontainier, fab. de robinets et garderobes.

r. **Saint-Lazare**
(de Notre-Dame-de-Lorette au chemin de fer de l'Ouest).
8 Bastien (P.-P.), architecte.
10 Dubois et A. Jullien, couverture, plomb. pompes et zinc.
11 Vauthier, ing. des ponts et chaussées.
13 Bonhommé, peinture.
14 Conin, architecte.
    Decloux (Léon) ✻, success. de Piette, menuiserie.
18 Marquet et Faugère, fumisterie, calorifères et fourneaux.
    Edelin, serrurerie.

20 Mer II t aîné, peinture.
Belot, peinture.
21 Gillot, serrurerie.
22 Rotier fils, maçonnerie et
travaux publics.
Rozat de Mandres ✶, ing.
en chef des ponts et chaussées.
27 Boucher-Saint-Agnan, arch.
de la Compag. Parisienne.
30 Delavgne, tapisserie.
35 Jassaud (Aug.), menuiserie.
Méry, peinture.
37 Migot, peinture.
43 Périgot (Henry), ing. civil.
48 Lasseron (Ch.), ing. civil.
50 Fénissé, serrurerie.
50 Lebrun, doreur sur bois.
53 Giraud, serrurerie.
51 Amaury-Duval ✶, peintre-
artiste.
56 Chambéry, fumisterie.
58 Hénard (J.) ✶, architecte de
la ville de Paris (12e arr.)
62 Flachat (Adolphe), ing. civil
expert.
63 Hittorf fils, architecte.
82 Wachez (E.), architecte.
93 Leroy, peinture.
95 Wandenberg, miroitier doreur.
96 Richard, vérif. spéc. pour
trav. d'ameublements et
tentures.
99 Flachat (E.), O. ✶, ing.
civil.
Chabrier ✶, ing. civil.
101 Cordier, ing. civil.
106 Faucon (Aimé), peinture.
117 Levavasseur, pap. peints.
121 Chemins de fer de l'Ouest.
127 Banville (Aug., Faullainde).
arch. Mardi, jeudi et sa-
medi de midi à 2 h.
Girault, arch. vérif.
132 Prin et, serrurerie.
138 Cheret (G.) et Cie, ent.
de maçonnerie.
140 Pavy (N. C.), couverture,
plomb. pompes et gaz.
Lefèvre fils (Ad.), (N.C.),
peinture, vitrerie et dé-
corations.
142 Texier (N.C.), maçonnerie.
Vallier, ingén. civil.

r. Ste-Léonie (11e arrond.)

Plaisance r. de Vanves, 67).
17 Mouton, couverture.
38 Chaumat, serrurerie.

pass. Saint-Louis-Bati-
gnolles (r. Nollet).

5 Albert-Laubière, mét. spéc.
en couverture et plomb.

représentant des tuiles de
M. Maulonnet, de Mont-
bart (Côte-d'Or), et de la
Cie des ardoisières de la
Fosse-au-Bois (Ardennes).
6 Bléhaut, peinture.

pass. Saint-Louis-du-
Temple (Hôpital St-Louis).
8 Lerousseau, maçonnerie.
10 Mercier, maçonnerie.
26 Pelon, couv., plomb. et gaz.
28 Guillotel, fab. d'outils.

r. Saint-Louis-en-l'Ile
(4e arrond.).
10 Barbier (Ch.), ing. agricole.
21 Evard-Marcel, menuiserie.
28 Jeault aîné, serrurerie.
36 Parent (V.), fab. d'instrum.
de précision et mesures.
38 Breugnot, peinture.
43 Catlin, peinture.
51 Montard-Martin, architecte,
comm. voyer du 4e arr.
Mardis, jeudis et samedis,
de 2 à 5 h.
57 Branca T., fumisterie.
61 Huron, peinture.
72 Leroy, peintre en lettres.
78 Denis J., serrurerie.
81 Pouligny, maçonnerie.

r. Saint-Louis-Grenelle
(15e arr. r. Javel, 69).
21 Petit-Passerat, charpente.

r. Ste-Lucie (Grenelle).
4 Lehout (Louis), terrassier-
grasatier.

aven. Saint-Mandé
(q. Picpus, 12e arr.).
44 Cadinot, serrurerie.

r. Saint-Marc-Feydeau
(2e arrond. Bourse).
5 Tatamons, fumisterie.
7 Navet, couverture.
8 Birbelot, serrurerie.
Turblin, menuiserie.
14 Marchal, peinture.
16 Cardinet, peinture en bâtiment et enseignes.
22 Compagnie de sépultures.
30 Girault (V.), appareils à gaz.
34 Pain fils, serrurerie.

boulev. Saint-Marcel
(Jardin des Plantes).
9 Lemaignan (Louis), carrier.
20 Coquart (E.), architecte.

r. Sainte-Marguerite-
Saint-Antoine.
24 Martin-Delacroix (N.C.), fab.
de toiles cirées.
35 Duquesne fils, maçonnerie.
43 Langlois (P.), bois.

aven. Sainte-Marie
(Plaisance. 14e arrond.).
23 Bazard (Paul), arch. vérif.
25 Baylet (Germain), entrepr.
de maçonnerie.
29 Lamorlette (J.-B.), pavage,
terrasse et bitume.

pass. Sainte-Marie-Saint-
Germain 7e arr. r. du
Bac, 62).
2 ter Gallois jeune, couvert.
plomb. zinc.
6 Pouyer, fumisterie.
Loizeau et Fouassier, stucateurs.
11 Van Cleempatte (Lucien),
O. ✶, arch. insp. voyer
division.
Plassan ✶, peintre artiste.
11 bis Destailleur, architecte
du Gouvernement.

passage Ste-Marie (faub. du
Temple), r. St-Maur, 222.
8 Michel, serrurerie.
12 Gateau, appar. à gaz.
36 Huppe (J.), serrurerie.

r. Sainte-Marie (Ternes).
18 Joly-Jolain frères, carton-
pierre et sculpture sur
pierre, marbre et bois.
20 Ballet et Verdo, serrurerie.

boulev. Saint-Martin
(Château-d'Eau).
3 Schœber-Letellier et Cie,
fab. de chaux et ciments,
briques et plâtre.
Caudrilier, papeterie.
8 Bourgoise, filtrage instan-
tané des eaux ; magas. de
fontaines.
13 Descos-Gardissal, ingén.
agent de brev. d'invention.
Jalabert, photographie.
Talons, photographie.
15 Lamy (Léopold), architecte
Mardi et vendredi de 9 à
11 h.
17 Barrault (E.), ing. civil, spéc.
pour brevets d'invention.
15 Bouquet (Auguste), architecte. Lundis et jeudis
jusqu'à 11 h.
Vassal, papiers peints.
51 Texier, papiers peints.
67 Jalabert, photographe.
69 Gilbert, contentieux.

faub. Saint-Martin (10e arrond. de la Porte St-Martin
à La Villette).
3 Leroy (Ch.), fab. de stores.
5 Langlade (A.), mét. vérif.
11 Etève, maçonnerie.
12 Larson frères, fers.

43 Rainot (A.), fab. d'ornem. en zinc, ornemaniste et sculpté.
Ney, app. à gaz.
49 Gaudonnière-Klein, fab. de couleurs, vernis et produits chimiques.
31 Leneks (A.), architecte.
33 Guérin, fab. de lettres et chiffres pour enseignes.
35 Dupont (Félix), appareil à gaz.
36 Bernonville (Henri), mét. vérificateur.
Lemoine, quincaillerie.
39 Coulon (Francis), peinture.
42 Carmoville, batteur d'or.
46 Lecœur, peinture.
Lecq, success. de Langlois, calorifères, fourneaux de cuisine, serrurerie et tôlerie.
49 Baudon (A.) fils, const. de fourneaux économiques, calorifères et fumisterie.
50 Saint-Laurent, mét. vérif. en serrurerie.
51 Prioux, peintre décorateur.
55 Drieux (E.), fab. d'ornem. pour appartem. et fournitures pour tapissiers.
Lebouget et Huet, cloutier, quincaillerie.
61 Bachotte (Victor), menuis.
Galli, peintre.
Chanhomme, peintre d'enseignes.
64 Laurent, fumisterie (et articles pour).
66 Poullain de la Motte (Jules), arch. exp.
Letourneur (F.), peinture.
Fourcier (T.), treillages, chassis, caisses, cartons bitumés, huiles et vernis, etc.
71 Picard, app. à gaz.
72 Mairie du 10e. — Rivière (Alp.) arch. comm. voyer du 10e arrond. Visible les mardi, jeudi et samedi de 2 à 4 h.
74 Delore (E.) XA, banquier, spéc. pour le bâtiment.
75 Aubert (L.-D.), fumisterie.
76 Bourdin, menuiserie.
77 Frion, ing. géomet.
78 Schommer (Mathias), ent. de maçonnerie.
Bertrand (L.), menuiserie.
Dupuis (E.), ferme-portes, ressorts et articles en caoutchouc.
Reverdy (L.), miroit. et dor.
Henriet et Gautrin, doreurs sur bois.
Raynaud (L.) et Cie, couleurs et vernis.
80 Ferlat (A.), papeterie.

81 Coulon (Alex.), arch.
Dusolle (M.), expéditions.
82 Milhaud, serrurerie.
88 Collet, peinture.
93 Marchand, mét. vérif.
Duchemin, mét. vérif. (spéc. peinture et dorure).
94 Guerreau, peinture.
95 Trompette (A.), peinture.
98 Aubry (Alfred), peinture.
99 Lemaitre, serrurerie.
Spaletta et Primi, entrep. de fumisterie et cheminées calorifères.
116 Sourzat, march. de fers.
117 Roussel (Elie), arch. expert.
Tissier, ing. civil.
120 Bougard, serrurerie.
Chabraud, sculpt. ornemaniste.
Tison, marbrerie.
Wolff, succ. de Passerieux, cordons à sonn'tq., portevoix et sonneries électriques.
122 et 124 Derouchy (Fern.) archit., prof. à l'École centrale insp. des trav. de la ville, exp. près le trib.
Chevalier (A.) et Bouju, briques, carreaux, poteries.
Masson (Ad.), serrurerie.
Giardy, maçonnerie.
Société des appareils fumistes, Thierry fils et Cie.
Ro'et (Ch.), tôlerie.
125 Trouvé, doreur sur bois.
127 Ponthus (J.), serrurerie.
Daigneau, menuisier-modeleur-mécanicien.
130 Reverdy, dessinateur lithographe.
140 Pinart et Cie, fers et fontes, Caillot-Pinart, ing. civil Lhomme (Paul-Émile), ing. civil.
147 Rousseaux (J. B.), fab. d'app. et bec à gaz.
118 Guérin (J.), peinture.
148 ter Hürt, mécanicien, fab. de pompes.
152 Besson (F.), fumisterie.
Bénédicte, serrurerie.
Seellier, serrurerie, spéc. spéc. pour la couverture et la plomberie.
Hay, menuiserie.
154 Hédin, au tour.
156 Ballat, marbrerie.
158 Gault de St-Germain, arch. du gout.
Horklin, arch. vérif.
163 Chartier, couleurs, vernis, mastic.
166 Truelle (Aug.), anc. arch. du gout., contentieux du bâtiment.
168 Carlier jeune, peinture.

471 Rafflin, arch. vérif. Mardi, jeudi et samedi jusqu'à 10 h.
Duez XA, Letellier et Cie, expoit. de carrières et marchands-carriers.
César Jules, menuiserie.
Merlo (E.), peinture.
173 Grellier (J.), maçonnerie.
174 Lecour, fumisterie.
177 Mabraud, architecte.
179 Thuré fils, menuiserie.
184 Rossignol ainé, fumisterie, tôlerie.
188 Buzelin (J.-J.), arch. exp. Mardi, jeudi et samedi jusqu'à midi.
189 Dumont (A.), vérificateur.
195 Guérin, fab. de boulons.
Perguon, menuiserie.
Fieuzal, serrur. et planchers en fer.
203 Meleux, serrurerie.
204 Gateau et Rousselet, menuiserie.
205 Anquetil fils, couverture.
Peltier (Jules), peinture.
206 Labouret (Benjamin), maçonnerie.
Labouret (Alexandre), architecte. Mardi et samedi de 8 à 10 h.
209 Gaboret, maçonnerie.
210 Darte frères, mosaïques.
211 Savay, fondeur.
212 Lencauchez, ingén. civil.
218 Ferrand (Ed.), peinture et décorations.
224 Jobard, appareils à gaz.
226 Ferrand (Alphonse), arch. vérif.
231 Cottray et Lebailly, carriers.
235 Pradier, fondeur, fab. de garde-robes, robinets et pompes.
237 Hardy et Rousseau, boulons. Lepage, rampiste.
244 Leveillé, serrurerie.
247 Lissoy, arch. vérif. Mardi et jeudi de 4 à 3 heures.
Bourdron, arch. vérif. Lundi et mercredi de 9 h. à midi.
250 Vic et Moussier jeune, fers, aciers et tôles.
253 Genty et Cie, charpente.
257 Vautrin, mécanicien.
260 Chaudin, men. parqueteur.
261 Flipo (D.), fumisterie.
262 Peiffer (Jules), peinture. Sauton, menuiserie.
263 Chambron, fab. de jalousies, stores, bois découpés, claies roulantes, chassis; lambourdes pour parquet, huisseries, etc.
270 Bénard frères, maçonnerie pour usines.

**r. Saint-Martin**
(du quai Lepelletier à la Porte-
Saint-Martin).

1 Allez frères, quincaillerie en
tous genres, articles de
chauffage, de ménage et
de jardin.

4 bis Prudhomme, construct.
d'appareils électriques et
télégraphiques.

5 Do (D.), cabinet spécial
pour les expropriations
d'utilité publique. Le matin de 9 à 11 h., et le soir
de 4 à 6 h.

7 Bizet (Henri), contentieux.
73 Damien et Kister, fab. de
cuivrerie.

76 Hue et Jeannin, fab. de
compas.

84 Viard père et fils, agence de
placement pour les em-
ployés du bâtiment. Vente
et achat de fonds et im-
meubles.

84 Garnier, brosses à peindre.
85 Goussard, menuiserie.
88 Lamette Lafleur, fab. d'inst.
de mathématiques.

91 Hutteau (J.), menuiserie.
94 Zanat (Louis), peintre en-
duiseur.

104 Hemelin, replanisseur de
parquets.
Legros, fab. d'enseignes et
stores.

407 Lahm, peinture.
Pompée (F.), coul. et vern.
408 Gonrand Jules, mét. vérif.
412 Édouard-Christophe, vitrerie et miroiterie.

417 Gachy et Dursud, serrur.
Montillon, replanisseur de
parquets.

418 Viard, march. de couleurs,
enduits et mastic.

424 Tazini, peinture.
451 Guichard, serrurerie.
456 Poisot (Paul), diamants de
vitriers.

457 Paris, peinture.
468 Grimardias, serrurerie.
474 Lejour, fumisterie.
476 Strologo, fumisterie.
486 Altioli fils, peinture.
492 Bougeault, serrurerie.
497 Beauchange (Ch.) succ. de
Rites, fab. d'enseignes.

220 Dechenne père et fils, couverture, plomb, pompes.
Massière (E.), fab. de papier métallique.

223 Thomas aîné, appar. à gaz.
228 Detouche (C.) (N.C.),
fab. d'horloges publiques,
paratonnerres, girouettes,
compteurs et tourniquets.

238 Lagarde et Bourgeois, quincaillerie.

245 Thomas, vérif. spéc. pour
les travaux de gaz.

248 Poussard (F.), serrurerie
et quinc. de bâtiment.

259 Chat (Eug.), archit. du
3e arrond. de la ville de
Paris; mercredi et ven-
dredi de 9 à 11 h.

272 Hildebrand (Aug.), fondeur de cloches.

283 Granjou (J.) aîné, fondeur
de cloches et sonnettes.

292 Conservatoire des Arts et
Métiers.
Morin, G. ⚜, ingén. civil.
Tresca, O. ⚜, ingén. civil.
Tresca (Alfred), ing. civil.

293 Prévet, menuiserie.
Wable fils aîné, serrurerie.

300 Hochard fils, fontes.
314 Vallée, peintre de lettres.
322 Weger aîné et Cie, couleurs et vernis.

323 Mangelle, menuiserie.
330 Beque (A.), fab. de stores.
343 Malgeaux (Ch.), mét. vérificat. (spéc. menuiserie).

361 Linzée, fab. spéciale d'enseignes et affiches.

**r. St-Maur-Popincourt**
(de la r. de la Roquette à la r.
Grange-aux-Belles).

2 Debrica, fourneaux et calor.
7 Lecomte, marbrerie.
17 Mazaroz-Ribailler et Cie, dé-
corateur-sculpteur en tous,
menuiserie d'art et de bâtiment, meubles sculptés
et tapisserie.

34 Simon, mécanicien.
Caye, menuisier modeleur.

36 et 38 Desportes et A. Lepet,
fonte de fer, ornements
de fumisterie.

37 Gonz, fab. d'échelles.
41 Lacie (P.-R.), modeleur-
mécanicien.

45 Galand, maçonnerie.
Lecestre (Amédée), fab. de
moulures.

50 Grosset (A.) et Béjeaud, fab.
de tuyaux ferrugineux
pour cheminées.
Perret jeune, maçonnerie.
Pinat, couverture.

51 Bouchet, menuiserie.
Gervais, serrurerie.
Bréhamet, taillandier.

54 Garnier (Ch.), fonderie de
cuivre, bronzes, objets
d'art.
Lacaze (Alfred), mécanicien.

60 Boudin (L.-J.), mécanicien,
constructeur de machines
fixes et locomobiles; trans-
mission de mouvement,
fabrique de paliers double
graisseur.

60 Bettenant (E.), ferblanterie.
61 Lafon (J.), fondeur.
63 Loriot, menuiserie.
Mirbec jeune, toiles métalliques.

65 Berthier (F.), constructeur
mécanicien.
Hardy, boulons et rivets.

66 Leplat, gravatier, terrassier.
70 Leclercq (Alex.), mécanic.
73 Calrow, ing. civil.
82 Robin (Aug.), chaudronnerie.
84 Kulliger-Bouret, argenture
de glaces.

83 Baudet, entr. de serrurerie, constructeur en fer
spéc. pour combles, gril-
les, vitraux et serres, serrurerie d'art. — Persien-
nes tôle et zinc ondulées,
chasse-roues tournants.

90 Culler et Guin, fonderie et
fab. de robinets.

91 Monloup, doreur sur bois,
ornemaniste.

98 Piat (J.) (N.C.), mécanicien.

100 Loche, ing. des ponts et
chaussées.

105 Juhel (Alph.), couverture.
107 Bouchereaux (Paul), menuiserie.

108 Ayme, chaudronnerie.
109 Jallol, maçonnerie.
110 Barro (Eugène), archit.;
mardi, mercredi, vendredi
et samedi de 10 h. à midi.

116 Moreau (A.), quincaillerie
et machines-outils.
Pernollet (J.), instruments
d'agriculture.

116 bis Aymé, chaudières et
mach. à vapeur.

117 Verlier (L.), tâcheron de
maçonnerie.

118 Plaglat (Ch.), tôlerie.
119 Deschamps, quincaillerie.
120 Pinson jeune, maçonnerie.
Busson, serrurerie.

136 Chauteau, serrurerie.
137 Gentil (A.), fondeur en fer.
139 Humbert, peintre vernisseur sur métaux.

140 Bonnaire (E.), peintures et
papiers peints.

146 Bourguet (Martial), serrurerie.

148 Dufayet aîné, fab. de cuivrerie.

150 Cudrue, serrurerie, fab. de
ferme-persiennes et tu-
teurs métalliques pour les
fleurs.

152 Vauzelle, fab. de brides,
boutons, vis, rivets, fer à
scie, et articles pour la télégraphie.

153 Groussaud (A.), maçonnerie.

455 Hubert fils et Ed. Creange,
manuf. d'app. d'éclairage
et de chauffage par le gaz.
457 Boirez-Delaurain, fab. de
cuivrerie.
458 Albertella, fumisterie.
460 Cosray, quincaillerie.
478 Mathieu fils, tôlerie.
489 Aubin, menuiserie.
Ampia, taillandier.
502 Letroteur, fab. de boulons.
510 Antoine et Cie, menuiserie.
Barrucand et Cie, fab. de
moulures en bois.
Gobier (Félix), couverture.
Bourez (F.), arch. et ent.
de maçonnerie.
Courtois (H.), maçonnerie.
Chapotot, fumisterie.
Bilbaut, tôlerie.
Léger, cadres et moulures
cannées.
Revelin, scierie mécani-
que.
514 Legris (Louis), menui-er.
Dalbouz, ing. mécan.
Nagot (A.), modeleur-mé-
canicien.
516 Guilleruet et Cie, assoc.
générale des ouvriers
menuisiers.
517 Coulon, menuiserie.
518 Jacquet, serrurerie.
Laner, fab. d'appareils et
treuils à élever les matériaux.
525 Blanchetière, serrur. spéc.
de stores-bannes pour de-
vantures.
528 Gauthier, Philippon et Cie,
constructeurs-mécanic.
532 Labbé (Martin), mécanicien, machines à vapeur
fixes et locomobiles, ma-
nèges et pièces détachées.
548 Falck (L.), scierie mécanicien.
550 Vincent (C.), fab. d'enseignes.
552 Rourcelot, peinture.

r. St-Médard (14e arrond.)
23 Deniau (Émile), menuiser.e.

boul. Saint-Michel
(6e arrond. de la place Saint-
Michel à l'Observatoire).
7 Fleury-Flobert, mét. vérif.
membre du comité con-
sultatif et rédacteur du
Journal le Bâtiment et du
Moniteur des travaux
publics. Le lundi et ven-
dredi de 8 à 11 heures.
Arnont, quincaillerie.
11 Roulhac, papiers en gros.
19 Charpentier (J.), architecte,
insp. des travaux de la
ville, de 8 h. à midi.

26 Bourrain (Victor), archit.
vérif. Le lundi de 9 h. à
midi, et le jeudi de 2 à 5
heures.
29 Loudière (Edouard), neveu
et succ. de M. Du ot. —
Le matin de 8 à 10 h.
Gion (Paul), architecte.
35 Gaschler, ing. civil.
37 Rougier, ing. des ponts et
chaussées.
47 Archambault (Lucien), arch.
expert.
51 Thévenon (Jules), maçonnerie.
50 Dagnac, stucateur.
Dubreuil (Adelphe), pein-
ture, dorate, miroiterie.
62 ÉCOLE DES MINES.
Combes C. insp. gén.
des mines, directeur de
l'École.
Greuer, insp. génér.
Rivot, ing. en chef.
63 Berthemathe (Ferd.), arch.
expert, membre du con-
seil d'hygiène du 6e arr.;
mardi, jeudi et samedi,
de 8 à 10 h.
64 Constant-Dufeux (O.), arch.
de l'école spéc. de dessin,
du Panthéon, du bois de
Vincennes et du Sénat;
Triquet (Achille), arch. inspect. au palais du Sénat.
65 Breton (P.), ing. en chef
des ponts et chaussées.
77 Baudry (A.), architecte.
93 Michau (A.) (N.C.), carrier.
105 De l'Étoile (A.), architecte
et géomètre expert, ex-
propriations. (25 ans
d'expérience.)
111 Louis, fab. de cries.
113 Lasserre, menuiserie.
115 Cordier, sculpt. statuaire.
117 Prevost (Th.), archit-ecte.
121 Mamoura, architecte.
Bourdier, dessinat. en architecture.
123 Deschiens (Eugène), mécanique de précision.
129 Inspect. générale des carrières, Eug. de Fourcy,
insp. général.
Mazet (Ed.), architecte à la
banque de France.
Périnet, peinture.
141 Manglier fils, sculpt. statuaire.
Scorre aîné, sculpt. sta-
tuaire.
Cras, ing. en chef des
mines.

pl. Saint Michel
(5e arrond. rive gauche).
2 Gazette financière.

5 Prevost, contentieux, vente
et achat de propriétés.
7 Coré (F.), ing. civil.

quai Saint-Michel
(5e arrond.)
11 Girault fils, crayons.
19 Beanoury, peintre artiste.
Bar, peinture.
Olivier jeune, pap. peints.
25 Gavet (Émile), architecte,
mardi et vendredi de 8 à
10 h. du matin.
29 Feine, arch-t.: mardi, mercredi, vendredi et samedi,
le matin de 8 à 11 heur.

r. Saint-Nicolas-Saint-
Antoine (12e arrond.)
9 Étienne, marbrerie.
18 Mehr, serrur. mécanicien.
Gouffé, ébénisterie.
20 Damour, papier de verre

r. Saintonge
(Marais, 3e arrondiss.)
3 Aubry (F.), serrurerie.
Detouche, fab. de bronzes.
11 Laine (A.), menuiserie.
26 Sable (anc. maison Mon-
tillet), fbr. de garde-
robes et robinets.
39 Lagneaux, menuiserie.
41 Rampoldi (F.), peinture.
55 Beaune, peinture.
61 Vrignoneau (Alex.), vérif.
spécial en tapisserie, éditeur des séries de prix
sur l'ameublement en
général.
64 Royer et fils, bronzes.
70 Turquet, gérant de propriétés.

aven. Saint-Ouen
(Batignolles)
12 Vaché (J.), menuiserie.
13 Mansoy, couvert.
18 Boniron fils, bois de sciage.
Depont, sculpt. ornem.
22 Méchain, menuiserie.
Pascal, gravatier.
26 Caliga (A.), pavage, terrass et bitume.
35 Join, peinture.
38 Bernard, peinture.
42 Villa-St-Michel.
44 Bonneau, location d'écha-
faudage en tous genres.
53 Vitte, Roudel et Chameil,
serrurerie et charpente
en fer.
54 Cornuot (Isidore), maçonnerie et démolitions.
56 Berrard (Ch.), arch. vérif.
Tous les matins jusqu'à
9 h.
57 Dieudonné (Alex.), arch.
vérif.

57 Salié (A.), arch. ingénieur.
59 Letourneur (Henri) fils, architecte vérif.
62 Baudouin, maçonnerie.
70 Waaser et Bougleux, scieurs à la méc. construct. de chalets et maisons mobiles; fab. de bois découpés pour la décoration; treillage de luxe et ordinaire.
74 Louis, menuiserie.
94 Gautier et Chapat, maçon. Girard, maçonnerie. Aubert, menuiserie.
96 Salmet, démolitions.
105 Didelot (Émile), arch. vérificat. du mobilier de la couronne, du Sénat, du ministère de la maison de l'Empereur, et de la Ville; lundi, jeudi et samedi, de 8 à 11 h. du matin.

pass. **Saint-Paul** (aven. St-Ouen).
14 Forgeaud, maçonnerie.
20 Berais, charpente.

quai **Saint-Paul**.
4 Guillemette (v°), march. de meulière et sable.

r. **Saint-Paul** (Marais, r. St-Antoine).
5 Holley (Émile), fontes. Cunault, fontainier marbrier
9 Bichoff, mét. vérificateur (spéc. en menuiserie).
9 Leroy et Braem, archit.; lundi, mercredi et vendredi de 9 h. à midi. Thérenot (A.), arch. vérif. (spéc. d'attachements de maçonnerie). Mardi et vendredi avant midi. Champy (Ch.), carrier et entrepreneur de travaux en pierre de luxe, lundi, mercredi et vendredi de 9 à 11 heures. Clément (Daniel), et Prevel, couverture.
12 Klein, serrurerie.
16 Guernier, menuiserie.
17 Foulon, mét. vérif. (spéc. en menuiserie). Perrier, couverture.
19 Archer (J.), entrep. de vitr.
20 Blanchard et J. Mallié, serrurerie.
21 Prevel et Clément (Daniel), couverture.
25 Coure (v°) et Noël, mosaïq.
28 Oeschger *, Mesdach et Cie, métaux.
30 Laporte, marchand de fers. Passage **Saint-Pierre**.
9 Lerat (Paul), menuiserie.

35 Nortier (Frédéric), peinture.
37 Leray (N.F.), arch. vérif. (spéc. a ébénisterie et maçonnerie).
43 Boula (J.), papiers peints.
43 pass. **St-Louis**.
5 Montjoye (L.), ent. de travaux publics.

r. **Saint-Paul-Grenelle** (15e arrond. Javel).
2 Dupont-Maury, charpente.
19 Richomme (E.), briques, tuiles et poteries.

r. **Saint-Paul-Montrouge** (14e arrond. Voie-Verte).
16 Pringuet jeune, peinture.
22 Richerot, ent. de trav. souterrains et carrières.

r. des **Saints-Pères** (faub. St-Germain).
3 Thiéry, meubles sculptés.
8 Mengin-Lecreulx, ing. des ponts et chaussées.
10 Heil (Paul), architecte.
13 Louvet (E.), arch. insp. des trav. de la Ville.
14 Vuigner (Adrien), ing. civil.
15 Durand-Claye (Léon), ing. des ponts et chaussées. Baudry (J.), libraire-édit.
16 Delafont (A.), arch. vérif., métrage de maçonnerie. Verhaeghe C., arch. vérif.

*Ecole impériale des ponts et chaussées.*
Onfroy de Bréville, O. *, insp. général, directeur. Emmery, *, ing. en chef.
40 Lemoine, appar. à gaz, plomberie, eau et gaz. Lenlle, doreur sur bois.
41 Robin, fab. d'échelles et meubles en tous genres.
45 Barca, fumisterie. Boutel, serrurerie.
52 Lejoindre O. *, insp. gén. des ponts et chaussées.
62 Fournier (J.), architecte, le matin jusqu'à 11 heures. Hall (Ernest), arch. s.-insp. des trav. de la ville. Mardi, jeudi et samedi jusqu'à 11 heures.
67 Vestier *, architecte.
70 Administration des funérailles.

r. **Saint-Pétersbourg** (8e arrond. pl. de l'Europe).
22 Borg (L.), ent. général de bâtiment.
45 Hamelin frères, maçonnerie.
49 Salmon (Alex.), *, archit. expert; lundi, mercredi et vendredi de 8 à 11 h.

49 Salmon (A.) fils, arch. vérif.; lundi, mercredi et vendredi, de 8 à 11 h.
51 Naquet (Ach.), géomètre de la ville de Paris.
52 Hermier, tôlerie.
54 Château, serrurerie, charpente en fer, serres et marquises.

cour **Saint-Philippe** (8e arr. faub. St-Honoré, 123).
34 Déquène, serrurerie.
87 Blandin jeune, poseur de sonnettes.

pass. **Saint-Pierre-Montmartre** (boul. Clichy).
17 Rubillard, menuiserie.

pass. **Saint-Pierre-Popincourt** (11e arrondis.).
4 L'hoste, ébénisterie. Chemin fils, menuiserie.
6 Grimal, menuiserie. Paillour, grav. sur marbre, et enseignes en t. genres. Huet, rampiste.
7 Boyer, chaudronnerie.
8 Balicle, doreur sur métaux.
12 Fel, fondeur.

place **Saint-Pierre** (Montmartre).
9 Peillou, menuiserie.

r. **Saint-Pierre-Popincourt** (11e arrond.).
2 Coulon, archit. vérif. Bastien, menuiserie. Berthe, peinture.
4 Garnier (E.), métaux.
8 Forges et fonderies de Sougland et Fourmies.
14 Marga (Eug.) (N.C.), marbres et marbrerie. Blondeau, doreur sur fer.
16 Salmon (Aug.) et fils, fers.
26 Battistoni, peinture.

pass. **St-Pierre-St-Paul** (4e arrond., r. Saint-Paul, 34).
3 Togay (J.), diamants p. vitr. verres.
13 Brosseron-Lelet, serrurerie.

pass. **Saint-Pierre-du-Temple** (11e arr., faub. du Temple, 100).
5 Petit (Joseph), couverture, plomb. et zinc.
9 Coumon (Joseph), peinture.
12 Toussaint (Antoine), peintre de lettres.

r. **Saint-Placide** (6e arr., r. du Cherche-Midi).
4 bis, Lelombard, peinture.
5 Marchand, serrurerie.

10 Noue, taillandier.
11 Philippe, matériaux de bâtiment en détail.
11 Salomon (F.), métreur en serrurerie.
15 Maigne, fumisterie.
16 Perrodin, menuiserie.
18 Regnault (F.), couverture.
19 Durieu, serrurerie.
    Lemaire (F.), mét. peinture.
22 Corbel (V.), sculpteur-ornemaniste et mouleur.
30 Alboy-Rebouet (A.), peintre artiste.
33 Quesnel, doreur sur bois.
43 Didelot Charles, arch. vérif. des travaux de la Ville et de la Mai-on de l'Empereur. Mardi, jeudi et samedi, 8 à 11 h. du matin.
    Bramville (de) ing. civil.
43 bis Jacquet (Jules), couvert., plomb., zinc.
45 Demimuid (R.), architecte. insp. des trav. de la Ville de Paris, mardi et vendredi avant 10 heures.
48 Charbonnier, ing. civil.
49 Boutté (Louis), ing. civil.
51 Glory et Cie, couvert. et gaz.
52 Maillard, doreur sur bois.
56 Hulot (Félix), architecte.
58 Lechartier (F.), couverture.
60 Datessen, vérif. de la Préfecture de la Seine, des bâtiments de la Couronne et du Mont-de-Piété. Mardi et samedi de 8 h. 1/2 à 11 h. 1/2.

**r. Saint-Quentin**
(10e arrond., Gare du Nord).
13 Cochard, serrurerie.
14 Lejeune, architecte.
15 Gabreux, peinture.
21 Rivoire app. à gaz.

**pass. Saint-Roch**
(r. Saint-Honoré, 296.)
11 Courmand, bourrelets d'appartements.
18 Leguay, menuiserie.

**r. Saint-Roch**
(1er arrond.. r. St-Honoré).
3 Rozière, serrurerie.
12 Lorin, bombeur de verres.
23 Lefevre (A.), Agence pour les funérailles.
49 Maurin jeune, peinture.

**r. Saint-Romain**
(6e arrond. r. du Cherche-midi et r. de Sèvres).
11 Migneault (Ch.), peinture. Jadoul, peintre d'enseignes et lettres.
13 Vernet et André, maçonn.
19 Olagnon (A.), couverture.

**r. Saint-Sabin**
(11e arr., près la Bastille).
7 Decoupage et Jourdain-serrure et mécanique.
    Staud, fourneaux économ.
9 Nicera, fumisterie.
40 Sacreste frères, tôlerie.
42 Marchand, peinture.
15 Brulot (Alex.), m.-t. vérif.
    Noel, fab. d'ornements pour appartements.
21 Gêniol, maçonnerie.
    Berlivet, modeleur mécanicien.
24 Serpault, serrurerie.
36 Lejeune et Lagaye, maçon.
38 Pommier (E.), marbrerie.
44 Arnaud, fab. de lustres et appliques.
46 et 48 Denoyer et Gillet, marbres en gros et marbrerie.
60 Friand, marbrerie.
62 Parfoury et Lemaire, entr. de marbrerie et sculpture marbres en gros.
64 et 68 Lâchemaïe SCZ, marbrerie de bâtiment, sculpture et carrelages.
66 Sanguineti, arch. dessinateur et décorateur. Mardi, jeudi et samedi jusqu'à midi.

**Impasse St-Sauveur.**
(r. Montmartre.)
1 Simon-Durand (E.), appar. à gaz.
3 Robquin, serrurerie.

**r. Saint-Sauveur.**
(de la r. St-Denis à la r. Montmartre 2e arrond.).
11 Bisson, serrurerie et pompes.
12 Bordeaux, fab. d'ornements et bronzes p. app., et cuivrerie.
18 Baudeu, ing. civil.
22 Gilles (A.), menuiserie.
    Masquillier et Piet, fab. d'ornements pour appartements.
37 Hector, menuiserie.
39 Magrimault, serrurerie.
    Salati Pierre, fumisterie.
50 Migot, peinture.
51 Gobinot (E.), serrurerie.
52 Adam, couverture et plomb.
68 Prieur, menuiserie.
72 Baron, peinture.
    Renard, fumisterie.
76 Tronchon et Simon, serrurerie.

**imp. Saint-Sébastien**
(11e arr.. r. St-Sébastien, 30).
2 Debette, serrurerie.
3 Devaronne, fumisterie.
44 bis Chertemps, mécanicien.
13 Dupont, marbrerie.

16 Gourdin et Duran, quincaillerie, ferrures pour tapissiers et stores.

**r. Saint-Sébastien**
(11e arr., boul. Beaumarchais).
6 Cantel, peinture.
16 Peletan, serrurerie.
19 Aimeuil (A.), peinture.
    Lafarge, marchand de fontes.
    Langlois (Eug.), peintre sur laque.
25 Gain (Louis), couv. plomb. zinc, gaz ; pompes à bière.
24 Delahaye, mécanicien, fab. d'outils.
27 Parent, fumisterie, tôlerie.
30 Barcalhon, appareils à gaz.
31 Langlois (Paul), architecte.
34 Grattier, arch. vérif.
35 Thiébaut, architecte.
    Guibout fils, couverture.
37 Graver, mt., vérif.
39 Eugène et Cie, tourneur en cuivre.
    Legrand (Joseph), découp. sur bois.
43 Gisell-Laurent, peintre-verrier.
45 Armengaud aîné, ingén. civil, dessinateur spécialité pour les brevets d'invention.
46 Laporte (L.), arch. vérific. Tous les matins de 6 à 8 h.
47 Durat et Binot, marbres et pierres.
48 Mérault (Amédée), fab. d'escaliers.

**r. Saint-Séverin**
(5e arrond., Eglise St-Séverin).
7 Laforge (Th.), couleurs et vernis.
8 Padet, menuiserie.
    Darmioy (A.), peintre d'enseignes.
    Renoult, peintre d'enseignes.
14 Gabani, fumisterie.
18 Fichon, vérificat.
34 Noel, peinture.

**r. Saint-Spire (p. du Caire).**
    Rouget, marbrerie.

**place Saint-Sulpice**
(6e arrond.).
8 Saint-Cricq, maçonnerie.

**r. St-Sulpice**
(église Saint-Sulpice).
17 Ortis, ent. de fumisterie.
27 Bertinot, grav. sur bois.
36 Baux, serrurerie.
    Petit et Cie, sculpteur orn. et dorure sur bois.
39 Grandjacquet, architecte. Mardi et vendredi, de 8 à 10 h.

r. St-Victor (place Maubert).
13 Raghezzi jeune, peinture et papiers peints.
70 Ballot et Wurst, fab. de jalousies et cloies.

Passage Saint-Victor
(14e arrondiss., Plaisance).
5 Bion, maçonnerie.

Passage Saint-Victor
Petite r. St-Denis, Montmart.
11 Debondt aîné, serrurerie.

r. Saint-Vincent-de-Paul
(égl. St-Vincent-de-Paul).
4 Carrey (A.), architecte.
5 Erster, menuiserie.
Steckel (Eugène), peinture.
5 Ladrée, tapisserie.
7 Chevalier, arch. vérif., le matin avant 9 heures.
Angelé, métreur spécial en maçonnerie.
Letellier, ing. civil.

r. Saint-Vincent
(Montmartre).
12 Paraire (E.-Louis), archit.

r. Salneuve
(17e arrond., Batignolles, r. d'Orléans, 104).
29 D'Hamelincourt, ing. civil, construct. de fourneaux et calorifères, gr. chauffage.

pass. Sandrié
(9e arr., près le Nouvel-Opéra).
6 Lepinay, ingén. des ponts et chaussées.
Limoneau, menuiserie.

r. de la Santé (faub. St-Jacques.)
7 Bobin, maçonnerie.
Bobin (H.), ing. civil.
André (Louis), ing. civil.
11 Antognini (Ernest), peinture en décors.
66 Labouïge, charpente.

r. Saucié-Lerol
(aven. des Ternes).
1 Citrini, fumisterie.
9 May (A.), sculpt. ornementiste.
14 Vion (A.), fab. de jalousies, stores en fer à ressort, nouv. système brev. s.g. d.g. jalousies ordinaires et stores.
18 Guillaume (Louis), menuiserie.

r. des Saules (18e arrond.).
(anc. r. de la Saussaye).
13 Corroy, trav. publics égouts, pavage, bitume.

pass. Saulnier (r. Richer).
8 Pierrot (Ch.), peinture.
10 Sommer, serrurerie.
16 Cretin (Narcisse), arch. ingénieur.
17 Finost, arch. ingén. géom. expert. Lundi, mercredi et vendredi, de 8 à 11 h.
18 Dudilleu et Lamy, banque et recouvrements.
22 Kramp (Marx), démolitions.

r. des Saussaies
(8e arrondiss., Élysée).
4 Lautrac, ing. civil.
8 Bezy, couverture.
10 Barazzetti, fumisterie.

r. Saussure
(17e arrond., Batignolles).
3 Lebour, serrurerie.
Lefaure, menuiserie.
12 Bezin, ing. civil.
49 Girbert frères, couverture.
24 Jaunin, serrurerie.
61 Klaine (Jules), peinture.

r. Sauval (Halle aux Blés).
3 David (Joseph), peinture.
5 Golvet, menuiserie.
7 Brochard, serrurerie, constructeur en fer et châssis.
Sausandant (J.B.), maçon.

r. de Savoie-Dauphine
(6e arr., Vallée).
2 Zindt Jean, serrurerie.
3 Tourneur (A.), arch. vérif.
10 Bailly (D.), menuiserie.
17 Déclard, serrurerie.

aven. de Saxe (École-Militaire).
15 Duvillers (F.), arch. paysagiste, dessinateur de parcs et jardins.
21 Raguet et fils, pompes à manège, foreur et soudeur de puits.
33 Debrie (E.), vérif. des travaux publics.
37 Ollier, serrurerie.
39 Roux (Jules), sculpt. statuaire.
Vercy (le), sculpt. statuaire.
16 Rousset, couverture, plomb, zinc et gaz.
57 Detrat (E.), maçonnerie.
bis Kaltenheuser, sculpteur sur marbre, pierre et bois.

impasse de Saxe.
7 Chevalier, peintre artiste décorateur.

r. Say (9e arrond., aven. Trudaine).
4 Chaucherau, arch. vérif.
8 Brevet, archit., mardis, jeudis et samedis jusqu'à 1 h.
10 Lechesne (Paul), sculpteur statuaire et ornem.

43 Bunbel (A. de), architecte.
11 Lestienne et Charlon, convert. plomb, pompes, etc.

r. Scheffer (16e arrond.)
(rue, r. des Moulins—Passy).
2 Ataboissotte, mét. vérif. spéc. en eaux, plomb et zinc. Mardi et vendredi jusqu'à 10 heures.
6 Hugé, architecte de la Ville. Mardi et vendredi, de midi à 2 h., et au bureau du service municipal, fontaine Saint-Michel, jeudi, de 1 à 3 h.

r. Schomer (Plaisance).
9 Boussignol (A.), fab. de tôlerie, eut. génér., planage de tôle.
21 Blacet (Ernest), peinture.

boul. Sébastopol, rive droite, de la place du Châtelet au boulevard Saint-Denis.
12 Berthod et Freté, cordages et appar. gymnastiques.
16 Gagné, architecte.
Duitte, doreur sur bois.
18 Bremare, architecte.
24 Tilloy et Lefournier (m.c.), quincaillerie.
27 Jacquemin (J.), architecte.
Laborie (de), ing. civil.
32 Kinard, appareils à gaz.
Bergerot-Huard, diamants pour vitriers.
46 Ledoux, fils télégraphiques.
59 Cerf (E.) fils, toiles cirées.
72 Toussilou (Ch.), O. ☆, ingénieur mécanicien, spéc. p. les moulins, la verminellerie, la féculerie et l'amidonnerie.
82 Bonnin (Pascal), directeur de l'Union nationale, du commerce et de l'industr.
86 Cossart, comptabilité et contentieux.
89 Dacomet, ing. civil.
111 Galibert (A.), fab. d'appareils respiratoires.
112 Dufetel (Jules), arch. vérif.
119 Delarue, coffres-forts.
121 Petitjean, fab. de coffres-forts.
131 Millet J., arch. vérif.
Brot (A.), miroiterie.
135 Cristoforoni (J.), peinture.
Peyen (A.), app. à gaz.
137 Despujols (J.), expéditionnaire, états de lieux.

r. Sébastopol
(19e arrond., Villette, r. d'Allemagne, 38).
6 Vacheron, mécanicien, fab. de moulins.

17 Raymond, fab. de soufflets et forges portatives.

**r. Sedaine**
(xi° arrond., boul. Richard-Le-Lenoir).
6 Klein et Charlier, modeleurs mécaniciens.
8 Mongin (Ch.) et Cie, fab. de scies.
17 Robillard (A.), Vanleo et Cie, ébénisterie et ameublements, sculpture, menuiserie, sièges, tapisseries, installations complètes.
19 Depensier et Moreau, fab. de serrurerie, quincaillerie, crémones, charnières et timbres.
Bourgog. e fils, menuiserie.
28 Dufailly, sculpteur mouleur.
30 Barbieu (P.), poêles et panneaux en faïence blanche.
37-39 Salarnier, chaudronnerie pour bruineurs, cuves et réservoirs en tôle.
38 Binet fils, terre cuite.
40 Garot (Émile), architecte, succ. de M. Dancret. Mardi, jeudi et samedi le matin jusqu'à 11 h.
Tharlet, découpeur sur métaux.
44 Palade fils, maçonnerie.
Association générale d'ouvriers peintres en bâtiment.
61 Toinet, maçonnerie.
62 Limoges, peintures.
63 Rémy (J.-B.), vitrerie.
72 Maillard, arch. vérif.

**r. Séguier**
(anc. r. Pavée-Saint-André-des-Arts).
2 Vigoureux (Alex.), arch. comm. voyer du 6° arr., expert. Le matin, de 8 h. à 11 h. Lundi et samedi exceptés.
5 Pommier, maçonnerie.
19 Boudreux, architecte.

**avenue de Ségur**
(École-Militaire).
2 Sonnet, arch. vérif. de la Cie impériale des voitures de Paris.
5 Frétigny et Crapoix, sculpture et décoration.
30 Durand, puisatier.
36 Laumeau (Jules), charpente en fer, serrurerie d'art en fer forgé.
51 bis Bugniet, menuiserie.
53 Dubois, sculpt. statuaire.

**quai de Seine**
(19° arrond., Villette).
61 Guisset et Cousin, dragage.

81 et 83 Bertin, bois de construction.

**r. de Seine-Saint-Germain** (Institut).
4 Saint-Martin, couleurs fines.
6 Maré (Ernest) ✽, ing. civ. Moreau (Albert), ing. civil.
9 Huré, expédit. autographe.
20 Guglielmini père fumisterie et calorifères.
29 Dutître, arch. expert. Lundi, mercredi et vendredi, de 11 h. à midi.
Dupuis (Eugène), archit. de la ville de Montfort-l'Amaury. Lundi, mercredi et vendredi de 11 h. à midi.
29 Levy (A.), libraire-éditeur, architecture, arts industriels et beaux-arts.
31 Bruyas, march. de couleurs.
34 Chevalier, papeterie.
Dufos, graveur en archit.
Neveu (H.), mét. vérif. en fumisterie.
35 et 37 Courtepée, architecte.
Deschamps, menuiserie.
36 Watrin, menuiserie.
40 Dangleterre, encadreur et doreur.
43 Barbier (Edm.), arch. insp. du 7° arront. Mardi et vendredi, de 7 h. à midi.
Desglan, architecte.
Léon Dalemagne, ing. civil, conservation des monuments et des sculptures par la silicatisation.
Trapier, peinture.
Bonnard (G.), succ. de Vaudoré, Bonnard et Bizot. — Éclairage et chauffage par le gaz. — Plomberie de canalisation et robinetterie.
49 Fleury (Claudius), archit., inspect. des travaux de la ville.
53 Savary, cadres.
54 Pougel, menuiserie.
57 Lemercier ✽, lithographie et photographie.
62 Gravereaux, architecte, attaché aux trav. de la ville.
Vieillot (E.), arch. vérif. Tous les jours, de 8 à 9 heures.
68 Leroux (Alfred), arch. insp. de la ville, 6° arr. Mardi et vendredi de 10 h. à midi.
75 Lemasson, tapisserie.
76 Martin-Dumont, quincaillerie, clouterie, ferronerie, serrurerie et cuivrerie.
83 Cotter (J.), papiers peints.

**r. du Sentier** (boul. Poissonnière.)
Guichard (E.) ✽ arch. décorateur.

**r. du Sentier-Saint-Antoine**
(12° arrond., boul. Picpus.)
5 Jaujard, charpente.

**r. Serpente**
place Saint-André-des-Arts.
23 Mincent, serrurerie.
34 Tresons, serrurerie.
Billard, menuiserie

**boul. Serrurier**
(Petite-Villette, 19° arrond.).
3 Lecuq, fab. de couverture en papier chanvre imperméable, bitumé et sablé.

**r. Servan.**
8 Doyer frères, charpente.
10 Tracou, serrurerie.

**r. Servandoni** (S.-Sulpice)
12 Larcher fils, peinture.
16 Terillon et Hébert, peinture.
17 St-Evre ✽, peintre artiste.
22 Dionis du Séjour, architecte.
23 Bonnet (Paul), architecte, sectionnaire de la ville (13° arr.). Mardi et vendredi de 2 à 4 heures, place d'Italie, ancien pavillon d'octroi.
Bonnet (Félix), ing. civ.

**r. Sévigné** (3° arrond.)
(anc. r. Culture-Ste-Catherine).
10 Gérard (Henri), peinture.
11 Barret, maçonnerie.
12 Coutaud ✽ et Cie, fab. d'outils.
13 Raucourt (E.) [s.c.], miroitier-doreur.
Maigne, chaudronnerie.
25 Hiriz, cuivrerie pour bâtiment et fourneaux.
28 Raphanel fils, couleurs.
34 Obert (Félix), app. à gaz.
36 Simon (A.), couverture.
Moreaux, peintre en décors.
42 Chapelle frères, couleurs.
44 Barrère, fumisterie.
52 Brécheux (V°), bronzes en poudre, or et argent faux en feuille.

**r. de Sèvres**
(faub. St-Germain, de la Croix-Rouge au bout. de Grenelle).
4 Verdier ✽, arch. du gouvernement et de la cathédrale de Noyon.
5 Hiriz, peinture.
8 Richard, peintre artiste.

11 Boileau père, architecte.
13 Hénaux (L.), serrurerie.
14 Diey (Henri) fils, peinture.
15 Orron, mét. vérif.
31 Diey (H.), peinture.
38 Duval (Ad.), archit. vérif. Lundi et vendredi jusqu'à 11 heures.
Agence de la fab. de parquets d'Arc-en-Barrois (Haute-Marne).
45 Gence, arch. vérif., premier prix pour le musée Napoléon d'Amiens.
Cottini, Zucconi et Antondietti, fumisterie.
Cottini (J.), peinture.
47 Delaby, mét. vérif, spécial en peinture.
Diey (Georges), peintre en décors.
51 Coupard, fab. de stores.
55 Thévenin (J.), archit. ingénieur.
63 Colliette fils, doreur sur bois, miroitier encadreur.
70 Piéret (J.), peint. en lettres.
74 Legras, arch. mét. vérif.
Dortu, maçonnerie.
Gadenne, peinture.
Milhomme jeune, fumisterie.
87 Druck (Louis), marbrier sculpteur graveur.
89 Feuquières (J.) ✻, sculpt. orneman. galvanoplastie.
Hautemulle, peinture.
96 Papin, charpente.
98 Dabernat, arch. attaché aux travaux de la ville.
103 Lamulle, serrurerie.
106 Roble, couverture, gaz.
108 Loïs au (Ad²), ing. civil.
110 Robert, peinture.
113 Renaudin, serrurerie.
113 Sauvage, bois.
123 François, rampiste.
127 Coupigny, couv. plomb. zinc, gaz.
129 Darcy et Salagnad (Hippᵉ), sculpteurs ornemanistes.
Escoffier (A.), fils, papiers à calquer.
133 Reynaud (E.), menuiserie.
135 Beribelat, peintre en lettres.
137 Puylroque (Raymond), ingén. civil.
155 Mullet (René), arch. commissaire voyer du 15ᵉ arrond. Jeudi et samedi de 10 h. 1/2 à midi.
Minoggio (Pierre), fumisterie.

r. Simar (Montmartre).
4 Maillet (Henri), menuiserie.

r. Simon-le-Franc (4ᵉ arr., r. du Temple, 45).
3 Geymonat, app. à gaz.

5 Hardy aîné, serrurerie.
9 Aubert, serrurerie.
12 Fasano, peinture.

r. Singer (16ᵉ arr., Passy.— r. Basse).
2 Blavier O. ✻, insp. général, Marini, ing. des ponts et chaussées.
16 Bainet-du-Tailly, ing. des ponts et chaussées.
20 Mazade (de), ing. civil.
26 Lanck, architecture. Lundi mercredi et samedi de midi à 2 h.
36 Haquette, arch. vérif. géom. expert près les tribun.
38 Marot (Lucc) entr. de bâtiment.

r. des Singes (4ᵉ arrond.)
3 Balli neveu, fumisterie.

r. Suffroy (17ᵉ arrond. Batignolles, aven. de Clichy).
6 Vanoux, peinture.
40 Cuolville, mét. vérif. attaché à la construction des chemins de fer des Charentes.
12 bis. Roumens (Ch.), mét. vérif., couv. plomb. et gaz.
19 Princet, serrurerie.
20 Masson (F.), arch. vérif.
31 Gratignat, maçonnerie.
37 Dessignes, peinture.
43 Perinet, rampiste.

r. de Suissons (Villette).
3 Legois (E.), fontes et tôles.

r. des Solitaires (19ᵉ arrond., r. de la Villette. Belleville).
37 Bayeux (Aug.) aîné, maçonnerie.

r. Suly (Grande-Poste).
8 Chassy frères, maçonnerie.
11 Hardy, maçonnerie.
12 Vidal, serrurerie.

pl. Sorbonne (5ᵉ arr., boul. St-Michel).
2 Lemaire, architecte.
6 Wiesnegg, appar. à gaz.

r. de Sorbonne 5ᵉ arrond., musée de Cluny).
6 César Daly, arch. du gouvernem., membre de plusieurs sociétés savantes, direct. et rédact. en chef de la *Revue d'architecture et des trav. publics.*

r. Soufflot (Panthéon).
17 Lecornu (Charles), métreur vérificateur.

21 Doré, peinture.
23 Pfnor, architecte et graveur en architecture.
24 Sauton, entrep. de bâtim.

boul. Moult (anc. St-Mandé).
28 Carpentier et Cie, galvanisation des fers, fontes et tôles.

r. de la Sourdière (1ᵉʳ arr. Marché St-Honoré).
5 Pantou, serrurerie.
7 Lemarchand, maçonnerie.
11 Delhomel, démolitions.
Chemin, miroitier doreur.
13 Malhoux (Adrien), menuiserie.
14 Champeaux-Paulmier, peinture.
16 Bouvret, peinture.
19 Sgrena, fumisterie.
25 Jeanson, architecte.
Houdart, couverture.
30 Lecerf, menuiserie.
42 Odam (Ch.), serrurerie.
Chavaudret (F.), peintre.

r. Spontini (Passy).
48 Serviat, maçonnerie.
62 Abadie, charpente.
Bonvoisin, entrep. de parcs et jardins.
69 Gaspar, horticulteur.

pass. Stanislas (6ᵉ arrond., r. Notre-Dame-des-Champs, 60).
43 Vial, menuiserie.
45 Hautefeuille, peinture.

r. Stanislas (6ᵉ arrond., r. N.-Dame-des-Champs, 40).
9 Decoster (Vᵉ) et fils, mécanic. construct.

r. Stéphenson (18ᵉ arrond.) (anc. r. des Cinq-Moulins).
16 Volclair (P.), archit. vérif.
17 bis. Marchal, fab. de jalousies, claies et treillages.
18 Bureau, charpente.
Frène fils, menuiserie.
18 bis. Patoreau, charron fournit. d'articles pour les maçons.
19 Cochin (F.), archit. Mardi, jeudi et samedi de 11 h. à midi.
Foulhoux (A.), architecte.

pass. Stinville (r. Erard).
4 Boudet (F.), arch. métr. vérif. contentieux.
7 Candy, maçonnerie.
Prevost (Emile), entrep. de maçonnerie
12 Tournemine, menuiserie.

40

14 Pessiaut (Louis), charpent.
spéc. d'escaliers.

28 Bijacoux et Moussard, maçonnerie.

r. de Stockolm (r. du Rocher).
4 Regnault ✶, ing. civil.

boul. de Strasbourg (10e
arrond. Du boulev. St-Denis
au chem. de fer de l'Est).

2 Société du gaz génér. de Paris. Hugon et Cie.

7 Bourgaux, menuiserie.

10 Jutteau et Blondelle, architectes, revêtements en
pierres naturelles pour les
restaurations des anciens
édifices.

11 Du Boys ✶, ing. des ponts et
chaussées.

12 Kaufmann (Aug.), archit.
des trav. publics.
Faber, march. de crayons.

15 Fournier et Ch. Girardin,
miroiterie.

18 Michel, peinture.
Greusset, peinture

21 Graillet. — Comptoir d'a-
vances sur titres.

23 Armengaud jeune, ✶, ing.
civil, spéc. pour les brev.

25 Gouault, marbrerie.

30 Viard (Ambroise), menuiserie.

35 Huth et Laisné fils, couleurs
et vernis.
Lahouze, charpente.

39 Baillet (Émile), architecte.
Rosier père NG et fils, manufact. d'appareils pour
l'éclairage par le gaz,
l'huile et la bougie.

45 Hutinet (Alex.) et Cie, vérif.
(spéc. pour la tapisserie
et l'ameublement). Tous
les jours de 11 à 2 h.
Hutinet fils (P. et N.), doreurs sur bois.
Lemoine (A.), fab. de ja-
lousies, stores, châlets et
bois découpés.

46 Fréville frères et Poisson,
appar. à gaz.

48 Mourgoin (Paul), architecte.
Mardi et vendredi de 11
h. à midi.
Degois, menuiserie.
Pasquet-Chamier, ing. civil.
Pompes castraises et de
tous systèmes, vente et
location.

50 Carion (Alex.), archit., bureaux même boulev., 65.
Clément (P.), trav. publics.

60 D'Aubréville (L.), ingén.
civil et agent de brevets.

64 Parisot, menuis. modeleur.

62 Morel, ing. civil.

---

64 Hugot (C.), arch. mét. vérif.

65 Carion (Alex.), arch. Mardi
et vendredi, de 8 à 11 h.

75 Bonnet (A.), arch., de 9 à
11 h. Représ. la chaux
hyd. de la Gratière. P.J.
— Crépi santhopbyres.

76 Lesueur (J.), arch. vérif.

85 bis Goffinon (N.C.), couv.
et plomb. de bâtiment;
plomb. et zinc d'art, gaz,
garderobes, etc.

89 Blin (Ch.), convert. et gaz.

r. de Strasbourg (10e ar-
rond. Gare de l'Est).

6 Fournier, architecte.

10 Martin (Louis) ✶, ing. civil.

10 Muard (A.), ing. civil.

14 Vandenbroucke, fumisterie,
fourneaux et calorifères.

45 Guillon (Eugène), architecte.

Passage du Sud
(r. Petit-Villette, 19e arrond.)

47 Dumouvion, maçonnerie.

21 Belle (Léonard), maçonnerie.

av. Suffren (École-Militaire).

14 Vibert (A.), fabr. de carreaux à fours.

40 Flaud ✶, ing. constr. mécanicien, pompes et ma-
chines hydrauliques.

r. Seguier (6e arrond. Place
St-André-des-Arts).

1 Fayon, menuiserie.

r. Surcouf (6e arrond.)
(anc. r. de la Boucherie-des-
Invalides).

6 Rabeau, menuiserie.

7 Redaut fils, cordier.

11 Nidriche (H.), serrurerie et
sonnettes.

27 Varnier, couv. plomb. zinc,
gaz.

r. de Suresne (8e arrond.
Elysée).

9 Worms-de-Romilly, ing.
des mines.

15 Keintz (Ch.), menuiserie.

27 Deshains, vérificateur.

28 Marie, fumisterie.

35 Grenier (G.), peinture et
décors.

Aven. des Sycomores
(villa Montmorency-Auteuil).

6 Cambreleng, arch. voyer de
la préfecture de police.

r. de la Tacherie (4e arrond.
Tour-St-Jacques).

4 Trubert, peinture.

---

av. de Taillebourg (11e arr.
Place du Trône).

4 Bellissent, architecte.

9 Dufour, couvreur.

r. des Taillandiers (11e arrondissement).
(anc. r. Neuve-de-Lappe.)

4 Moussier jeune, fers et métaux.

6 et 7 Maçonneuve (Ant.), dit
Laronade, vieux fers et
métaux.

9 Destour ainé, vieux fers et
métaux.

14 Tenret, doreur sur bois.

25 Lapeyre (Louis), fourniture
de matériaux.

r. Taitbout (9e arrondissem.
Chaussée d'Antin).

6 Garnier (Paul) ✶, ingén.
mécanicien, horloges pu-
bliques, compteurs, para-
tonnerres, girouettes,
tournebroches et monte-
plats.

10 Vandeuil (Th.), peinture.

11 Lisens et Cie, expédition-
naires.

16 Garnier (P.) ✶, ing. civil.

16 Laffite, arch. vérif.

21 Sivet (Ern.), menuiserie.

26 Létorgeo, maçonnerie.
Létorgeon et Journet, plan-
cher tubulaire coulé sur
place en plâtre ou ciment.

37 Devrez Désiré ✶, architecte.

47 Deschamp (Prosper) et Dumont (Édouard), archit.;
mardi, jeudi et samedi,
de 1 h. à 3 h.

52 Jourdain, tapisserie.

57 André (Oscar), ing. civil.
Fraix (Félix), ing. civil.
Love ✶, ing. civil.

61 Fau Zaoli fils, cor. sur bois.

63 Buraud, architecte.
Tixier (J.) et Cie, appar.
d'éclairage et chauffage
par le gaz; bronzes.

76 Desaint (Auguste), archit.
expert, gestion d'immeub.

78 Jamin, Bailly et Cie, maîtres
de forge; fers, bis de fer,
scierie mécanique, bois et
parquets et fournit. pour
la télégraphie.

80 Bourry (C.-E.), fours annu-
laires système Hoffmann
pour produits céramiques.
Broyeur pour ciment et
plâtre. Machines à bri-
ques pleines et creuses de
Hertel et Cie. — Installation complète pour brique-
teries mécaniq. — Appareil
fumivore économ. au sys-
tème Freudenthal.

80 Isabelle, O. ✕, architecte
Joret (H.) et Cie, ing. civil.
Ateliers de Montataire
(Oise) et de Bességes
(Gard).
Mauguin, ing. civil.
Société Ménagère, pour la
distribution de l'eau dans
les appartements.
Durbach, ing. des ponts et
et chaussées.
82 Borel (Paul) ✕, ing. civil.
83 Jacquemin O. ✕, ing. en
chef des ponts et chaus-
sées.
87 Pajot, ingén. civil.
Lejeune (A.) ✕, architecte
de la Légion d'honneur et
du château impérial de
Saverne, etc.
Raffy, tapisserie.

r. Tanger (anc. r. d'Isly,
49e arr., boul. de la Villette).
3 bis Coffray fils, carriers.
4 Lebeau, rampiste.

r. Taranne (6e arrond. St-
Germain-des-Prés).
7 Philbert ✕, ing. des ponts
et chaussées.
Pollet (A.), arch. Mercredi
et samedi, de 8 à 10 h.
8 Robin, fab. d'échelles et
meubles en tous genres.
9 Cabaret (Th.), arch. vérif.,
rédacteur des devis de la
Ville. Mardi, jeudi et samedi, de 8 à 10 h.
10 Lefebvre fils ainé, peinture.
12 Radigon, arch. en chef du
1er arrond. de Paris.
16 Génaille, maçonnerie.
18 Pedroja, fumisterie.
19 Duval (J.-B.), architecte.

r. de Ténéram
(boul. Haussmann.)
17 Augustins, peinture.

r. du Télégraphe (Passy).
2 Barjeau, menuiserie.
12 Gnihle, horticulteur.
44 Pertusier, fab. de briques et
poteries.

r. du Télégraphe (20e arr.
Saint-Fargeau, Belleville).
3 Duchemin, maçonnerie.

boul. du Temple (Du faub.
du Temple au Cirque Napoléon).
4 Bérard (Eug.), archit., succ.
de M. Favé. Mardi, jeudi
et samedi de 8 à 10 h.
Lévy (E.-J.), archit. de la
compagnie du chemin de
fer d'Orléans.
Favriaux, mét. vérif.

4 Lecocq, fab. d'ornements estampés, calorifères, etc.
Penet jeune, papiers peints.
6 Braud (H.), arch. vérif.
8 Hain, peinture.
9 Marceau, dessin. industriel.
10 Bergon (F.) [s.c.], banque
spéc. pour le bâtiment.
11 Lauzelot (A.), fourneaux,
calorifères, et ustensils de
ménage.
12 Millet (Jules), fab. spéc. de
jalousies à chainettes et
de bois découpés.
45 Margeldon, peintre en décor.
48 Dépôt des scies mécaniques
portatives en tous genres.
25 Ajuston je et comp., fab. et
marchd. de papiers peints.
30 Rollant (François), arch.
Clément, arch. Tous les
jours de 8 à 10 h. du mat.
Desain, architecte de la préfecture de police. Lundi,
mercredi et vendredi jus-
qu'à 10 h.
Landville, architecte (expropriation).
32 Chevanne, arch. vérif.
35 Hallier (Adrien), architecte
mét. vérif. (spéc. en peinture et dorure. Lundi et
vendr. de 8 à 11 h. du mat.
Dantier, papeterie.
36 Boussard (Jean), architecte.
Tous les jours de 4 h. à
3 h.
Chambre consultative pour
la vérification des polices
d'assurances.
Pailloux, graveur sur pierre
et marbres, enseignes en
tous genres.
37 Papiniot (U.), mét. vérifie.
40 Laforge (P.-F.), archit. du
département des affaires
étrangères, inspect. de la
6e circonscription des bâtiments civils.
44 David et Cie, bronzes.
54 Grans(Jules)et Cie, bronzes.

faub. du Temple
(du boul. du Temple à Belleville.)
16 Masse et Jullien, maçonnerie et travaux publics.
Celard, vitrerie spéciale
pour serres, jardins d'hiver, et châssis de toit.
17 Remion, clouterie.
18 Lantin, serrurerie.
Périé, peinture.
21 Devé (Alex.), ing. civil.
Rossignol, fumisterie et tôlerie.
22 Thomas (Z.), mét. vérifie.
(spéc. de peinture et dor.)
Simon (F.), appareils à gaz.

22 Vezzia, fondeur fontainier,
fab. de garde-robes et
robinets.
Dumlâtre, batteur d'or.
25 Compa, peinture et vitrerie.
26 Martin, peinture.
Fortune, peintre.
27 Boyartaux (A.), peinture.
39 Michel (Jules), maçonnerie
et magas. de matériaux.
Neyer, serrurerie.
42 Chais, serrurerie.
46 Lemal, arch. vérif. (spécial.
en serrurerie). Tous les
soirs depuis 6 heures.
50 Allard (J.) et M. Chopin,
ébénisterie et tapisserie.
53 Lauret (Adolphe), archit.
Cieille, arch.-vérif. (exp.
près les justices de paix
des 9e et 20e arrond.)
58 Aubry, menuiserie.
Favier, tôlerie.
59 Broquin et Lainé, pompes
et robinets.
Lainé, ingén. civ.
Riverain, arch. vérif.
60 Mangin (L.), mécan., fab.
de timbres.
61 Baron (L.), menuiserie.
64 Varlet J.-P.), pompes,
garderobes et robinets.
Angelis (J.-D.), serres à
vitres.
Clamouse, mécanicien mo-
deleur.
Garçon, tourneur en cuivre.
Goguez, cuivrerie pour le
bâtiment.
Verdier, fab. de tôlerie.
65 Blanc (Jules), arch. vérif.
Blanc, sculpteur.
Godin (P.-F.), arch. vérific.
Lundi, mercredi et ven-
dredi avant 9 h.
67 Maslen, échelles en fer.
70 Jouanny-Villeminot [s.c.],
fab. et marchands de pa-
piers peints.
Prince, peinture.
71 Léto, serrurerie, spéc. pour
bannes et stores.
74 Bourdon (Eug.) ✕, ing. mécanicien.
75 Duhamel je, bois de sciage.
Liadouze, serrurerie.
79 Vicher, fab. de robinets.
83 Jacquemin, fers spéciaux et
fers antiques.
86 Grand-Homme, mécanicien.
87 Gahier, menuiserie.
Marotin, app. à gaz.
88 Pinson, arch.vérif. et régisseur de propriétés.
92 Dormois, succ. de la maison
Lefebvre; construction de
serres, jardins d'hiver,
châssis et grilles.
Thubeuf (H.), menuiserie.

92 Spazier, serrurerie.
99 Donnemain, serrurerie.
Descotes, mét. en serrur.
Tangre aîné, fab. de toiles métalliques.
100 Berger (A.-L.), architecte vérif. Le mardi, jeudi et samedi, de 8 à 11 h.
107 Leroux (H.), mécanicien.
Déjean, peinture
109 Rousseau, menuiserie.
113 Boyet, peinture et décorations.
116 Levassort, rouleur et vern.
129 Truffit, appareil à gaz, fab. de robinets, garde-robes et corps de pompes.
Bénard (Ch.), serrur. mécanicien.

**r. du Temple** (de l'Hôtel-de-Ville au bout. du Temple).
7 Cambier père, rédacteur des devis d'architecture à la Préfecture de la Seine.
13 Husson (C.) ✻, fab. de toiles et papiers à calquer, brev.
Chapon frères ✻, toiles, tentes et bâches imperm.
14 Morand (J.), arch. expert, arbitre au trib. de commerce (Gaz).
16 Brouard, menuis. et bois, moulure et meubles de cuisine.
17 Duquesnois, clouterie, fil de fer et quincaillerie.
18 Delong (Vve et Cie, découpage et reperçage de métaux.
Leroy, doreur sur bois.
20 Gaultier, ingén. civil.
55 Testore aîné, fumisterie.
Guérin (Émile), appareils pour télégraphie.
56 Clément (Léon), dessinateur architecte.
59 Collin, peinture.
71 Estrant frères, métaux.
73 Angelis (de), diamants pour vitriers et miroitiers.
76 Delacroche, menuiserie.
83 Revailla (A.), fontes pour la fumisterie.
100 Bran (A.), fumisterie.
108 Verdier, serrurerie.
Luini (J.), fumisterie.
118 Lelièvre (s.c.), fab. de pompes.
Gournet, ing. civil.
Launay (P.), menuiserie.
151 Gaultier, fab. de cadres en cuivre.
145 Guiraf aîné, peinture.
151 Canin, fab. de cuivrerie pour la fumisterie et calorifère.
Gardon, app. à gaz et compteurs.

455 Bontry, menuiserie.
Lebeau et Fariuet, peinture.
167 Fiévet, fab. de lanternes d'éclairage.
170 Ponthus (E.), appar. à gaz.
171 Harlay, menuiserie.
172 Éclairage électrique pour travaux de nuit.
187 Porta, fumisterie.
Trier, peinture.
189 Nathan, appareils à gaz.
191 Visier, peinture.
207 Thibaut fils, maçonnerie.

**r. Ternaux-Popincourt** (11e arrond.).
3 Petit, peintre et graveur sur verre.
4 Mazaroz-Ribailler et Comp. Décoration en carton-pierre; menuiserie d'art et de bâtiment; meubles sculptés et tapisserie.
5 Derouteau, charpente, bois et fer.
7 Antonin-Harot, mét. vérif. (spécial. en plomberie).

**avenue des Ternes** (17e arrond. Ternes).
1 Rain, peinture.
30 Sabine, arch. expert près la justice de paix du 17e arrond. Lundi et jeudi, de 10 à 11 heures.
Auvray, peinture.
31 Marais (E.), app. à gaz.
Talbot, serrurerie.
36 Belot, menuiserie.
45 Boulogne, architecte.
45 L'héritier, peinture.
46 George fils, treillag., grill., caisses à fleurs et claies.
47 Manant (J.-F.), maçonner.
48 Fieffé aîné, carrier.
51 Gauzin, serrurerie.
52 Bachelard, peinture.
53 Rey, fumisterie.
59 Doumerg (J.), mét. vérif.
61 Camus, entrep. de puits et de pompes.
70 Weiger, peinture.
71 Quentin (Eugène), peintre et décor.
75 bis Bessière jeune, fumisterie et tolerie.
76 Perotti (Bapt.), fumisterie.
82 Drugeon, architecte.
83 Guénifet (Ch.), architecte; mardi, et vendredi de 8 à 11 h.
Stainville, marbrerie.
96 Gripouilleau (Jules), menuiserie.
Poisson, carrelage.
François, meubles de jardins, treillageur.

**r. du Terrage** (10e arrond.). (anc. r. du Grand-St-Michel).
4 Desforges et Festugière ✻✻, frères, maîtres de forges. Fontes de bâtim. de jardins et de ménages. Tuyaux syst. Petit.
Ermel (F.), architecte ingénieur.
8 Maret aîné ✻, maçonnerie.
11 Fouché, maçonnerie.
Herdevin, fondeur en cuivre, mécan. et robinetterie.
Losent (Ch.), chaudronn.
15-17 Deeze, Muratet et Closson, compteurs à gaz.
Lecesne, dépôtisseur de verres.
Lohay, appar. à gaz.
18 Clavel (H.), fab. de mastics hermétique et ferrugine.
Galtier, fab. de paillassons, rouleaux et ronds pour la maçonnerie.
Demarest, menuiserie et moulures en bois.
20 Gagna (A.), architecte vérif. Tous les jours avant midi.
21 Fouquet, fab. de robinets.
24 Deffieux, menuiserie.
25 Jequet (Paul), arch. vérif.
César (J.), menuiserie.
Mabille, peinture.
Digny, poseur de sonnettes.
Landrin jeune, appar. à gaz.
27 Lepage, fab. de limes.

**r. de la Terrasse** (17e arrond. r. Lévis, Batign.).
10 Tomasini, fumisterie.

**r. des Terres-Fortes** (12e arrond. Bastille).
3 Laproste, entrep. de transports.
7 Vallois, menuiserie.
8 et 10 Patrice, menuiserie.
17 Milon, menuiserie.

**r. du Terrier** (14e arrond. Plaisance).
9 Rocher, pavage, trottoirs.
20 Petit-Seigneur, peinture.

**place du Tertre** (18e arrond. Cignancourt).
15 Bargedé, sculpt.-orneman.
19 Guillaume fils, serrurier.

**r. du Théâtre** (15e arrond. Grenelle).
20 Coux (L.), arch. vérif. — Mardi, jeudi et samedi jusqu'à 11 h.
27 Ballin, menuiserie.
32 Varin (A.), mét. vérif. et fumisterie.
42 Leroux, menuiserie.

46 Lairy (A.) ✠ [N.C.] et Cⁱᵉ. Blanc de zinc et objets d'art en bois durci.
47 Zoegger (Antoine), sculpt.-ornemaniste.
50 Parlange, couverture, gaz.
56 Drodelot (Eugène), pavage, asphalte, bitume, trott.
68 Ballon jeune, carrier.
70 Souchet (J.), bois et parquets.
79 Artige et Cie, ingénieurs, construct. mécan.ciens.
100 Thomas (Pierre), ing. civil.
107 Petit-Passerat, charpente, bois et fer.
113 Mégaire (J.-B.), maçonn.

**r. Thénard** (Sorbonne).
2 Charles-André, sous-inspecteur à l'administration de l'assistance publique. — Ingénieur de la Cⁱᵉ des eaux de St-Denis et de St-Ouen.
9 Fontenay (de), ing. civil.

**r. Thérèse** (quart. Ste Anne).
13 Dorange (O.), papiers peints.

**r. Thévenot** (2ᵉ arrond.).
7 Bouquet, marc. de couleurs.
10 Brocas et Tissier, peinture.
12 Sauvage, ornements pour appartements.
19 Gouilly (Henri), ing. civil. Imp. de l'Étoile.
3 Descèches, menuiserie.
32 Chanet fils, peinture.

**r. Thibaud** (14ᵉ arrond.).
3 Goilet frères, successeurs de Martinaud, maçonnerie.
13 Reposeur (E.), arch. vérif. expert. De 11 à 4 h.
Pannier (Ch.), peinture.
16 Giraud, fumisterie.

**r. Thiboumery** (Vaugirard).
10 Maris (M.), maçonnerie et terrasse.
13 Felon (J.), statuaire, peintre d'histoire et dessinateur.
23 Laroche, maçonnerie.

**r. Thierry** (Belleville).
1 Courtois, ent. de trav. pub.

**r. de Thionville** (19ᵉ arrond. Villette).
14 Rouzé frères, briqueterie et carrelage.

**r. Tholozé** (18ᵉ arrond.).
Montmartre, r. Lepic, 84).
8 Monnier (Eug.), arch. insp. des travaux de la ville de Paris pour la const. du théâtre du Vaudeville.

9 et 11 Baillargeat, menuis.
24 Guth (Joseph), app. à gaz.

**r. Thorigny** (3ᵉ arrond., Marais).
3 Laverdet, serrurerie.
4 Borgnis (Dominique) fils aîné et Herré (L.), appareils de chauffage et de ventilation.
Vassal, f.b. de bronzes.
5 Bonneaus jeune, cristaux de bâtiment.
7 École Impériale Centrale des Arts et Manufactures.
13 Couvent, maçonnerie.

**r. Thouin** (Panthéon).
2 Minelli (Joseph), fumisterie.
5 Bouché, serrurerie.
Gaubert, menuiserie.
11 Tamoni, peinture.

**r. Tilsitt** (aven. Wagram).
16 Guillaume (Ch.), arch. insp. des travaux de la ville. Mardi, jeudi et samedi de 9 à 11 h.

**r. Tiphaine** (Paris-Grenelle).
3 Pradaud (A.), maçonnerie.
10 Meyer et Troxler, tampistes.

**r. Tiquetonne** (2ᵉ arr. Grande-Poste).
2 Forster (Florian), serrurerie.
6 Gauthier, cordages.
11 Maurey, serbl., gaz.
16 Quaizier, peinture.
22 Dughera, fumisterie.
Lesèrre, peinture.
23 Bricard, quinc., serrurerie et crémones.
32 Landais, menuiserie.
44 Degois, peinture.
50 Auger, vente d'immeubles.
51 Ilain (Vve) et Drouet, menuiserie.
Guillotti et Cie, verres à vitres, gros et détail.
55 Jozon, serrurerie.
68 Andréoni, fumisterie.

**r. Tiron** (St-Antoine).
1 Mignaton, maçonnerie.

**pass. Tivoli** (9ᵉ arrond. St-Lazare, 110).
6 Dufrêne, serrurerie.
7 Barier, menuiserie.
Lecerf, couverture.
9 Pezardy (Amant), serrurerie.
10 Paris, marbrerie.
11 Mousse, app. à gaz.
14 Duquesne jeune, maçonner.
Brun (Ed.), parqueteur.
17 Legendre, fumisterie.
21 Lemerie, menuiserie.
Buisson (L.), serrurerie.

**r. Tivoli** (9ᵉ arrond. (r. de Clichy, 21).
8 Gandillot (J.), ingén. civil.
15 Berthelet, peinture.

**r. Tombe-Issoire** (14ᵉ arrond. Santé).
10 Balabaud, maçonnerie.
Sautereau (E.), couverture.
18 Plivard, marchand de bois.
40 Richard, peinture.
49 Pilmyer, menuiserie.
88 Durand (Xavier), serrurerie.
102 Bouquet (Victor), const. de fours et fab. de carreaux de plâtre.
107 Meilhan frères, charpente bois et fer.

**r. Torcy** (18ᵉ arrond., (anc. r. du Bon-Puits).
1 Rousseau père, fumisterie.
Aubenne jeune, serrurerie.
Trochard et Royer, menuiserie.

**r. de la Tour-des-Dames** (r. Blanche).
11 Hornet, tourneur en bois.
13 Auguet (Frédéric), serrurer.
14 Varnacourt, menuiserie.
14 et 16 Lenoir, couverture.
16 Compagnie chaufournière de l'Ouest.
Gaudron, ébén., tapisserie.

**r. la Tour-Passy** (16ᵉ arr.).
6 Bonnet, peinture.
34 Dubred, ing. civil.
64 Bontemps, couverture.
97 Viard, maçonnerie.
99 Lepetit, maçonnerie.
106 Tardy, menuiserie.
108 Berthon (F.), maçonnerie.
117 Fèvre (Léon), ing. civil.
127 Badois, ingén. civil.
141 André, arch. de jardins.

**r. des Tourelles** (20ᵉ arr. St-Fargeau).
20 Pette, briquetier.

**r. Tournefort** (5ᵉ arrond. Panthéon, anc. r. Neuve-Ste-Geneviève).
11 Hopé, menuiserie.
15 Gilles (L.), menuiserie.
23 Piskiewicz (Vve), serrurerie spéciale pour la boulang.
24 Guedras, couverture.
26 Laprade (Vⁿᵉ), maçonnerie.
43 Héliogravure Drivet.

**quai de la Tournelle**
35 Arquet, maçonnerie.
Legrain, sculpt. orneman.
37 Dallemagne (Auguste) [N.C.] entrep. de maçonnerie et travaux publics.

37 Gueudret, doreur sur bois.

45 Gentilhomme ✷, arch. ing. attaché à l'administ. de l'assistance publique, expert près les trib.

Gentilhomme fils, arch.

61 Deleleau, architecte.

r. des **Tournelles** (Marais, 3e arr., boul. Beaumarchais).

6 Navarre, fab. d'émeri et papiers de verre.

11 Jouan, maçonnerie.

12 Michelet, serrurerie.

13 Trehec (L.), peinture.

Racine, poseur de sonnettes.

16 Canterot, serrur., pose de sonnettes, art. pour tapissiers.

19 Lebrun aîné, quincaillerie.

20 Philippot (Eug.), peinture.

Besse, représentant de la maison Wissler, fab. de parquets massifs à Goldbach (Suisse).

22 Mercié, zinc et plomb. tuy.

26 Duchâteau (L.), arch. vérif. Tous les jours de 8 à 10 heures.

Hurcourt (D.), ingén. civil.

28 Decrue O. ✷, ing. en chef des ponts et chaussées.

Montfort, tapisserie.

45 Bouchard, peinture.

47 Jullien (Ed.), ing. civil. Brade, ing. (brevets).

Dépôt de la fonderie de Maisons-Alfort.

50 Grandin (Louis), menuisier. Mauclere, serrurerie.

54 Lefebvre (Jules), architecte, inventeur brev. s. g. d. g. des clithographes dits niveaux de pente parlants.

58 Perrin, sculpteur sur bois.

60 Lebrun (Ernest), architecte, de 1 à 3 heures.

82 Valton (Eug.), sculpteur-dessinateur.

r. de **Tournon** (Luxembourg).

2 Raynal, doreur sur bois.

8 Debauge ✷, ingén. civil.

13 Tardieu (G.), ingén. civil.

16 Chauveau-des-Roches (Arth.) ing. civil.

Lefébure de Fourcy, O. ✷, ingén. en chef des ponts et chaussées.

21 Jay O. ✷, archit. profess. émérite à l'École imp. des Beaux-Arts, et à l'École imp. de dessin.

pass. **Tournus-Grenelle** (15e arr., r. du Théâtre, 40).

11 Pape, serrurerie.

imp. **Tourtille** (Belleville).

42 Méligne, peinture.

r. de **Tourtille** (20e arrond., r. de Paris-Belleville).

11 Rigaux, fumisterie et fourneaux.

19 Provost, peinture. Esnault, couverture.

27 Jourdan-Monjol, ent. de démolitions.

32 Fournier, tôlerie.

aven. de **Tourville** (7e arr. Invalides).

11 Floquet, charpente. Moret, menuiserie.

13 Poirier, maçonnerie.

pass. **Toussaint-Perron** Maison-Blanche).

3 Lecocq (J.), couverture.

**Tracy**, porte St-Denis.

5 Joubert, menuiserie.

8 Melin, peinture. Leclerc (A.), couverture.

r. **Trainée** (18e arrond. Clignancourt).

7 Busigny, peinture.

r. du **Transit-Montrouge** (14e arr. carref. de Quatre-Chemins).

6 Guillaume (Aug.), menuiserie, fab. de cuves.

8 Doury, ingén. géomét. exp. vente et location de terrains; le jeudi jusqu'à midi.

Nourrie, pavage et bitume.

10 Adenis, arch. vérif. Tous les jours de 7 à 9 h. Berger (Paul), ing. géom.

21 Lallemand, serrurerie.

23 Létur (Christophe), maçonnerie.

72 Louet, fab. de pompes.

89 et 93 Dugat, ent. de charp.

99 Gilquin, Maigret et Cie, charpentes, bois et fer.

121 Seillier, bois.

r. du **Transit-Vaugirard** (15e arrond., Grande-Rue de Vaugirard, 154).

2 Nicolas, menuiserie.

5 Lenfant, maçonnerie.

6 bis. Jame (Eug.), couverture.

12 Fromage (J.-B.) aîné, archit.

14 Clavel, architecte.

19 Ducerceau (Louis), maçonn.

21 Vatence, charpente.

52 Feronnet (L.) et Cie, terres cuites pour le bâtiment.

53 Dubrujeaud (V.), A. Meunier et Cie, briques et poteries.

58 Aloncle (Louis), carrier, maçonnerie, égouts.

101 Barnier, briqueterie du pont des Beufs.

r. **Traverse-St-Germain** (r. de Sèvres).

4 Lepron, serrurerie.

10 Coulon (Alex.), arch. vérif., cours de dessin. Poulain jeune, arch. vérif.

43 Leroux, peinture et décorat.

44 Vivier, pavage, trottoirs, égouts.

r. **Traversière-St-Antoine** (12e arrond.)

47 Jeanguyot, menuiserie.

33 Jallaguier, fab. de calibres et outillage pour la maçonnerie.

44 Iser, fab. de moulures.

43 Dupriez, scierie mécanique.

59 Proffit, scieur à la mécan.

66 Perrier, miroiterie.

69 Vigier, fumisterie.

87 Warisse (F.), fab. d'outils.

r. **Treilhard** (près l'église Saint-Augustin).

13 Millet (Eugène) O. ✷, arch. du Gouvern., membre de la comm. des monuments historiques.

15 Lance (Adolphe) ✷, archit. du Gouvernement, membre du comité impérial des travaux historiques.

cité **Trévise** (r. Richer).

5 Lepoittevin ✷, peintre art.

20 Rogier et Mothes, appareils pour fosses et cabinets d'aisances, garantis contre les émanations.

24 Chedeville, peinture.

r. de **Trévise** (r. Richer, faub. Montmartre).

5 Cailloy, vente et achat de maisons.

28 Sauffroy, miroiterie, cadres et dorure.

35 Michel-Dury, peinture. Fernandez, doreur sur bois.

36 Tougard, arch. inspect. des travaux de Paris. Tougard (Eug.), arch. conduct. des trav. de la ville. Piébourg, fontain.

38 Duttenhofer, architecte. Taban, fab. d'appar. à gaz.

40 Le Blanc F. ✷, arch. exp., insp. de la 3e circonscript. des bâtiments civils. Le matin, de 9 à 11 h.

42 Bronty G. ✷, arch. Méd. d'ordon. par l'Empereur.

46 Hersant (F.), peinture.

r. **Trézel** (17ᵉ arrond.).

-7 Antigna ✠, peintre artiste.
25 Quervelle (H.), doreur en bâtiment.
37 Beauvais (Eug.) et Carré (Adrien), maçonnerie.

r. des **Trois-Bornes** (11ᵉ arrond.).

4 Maupertuis, couvreur.
Sauvage (Louis) fils, fab. et mag. de dorure sur bois.
Blavet, soudeur, tireur au banc.
11 Berl (A.), meubles et lits en fer, crémones.
15 Matifat (Ch.), fondeur et fab. de bronzes.
Meunier, mécanicien.
Bonnotte, tourn. en cuivre.
Valentin et Mangin, fab. de cadres.
19 Pasquel, mét. vérif. en menuiserie.
20 Barrey-Grainville, arch. vér.
29 Barbier, cadres dorés, glaces et dorure.

pass. des **Trois-Couronnes** (11ᵉ arrond. faub. du Temple).

28 Gacquer (Ferd.) menuiser.

r. des **Trois-Couronnes-du-Temple** (11ᵉ arr.).

6 Gourdain, peintre.
Faure, bronzes.
24 Benzel, appar. à gaz.
29 Vernholes(Ch.), arch. vérif.
Vernholes fils, mét. vérif.
37 Desfontaines, pavage.
39 Imp. du Moulin-Joly.
Allioli (B.), fumisterie, calorifères et fourn. économiques.
Romain, fab. de papiers peints.
5 Gau, rampiste.
9 Barré (P.), gravatier-terrassier.
11 Hebert (Emile), sculpteur-statuaire et ornemaniste.
12 bis Grison (Paul), menuiserie.
53 Flemant (E.), mét. vérif.
Becquart, découpeur en tous genres.
18 et 50 Lelubez, serrurier-constructeur en fer.
Donnay (Ch.), ing. civil.

r. des **Trois-Frères** (18ᵉ arrond., Montmartre).

2 Catian, peintre.
33 Collière (F.), spécialité d'attachements figurés.
52 Lehut (Ernest), pose de sonnettes.

r. des **Trois-Sœurs** (14ᵉ arrand. Plaisance r. de la Procession, 109).

6 Thomas, bois.
8 Monplit aîné, menuiserie.

r. **Tronchet** (8ᵉ arrond. Madeleine).

5 Etwelt père, ingén. civil.
6 Morand, fab. et march. de papiers peints.
36 Bilhaut (S.-F.), arch. vérif.

r. **Tronçon-du-Coudray** (8ᵉ arr., anc. r. N.-D.-de-Grâce)

2 Reymond et H. Cuau, fumisterie, calorifères et fourneaux économiques.
7 Bisson, couleurs et vernis.
8 Dietler, peinture.

Cité du **Trône** (11ᵉ arrond.).
9 Houry (Ch.), peintre décorateur.

pass. du **Trône** (11ᵉ arrond., boul. de Charonne et aven. de Taillebourg).
4 Rousseau (Jean), maçonner.

place du **Trône** (faub. Saint-Antoine).
24 Lapeyre (Pierre), démolitions et métaux.

avenue **Trudaine** (9ᵉ arrond. r. des Martyrs).

4 Ohnet (Léon) ✠, architecte du Gouvernement.
6 Gaudré (Emile), arch. exp. près les tribunaux. Mardi, jeudi et vendredi, de 9 à 11 h.
Ramus (Amédée), architecte-contrôleur des travaux de la Banque de France. Mardis et vendredis, de 8 à 11 h.
Blanche, maçonnerie.
Belleville (J.) et Cie, générateurs à vapeur inexplosibles.
8 Duroyaume, peinture.
Varall et Cie, mécanicien.
9 Poulot, ingén. civil.
10 Perronnet (J.), architecte. De 8 à 10 h. du matin.
Bourgeois (G.), maison Jaunez frères, fab. de produits asphaltiques.
12 Bandot (A. de), architecte.
16 Aldrophe (Alfred), O. ✠, arch. insp. des trav. de la ville de Paris, expert; mardi, jeudi et samedi avant 11 heures.
Renaud (Alfred), archit. comm. voyer, adjoint du 18ᵉ arrond.

16 Rossignol (A.), miroiterie.
18 Bernard (B.), serrurerie.
Froichot, menuiserie.
25 Genève et fils, ent. de trav. publics; collège Rollin.
27 Dubois (Gustave), architect.
31 Jallot, tapisserie.
33 Sassiat, archit. construct.
35 Daniel, ingén. des ponts et chaussées.
39 Société de l'Extincteur.
47 Moreau (Ernest), arch. insp. des travaux de la Ville de Paris.
Leblond, ing. civil.
Cauchy, tapissier.
49 Godebœuf ✠, arch. du Gouvernement.

r. **Truffaut** (17ᵉ arrond. Batignolles).

7 Gontier, serrurerie.
10 Dutrou, couv., plomb., zinc.
14 Brossard (J.), peinture.
29 Hupin, menuiserie.
33 Lebouchard, maçonnerie.
36 Danhaut, peinture.
42 Blesteau, menuiserie.
52 Ameline, ing. civil.
53 Jérome, menuiserie.
59 Leveau, peinture.
67 Fabre (Em.), ing. civil.
72 Montigny, menuiserie.
85 Dugal, charpente.
92 Chrétien, marbrerie.
100 Noël (A.), archit. vérif.
102 Lobert (E.), architecte.

palais des **Tuileries** (r. Rivoli).

4 Laforest ✠, architecte, inspect. en chef des palais des Tuileries et du Louvre.

r. de **Tunis** (11ᵉ arrond.) (anc. r. des Ormeaux.)

7 Coutet, fab. de papiers peints
12 Cahagne, puisatier.

r. **Turbigo** (boul. Sébastopol).

3 André, contentieux.
5 Niclet, toiles cirées.
6 Binet (H.), brevet et vente de fonds.
28 Perret (H.), quincaillerie.
34 Thomas aîné, fab. d'appareils pour l'éclairage et le chauffage par le gaz.
36 Prevel (V.), pompes et accessoires.
37 Angot, menuiserie.
Richomme-Deparis, fabrique d'enseignes et écussons.
70 Guéret (T.), maçonnerie.
89 Watteville (de), ing. civil.
Pinson fils, maçonnerie.

**(r. Turenne (Marais).**
(En remplacement des rues Val-
Ste-Catherine et St Louis).
4 Montier, miroiterie.
5 Lévy (Théodore), serrurerie.
6 Moriat, plomberie et appar.
   pour le gaz.
   Eslanger (Alex), mét. vérif.
   Mardis et vendredis jusqu'à
   11 h.
11 Brosseron, peinture.
14 Rubin (Eug.) [N.C.], métaux.
17 Carmine, fumisterie.
18 Béjot et Cie, aciers, tôles,
   limes, outils, scies, étaux
   et enclumes.
19 Flavius, fumisterie.
23 Hugot, couv. plomb. zinc.
24 Ebail, tapisserie.
26 Sordot, couleurs et vernis.
28 Fontenelle (Louis), miroitier.
30 Thevet, serrurerie.
34 Desbois, stucateur.
   Becancenot, miroiterie.
37 Chambon (A.), arch. vérif.;
   Mercredi et samedi de
   8 à 11 h.
   Lory (Ed.), fab. de vernis.
38 Drier (F.) et Cie, constructeurs d'instruments de
   précision.
42 Groseil (Jean), fab. d'échelles
   boutins, et treillages.
43 Delsporte, ingén. civil.
45 Renault (Louis), arch. de la
   ville de Paris, expert près
   le tribun. Mardi, jeudi et
   samedi, de 9 à 11 h. du
   matin.
50 Chambre syndicale des métaux.
51 Lelapissier (Victor) jeune,
   peinture.
   Lebrun (Gustave), architecte
62 Fromentin (C.), quincailler.
   et serrurerie.
64 Brulot, architecte.
   Homletine, bronzes.
   Lefranc et Cie, couleurs.
66 Chateau, fab. de papier à
   polir.
70 Poulain, couleurs, vernis.
75 Louisot, peintre verrier.
78 Pompon (S.), arch. vérif.
80 Charpentier, ingén. civil.
   Roussia, doreur sur bois.
   Cremer, découpeur en mar-
   queterie.
85 Tsernel, fab. de coffres-forts
   et serrures.
95 Mathieu, peinture.
   Roussel, ing. civil.
   Raymond fils, menuiserie.
98 Duval (Ch.), arch. vérif.
107 Léon, ferblanterie.
111 Lecœuvre (P.), ing. civil.
114 Saillofest (J.) et E., métaux.

147 Dubois, ing. géomètre de la
   comp. générale des eaux.
123 Guiard, peinture
124 Ratouin, architecte.
   Leperchois frères, couv.,
   plomb., pompes, zinc et
   gaz.
125 Barreau frères, bronzes.
133 Merlette, serrurerie.
134 Poulain (Georges), mét.
   vérif.
   Rousseau, appareils à gaz.

**r. Turgot**
(9e arrond. r. Rochechouart).
21 Chopard (Alexi.), vérificat.
   Société civile des carrières
   du Mont-Blanc.
22 Pinot (Antony), sculpteur
   ornemaniste.
   Philippe, menuiserie.

**r. de Turin**
(8e arrond. r. d'Amsterdam).
4 De Royou (Adolphe), arch.
   comm. voyer du 8e arr.,
   mardi et vendredi de 10
   à 11 h.
   Céry, arch. comm. voyer
   adj. du 8e arrond. Mardi
   et vendredi de 9 à 11 h.
6 Garreau (P.), arch. vérif.
   Mardi, jeudi et samedi
   de 9 h. à midi.
   Dotrel, architecte.
11 Durand (E.), maçonnerie.
14 Lepeuple, ingén. en chef
   des ponts et chaussées.
16 Barbey (E.), arch. de midi
   1 1/2 à 2 heures.

**r. d'Ulm**
5e arrond Panthéon.
12 Vincent jeune, peinture
27 Boisard (Paul), arch. vérif.
   expert à la justice de paix
   du 5e arron., rédacteur
   des devis de la ville.
34 Dézé, serrurerie.
38 Masson, arch. de jardins.
40 Oudet, architecte.
   Gillet (A.) (S.C.), maçonnerie.
47 Colas (E.), grillageur.

**r. de l'Université**
(7e arr. faub. Saint-Germain).
2 Vigoureux (Frédéric), arch.
   expert, lundi, mercredi
   et vendredi de 8 h. à 11 h.
6 Bouchot (J.), arch. du
   Gouvernem., et archit. en
   chef de la comp. des chemins de fer de Paris à
   Lyon et à la Méditerranée.
7 Gilbert O., archit. du
   Gouvernement, membre
   de l'Institut.
   Lombart, doreur sur bois.

11 Cathe, doreur sur bois,
12 Hunout et Lecousette, couverture.
16 Rivière (Alfr.), arch. comm.
   voyer du 10e arr. les mardi
   et vendredi de 10 h. à midi.
   A la mairie du 10e arrond.
   faub. St-Martin 72; les
   mardis, jeudis et samedis
   de 2 h. à 4 heures.
24 Moitié (L.), architecte.
25 De Chancourtois, ing. des
   mines.
27 Le Tourneu, arch. de 10
   à 11 h. du matin,
   Vugner (Louis), ing. civil.
40 Bailleux, peinture.
47 Borgnis (A.) fils, fumisterie.
54 Ziegler, peinture.
90 De Joly fils (Ed.), arch.
   du palais du Corps lé-
   gislatif.
103 Lnormand, archit. vérif.
   spécial pour les bois.
119 Potier (Noel), menuiserie
   Camus, couvert. plomb.
   zinc, app. p. le gaz et
   fab. de garde robes.
123 Paul Bitterlin fils, peintre
   et graveur-verrier.—Ex-
   position permanente de
   peinture et gravure sur
   verre.
123 bis Ballo'a (R.J. de), arch.
147 Pariset fils et Mathieu,
   menuiserie.
163 Marotte, fab. de moulures.
169 Laroze, ent. de trav. pub.
183 Mesnard, ingén. civil.
207 Chevrin (Et.), maçonnerie.

**r. des Usines (15e arrond.)**
(Grenelle).
2 Douliot, ingén. civ.
12 Menans et Cie, maîtres de
   forges.

**r. des Ursulines-Saint-**
**Jacques**
(5e arrond. Val-de-Grâce).
8 Gillet (A.) [N.C.], maçonnerie.
   Cornille, peinture.

**r. Valadon**
(7e arrond. Gros-Caillou).
13 Wangermé (L.), serrurerie.

**r. du Val-de-Grâce**
(5e arrond. r. Saint-Jacques).
3 Emery, fumisterie.
21 Racine, arch. vérif.
23 Houéry, serrurerie, charp.
   en fer et serrur. d'art.

**r. de Valenciennes**
(Saint-Vincent-de-Paul).
3 Rathier Canapville et Cie,
   ent. de trav. publics, dragage et épuisements.

5 Parquin (P.), archit.-vérif. Mardi, jeudi, vendredi et samedi.

10 Ermel (F.), ✳, ing. civil.

**r. de la Vallée-au-Fécamp** (Bercy).

3 Jardin (Fr.), maçonnerie.

**quai Valmy** (10ᵉ arrond., de la r. d'Angoulème à la r. Lafayette).

161 Gaffé, march. de fers.

163 Plasse, cuivrerie pour fumisterie, jets d'eau.

167 Doisy (C.), peint. et décor. Cottreau, fers.

171 Delley (Louis), pierre taillées et march. de salle.

181 Ressga-Vacchini frères, fumisterie.

189 Bentier, couverture.

209 Dauriac (H.), plâtrier.

215 Letellier (Eugène) et Cie, plâtrier.

231 Remiery, (s.c.), Gautier et Cie, constructeurs d'escaliers mixtes en fer et bois.

251 Michelet (s.c.), ingén. civil fab. de plâtre.

287 Brianchon (J.) aîné, peintre et doreur sur porcelaine.

**place Valois** (Palais-Royal).

4 bis Chevalier (Arthur) fils, fab. d'instruments d'optique et mathématiques.

5 Albert-Leray, appareils à gaz.

**r. de Valois-Palais-Royal.**

4 Rousseau, arch.-insp. du Palais-Royal.

8 Baur, verres à vitres. Hy-Delafosse, mouleur-figuriste.

11 New ... D., arch. expert vérif., les vendredis et samedi.

12 Bacaresse, serrurerie.

**r. de Valois-du-Route** (8ᵉ arond., r. du Rocher, 95).

29 Kastor, ing. civil.

70 Désureau et Rémond, maçonnerie.

**r. Vandamme** (14ᵉ arrond.).

5 Tillier aîné, peinture et décors.

32 Lioré (Ate), menuiserie.

38 Boucheret fils aîné, ent. de travaux hydrauliques.

52 Pissavin, gravat. terrassier.

57 Herband et Cie, ent. de travaux publics; trav. sou-terrains, consolidation de carrières.

63 Gay (Firmin), charpente.

65 Coutisson fils, maçonnerie.

66 Tissier, charpente.

71 Germain, serrurerie et charpente en fer.

**r. Vandrezanne** (13ᵉ arr.) (route d'Italie).

2 Borde aîné, serrurerie.

18 Buisson, peinture.

**r. Vanneau** (7ᵉ arrond. faub. Saint-Germain).

10 Lavigne (Hubert), sculpteur.

12 Ganchet, serrurerie.

22 Neveux, tapisserie.

25 Mazet (Napol.), architecte. Mazet ✳ (s.c.), menuiserie. Peltier (Ch.), métr.-vérif., spéc. pour la menuiserie.

26 Lepreux ✳, arch. du collège de France. Pellieux (F.) de ✳, archit. de l'Hotel de Ville.

36 Marcel (Alex.), architecte. Tous les matins avant 10 h. et les soirs après 6 h.

38 Mouilleron et Vinay, télégraphie et horloges électriques.

50 Valadin, peinture et décors.

52 Poulain aîné, mét. vérific. spécial en menuiserie.

54 Fradelizi (G.), fumisterie.

54 bis. Rouard (J.-B.), sculpt. ornemaniste.

56 Ausseur (Edmond), archit. vérificateur. Mardi, jeudi et samedi; de 7 à 10 h. matin et soir. Borgnis (Dominique) fils aîné, appar. de chauffage et de ventilation.

60 Desmarquais, peinture.

80 Farochon, sculpteur - statuaire. Goutteharon (Mᵐᵉ), dépôt principal de la Paille-de-Fer. Pichon (Georges), architecte. Mardi et vendredi de 9 à 10 heures.

82 Garlin (Hilaire), arch.-contrôleur des travaux de la ville. Biondel frères, menuiserie.

83 Benoist, mécan., fab. de coffres-forts.

**r. de Vannes** (halles aux blés).

5 et 7 Pernet, Chênes et Cie, bâches, vente et location.

**r. de Vanves.** (11ᵉ arrondiss., Plaisance.)

4 et 6 Dufrenois (E.), enseignes en marbre et pierre. Morel (Édouard), vérif.

6 Papon, Lapierre et Cie, représ. M. J.-B. Saunier, d'Orange (Vaucluse), pᵏ ses carrelages et dallages mosaïques.

30 Henri (Th.), arch. vérif.

42 Chatain, vidanges.

49 Rougier, démolitions.

51 Berens, ent. de démolitions.

61 Chartier fils aîné, couleurs et vernis. oléophane.

65 Lormand, entrep. de travaux publics, charp. bois et fer.

89 Huin (Alfred), serrurerie.

99 Boyer (Charles), constr. de calorifères. L'Enfant (A.), menuiserie.

107 Dumoulin, charpente.

203 Levasseur (E.), arch. vérif.

205 Robinot père et ses fils, terre cuite p. le bâtiment.

207 Chambellin (A.), serrur.

**r. de Varenne** (7ᵉ arr. faub. Saint-Germain).

12 Gournerie (de la) ✳, ingén. des ponts et chaussées.

18 Roure, peinture et décorations. Roux architecte expert. Couturier (Lucien), architecte, brev. pour le gaufrage du zinc et autres métaux.

24 Jégou O. ✳, insp. général des ponts et chaussées.

25 Bardin (Léon), serrurerie.

28 Fontaine ✳, ing. en chef des ponts et chaussées.

55 Gougeon (Isidore), serrurerie.

64 Bache (E.), sonneries électriques.

82 Kolb O. ✳, insp. gén. des ponts et chaussées.

91 Vaux, serrurerie et charp. en fer.

**pass. Vaucanson** (11ᵉ arr. r. de la Roquette, 92).

3 Bresson et Vachette, cuivrer.

4 Vogt (Victor), (s.c.), fab. de faïence et poterie pour le bâtiment.

6 Gaudin, peinture.

8 Grosdidier (E.), parqueteur.

17 Lévêque, couleur-mécanicien.

19 Doron père et fils, scierie mécanique.

**boules. de Vaugirard** (15ᵉ arrond., de la place du Maine à la r. de Sèvres).

6 Desgoffe, ing. civil.

17 Guilmotot (Henri), gravatier.

20 Maisant, succ. de Thuasne, serrurerie et construct. en fer.

**22** Lestrel, pavage et égouts, trottoirs asph. et bitume.
**30** Lechapt, maçonnerie.
**32** Valleron, maçonnerie.
**34** Drouin (A.), menuiserie.
Gervais (Éne), maçonnerie.
**38** Thévenon (Alphonse) neveu, architecte entrepreneur.
**42** Jallais (R.), charpente bois ou fer.
**46** Poirier, charp. bois et fer.
**65** Peulvey (C.), modeleur-mécanicien.
**71** Hattat-Chottot, fab. de stores.
**84 et 86** Pompanon frères, ent. de maçonnerie.
**147** Le Véel (A.) ✠, sculpt. statuaire.
**127** Brière, menuiserie.

r. de **Vaugirard**
(de la r. Monsieur-le-Prince, à la Grande-rue de Vaugirard).

**7** Lochart (Victor), métreur-vérif., spéc. en menuiserie. Tous les jours avant 11 h.
Maillard (Joseph), peinture.
**16** Polini, fumisterie et calorifères.
**31** Foulard, ing. des ponts et chaussées.
**35** François, ing. des mines.
**36** Tournemine ✠, peintre artiste.
**38** Gallois, architecte. Lundis, mercredis et vendredis, de 8 à 10 h. du matin.
**47** Labrouste (H.), O. ✠, arch. du Gouvernement.
**61** Fannière ✠, sculpteur statuaire.
**62** Dupoinnereulle (Eug.), archit.-vérif. des bâtim. de la Couronne. Mardi de 1 à 3 h., jeudi et samedi, jusqu'à 10 h. du matin.
**69** Colin (V°) et Doulé, appar. à gaz; plomberie p. le gaz et les eaux.
**82** Fresneau, peinture vitrerie.
**93** De Hennezel O. ✠, inspect. gén. des mines.
**107** Maillard, peinture.
Collinet, menuiserie.
**115** Soitoux, sculpteur statuaire.
Villa, peintre artiste.
**117** Grenier (V.), archit. insp. des trav. de la ville.
**119** Bourgeois (Gve), peintre verrier.
Frison, sculpteur statuaire.
**123** Laquais, sculpteur ornemaniste.
Tournel (Léon), peintre-verrier.

**125** Brunet (V.), menuiserie.
**127** Bourgogne (s.c.), serrurerie, constr. en fer, et treillages en fer.
**136** Vilminot, sculpteur ornemaniste.
**139** Relloni (Jules), sculpteur ornemaniste.
**141** Clerck, entr. de transport pour les sculpteurs.
**143** imp. Bésanger.
**10** Gérard (Émile), peinture.
**11** Masson (Georges), successeur de Monnier, serrurerie et charp. en fer.
**146** Richard (Ed.), arch. exp. Mardis et vendredis, de 2 à 6 h.
Crauk ✠, sculpteur statuaire.
**147** Teisny, serrurerie.
**148** Bergerat (T.), arch. vérif.
**150** Trottier, ferblanterie.
**151** Daumas jeune, sculpteur statuaire.
**153** Petit, sculpteur statuaire.
Fournier, maçonnerie.
Orange, peinture.
Augustin, scieur et découpeur à la mécanique, ornement de chalets.
Rousseau, ent. de démolit.
**157** Champotrat, maçonnerie.
Champotrat, vérificateur.
**160** Méaille frères, fumisterie.
**165** Levasseur, menuiserie.
**169** Thirion (A.), fab. de pompes, seaux, boyaux et tout le matériel d'incendie, mo'eurs à vent.
**183** Passage-Dulac.
**14** Joseph, peintre en décors.
**15** Morel (Camille), arch. vérif. professeur.
**197** Clairin (Alphonse) et Escande, serrurerie, const. en fer des trav. du nouvel Opéra et du nouvel Hôtel-Dieu.
**200** Ronsin, menuiserie.
**204** Humbert, briques et poter.
**216** Piatier (Alex.), entrep. de travaux publics.
Prin (A.), maçonnerie.

grande rue de **Vaugirard**
(15° arrond., du boul. de Vaugirard à la porte de Versailles).

**15** Joly (L.), archit. vérifié. — Mardi et vendredi de 8 h. à midi.
Rainal fils, peinture.
**33** Dobson, arch. mét. vérif.
**52** Coquerant, fourn. économiques.
**56** Piatier (Ed.), carrier.
**58** Valadon (J.), peintre artiste.

**59** Poissonnier ✠, Sanson et Cie, fab. de produits en terre cuite.
**72** Villebière, couverture.
**75** Renaud, serrurerie.
**84** Debergue, serrurerie.
**93** Chambert-Pajaud, peinture et papiers peints.
**94** Cochon (Alfred), peinture.
**109** Jaillard (L.), serrurerie, sonnettes, stores, etc.
**110** Fromage, une.vérificateur
**111** Benoist, fumisterie.
**116** Joly, couverture, gaz.
**120** Courrège (B. et J.), fumisterie.
Renaud, peinture.
**139** Lebreton jeune, couverture.
**154** Bresson, quincaillerie et serrurerie.
**174** Levasseur (E.), arch. vérif.
**178** Lozerot, peinture.
**187** Deschars, serrurerie.
**190** Hooyer (E.), arch. chargé du relevé des édifices municipaux et départementaux.
**195** Gautrel, boiseries.
**234** Chevalier (A.) et Bouju, briques et poteries.
**241** Mortier, Étienne jeune et C°, produits en terre cuite pour le bâtiment.
**244** Pull (G.), céramiste, panneaux et objets d'art déc.

cité du **Vauxhall**, Chât.-d'Eau.
**6** Gourdet, peintre artiste décorateur.

r. **Vautillers**
(anc. r. du Four-St-Honoré).

**9** Sujobert frères, success. de Corbeau, fumist. et badigeonnage.
**11** Briout, rabottage de parquets, encaustique et frottage.

aven. **Vavin**
(6° arr., r. d'Assas).

**1** Dannay (Victor), arch. Le mercredi, de midi à 5 h.

r. **Vavin**
(6° arrond., Luxembourg).

**6** Schindler (Léon), archit., inspect. des travaux de la ville.
Lefaure-Vennat, maçonnerie.
**9** Brochersy (Ernest), menuiserie.
**11** Haudebert (André), serrur.
**13** Garaut L., couleurs fines.
**14 bis** Faussabry-Marin, peinture
**15** Courtois fils, serrurerie

19 Oudiné ✱, grav. en mé-
  dailles.
24 bis Faussabry et Bouleau,
  peinture.
31 Viallard, fumisterie.
35 Behrens, ing. civil.
39 Chassang, serrurerie.
52 Comparet, architecte attaché
  à la préfecture de police

pass. **Vendôme**
14 Fleury-Darras, peinture.

place **Vendôme** (Tuileries).
8 Collet, ing. civil.
12 Compagnie de Fives-Lille,
  entrep. de travaux pu-
  blics et chemins de fer.
  Vitali, Charles, Picard et
  Cie, chemins de fer et
  trav. publics.
15 Compag. immob. de Paris.
  Dubois (H.), arch. en chef.
16 Boigues ✱, Rambourg et Cie,
  maît. de forges des usines
  de Fourchambaut, Torte-
  ron, Aubin et Carmaux.
16 Abadie ✱, archit. du gouvernement. Mardis et samedis de 8 à 10 h.
26 Roussel, bronzes.
35 Jadin ✱ peintre-artiste.

r. **Ventadour**
(Théâtre Italien).
14 Bonpaix (A.), architecte.

r. de **Verneuil**
(7e arrond., faub. St-Germain)
7 Bachillot, peinture.
9 Nibaut, tapisserie.
11 Bruneau, papiers peints.
16 Montoreano (Ph.), archit.
24 Denssault, serrurerie.
32 Chouveroux, archit.-voyer
  pour l'arrondissement de
  Saint-Denis.
33 Déchard, menuiserie.
36 Demacon, doreur sur bois.
37 Neil, serrurerie.
47 Rivière (Léon) ✱, archit.
  du Gouvernement.
48 Masson (Georges), serrurier.
  Segaux (T.), peinture.
50 Monneuse, peinture.
54 Bruneau, fab. de papiers
  peints.
60 Gobert, serrurerie.
  Mercier-Miserand, peinture.
  Gilbert, menuiserie
62 Lamé-Fleury ✱, ingén. en
  chef des mines.

r. **Vernier**
(anc. r. St-Charles, Ternes).
3 Jehenne, peinture.
21 Tremaux ✱, architecte.

r. **Véron**
(18e arrond., Montmartre
r. Lepic 25).
2 Gambier (Alphonse), mét.
  vérif, Lundi, mercredi et
  vendredi de 9 à 11 h.
15 Delpêche, architecte.
28 Grégoire (D.), arch. vérif.
31 Leray, peintre décorateur.
32 Guérin, peinture.

r. de la **Verrerie**
(4e arrond. Hôtel-de-ville).
30 Durenne (A.) ✱, maître de
  forges, fonte de bâtiment,
  ornements, articles religieux. —Tuyaux en fonte
  de fer système Lavril.
35 Normand, serrurerie.
  Gacogne, peinture.
38 Portier, fab. de mesures
  linéaires.
47 Delaville, quincaillerie et
  serrurerie.
53 Huguény (A.), serrurerie.
  stores et sonnettes.
  Delmati, fumisterie.
53 Lavaysse (E.), rampiste.
56 Touraine (E.) fils, menuiserie.
57 Prosper, diamants p. verres.
  Lavaysse, rampiste.
58 Laveissière (J.-J. ✱, et fils,
  négociants en métaux. et
  fab. et vente d'étains pour
  glaces, et contre l'humidité.
  Laveissière (Emile), ing. civ.
69 et 71 Finsterwald, diamants
  pour vitriers.
72 Gasic, cordages.
78 Hue et Jeannin, fab. d'instrum. de mathématiques
  et de dessin.
89 Contant (E.), papiers peints.

route de **Versailles**
(16e arrondissement, Auteuil).
3 Delaisse, bois.
5 Lesieux, bois et parquets,
  moulures et découpages.
21 Trémois (F.), bois et parquets.
35 Hardi (Eug.), archit. mét.
  vérif.
39 et 42 Leclerc ✕ et Delpierre,
  bois à œuvrer. sciage et
  parquets, chêne et sapin.
52 Oudry (L.) ✱ ✕, prop.
  fondateur et directeur de
  l'usine électro-métallur-
  gique d'Auteuil.
114 Jeanlin, peinture et décorations.
153 Lachaize fils, chaudronner
468 Pilorgue, peinture.
475 Ribière, fumisterie.

494 Payen (Edouard), archit.,
  vérif.
498 Charpentier (Emile), peinture.
214 Leconte (Vic.), menuiserie.
224 Bonnouvrier (Ad.), chaud.
  et tôlerie, plomb. zinc.

r. du **Vertbois**
(3e arrond., Arts-et-métiers).
4 Roly, mét. vérif. (menuiserie).
6 Leblanc, peinture.
9 Ribière, maçonnerie.
  Désoles père, meubles en fer.
10 Duval (E.), mét. vérif. spéc.
  en serrurerie.
11 Chaspoul, serrurerie.
  Fouquet, app. à gaz.
24 Chesnel (P.), peinture.
29 Grignon-Lamy, appar. pour
  l'éclairage et le chauffage
  par le gaz.
36 Stouvenin, peinture.
45 Brolliar, tôlerie.
47 Joliet (Louis), architecte.
  Mardi et vendredi jusqu'à
  midi.
55 Massart, peinture et vitrerie.
  Mottelet, serrurerie.
68 Moulière, menuiserie.
70 Oraille, maçonnerie.

r. des **Vertus** (Temple)
2 Auberty, menuiserie.
8 Caussin (A.), peinture.
10 Massinet, serrurerie.
17 Tupenot, fab. de bouches de
  fours et accessoires.
23 Moutier (J.), bouches de
  fours et ouras à tringles.
27 Zani, fumisterie.

r. **Verte** (5e arrond.).
(anc. r. du Petit-Moine).
4 Binois, fab. de colle.
7 Gervais, chaudronnerie, calorifères à air et à eau
  pour serres.
  Lebœuf, fab. de claies et
  stores en bois.

r. **Vezelay**
(boul. Malesherbes).
3 Saint-Salvi (Edouard), arch.
  vérif. des trav. de la ville
  de Paris. Mardi et ven-
  dredi jusqu'à 11 heures.

r. **Viala-Grenelle**.
37 Bernard (Lucien), archit.
  Mardi, jeudi et samedi,
  de 8 à 11 h.

r. de **Viarmes**
(Halle aux blés).
9 Blanchet et Cie, toiles pour
  abri.

43 Cresson (A.), fab. de sacs
et toiles.
24 Biaband (A.), aîné, construction de fours de bou-
langers etc.
29 Albaret et Cie, mécanicien,
machines agricoles.

r. Vieq-d'Azir
(ancienne r. de Chastillon).
9 Babou, tourneur en cuivre,
fab. de robinets.
19 Bucker et Deschamps, briques et poteries.
22 Breval (L.), construc. de
machines à vapeur, fixes,
locomobiles et portatives.
23 Liénard et Hugot, chaudronnerie.
30 Chevrel, menuiserie.

r. de la Victoire
(9e arr. du faub. Montmartre
à la r. Joubert).
3 Martin serrurerie.
21 Morgantini, peinture et décorations.
22 Chevandier de Valdrome O.
*, ing. civil.
26 Dubouis et Picard, menuiserie.
29 Orsal, ing. civil.
31 Compagnie générale des Asphaltes.
37 Girand, serrurerie.
43 Joley *, sculpteur-statuaire.
Bourgougnon (E.), ingén.
civil.
44 Courty (F.), maçonnerie.
47 Avril (Ch.) et Cie, fab. de
tuiles de Bourgogne de
Montchanin. M. Landouzy,
représentant.
56 Renaud (Ed.) *, architecte,
contrôleur en chef du service des travaux d'archi-
tecture de la ville.
Sauffroy, arch. contrôleur
des travaux de la ville de
Paris et du département.
Belloir (Julien) et Cie *,
ent. générale de fêtes et
cérémonies publiques, ta-
pisserie et ameublement.
63 Jolly (Ernest), arch., méd.
2e classe, exp. univ. 1865.
Mardi, mercredi, jeudi
et vendredi de 9 à 11 h.
du matin.
68 Dureone *, ingén. const.
mécanicien.
70 bis Dedion *, ing. civil.
73 Joulot (A.), peintre.
89 Beringer (Georges), vitraux
diaphanes.
91 Chalory (V.), succ. de Carbonnier, fabr. de bour-
relets.

98 Labouret et Riffaud, maçonnerie et trav. publics.
Labouret (A.), architecte.
Moreau (Frédéric), bois de
charpente.

place des Victoires
(Banque France).
10 Moreau, appareils à gaz.
12 Application du caoutchouc
et de gutta-percha.

r. Victor-Cousin
(5e arrondissement Panthéon
anc. r. de Cluny).
Blanc, menuiserie.
11 Hameroux, serrurerie.

avenue Victoria
(4e arr. Hôtel-de-Ville).
5 Demarle, Lonquéty et Cie,
Société des ciments fran-
çais et de Portland de
Boulogne-sur-mer.
7 Chaval, arch. vérif.
Verdet, tapissier.
8 Lepage *, arch. insp. voyer
divisionnaire, mardi de 9
à 11 h.
Vibert (A.), construct. et
installat. de fours pour
boulangeries et pâtisseries.
9 Prudhomme, constr. d'appareils électriques et télégraphiques.

r. des Vieilles-Audriettes.
(3e arr. Archives).
1 Létrange et Cie, métaux.
Létrange (Léon), ing. civil.

r. de la Vieille-Estrapade.
(Panthéon).
23 Jolly, serrurerie.

r. des Vieilles-Étuves-St-
Martin
(4e arr. r. St-Martin. 140).
13 Courbayre, fumisterie.
17 Bonnefond, menuiserie.

r. Vieille-de-Montreuil
(Charonne).
6 David, maçonnerie.
Guilleminant, maçonnerie.
12 Desaintloup, menuiserie.
42 Lemasson, maçonnerie.

r. Vieille-du-Temple
(Marais).
2 Voisembert (A.), architecte
mét. vérif.
2 bis Brunet (Alex.), vérificateur.
15 Moignet, archit. vérif.
Creterol, peinture.
17 Jeannin, métr. vérif. spéc.
en menuiserie.

49 Guynaud jeune, peinture.
22 Lutz, menuiserie.
23 Labosse, app. à gaz.
24 Quizzetti frères, fumisterie.
30 Héringer (N. C.), verres à
vitres et glaces.
43 Chevallier, peinture.
Koenon (A.), app. à gaz,
pompes à bière.
47 Berthon (A.), architecte.
50 Boulay, fab. de paillassons
et tamis pour maçons.
58 Dufrit, miroitier-doreur.
Goussard père et fils, couleurs et vernis.
64 Delavaud, peinture.
68 Camp stron et Blondeau, sonnerie télégraphique et ordinaire.
74 Beuzard, plombs et zincs.
76 Féron fils, doreur sur bois.
77 Segretan succ. de Croppi neveu, fumisterie.
81 Velat (B.), peinture.
97 Scheyder, serrurerie.
98 Fosse, archit. vérif.
Ratier, peinture.
102 Raingo frères, bronzes.
103 Tadéoni (E.), peinture.
106 Gosselin, peinture.
110 Mervier, bronzes.
115 Lagrive, doreur sur bois,
fab. d'cadres.
118 Millot (A.), archit. vérif.
Gestion de propriétés.
Pintau G., arch. vérif.
121 Erlanger et Cie, bronzes.
Lemaire (Aug.), fab. de
bronzes.

r. de Vienne (boul. de
l'Europe).
11 Cailloux, menuiserie.
21 Hugonene, serrurerie.

r. du Vieux Colombier
(Saint-Sulpice).
3 Maillot, peintre artiste.
13 Rousselle, peinture.
Duchier, contentieux, re-
couvrements, gestion, ex-
propriations. Tous les
jours de 9 h. à midi.

pl. du Vieux-Marché-St-
Martin
(3e arr., Arts et Métiers).
5 Hariel, menuiserie.

r. des Vignes
(Passy, 16e arr., r. Basse).
3 Coulomb, serrurerie.

r. Villin
(20e arr., Belleville, r. des Couronnes).
5 Renaudin, serrurerie.
11 Réty, serrurerie d'art et
ornements.

15 Vasse, serrurerie.
26 Camus, mét. vérif.

aven. de **Villars**
(7e arr., boul. des Invalides).
4 Grohé (O.), O. ✠, (s.c.),
meubles et objets d'art.
8 Goussult (Adolphe) fils, succ.
de son père, ent. de mar-
brerie.
10 Combettes (O. ✕), manda-
taire des chaux de Senon-
ches, la Mancelière et
Laigle.
12 Lezla (L.-C.), architecte.

r. **Villedo**
4 Koehler (Arsène), serrurerie,
fab. de stores.
10 Billard (A.), fab. de pompes
à bière.
13 Briasoli, verres à vivres.

r. de la **Ville-Lévêque**
(8e arr., Elysées).
40 Fournier, ing. civil.
Seguin (Paul), ing. civil.

r. **Villehardouin** (Marais).
4 Sauge, menuiserie.
12 Besnard, peinture et décors,
plafonds en verre.
18 Sassier, app. à gaz.
20 Basset, menuiserie.

r. **Villejust**
(16e arr., Passy-Bassins).
10 Tulhez, menuiserie.
44 Mâlon, maçonnerie.
32 Williams (J.), fab. de compteurs pour le gaz.

r. de la **Ville-Neuve**
( boul. Bonne-Nouvelle ).
5 Amelot (E.), serrurerie.
Hostallier, fumisterie.
Entreprise du nettoyage des
devantures.
6 Fortier (Louis), couverture
et gaz.
14 Conard, menuiserie.
15 Porte, métreur vérif. spéc.
de peinture et dorure,
Seure, peinture.
Alexandre-Laurent, enca-
drements.

boul. de la **Villette**
(du faub. du Temple à la rue
d'Allemagne).
12 Léandre (Joseph), maçonn.
18 Guénard et Geoffroy jeune,
couvert., plomb. zinc.
29 Vabre, gravatier.
31 Bertin, arch. vérif.
35 Wolff, miroitier doreur.
50 Brieaire et D. Poulot, fab.
de boulons, rivets, tarands.
Suc (A.), Chauvin et Ce, ingén. const. mécaniciens.

50 Chambouleron, peintre en
décors pour théâtre.
71 Emery, maçonnerie.
72 Mahon, puisatier
73 Beauvalet, fab. de chaux et
carreaux de plâtre.
81 Reichembach, chaudronn.
83 Massat (E.), charpente.
128 Biguet, fumisterie.
131 Lepage (C.) dessinateur et
graveur sur bois.
140 Nolin, menuiserie.
142 Vallée (P.) et Cie, Société
des bétons anglais.
Façon, serrur. mécanicien.
144 Gobé, menuiserie.
155 Marc frères, serrurerie.
166 Renaud, pavage.
167 Beaujard et Germain, menuiserie.
182 Hobin, menuiserie.
212 Veroaudon, carrier.
Violet, charpente.
232 Almagny, taillandier.
235 Tutin, march. de bois.
244 Grandet (Paul), arch. mét.
vérif.

r. de la **Villette** (Belleville).
2 Paris, serrurerie.
6 Fievé, peinture.
13 Pinda, fumisterie, fourneaux
et calorifères. Inventeur
du bouilleur en fonte de
fer.
16 Benard, serrurerie.
28 Hacquin (L.), peinture.
41 Delouvre aîné, arch. attaché
à l'administration de l'assistance publique. Mardi
et vendredi de 8 à 11 h.
42 Coquelin (E.), miroitier.
61 Maillard (Ch.) arch. vérif.,
membre de la commission
d'hygiène et de salubrité.

r. de **Villiers** (17e arrond.,
Ternes).
7 Delamme (P.), arch. insp.
des bât. de la Couronne.
9 Jarlier, menuiserie.
13 Hebert frères, peinture.
43 Augustin (E.) aîné, arch.
constructeur.

r. de **Villiot** (12e arrondiss.,
quai de la Rapée).
24 Guérard, charpente.

r. des **Vinaigriers** (10e arr.,
faub. St-Martin).
22 Pois (Léon), verres à vitres.
33 Bizet, arch. attaché aux travaux de la ville de Paris.
Sarrent (O.), sculpt.-orne-
maniste.
Melin, ing. civil.
35 Louchart, menuiserie.
36 Le chvre, menuiserie.

10 Dupont (E.), rivets, cloute-
ries, fils de fer robinets.
40 bis Benneau, menuiserie.
44 Galli (Auguste), fumisterie.
Gautier, serrurerie.
46 Martin neveu, couverture et
plomberie.
49 Martin ✠ et Cie ; marbrerie
et mosaïque, (magasins).
50 Haffner frères, coffres-forts
et serrures.
51 Galli (J.) aîné, breveté, fumisterie.
52 Berthé, fumisterie et maçonnerie.
Briez, serrurerie.
54 Guerreau fils, peinture.
55 Tuane, peintre décorateur.
56 Loir (H.) aîné, couv. plomb.
zinc et robinets.
59 Pipert (V.), appar. à gaz.

Cours de **Vincennes** (anc.
barr. du Trône).
2 Soudieux, maçonnerie.
41 Arbey (F.) et Cie, outillage
pour le travail du bois et
des métaux, fab. de par-
quets et moulures.
45 Vigan, ing. civil.

r. **Vincent** (Belleville (20e arrond., r. de Paris).
6 Mathion (Charles), verres
à vitres, mastics.
11 Hervé, menuiserie.
13 Dullus, quincaillerie.
15 Lecourt, serrurerie.
18 Pottier, menuiserie.
25 Robert, peintre et décor.

r. **Vincent-Compoint**
(18e arrond.).
9 Ottin, (L.), peintre verrier.

r. **Vineuse** (16e arr., Passy,
boulev. de Longchamps).
4 Fonteray, couv. plomb. zinc.
7 Plantú, peinture.
9 Tessier (H.), architecte.
35 Wicken (Ernest), arch.
vérif.

r. du **Vingt-Neuf-Juillet**
(1er arrond. Tuileries).
5 Huillard (Gust.), architecte,
tous les jours de midi à
1 heure, excepté le mardi.
6 Leroy (Gaston), ébéniste.
7 Lacordaire, architecte.
9 Commeaux, dor. sur bois,
miroiterie.

place **Vintimille**
(r. de Clichy).
3 Thouenin (Victor, archit.
Tous les mardi, jeudi et
samedi de 7 h. à midi.
6 Noël (Edmond), métr. vérif.

r. de **Vintimille**
(r. de Clichy).

6 Legrand (Jos.), arch. constructeur.

8 Pelieu (L.), archit. vérif. Mardi et vendredi, jusqu'à midi.

9 Bergeron et Cie, serrurerie, charpentes, combles et planchers en fer.

44 Maixmère (L.), peinture.

pass. **Violet** (10e arrond., faub. Poissonnière, 36).

4 Galand ✻, archit. Mardi, jeudi et samedi, de 8 à 10 h. l'hiver ; l'été, de 9 à 11 h.

42 Denise (Lucien), architecte.

r. **Violet** (15e arrond., Grenelle).

4 Saussier, maçonnerie.

8 Guilloux, couverture.

25 Dumesnil frères, app. à gaz.

39 Signol (D.-J.), arch. vérif.

39 Chemin (Ferd.), maçonnerie.

46 Violet fils (Paul), maçonnerie.

54 Lemaire (Ch.) 🎖, couv. plomb.

r. **Virginie—Montmartre** 18e arrond.).

7 Wallois, couvreur.

40 Wendling (Aug.), serrurerie.

44 Delfant, arch. mét. vérif., et attachem. de maçonnerie.

r. **Visconti** (6e arrond., anc. r. des Marais-St-Germain).

3 Boissat, peinture.

9 Chapellier, maçonnerie. Manger, couverture plomb. pompes et zinc.

47 De Berny, grav. sur bois.

r. de la **Visitation-Ste-Marie** (7e arrond.)

2 Eloy, doreur sur bois.

3 Bonnassieu, sculpt. stat.

3 bis Corpet, menuiserie.

3 ter Cabat, O. ✻, peintre artiste.

r. **Vital-Passy** (16e arrond., Gr.-Rue de Passy, 64).

40 Delêtre, ing. géomètre.

24 Lerat, serrurerie, constructeur en fer.

22 Bioret, peinture.

r. **Vitruve** (20e arr. Charonne)

50 Prevost (Louis), appareils à gaz.

pass. **Vivienne** (2e arrond., r. Nve-des-Petits-Champs).

46 Burra, peinture.

r. **Vivienne** (2e arrondissem. Bourse).

2 Laburthe-Brussant, pompes appar. hydrauliques.

7 Société impériale des Architectes.

14 Dulud, cuirs en relief. Gambette, fab. d'ornements pour appartements.

15 Denière, fab. de bronzes.

17 Cordé-Domergue, Agence de l'Industrie. — Vente et achat d'établissements industriels.

19 Le *Centrirors*, nouveau système de fermeture, breveté, s.g.d.g.

22 Le *Midi*, compagnie d'assurances contre l'incendie.

36 Société des anciens élèves des Ecoles Impér. d'Arts-et-Métiers.

40 Guibal ✻, 🎖, fab. de tuyaux en caoutchouc et tissus imperméables.

r. de la **Voie-Verte** (Petit-Montrouge).

4 Bouquet (V.), constructeur de fours et fab. de carreaux de plâtre.

8 Gogne aîné, menuiserie.

44 Labesse, maçonnerie.

75 Ferdy, charpente.

r. **Volta** (3e arrond., Arts-et-Métiers).

7 Gueguen (Ve), menuiserie.

9 Theza, serrurerie.

48 Leroy, vérif. charpente et maçonnerie.

37 Erba (L.), fab. de cuivrerie pour la fumisterie.

44 Bailli fils, fumisterie.

quai **Voltaire** (7e arrondiss., Pont-Royal).

3 Barthélemy, arch. ing. civ.

7 Lasserre (de) O. ✻, inspect. général des ponts et chaussées.

47 Lanfelle (Ch.), ⊕, peintre artiste.

21 Pronnier, ing. civil.

25 Thomas (L.) ✻, ing. civil. Thomas (Max.), ing. civil.

r. des **Vosges** (Place Royale).

3 Rubellin aîné et Cie, miroiterie.

8 Hesse (A.), arch. vérif.

40 Zenier, architecte.

44 Dopfeld et Ce, métaux.

46 Morel, papiers peints. Barogg, fumisterie.

48 Bellan (Edm.), arch.

r. de la **Voûte-du-Cours** (12e arr., Paris-St-Mandé).

14 Marcillat, serrurerie.

43 Cornu, arch. vérif., élève des Ecoles du génie.

47 Lecointe (Rosa), fab. de moulures.

aven. de **Wagram** (anc. boul. de l'Etoile. Ternes).

43 Hebert, arch. vérif.

24 De Dierne, architecte. Mercredi et samedi de 2 à 4 h.

25 Roz, architecte entrepreneur. Fournier jeune, fab. de rouleaux et ronds en paille pour la pierre, boiserie, vannerie et brosserie. Bornet (Th.), fab. et peintre d'enseignes.

26 Gallois, constr. de chalets, fab. de jalousies et découpages.

38 Villebesseix, maçonnerie et matériaux en détail.

40 Duru-Daris, ent. de peint.

41 Fleuret (Adrien), arch. ing. civil expert. Mardi et vendredi de 3 à 5 h.

42 Société de photo-sculpture.

53 Leclaireq, appareil à gaz, couvert. plomb. Datierre, fumisterie.

59 Mazous, maçonnerie.

74 Brey (A.) et fils, arch. du gouvernem. et de la municipalité du Mexique, — Tous les matins de 9 à 11 heures. Brey (L.) fils, tous les matins de 9 à 11 heures.

77 Dury, entrep. de démolitions et maçonnerie.

82 Cléry, arch. comm. voyer adjoint du 8e arrond. tous les matins, mardi et vendredi exceptés.

Place **Wagram**

2 Javal (Ernest), ing. civil.

r. de l'**Yonne-Nevey** (12e arrond.).

6 Philbois (Eug.), charpente.

5 Robineau frères, marchands de bois.

8 Doucet, charpente.

r. **Zacharie** (5e arrondiss. place St-Michel).

20 Boutry, taillandier.

PARIS. — IMPRIMERIE ... ... ET J. DUMAINE, RUE CHRISTINE, 2.

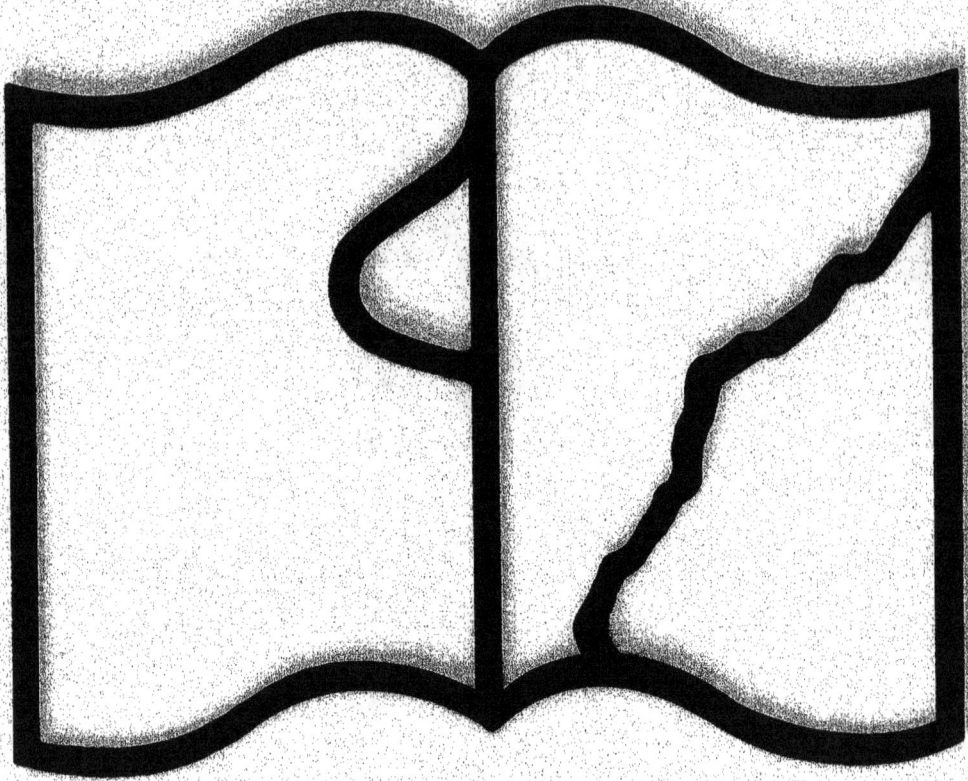

Texte détérioré — reliure défectueuse

NF Z 43-120-11

Contraste insuffisant

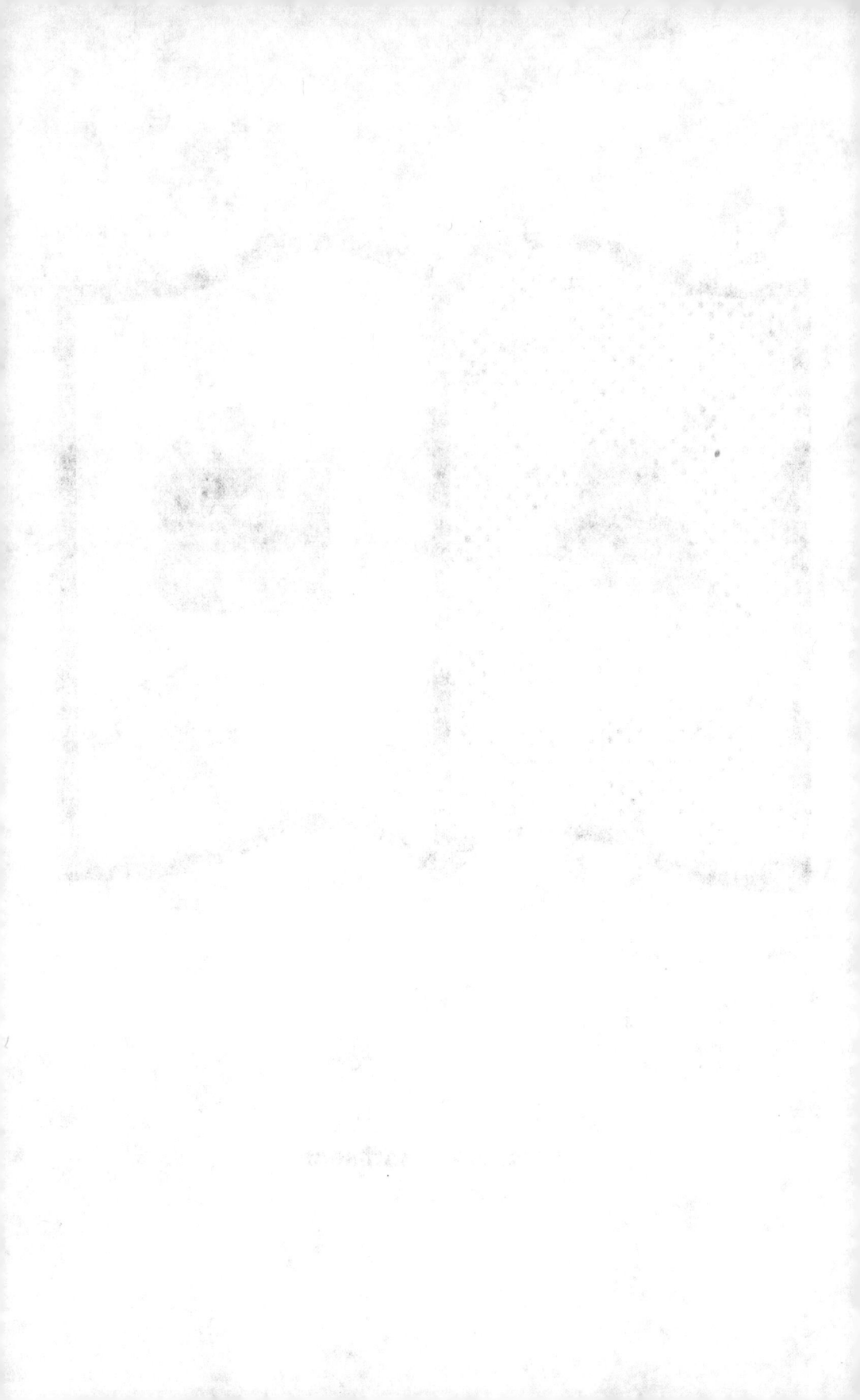

www.ingramcontent.com/pod-product-compliance
Lightning Source LLC
Chambersburg PA
CBHW052036270326
41931CB00012B/2515